中华传统文化核心读本

佘斯大题

传承中华文化精髓

建构国人精神家园

容斋随笔

精粹

原著 【南宋】洪迈
注译 周学兵
主编 唐品

图书在版编目（CIP）数据

容斋随笔精粹／唐品主编．—成都：天地出版社，2017.4（2019年重印）

（中华传统文化核心读本）

ISBN 978-7-5455-2394-2

Ⅰ．①容… Ⅱ.①唐… Ⅲ.①笔记—中国—南宋—选集②《容斋随笔》—通俗读物 Ⅳ.①Z429.441-49

中国版本图书馆CIP数据核字（2016）第283093号

容斋随笔精粹

出 品 人	杨　政
主　　编	唐　品
责任编辑	陈文龙　孟令爽
封面设计	思想工社
电脑制作	思想工社
责任印制	葛红梅

出版发行	天地出版社 （成都市槐树街2号　邮政编码：610014）
网　　址	http://www.tiandiph.com http://www.天地出版社.com
电子邮箱	tiandicbs@vip.163.com
经　　销	新华文轩出版传媒股份有限公司

印　　刷	河北鹏润印刷有限公司
版　　次	2017年4月第1版
印　　次	2019年3月第3次印刷
成品尺寸	170mm×230mm　1/16
印　　张	22.25
字　　数	376千字
定　　价	39.80元
书　　号	ISBN 978-7-5455-2394-2

版权所有◆违者必究

咨询电话：（028）87734639（总编室）

购书热线：（010）67693207（市场部）

本版图书凡印刷、装订错误，可及时向我社发行部调换

序言

　　上下五千年悠久而漫长的历史，积淀了中华民族独具魅力且博大精深的文化。中华传统文化是中华民族无数古圣先贤、风流人物、仁人志士对自然、人生、社会的思索、探求与总结，而且一路下来，薪火相传，因时损益。它不仅是中华民族智慧的凝结，更是我们道德规范、价值取向、行为准则的集中再现。千百年来，中华传统文化融入每一个炎黄子孙的血液，铸成了我们民族的品格，书写了辉煌灿烂的历史。

　　中华传统文化与西方世界的文明并峙鼎立，成为人类文明的一个不可或缺的组成部分。中华民族之所以历经磨难而不衰，其重要一点是，源于由中华传统文化而产生的民族向心力和人文精神。可以说，中华民族之所以是中华民族，主要原因之一乃是因为其有异于其他民族的传统文化！

　　概而言之，中华传统文化包括经史子集、十家九流。它以先秦经典及诸子之学为根基，涵盖两汉经学、魏晋玄学、隋唐佛学、宋明理学和同时期的汉赋、六朝骈文、唐诗宋词、元曲与明清小说并历代史学等一套特有而完整的文化、学术体系。观其构成，足见中华传统文化之广博与深厚。可以这么说，中华传统文化是华夏文明之根，炎黄儿女之魂。

　　从大的方面来讲，一个没有自己文化的国家，可能会成为一个大国甚至富国，但绝对不会成为一个强国；也许它会强盛一时，但绝不能永远屹立于世界强国之林！而一个国家若想健康持续地发展，则必然有其凝聚民众的国民精神，且这种国民精神也必然是在自身漫长的历史发展中由本国人民创造形成的。中华民族的伟大复兴，中华巨龙的跃起腾飞，离不开中华传统文化的滋养。从小处而言，继承与发扬中华传统文化对每一个炎黄子孙来说同样举足轻重，迫在眉睫。中华传统文化之用，在于"无用"之"大用"。一个人的成败很大程度上取决于他的思维方式，而一个人的思维能力的成熟亦绝非先天注定，它是在一定的文化氛围中形成的。中华传统文化作为涵盖经史子集的庞大思想知识体系，恰好能为我们提供一种氛围、一个平台。潜心于中华传统文化的学习，人们就会发现其蕴含的无穷尽的智慧，并从中领略到恒久的治世之道与管理之智，也可以体悟到超脱的人生哲学与立身之术。在现今社会，崇尚中华传统文化，学习中华传统文化，更是提高个人道德水准和构建正确价值观念的重要途径。

近年来，学习中华传统文化的热潮正在我们身边悄然兴起，令人欣慰。欣喜之余，我们同时也对中国现今的文化断层现象充满了担忧。我们注意到，现今的青少年对好莱坞大片趋之若鹜时却不知道屈原、司马迁为何许人；新世纪的大学生能考出令人咋舌的托福高分，但却看不懂简单的文言文……这些现象一再折射出一个信号：我们现代人的中华传统文化知识十分匮乏。在西方大搞强势文化和学术壁垒的同时，国人偏离自己的民族文化越来越远。弘扬中华传统文化教育，重拾中华传统文化经典，已迫在眉睫。

本套"中华传统文化核心读本"的问世，也正是为弘扬中华传统文化而添砖加瓦并略尽绵薄之力。为了完成此丛书，我们从搜集整理到评点注译，历时数载，花费了一定的心血。这套丛书涵盖了读者应知必知的中华传统文化经典，尽量把艰难晦涩的传统文化予以通俗化、现实化的解读和点评，并以大量精彩案例解析深刻的文化内核，力图使中华传统文化的现实意义更易彰显，使读者阅读起来能轻松愉悦并饶有趣味，能古今结合并学以致用。虽然整套书尚存瑕疵，但仍可以负责任地说，我们是怀着对中华传统文化的深情厚谊和治学者应有的严谨态度来完成该丛书的。希望读者能感受到我们的良苦用心。

前言

《容斋随笔》是南宋著名学者洪迈穷尽四十余年之功编纂而成的一部史料笔记,该书与沈括的《梦溪笔谈》、王应麟的《困学纪闻》,被称为宋代最有学术价值的"三大笔记著作"。

洪迈,字景卢,号容斋,鄱阳(今江西鄱阳)人,官至端明殿学士。他学识渊博,一生涉猎典籍颇多,被称为博洽通儒,有志怪小说集《夷坚志》传世,并编有《万首唐人绝句》等著作。他读书每有心得,便随手记录下来,集腋成裘,撰写成《容斋随笔》这一皇皇巨作。洪迈在《容斋随笔》卷首说:"余老去习懒,读书不多,意之所之,随即纪录,因其先后,无复全次,故目之曰随笔。"

《容斋随笔》共5集74卷1220则。这部书内容博大,从经史子集到诗词文翰,从典章制度到医卜星历,无所不包,无所不容,堪称宋朝之前的百科全书。其考证辨析之确切,议论评价之精当,备受称道,是我国古代笔记小说中不可多得的珍品,被后世史学家公认为研究宋代历史的必读之书。后人更将《容斋随笔》中有关诗歌部分,辑为《容斋诗话》。

明代河南巡按、监察御史李瀚在弘治十一年(公元1498年)说:"洪迈聚天下之书而遍阅之,搜悉异闻,考核经史,捃拾典故,值言之最者必札之,遇事之奇者必摘之,虽诗词、文翰、历谶、卜医,钩纂不遗,从而评之……此书可以劝人为善，可以戒人为恶；可使人欣喜，可使人惊愕；可以增广见闻，可以澄清谬误；可以消除怀疑，明确事理；对于世俗教化颇有裨益。"清《四库全书总目提要》评价《容斋随笔》说："南宋说部，当以此为首。"

毛泽东一生"活到老，学到老"，他对《容斋随笔》更是情有独钟，从中年至晚年，《容斋随笔》一直伴随其左右。1944年7月28日，毛泽东致函谢觉哉说："《容斋随笔》换一函送上。"随后，谢觉哉7月31日的日记就有读《容斋随笔》的大篇心得记载，此后9月20日、29日、30日，10月1日、4日等都有阅读与应用记载，从中可见，阅读《容斋随笔》也可以启迪日常工作的思维。

1959年10月30日，毛泽东出京视察，指名要带的有限书籍中就有《容斋随笔》。1972年，毛泽东曾将此书送给他青年时代的朋友、湖南第一师范的同学周世钊。即使在1976年9月8日，也就是毛泽东去世的前一天，还让别人为他代读《容斋随笔》37分钟。

古人云"开卷有益"，但是世上确实有许多坏书、无聊之书，郑板桥就曾告诫自己的亲人，读了坏书"如破烂厨柜，臭油坏酱悉贮其中，其龌龊亦耐不得"。即使是所谓"好书"也不可轻信。在许多篇章中，洪迈就指出，古籍和今作中之所以有错误，有的是识见有误，有的是照抄了前人的成说，未加深考。所以读书要随时考证清楚，否则，自己的论证、学问就是建立在不可靠的基础上，不仅会前功尽弃，还会贻害别人。

读书时要养成"不动笔墨不看书"的习惯。动笔看书也不是简单地在书上划划杠杠、写点批语之类，而是要认真做读书笔记，做摘记。《容斋随笔》正是这样，有时是随读随记，有时是综合思考作一些综合摘记。在使用文字方面，则有时是直录原文，有时是用自己的语言撮要，对于直录的、引用的，洪迈是特别注意的，都较准确，注明出处。有时也加以评论、考证。《容斋随笔》不仅给人"勤笔勉思"的启示，更给人以可以直接引用的极有价值的资料。

在《容斋随笔》中，我们看到，洪迈不论是在朝时、在野时或出使时，又不论是春夏秋冬，或晨起更深，都是有空就读书的。积累知识是为学第一步，知识积累起来了，还要使这些知识有用，这就要善于综合思考。《容斋随笔》以大量的事例反复地显示了要融会贯通，才能提炼出观点。在洪迈看来，人生哲理、读书至道，正在于对万事、万物、万书之融会贯通。融会贯通，固然需要依靠天赋，但更多的要靠后天的努力。

从《容斋随笔》看来，论证可以分两方面，一是论述，二是考证。论述一般为综合性的，重点在展示论点，范围较大，涉及面较广。考证则专题性较强，重点在于判定一件事、一个词、一个地名等是否正确，范围相对而言比论述小。但两者却又总是联系在一起的。考证虽有时作为论著的"零件"，但其本身也是立论点、摆论据、作论证的过程。论点不论是正面阐述命题，还是反面驳斥，都要明确，新鲜，论据则要丰富准确，论证则要辩证、周密而又有趣味。

一部《容斋随笔》，粗读可以消食解颐，细读可以增长知识。后人评价它"可以劝人为善，可以戒人为恶；可使人欣喜，可使人惊愕；可以增广见闻，可以澄清谬误；可以消除怀疑，明确事理"。为了使广大读者能够从中受益，我们将五卷随笔删繁就简，择其精妙，加以注释评析，以便于大家能够更好地从中吸取养分，而后举一反三，触类旁通，从此走上博学多能之路。笔者水平有限，书中难免有许多疏漏，敬请广大读者批评指正。

目录

容斋随笔

欧率更帖……………………001
八月端午……………………002
禹治水………………………003
浅妄书………………………005
地险…………………………007
长歌之哀……………………009
张良无后……………………010
周亚夫………………………011
秦用他国人…………………012
李太白………………………013
温公客位榜…………………014
牛米…………………………016
南夷服诸葛…………………017
晋之亡与秦隋异……………018
韩信周瑜……………………019
国初人至诚…………………021
孔子欲讨齐…………………022

狐突言辞有味………………024
孟子书百里奚………………025
韩柳为文之旨………………027
洛中眊江八贤………………028
诸葛公………………………031
论韩公文……………………034
陈轸之说疏…………………036
唐扬州之盛…………………038
爱盎小人……………………039
玉蕊杜鹃……………………040
将帅贪功……………………041
汉二帝治盗…………………043
光武弃冯衍…………………045
曹操用人……………………046
谏说之难……………………048
孙膑减灶……………………051
次山谢表……………………053
唐诗人名不显者……………056
孔氏野史……………………057

京师老吏……………………060
文章小伎……………………062
三长月………………………064
和诗当和意…………………066
真假皆妄……………………067

容斋续笔

戒石铭………………………069
存亡大计……………………070
田宅契券取直………………073
张释之传误…………………075
巫蛊之祸……………………076
丹青引………………………078
诗文当句对…………………079
台谏不相见…………………081
周世宗………………………083
郑权…………………………084
资治通鉴……………………086
田横吕布……………………089
禁天高之称…………………091
汉唐二武……………………092
买马牧马……………………093

后妃命数……………………095
严武不杀杜甫………………097
朱温三事……………………099
大义感人……………………101
女子夜绩……………………104
董仲舒灾异对………………105
韩婴诗………………………107
蜘蛛结网……………………110
孙权称至尊…………………111
三家七穆……………………113
萧何先见……………………114
曹参不荐士…………………115
汉唐辅相……………………117
唐帝称太上皇………………118
东坡自引所为文……………120
渊有九名……………………122
列子书事……………………123
古迹不可考…………………125
帝王训俭……………………126
陈涉不可轻…………………128
孔墨…………………………130
李林甫秦桧…………………132
书籍之厄……………………135

周礼非周公书……137
醉尉亭长……140

容斋三笔

晁景迂经说……142
上元张灯……147
刘项成败……148
无名杀臣下……150
平天冠……151
魏收作史……153
北狄俘虏之苦……154
东坡和陶诗……155
陈季常……157
旧官衔冗赘……158
宣告错误……159
宰相不次补……161
孔子正名……161
枢密名称更易……163
缚鸡行……165
白公夜闻歌者……166
贤士隐居者……168
韩苏文章譬喻……170

孙宣公谏封禅等……172
赦恩为害……174
节度使称太尉……175
忠宣公谢表……177
唐贤启状……180
赦放债负……181
周玄豹相……182
司封失典故……183
君臣事迹屏风……185
唐夜试进士……187
前执政为尚书……189
老子之言……190
碑志不书名……191
曾皙待子不慈……193
渊明孤松……194
作文字要点检……195
大观算学……197
元丰库……199
政和文忌……201
神宗待文武臣……203
夫人宗女请受……204
杯水救车薪……205
秦汉重县令客……206

颜鲁公戏吟 ………………… 207
郡后主婿宫 ………………… 209

容斋四笔

周三公不特置 ……………… 211
毕仲游二书 ………………… 212
诏令不可轻出 ……………… 215
诸家经学兴废 ……………… 216
文潞公奏除改官制 ………… 220
北人重甘蔗 ………………… 222
韩公称李杜 ………………… 223
吕子论学 …………………… 224
水旱祈祷 …………………… 225
外台秘要 …………………… 227
六枳关 ……………………… 228
王荆公上书并诗 …………… 229
一百五日 …………………… 232
禽畜菜茄色不同 …………… 234
王勃文章 …………………… 235
黄庭换鹅 …………………… 236
窦叔向诗不存 ……………… 237

草驹聋虫 …………………… 239
娑罗树 ……………………… 240
得意失意诗 ………………… 243
茸附治疽漏 ………………… 243
西太一宫六言 ……………… 245
华元入楚师 ………………… 246
沈庆之曹景宗诗 …………… 247
蓝尾酒 ……………………… 249
姓源韵谱 …………………… 251
文字书简谨日 ……………… 252
青莲居士 …………………… 253
熙宁司农牟利 ……………… 255
东坡诲葛延之 ……………… 257
当官营缮 …………………… 258
闽俗诡秘杀人 ……………… 260
至道九老 …………………… 262
梁状元八十二岁 …………… 263
徽庙朝宰辅 ………………… 265
经句全文对 ………………… 267
官称别名 …………………… 268
汉重苏子卿 ………………… 270
曹马能收人心 ……………… 273

容斋五笔

天庆诸节 …………………… 277
狐假虎威 …………………… 278
徐章二先生教人 …………… 279
王安石弃地 ………………… 281
官阶服章 …………………… 282
庆善桥 ……………………… 284
唐曹因墓铭 ………………… 284
孙马两公所言 ……………… 286
人生五计 …………………… 287
瀛莫间二禽 ………………… 289
萧颖士风节 ………………… 290
开元宫嫔 …………………… 292
欧阳公勋封赠典 …………… 293
东坡文章不可学 …………… 295
万事不可过 ………………… 296
严先生祠堂记 ……………… 298
大言误国 …………………… 299
宗室覃恩免解 ……………… 301
贫富习常 …………………… 302
卜筮不敬 …………………… 304
鄱阳七谈 …………………… 305
糖霜谱 ……………………… 307
盛衰不可常 ………………… 310
门生门下见门生 …………… 313
风灾霜旱 …………………… 314
白居易出位 ………………… 317
醉翁亭记酒经 ……………… 319
唐臣乞赠祖 ………………… 321
八种经典 …………………… 323
欧公送慧勤诗 ……………… 325
东不可名园 ………………… 326
何恶不已 …………………… 328
绝句诗不贯穿 ……………… 329
谓端为匹 …………………… 331

容斋随笔

欧率更帖

【原文】

临川石刻杂法帖一卷,载欧阳率更①一帖云:"年二十馀,至鄱阳,地沃土平,饮食丰贱,众士往往凑聚。每日赏华,恣口所须②。其二张才华议论,一时俊杰;殷、薛二侯,故不可言;戴君国士③,出言便是月旦④;萧中郎颇纵放诞,亦有雅致;彭君摛藻⑤,特有自然,至如《阁山神诗》,先辈亦不能加。此数子遂无一在,殊使痛心。"兹盖吾乡故实也。

【注释】

①率(lǜ)更:即率更令,欧阳询曾任太子率更令。率,作"计"解。更,古夜间计时单位。②恣口所须:大饱口福。恣,无拘束。须,同"需"。③国士:字面意为国中的战斗之士,实际上它最初是用来专门称呼被各级统治者从武士中精选出来的勇士的。《左传·成公十六年》载晋、楚鄢陵之战,晋军将领深患楚军"国士在,且厚,不可当也。"这里所说的"国士",便是指的楚军中精选出来的武士。先秦典籍中出现的"教士""贤良""俊士""材士""桀杰",其实指的都是"国士",后用为人之敬称,所谓"无双国士"。④月旦:月亮出来烁烁其华的样子。成语"舌端月旦",意为常在谈话中议论别人。其出处为宋代叶廷珪《海录碎事·人事》:"舌端月旦,皮里阳秋。"⑤摛(chī)藻:满腹经纶。摛,传扬、铺展的意思。藻,华丽的文采、文辞。这是指施展文才。

【译文】

在(江西)临川县的一处石刻中夹杂着一卷法帖,这卷法帖记载了欧阳率更的一段话,帖上说:"我二十多岁的时候来过鄱阳郡,这里土地肥沃、地势平坦开阔,食物和水都很廉价,很多有才华的人时常聚集在这里。他们每天在这里赏花饮酒，大饱口福。在这些人当中，有两个姓张的人，才华横溢，是当时不可多得的人才；姓殷、薛的两位士人，其才华也就不必说了；一位姓戴的先生也是当时有名的勇士，一旦发表评论就是定论；有个姓萧的中郎，虽然显得放荡不羁，但也不失文雅风度；彭先生很喜欢施展才华，他写的文章平静自然。其中写的《阖山神诗》，前辈高人都不能超过。上面的名士才子都已经不在人世了，这使人痛心不已。"以上都是我的故乡值得称道的事啊。

【评析】

这篇文章主要叙述欧阳率更帖中所记述的一些话。先记述鄱阳郡的生活气氛，"地沃土平，饮食丰贱"。然后再记述那里文人志士的特点，如"其二张才华议论，一时俊杰；殷、薛二侯，故不可言"等。最后感叹这些文人志士的逝去。此篇文章通过对鄱阳郡才人志士特点的描述来表达对友人的怀念。古代很多诗人都会通过写诗的方式来表达对友人的怀念。比如，李白为好友王昌龄贬官而作的抒发愤慨之情、寄以慰藉的诗《闻王昌龄左迁龙标遥有此寄》："杨花落尽子规啼，闻道龙标过五溪。我寄愁心与明月，随风直到夜郎西。"还有北宋诗人黄庭坚《寄黄几复》诗云："我居北海君南海，寄雁传书谢不能。桃李春风一杯酒，江湖夜雨十年灯。持家但有四立壁，治病不蕲三折肱。想得读书头已白，隔溪猿哭瘴溪藤。"这首七律即黄庭坚写给知交黄几复以倾诉别离之感、怀念之情的寄赠诗，是为山谷诗中的名篇。古代的文人在社会交往中常常以诗代柬。

八月端午

【原文】

唐玄宗以八月五日生，以其日为千秋节①。张说②《上大衍历序》云："谨以开元十六年八月端午赤光照室③之夜献之。"《唐类表》有宋璟④《请以八月五日为千秋节表》云："月惟仲秋⑤，日在端午。"然则凡月之五日皆可为端午也。

【注释】

①千秋节：又称天长节。以唐玄宗生日而得名。②张说：唐玄宗时名相，著

名文学家，诗人，政治家。字道济，一字说之。原籍范阳（今河北涿县），世居河东（今山西永济），徙家洛阳。③赤光照室：古认为帝王将相是上天授予，降世之时必有异兆，常见的说法有赤光照室、祥龙托胎等。④宋璟：唐玄宗时名相，与姚崇并称为"姚宋"，两人为开元盛世立下了汗马功劳。⑤仲秋：即中秋。每年八月十五日为中秋节。

【译文】

唐玄宗出生于八月初五，于是就把这天定为千秋节。名相张说在《上大衍历序》中写道："谨于开元十六年八月初五即皇帝诞生之日的夜晚，献上《大衍历》。"另外，《唐类表》载有名相宋璟的《请以八月五日为千秋节表》，其中写道："月惟仲秋，日在端午"也就是说每个月的初五都可以被叫作端午。

【评析】

在古代所说的"端午"，并不是像现在专指阴历五月五日而言。在唐代以前，把每个月的初五，都叫作端午。直到唐玄宗"端午临仲夏"一诗出现，历经宋、元以后，端午才成为五月初五的专称，直到现在。但是，这也有例外。四川东部地区，就和其他地方不同，因为他们每年过三个端午节。阴历五月初五，叫作"小端阳"，五月十五，叫作"大端阳"，五月廿五，叫作"末端阳"。在这三天，以大端阳最为热闹，末端阳较为冷清。而如今，当人们提出端午节，自然而然令人想起划龙船、包粽子与纪念屈原。从早期的文献看来，端午节最初完全是一个唤起全民驱除疫病，促进民族健康的节日，其作用并不仅在纪念屈原。甚至在屈原以前，端午节就已存在。后来，因为屈原投江而死的那天，正好是五月五日的端午，人们为了纪念这位伟大的爱国诗人，便在端午节吃粽子和赛龙舟，以免鱼与蛟龙去吃屈原的躯体。

禹治水

【原文】

《禹贡》①叙治水，以冀、兖、青、徐、扬、荆、豫、梁、雍为次。考地理言之，豫居九州②中，与兖、徐接境。何为自徐之扬，顾以豫为后乎！盖禹顺五行而治之耳。冀为帝都，既在所先，而地居北方，实于五行③为水，水生木，木东方也，故次之以兖、青、徐；木生火，火南方也，故次之以扬、荆；火生土，土中央也，故次之以豫；土生金，金西方也，故终于梁、雍。所谓彝伦攸叙④者此也。与鲧⑤之汩陈五行，相去远矣。此说予得之魏几道。

【注释】

①《禹贡》：《尚书》中的一篇。该书把当时的全国分为九州，采用区域地理方法，记述地理情况，内容包括山脉、河流、薮泽、土壤、物产、贡赋、交通等，是我国最早的地理科学著作。②九州：传说是古代中国的九个行政区划，分别是：冀州、兖州、青州、徐州、扬州、荆州、梁州、雍州和豫州。③五行：指金、木、水、火、土五种元素的运行与变化。④彝（yí）伦攸叙：正常运行。彝伦，即常理。攸叙，有序而不乱。⑤鲧（gǔn）：禹的父亲。

【译文】

《禹贡》中记述了大禹治水一事，以冀州、兖州、青州、徐州、扬州、荆州、豫州、梁州、雍州为顺序。从地理位置来看，豫州位于九州之中心，并与兖州、徐州接界。为什么从冀州开始，然后是扬州、荆州，而把豫州放在他们的后面呢？我认为这大概是按照五行方位治水顺序排列的缘故吧。冀州作为帝都，理所应当为第一个，而且地处北方，又因为五行属水，水生木，木表示东方，所以之后的顺序为兖州、青州、徐州；木生火，火表示南方，所以在徐州之后的顺序为扬州和荆州两州；火生土，土表示中央，所以在扬州、荆州之后为豫州；土生金，金代表西方，因此最后的两个为梁州和雍州。这就是按照五行常理而有条理地排列次序的。然而禹的父亲鲧打乱了五行顺序，相差太远了。这个我也是从魏几道那里得知的。

【评析】

相传舜命鲧治水，鲧只懂得堵、填之法，失败后为舜所杀。鲧之子禹接受父亲的使命接着治水，大禹从鲧治水的失败中汲取教训，改变了"堵"的办法，对洪水进行疏导，最终获得了成功。通过大禹治水的故事，我们发现，人应该顺应自然而不是遏制和阻拦。"川流不息"，一味地堵住洪水，洪水仍会流到别处，就好比现在的江河防洪，一味地修高堤坝只能暂时保证生命财产的安全。如果不及时分流排淤，若遇到百年一遇的洪水，仍然可能冲垮大坝，威胁人民生命财产的安全。所以说，治水主要是方法的问题。

浅妄书

【原文】

俗间所传浅妄之书，如所谓《云仙散录》、《老杜事实》、《开元天宝遗事》①之属，皆绝可笑。然士大夫或信之，至以《老杜事实》为东坡所作者。今蜀本刻杜集，遂以入注。孔传《续六帖》②，采摭唐事殊有工，而悉载《云仙录》中事，自秽其书。《开天遗事》托云王仁裕所著，仁裕五代时人，虽文章乏气骨，恐不至此。姑析其数端以为笑。其一云："姚元崇开元初作翰林学士，有步辇之召③。"按：元崇自武后时已为宰相，及开元初，三入辅矣。其二云："郭元振④少时美风姿，宰相张嘉贞欲纳为婿，遂牵红丝线，得第三女，果随夫贵达。"按：元振为睿宗宰相，明皇初年即贬死；后十年，嘉贞方作相。其三云："杨国忠盛时，朝之文武争，附之以求富贵，惟张九龄未尝及门。"按：九龄去相位十年，国忠方得官耳。其四云："张九龄⑤览苏颋文卷，谓为文阵之雄师⑥。"按：颋为相时，九龄元未达也。此皆显显可言者，固鄙浅不足攻，然颇能疑误后生也。惟张彖指杨国忠为冰山事⑦，《资治通鉴》亦取之，不知别有何据？近岁，兴化军学刊《遗事》，南剑州学刊《散录》⑧，皆可毁。

【注释】

①《云仙散录》：又名《云仙杂记》，旧题后唐冯贽撰，内容多是从其他书摘抄的唐五代人士轶闻轶事。《老杜事实》，亦称《杜诗事实》，已轶。《开元天宝遗事》，内容多采自民间传闻，记录唐玄宗时宫廷内外风俗习尚，事多失实。②孔传《续六帖》：宋人孔传为白居易《六贴》所撰续书，仿《北堂书钞》例，杂采成语故事。③步辇之召：皇帝派车去召见。④郭元振（公元656年~公元713年），唐朝将领。名震，字元振。魏州贵乡（今河北大名北）人。据《旧唐书》记载，少有才智，18岁举进士，任通泉县尉。⑤张九龄（公元678年~公元740年）：唐开元尚书丞相，诗人。字子寿，一名博物，汉族，韶州曲江（今广东韶关市）人。长安年间进士。官至中书侍郎同中书门下平章事。有《曲江集》。⑥文阵之雄师：文坛上成就杰出者。《资治通鉴》：简称"通鉴"，是北宋司马光主

编的一部多卷本编年体史书,共294卷,历时19年告成。上自战国,下迄五代,采用正史杂史约三百五十种,取材颇为谨慎。它是中国第一部编年体通史,在中国官修史书中占有极重要的地位。⑦杨国忠为冰山事:意指杨国忠借杨玉环得宠而发达,其荣华宝贵就像冰山一样,一旦太阳出来,就融化了。⑧兴化军学刊《遗事》:指闽莆田一带学舍刊本。南剑州学刊《散录》,指闽南平学舍刊本。

【译文】

在民间广泛流传的许多浅薄荒诞的书籍,比如《云仙散录》《老杜事实》《开元天宝遗事》等等这样的书籍,都是可笑至极的。但是仍然有一些士大夫们相信这些书的内容,甚至有些人认为《老杜事实》的作者就是苏东坡。现如今四川刻制的《杜集》,竟然把《老杜事实》为东坡所作这件事写进了注释。孔传的《续六帖》,在采集唐朝史事这件事情上做了不少贡献,然而却把《云仙录》中的故事记载在了里面,这简直就是玷污了自己的书。《开天遗事》假如是王仁裕写的,王仁裕是五代时期的人,虽然文章缺乏气概,但也不至于写出这么不济的文章吧。暂且分析以上几件事情,就当笑话吧。第一件事说的是:"开元初期姚元崇做了翰林学士,皇帝曾派车召唤他。"考查得知:姚元崇在武则天时期就已经成为宰相,到开元初期已经是第三次当宰相了。第二件事是:"郭元振年轻的时候,就已经英俊潇洒、风度翩翩了,宰相张嘉贞想要让他做自己的女婿,于是就把他的第三个女儿和郭元振牵红线,他的三女儿果然跟着丈夫富贵发达了。"考查之后才知道:郭元振在睿宗时期做过宰相,明皇初年就被贬官过世了,十年之后,张嘉贞才当上了宰相。第三件事是:"杨国忠得势的时候,朝廷的文武百官都想着要依附他,以谋求荣华富贵,唯独张九龄没有登门拜访过。"考查之后得知:"张九龄辞官十年之后,杨国忠才得到了官职。"第四件事则是:"张九龄浏览了苏颋写的文章时,评价说:苏颋算得上是文坛不可多得的人才。"考查之后发现:"苏颋当宰相的时候,张九龄还没发达呢。"这些都是明摆着的事实,轻易就可以看出错误,因此浅陋得都不值一驳,然而这也颇能迷惑误导后生晚辈啊。对于张彖说杨国忠的富贵和权势像冰山这件事,《资治通鉴》也记载了这种说法,不知道还有没有其他的证据呢?近几年,兴化军官刊刻印刷的《遗事》,南剑州官刊刻印刷的《散录》,都应该毁掉。

【评析】

在这篇文章中，对于民间流传的一些浅薄荒诞的书籍给予了抨击和揭露，对那些书籍里的虚假的论述，我们应该予以否定。我们应该有据理论证的精神，而不是一味地相信书中所有的内容。当然，在现实生活中也一样，做什么事都不能盲从，应该用科学的事实说话，一切真实的事实都不是我们凭空想象出来的，而是有着科学的证明和依据的。达尔文曾说过："科学就是整理事实，从中发现规律，作出结论。"文章中列举的四个错误的故事，都是有事实和内在规律证明的。总之，这篇文章警戒我们：要实事求是，用科学角度认知事实。

地险

【原文】

古今言地险者，以谓函秦宅关、河之胜，齐负①海、岱，赵、魏据大河，晋表里河山，蜀有剑门、瞿唐②之阻，楚国方城③以为城，汉水以为池，吴长江万里，兼五湖之固，皆足以立国。唯宋、卫之郊，四通五达，无一险可恃。然东汉之末，袁绍跨有青、冀、幽、并四州，韩遂、马腾辈分据关中，刘璋擅蜀，刘表居荆州，吕布盗徐，袁术包南阳、寿春，孙策取江东，天下形胜尽矣。曹操晚得兖州，倔强其间，终之夷群雄，覆汉祚④。议者尚以为操挟天子以自重，故能成功。而唐僖、昭之时，方镇擅地，王氏有赵百年，罗洪信在魏，刘仁恭⑤在燕，李克用在河东，王重荣在蒲，朱宣、朱瑾在兖、郓，时溥在徐，王敬武在淄、青，杨行密在淮南，王建在蜀，天子都长安，凤翔、邠、华三镇鼎立为梗，李茂贞、韩建皆尝劫迁乘舆⑥。而朱温⑦区区以汴、宋、亳、颍截然中居，及其得志，乃与操等。以在德不在险为言，则操、温之德又可见矣。

【注释】

①负：依靠，凭借。②瞿塘：指瞿塘峡，又名夔峡。西起重庆市奉节县的白帝城，东至巫山县的大溪镇，全长约8公里。在长江三峡中，虽然它最短，却最为雄伟险峻。③方城：楚长城北起今河南方城，故称方城。④覆汉祚：灭亡了汉朝。祚，皇位。⑤刘仁恭：深州（今河北深州）人，唐末曾任卢龙节度使。本为

原卢龙节度使李可举旗下将领,唐僖宗光启元年(公元885年)在卢龙攻易州的一场战役中,以挖地道进城的方法攻陷城池,因此军中号曰"刘窟头"。⑥乘舆:天子代称。舆,乘坐的车架。⑦朱温:唐朝末期将领,曾被赐名朱全忠,称帝后改名朱晃。宋州砀山午沟里(今安徽省砀山县)人家世为儒,祖朱信,父朱诚,皆以教授为业。

【译文】

　　古今说到地形险要的,都认为秦国凭借函谷、大河的有利地势,齐国倚仗大海和泰山的险要地形,赵国和魏国依据大河,晋国外境有河、内境有山,蜀国拥有剑门关、瞿塘峡的险阻,楚国把方城作为城垣,汉水作为城池,吴国凭借万里长江和太湖的险要,都可以建立国家。唯独宋国、卫国的周围,四通八达,没有一处险要的地势可守。然而在东汉末年,袁绍占据了青州、冀州、幽州、并州四州,韩遂、马腾等分别占据了关中,刘璋凭借蜀地,刘表占据荆州,吕布窃据徐州,袁术拥有南阳、寿春,孙策攻占江东,全国所有的险要地方都分割完了。而曹操最后才得到兖州,从这里崛起强盛起来,最后却消灭群雄倾覆汉室。讨论这件事的人认为,曹操挟持皇帝是为了提高自己的地位,所以才能成功。然而在唐朝僖宗、昭宗时期,藩镇割据,王氏占有赵地一百多年,罗洪信占据魏地,刘仁恭占据燕地,李克用占据河东,王重荣占据蒲州,朱宣、朱瑾占据兖州、郓州,(王)时溥占据徐州,王敬武占据淄州、青州,杨行密占据淮南,王建占据蜀地,皇帝建都在长安,凤翔、邠州、华州三镇鼎足而立,不听诏令,李茂贞、韩建都挟持过皇帝。然而朱温凭借小小的汴州、宋州、亳州、颍州几个地方在危险中求得一席之地,然后慢慢壮大,最后竟能取得和曹操一样的雄基伟业,统治整个中原。所以就历史的兴衰而言,大多在于德行而不在于地理位置险要。从这个方面来看,曹操和朱温的德行就可见一斑了。

【评析】

　　文章说,就历史兴衰而言,大多在于德行而不在于地理位置险要,这个结论是没有什么疑问的。但就个例而言,曹操和朱温的立国并不在于他们二者多有德行,而在于时势所趋,所谓"时无英雄,使竖子成名"。若不然,何以曹魏46年而亡,后梁16年而亡呢?

长歌之哀

【原文】

嬉笑之怒，甚于裂眦①；长歌之哀，过于恸哭。此语诚然。元微之在江陵，病中闻白乐天左降②江州，作绝句云："残灯无焰影幢幢，此夕闻君谪九江。垂死病中惊起坐，暗风吹雨入寒窗。"乐天以为："此句他人尚不可闻，况仆心哉！"微之集作"垂死病中仍怅望"。此三字即不佳，又不题为病中作，失其意矣。东坡守彭城③，子由④来访之，留百馀日而去，作二小诗曰："逍遥堂后千寻木，长送中宵风雨声。误喜对床寻旧约，不知飘泊在彭城。""秋来东阁凉如水，客去山公醉似泥。困卧北窗呼不醒，风吹松竹雨凄凄。"东坡以为读之殆不可为怀，乃和其诗以自解。至今观之，尚能使人凄然也。

【注释】

①裂眦：因发怒而眼睛睁得极大，形容极其愤怒。②左降：贬官的意思。③彭城：今江苏徐州一带。④子由：汉族，眉州眉山（今属四川）人。嘉祐二年（公元1057年）与其兄苏轼同登进士科。神宗朝，为制置三司条例司属官。

【译文】

带着嬉笑的愤怒，超过吹胡子瞪眼的愤恨；通过悠长的歌声表达的悲伤，超过号啕大哭的痛苦。这句话描述得很正确。元微之在江陵的时候，生病时听说白乐天被贬官到江州，于是作了一首绝句说："残灯无焰影幢幢，此夕闻君谪九江。垂死病中惊起坐，暗风吹雨入寒窗。"白乐天认为："这首诗别人都不愿意听到，更何况是我自己呢？"元微之曾写过"垂死病中仍怅望"，"仍怅望"这三个字用得既不好，又不能说明是在生病时所作，因而失去了最初的意思。苏东坡在彭城当官，他的弟弟苏辙前来拜访他，居住了一百多天才离开，走时还作了两首小诗，说："逍遥堂后千寻木，长送中宵风雨声。误喜对床寻旧约，不知飘泊在彭城。""秋来东阁凉如水，客去山公醉似泥。困卧北窗呼不醒，风吹松竹雨凄凄。"苏东坡认为读了这两首诗后心里非常难受，便和了两首用来宽慰自己。现在读起来，仍然使人感到悲凉凄惨。

【评析】

痛与不痛，并不是表现在脸上或者显眼的外表，这就像原文所说的"嬉笑之怒，甚于裂眦"。有些人不是很痛苦，不是很悲伤，却能把悲伤表现得淋漓尽致；有些人明明很痛苦，却为了不让别人担心而把痛苦藏在内心，其实后者才是最痛苦悲伤的。换一个角度想，凡是那些能忍受痛苦悲伤的人，其成功的概率才会更大。忍受孤独、忍受失败、忍受屈辱都是忍受痛苦的一种。忍受孤独的能力是成功者的必备条件，忍受失败的能力是重新振作的力量源泉，忍受屈辱的能力是成就大业的前提。

张良无后

【原文】

张良、陈平①，皆汉祖谋臣，良之为人，非平可比也。平尝曰："我多阴谋，道家之所禁。吾世即废矣，以吾多阴祸也。"平传国至曾孙，而以罪绝，如其言。然良之爵但能至子，去其死才十年而绝，后世不复绍封，其祸更促于平，何哉？予盖尝考之，沛公攻峣关②，秦将欲连和，良曰："不如因其懈怠击之。"公引兵大破秦军。项羽与汉王约中分天下，即解而东归矣。良有养虎自遗患之语，劝王回军追羽而灭之。此其事固不止于杀降也，其无后宜哉！

【注释】

①张良：字子房，汉初三杰之一。传为汉初城父（《后汉书注》云："张良出于城父"，即今安徽亳州市东南）人。陈平，阳武（今河南原阳）人，西汉王朝的开国功臣之一。在楚汉相争时，曾多次出计策助刘邦。②峣关：故址在西安市蓝田县城南，因临峣山得名，自古为关中平原通往南阳盆地的交通要隘。

【译文】

张良、陈平，都是汉高祖手下的谋臣，但是张良的为人，却不是陈平可以相比的。陈平曾经说："我善于使用阴谋，这是道家所禁忌的地方。我的后代将会灭绝，这是我造的祸根啊！"果然陈平的地位传到他的曾孙时，因罪而被断绝了，正如他所说的一样。然而张良的爵位却只传到他的儿子，他去世后十年就灭绝了，后代也不再续封，他遭到灾祸的时间比陈平还早，这是为什么呢？我曾考查过，沛公攻打峣关时，秦国守将想要投降，张良说："不如趁他放松戒备时进攻。"沛公的军队战胜了秦兵。之后项羽和汉王订立了合约，平分天下，达成合约后项羽就带兵向东去彭城了。张良说这是养虎为患，劝刘邦回兵追击项羽灭掉他。张良的这两件事不逊于诛杀降兵，因此他应当没有后代啊！

【评析】

从这篇文章中，我们可以知道，张良腹藏坏水、损招频出。刘邦攻打峣关时，秦国想要投降，张良提出"不如因其懈怠击之"，于是才打败秦军。张良如此阴险，理应受到报应。这件事也告诉我们，在生活中，如果能够多做一些善事，尽力地去帮助别人，将来必定能够获得相应的回报；即使无力行善或不愿意为别人付出，无论如何也不能心存邪念，加害于别人。积善之家必有余庆，积恶之家必有余殃！

周亚夫

【原文】

周亚夫距①吴、楚，坚壁②不出。军中夜惊，内相攻击扰乱，至于帐下。亚夫坚卧不起。顷之，复定。吴奔壁东南陬③，亚夫使备西北。已而果奔西北，不得入。《汉史》④书之，以为亚夫能持重。按，亚夫军细柳⑤时，天子先驱至，不得入。文帝称其不可得而犯。今乃有军中夜惊相攻之事，安在其能持重乎！

【注释】

①周亚夫：西汉名将。距，通"拒"，抗拒，抵抗。周亚夫（公元前199~公元前143年），西汉时期的著名将军、军事家，汉族，沛县（今江苏沛县）人。他是名将绛侯周勃的次子。②坚壁：坚守阵地。③陬（zōu）：隅，角落。④《汉史》：我国第一部断代体史书《汉书》，《汉书》，又称《前汉书》，一百二十卷。其主要记述起于汉高祖元年（公元前206年），止于王莽地皇四年（公元23年），囊括了西汉一代（包括短暂的王莽政权）二百三十年的史事，是继《史记》之后我国古代又一部重要史书。⑤细柳：今陕西咸阳西南。

【译文】

周亚夫在抵抗吴、楚军队时,坚守阵地,并不主动出战。军营在夜间时发生惊动,士兵们互相攻击扰乱,一直闹到周亚夫的帐下。周亚夫依然躺着不起。过了一会儿,军营安静下来。吴军攻打军营东南角,周亚夫便命令加强军营西北角的防备。果然吴军又来攻打军营西北角,却不能够攻进来。《汉史》上记载了这件事,认为周亚夫用兵适当、稳重。据考查,周亚夫在细柳驻军时,皇帝派的使臣到达那里,却不能够进军营。汉文帝称赞他的军队是不可侵犯的。但军队如今竟然发生夜间受扰而互相攻击扰乱的事,怎么能够说他用兵适当、稳重呢?

【评析】

做事情一定要适当、稳妥地处理问题。上述文章讲述了虽然周亚夫在抵抗吴军用兵得当取得了战争的胜利,也得到了《汉史》对其"能持重"的评价。但由于军中出现"夜惊,内向攻击扰乱"的现象,遭到了作者的质问,最后用反问的形式否定了"周亚夫能持重"的观点。

秦用他国人

【原文】

七国虎争天下,莫不招致四方游士①。然六国所用相,皆其宗族及国人,如齐之田忌、田婴、田文②,韩之公仲、公叔,赵之奉阳、平原君,魏王至以太子为相。独秦不然,其始与之谋国以开霸业者,魏人公孙鞅③也。其他若楼缓赵人,张仪、魏冉、范雎④皆魏人,蔡泽燕人,吕不韦韩人,李斯⑤楚人。皆委国而听之不疑,卒之所以兼天下者,诸人之力也。燕昭王任郭隗、剧辛、乐毅,几灭强齐,辛、毅皆赵人也。楚悼王⑥任吴起为相,诸侯患楚之强,盖卫人也。

【注释】

①四方游士:四方游说之士。战国时期谋臣策士众多,读书人习纵横之术,游历四方,希图出人头地。②田忌、田婴、田文:田忌,战国时齐国名将,在马陵道杀掉魏国大将庞涓。田婴,田文的父亲,齐国丞相。田文,即孟尝君,齐

贵族，有门客数千人，为"战国四君子"之一。③公孙鞅：即商鞅，本为卫国人，被秦孝公封到商地，故而又称商鞅、商君。④张仪、魏冉、范雎：张仪，战国时著名纵横家，当时苏秦先游说六国合纵抗秦，后张仪策说六国连横事秦。魏冉，魏昭王母宣太后的异父弟，助昭王即位，为将军，受封穰侯。范雎，字叔，战国时魏人。⑤李斯：战国末上蔡人，因六国弱，无法施展才能而入秦，助秦始皇灭六国，统一天下，为丞相。秦始皇死，又助胡亥继帝位。⑥楚悼王：即熊疑，其父熊当被盗贼杀死，熊疑继立为悼王。

【译文】

七国争雄天下，没有不招揽全国各地的人才的。然而六国所任用的相国，都是他们宗族的人和本国人，比如齐国的田忌、田婴、田文，韩国的公仲、公叔，赵国的奉阳、平原君，魏王甚至将太子立为国相。唯有秦国不是这样的，最初和秦国商讨大计、开创霸业的是魏国人公孙鞅。还有，比如赵国人楼缓，魏国人张仪、魏冉、范雎，燕国人蔡泽，韩国人吕不韦，楚国人李斯。秦王把国家大事都托付给他们并且不怀疑他们。秦国最终能够统一天下，都是靠以上这些人的力量。燕昭王任用郭隗、剧辛、乐毅，几乎灭掉了强盛的齐国，而剧辛、乐毅都是赵国人。楚悼王任用吴起为相国，各国诸侯都担心楚国会变强大，原来吴起是卫国人。

【评析】

从上面的历史背景中可以看出，秦国之所以能够战胜六国，统一天下，主要是因为秦国善于用人。其他六国所任用的相国都是自己的亲信或是本国的人，而秦国则是任用有实力的人，从不受地域的限制，如赵国人楼缓、魏人张仪、燕人蔡泽、韩人吕不韦等等，甚至"皆委国而听之不疑"，正是由于秦国用人得当，看问题有长远的眼光，才能最终统一六国。

李太白

【原文】

世俗多言李太白在当涂采石①，因醉泛月于江，见月影俯而取之，遂溺死。故其地有捉月台。予按李阳冰②作太白《草堂集序》云："阳冰试弦歌③于当涂，公疾亟，草稿万卷，手集未修，枕上授简俾为序。"又李华④作《太白墓志》，亦云："赋《临终歌》而卒。"乃知俗传良⑤不足信，盖与谓杜子美⑥因食白酒牛炙而死者同也。

【注释】

①采石：即采石矶，在今安徽当涂县境内。②李阳冰：字仲温，是李白的堂叔，宝应元年（公元762年）任当涂县令，为李白诗集作序。③试弦歌：担任县令。④李华：字遐叔，天宝间官监御史，为权幸所嫉，后去官归隐，为李白写墓志。⑤良：这里是实在的意思。⑥杜子美：名甫，字子美。唐代巩县（今河南巩义）人，历官检校工部员外郎，故有杜工部之称。后人还称其为"诗圣"。

【译文】

世俗都说李白在当涂的采石矶，夜间因喝醉了酒在江上划船，看见月亮的影子映在水中，便俯身捞取，却失足溺水身亡。所以采石矶就有了捉月台。我考查了李阳冰为李白所作的《草堂集序》，上面说："李阳冰曾在当涂担任县令，当时李白病得很严重，有草稿一万卷还没有修定，于是在枕头上把文稿交给我，让我作序。"又有李华撰写的《太白墓志》中也说："李白是写了《临终歌》而死。"据此可知，世俗的传言实在是不可信，大概是与传言杜甫因喝了白酒，吃了烤牛肉而死一样的荒诞可笑吧。

【评析】

不可轻易听取谣言。世俗传言说李白是因为喝醉了酒，失足溺水身亡。而经过作者考证得知，李白是因为在病重的情况下写诗而亡的。从这里可以看出，世俗上的传言不一定就是真的，我们可以一听而过，但不能全部信以为真，一定要通过科学的考证才可以。

温公客位榜

【原文】

司马温公①作相日，亲书榜稿揭②于客位，曰："访及诸君，若睹朝政阙遗③，庶民疾苦，欲进忠言者，请以奏牍闻于朝廷，光得与同僚商议，择可行者进呈，取旨行之。若但以私书宠谕，终无所益。若光身有过失，欲赐规正，即以通封书简分付吏人，令传入，光得内自省讼，佩服改行。至于整会官职差遣，理雪罪名，凡干④身计，并请一面进状，光得与朝省众官公议施行。若在私第垂访，不请语及。某再拜咨白⑤。"乾道九年，公之曾孙伋出镇广州，道过赣⑥，获观之。

【注释】

①司马温公：即司马光，字君实，陕西夏县（今属山西）人，北宋史学家。谥文正，追封温国公。与刘恕等编撰编年史《资治通鉴》。②榜稿：榜，告示。揭，张贴。③阙遗：失误与遗漏。④干：牵涉的意思。⑤咨白：说明，禀告。⑥赣：赣州，今属江西。

【译文】

司马光当宰相的时候，亲笔写了一篇告示，并张贴在会见客人的地方，上面写道："来访的所有人士，如果看到朝廷政事有失误遗漏，百姓疾苦，想要提出中恳意见的，请用奏章上奏给朝廷，我和同僚们商议之后，选择可行的再上交给皇上，经批准就会施行。但是倘若私下写信给我，结果也是没有益处。倘若我犯了什么错误，也希望大家不吝赐正，把书信封好交给吏员，让官吏将信传递给我，我一定会反省自己，然后改过。对于那些处理官职的委派、平反罪名的事情，凡是牵涉到自身的，都请送来状纸，我和众臣商议后施行。倘若到我家里拜访的，请不要谈论公事。司马光再拜敬作说明。"宋孝宗乾道九年（公元1173年），司马光的曾孙司马伋去广州做官，路过赣州，才看到了此榜文。

【评析】

批评者是我们的良师益友，因为他点出我们的缺点。有时候，别人批评我们，并不是对我们本身不满意，而是对我们所做的事或对人的态度不满意，他们的批评只是对我们所做事情的一种建议，并不是无中生有的挑剔。善意的批评，能让我们知道存在着哪些不足和缺点，这样就能在日后的生活中慢慢地弥补或改掉缺点，更加地完善自己。可以说，司马光能够当上宰相，并受人爱戴，这与他善于虚心接受别人的批评有着很大的关系。在现实生活中，我们也应该像司马光一样，有一种善于接受别人批评的精神。

牛米

【原文】

燕慕容皝①以牛假②贫民，使佃苑中，税其什之八；自有牛者，税其七。参军封裕③谏，以为魏、晋之世，假官田牛者不过税其什六，自有牛者中分之，不取其七八也。予观今吾乡之俗，募人耕田，十取其五，而用主牛者，取其六，谓之牛米，盖晋法也。

【注释】

①慕容皝（huàng）：字元真，东晋初年鲜卑族的首领，建立前燕国。他为了纪念自己的功绩，自创"皝"字。②假：借。③封裕：封裕，汉人，渤海封氏，封抽的儿子，为前燕记室监参军、太尉领中书监。

【译文】

燕国皇帝慕容皝把牛借给贫穷的农民，并且允许他们在苑囿中种地，但是要收取他们十分之八的租金，如果自己家里有牛的，就收取十分之七。参军封裕劝说阻止，他认为在魏、晋时期，农民租种官府农田和借用官府的牛所交的租金也不过是十分之六，而自己有牛的，双方各付一半，也不会收取十分之七或八的租金。如今我看了我们家乡的风俗，用佃户耕田，收取十分之五的租金，使用主家耕牛的，收取十分之六的租金，称之为"牛米"，这乃是晋朝的制度。

【评析】

"谁知盘中餐，粒粒皆辛苦。"这是李绅《悯农》中的句子，这让我们又想起满脸皱纹但又一脸纯朴的田间老农，他们起早贪黑，不管是烈日炎炎还是刮风下雨，依旧要在田间辛苦地劳作。所有的一切都只是为了有一碗饭吃，能让全家老小填饱肚子，但这样高的租金，谁能承受得了？虽然粮食是他们自己种出来的，可官员却并不理会他们的难处与艰辛。这就是古代当时收取农民租金的制度啊！想一想，生活在现代的我们是多么幸福啊，我们应该感到知足。

南夷服诸葛

【原文】

蜀刘禅时,南中诸郡叛,诸葛亮征之,孟获①为夷、汉所服,七战七擒,曰:"公,天威也,南人不复反矣。"《蜀志》所载,止于一时之事。国朝淳化中,李顺乱蜀,招安使雷有终遣嘉州②土人辛怡显使于南诏,至姚州,其节度使赵公美以书来迎云:"当境有泸水,昔诸葛武侯戒曰:'非贡献征讨,不得辄渡此水;若必欲过,须致祭,然后登舟。'今遣本部军将赍金龙二条、金钱二千文,并设酒脯,请先祭享而渡。"乃知南夷③心服,虽千年如初。呜呼,可谓贤矣!事见怡显所作《云南录》。

【注释】

①孟获:是三国时期南中一带少数民族的首领,曾经起兵反叛蜀汉,后来被诸葛亮七擒七纵并降服。②嘉州:今四川乐山一带。③南夷:古代的少数民族。

【译文】

蜀国后主刘禅时期,南中的几个郡发生叛乱,诸葛亮出兵讨伐,孟获是当时被夷民汉人所佩服的人,跟诸葛亮打了七次仗,每次均被抓住,他说:"先生有上天的威严,我南夷之人不会再叛乱了。"《蜀志》中所记载的,只是一段时期的事情。在宋太宗淳化年间,李顺反叛蜀国,招安使雷有终派遣嘉州士人辛怡显出使南诏,到达姚州后,当地节度使赵公美用书信来迎接,说:"当地境内有条泸水,过去诸葛亮曾告诫说:'如果不是贡献或是征讨,就不得渡过这条河;倘若一定要过,就必须祭祀,然后才可以登舟过河。'现在,我已经派本部将士带两条金龙、二千文金钱并摆下酒肉,请先祭祀之后再渡河。"由此可见,南夷人对诸葛亮是很佩服的,虽然过了千年,却和当初一样。唉!真可称之为贤才啊!这件事被记载到了辛怡显所作的《云南录》中。

【评析】

诸葛亮之所能使南夷人对他心悦诚服,除了诸葛亮的聪明才智外,还有另一个重要因素——以理服人。孟获,跟诸葛亮打了七次仗,被擒获了七次,也被诸葛亮放了七次,最后,孟获心悦诚服,真心诚意地佩服诸葛亮,便不再与朝廷作对，即使是在千年之后，南夷人依然谨记诸葛亮的告诫。

晋之亡与秦隋异

【原文】

自尧、舜及今，天下裂而复合者四：周之末为七战国，秦合之；汉之末分为三国，晋合之；晋之乱分为十馀国，争战三百年，隋合之；唐之后又分为八九国，本朝合之。然秦始皇一传而为胡亥，晋武帝一传而为惠帝，隋文帝一传而为炀帝，皆破亡其社稷。独本朝九传百七十年，乃不幸有靖康之祸①，盖三代以下治安所无也。秦、晋、隋皆相似，然秦、隋一亡即扫地，晋之东虽曰"牛继马后"②，终为守司马氏之祀，亦百有馀年。盖秦、隋毒流四海，天实诛之，晋之八王擅兵③，孽后④盗政，皆本于惠帝昏蒙，非得罪于民，故其亡也，与秦、隋独异。

【注释】

①靖康之祸：北宋靖康二年（公元1127年），金军南下，攻陷宋都汴京（今河南开封），徽宗、钦宗被虏，北宋灭亡。②牛继马后：指以牛姓代替司马氏继承皇位，这是晋朝时的图谶。③八王擅兵：指西晋八王之乱。司马氏得到天下后，分封宗亲。惠帝时，各宗亲王侯为争权夺利，混战达16年，直到怀帝即位才平息。④孽后：指贾南风，西晋惠帝皇后。她把持朝政，引起朝野动荡。

【译文】

自从尧、舜至今，天下分裂而又统一了四次：周朝末年，战国七雄并存，之后被秦朝统一；汉朝末年，魏、蜀、吴三国鼎立，被晋朝统一；晋朝大乱后被分裂为十几个小国，持续了近三百年的战争，之后被隋朝统一；唐朝灭亡后天下又分裂为八九个小国，如今被本朝统一。然而秦始皇传了一世而为胡亥，晋武帝传了一世而为晋惠帝，隋文帝传了一世而为隋炀帝，最终全部灭亡，葬送了江山社稷。唯独本朝传了九代，达一百七十年，虽不幸遭遇了靖康之变，但大概三代以来都没有如本朝这样和平安定了。秦朝、晋朝、隋朝都有相似之处，然而秦朝、隋朝灭亡之后就再没振兴起来，东晋虽被称为"牛继马后"，但最终还是保住了司马氏的社稷，也享有了百余年。大概是秦朝、隋朝祸害了四海，上天都要诛灭他们，晋朝的八王之乱，"孽后"贾南风把持朝政，引起朝野动荡，都是由于晋惠帝的昏庸无能，并非因他残害百姓，所以晋朝的灭亡和秦朝、隋朝的灭亡是不同的。

【评析】

得民心者得天下，这是一个国家立足的基本前提。从上面的历史背景当中，我们可以清楚地看出，秦朝和隋朝，秩序紊乱，统治者昏庸无能，残害天下百姓，毒祸五湖四海，这两个朝廷连最起码的贤明、爱戴百姓都没有做到，怎会不灭亡呢？晋国的晋惠帝昏庸无能，让贾南风篡夺了朝政，胡作非为，导致朝野动荡不安，并最终导致晋国的灭亡。从上可以看出，对于一个国家而言，想要长久地立足下去，使国家昌盛太平，除了要有一个明智贤能的国君外，还要有一个良好可行的治国之道和良好的秩序，当然，最重要还是要获得百姓的信赖和认可，得到百姓的拥护和爱戴。

韩信周瑜

【原文】

世言韩信伐赵，赵广武君①请以奇兵塞井陉口，绝其粮道，成安君不听。信使间人窥知其不用广武君策，还报，则大喜，乃敢引兵遂下，遂胜赵。使广武计行，信且成禽，信盖自言之矣。周瑜拒曹公于赤壁，部将黄盖献火攻之策，会②东南风急③，悉烧操船，军遂败。使天无大风，黄盖不进计，则瑜未必胜。是二说者，皆不善观人者也。夫以韩信敌陈馀，犹以猛虎当羊豕尔。信与汉王语，请北举燕、赵，正使井陉不得进，必有它奇策矣。其与广武君言曰："向使成安君听子计，仆亦禽矣。"盖谦以求言之词也。方孙权问计于周瑜，瑜已言操冒行四患，将军禽之宜在今日。刘备见瑜，恨其兵少。瑜曰："此自足用，豫州但观瑜破之。"正使无火攻之说，其必有以制胜矣。不然，何以为信、瑜！

【注释】

①广武君：指楚汉相争时赵国谋臣李左车。李封广武君，故称。韩信、张耳攻赵时，赵权臣成安君陈馀不听广武君之言，以至兵败。韩信获广武君而师事

之，广武君遂为之筹策下燕齐之地，见《史记·淮阴侯列传》。②会：正好赶上。③急：猛烈的，急速的。

【译文】

世人都说韩信讨伐赵国时，赵国的广武君请求用奇兵堵住井陉口，以断绝敌军的粮道，成安君没有采纳他的建议。韩信派遣间谍探听赵国的情况，间谍打听到成安君没有采纳广武君的建议，回来向韩信报告，韩信非常高兴，于是立刻率军攻打赵国，结果战胜了赵国。如果成安君采纳广武君的计策，那么韩信就会被擒住，这大概是韩信自己说的话。周瑜在赤壁对阵曹操之时，部将黄盖提出火攻的策略，正好遇上猛烈的东南风，这才烧毁了曹操所有的战船，曹军大败。如果那天没有刮起东南风，黄盖也没有提出火攻的策略，那么周瑜就不一定会战胜曹军。这两种说法，都是不善于观察人。如果让韩信去对付陈馀，就像让猛虎去对付猪一样。韩信对汉王刘邦说，请求从北面攻取燕国、赵国，若井陉口被堵住，他一定还会想出其他的妙计来应对。韩信对广武君说："如果成安君听了您的计策，我就要战败被擒了。"这大概就是韩信故意谦虚以求广武君畅所欲言的说法。当孙权询问周瑜如何战胜曹军时，周瑜已经说出了曹操进军的四种弊端，并说出曹操被擒应该就在今日。刘备见到周瑜，嫌周瑜的士兵太少。周瑜说："这些人已经足够用了，您在豫州就看我怎么战胜曹军吧！"如果没有火攻之计，周瑜必定有其他方法来战胜曹军。如果不是这样，那他们还是韩信、周瑜吗？

【评析】

但凡胸怀大志、真正聪明之人，其成功绝不是凭借一时的侥幸和小聪明而取胜的。文章中，有人认为韩信之所以一举攻下赵国，是因为成安君没有采纳广武君的意见，持这种观点者都是不善于观察的人，文中说道，在韩信讨伐赵国之前，韩信已经派间谍到赵国打听过赵国的情况，当韩信得知成安君没有采纳广武君的意见后，才随机应变，采取了攻城的计策，若是间谍得到的情况是成安君听从了广武君的意见，那么韩信也一定会随机应变，采取另一种攻城计策。文中又说，有人认为，如果黄盖没有提出火攻的攻略，也没有遇到强烈的东南风，那周瑜不一定会战胜曹军，曹军也不一定失败，这种论点同样也是不对的。如果黄盖没有提出火攻的计策，也没有刮起东南风，那么周瑜肯定也会与众大臣商量其他对策的。韩信、周瑜在面对困境时，临危不乱，都是善于随机应变的人。

国初人至诚

【原文】

真宗时，并州谋帅，上谓辅臣曰："如张齐贤、温仲舒皆可任，但以其尝历枢近，或有固辞，宜召至中书①询问，愿往则授之。"及召二人至，齐贤辞以恐为人所谗。仲舒曰："非敢有辞，但在尚书班已十年，若得改官端揆②，赐都部署添给，敢不承命！"辅臣以闻，上曰："是皆不欲往也，勿强之。"王元之③自翰林学士以本官刑部郎中知黄州，遣其子嘉祐献书于中书门下④，以为："朝廷设官，进退必以礼，一失错置，咎在廊庙⑤。某一任翰林学士，三任制诰舍人，以国朝旧事言之，或得给事中，或得侍郎，或为谏议大夫。某独异于斯，斥去不转一级，与钱穀俗吏，混然无别，执政不言，人将安仰！"予谓仲舒尝为二府⑥，至于自求迁转及增请给；元之一代刚正名臣，至于公移笺书，引例⑦乞转。唯其至诚不矫伪故也。后之人外为大言，避宠辞禄，而阴有营求，失其本真者多矣，风俗使然也。

【注释】

①中书：即中书省，当时的最高行政机构。②端揆：尚书省长官。③王元之：王禹偁，字元之，北宋政治改革派的先驱，著名文学家。④中书门下：简称中书，即政事堂。⑤廊庙：帝王和大臣议事的地方，通常指代朝廷。⑥二府：宋朝最高国务机关，枢密院管理军政，称西府；中书门下管理财务，称东府，合称二府。⑦引例：援引旧例。

【译文】

宋真宗时期，并州缺少一个将帅的职位，宋真宗对辅政的大臣们说："像张齐贤、温仲舒均可胜任此职，但是因为他们曾经在枢密院担任过职位，可能会推辞这个职务，所以应该把他们召至中书省询问一下，倘若他们愿意，就授予官职。"于是把二人召至中书省，张齐贤因为害怕被别人进言陷害而推辞这个职位。温仲舒说："我不敢推辞这件事，只是我担任尚书之职已经有十年了，如果任命我为尚书省长官，赐给我都部署之职，同时增加俸禄，我敢不听命吗？"辅臣听后把他们的话汇报了皇上，皇上说："他们都不想前往任职，不要勉强他们。"翰林学士王禹偁由刑部郎中转到了黄州担任知州，派他的儿子嘉祐到政事堂献书，其书写道："朝廷设立官职，是进是退必须按照礼节，安排一旦出了错误，应归因于朝廷。我曾经担任翰林学士，三任制诰舍人，按照本朝的惯例来说，或者任命给事中，或者为侍郎，或者为谏议大夫。唯独我不同于他人，我离开官位后没有转升一级，这与管理钱穀的俗吏有什么区别，执政大臣不说，谁又会信服呢？"我认为温仲舒曾经为二府大员，敢要求皇上给其升迁并且增加俸禄；王禹偁作为一代刚正不阿的名臣，敢公开献书，引用旧例来请求升官。这都是因为他们内心至诚，从不掩饰虚伪的结果。后来的人表面上大言不惭、避宠辞禄，而暗地里却蝇营狗苟，失去真实的自己的人太多了，这就是社会风气造成的结果啊！

【评析】

《孔子家语》中有"良药苦口而利于病，忠言逆耳而利于行"，这句话人们常说，道理也是显而易见的。忠言往往就是逆耳的语言，最有价值。假如一个人听忠实良言感到厌倦逆耳，不仅完全辜负了人家劝诫的美意，关键是无法看到自己的缺点，无法反省自己言行的缺点，进而就难以改正缺点，难以更好地督促自己保持良好的品德。文中的温仲舒不但没有担任将帅之职，反而要求皇上给自己升迁并附加增加俸禄，在别人看来是大逆不道，但这是他发自内心的感想，忠言总会逆耳，听见逆耳的忠言绝对不可以气恼，如果别人一夸奖，就洋洋得意，那势必会在无形中削弱自己发奋上进的精神，也就容易自我陶醉。

孔子欲讨齐

【原文】

陈成子弑齐简公。孔子告于鲁哀公，请讨之。公曰："告夫三子①者。"之三子告，不可。《左传》曰："孔子请伐齐，公曰：'鲁为齐弱久矣，子之伐之，将若之何？'对曰：'陈常弑其君，民之不与者半，以鲁之众，加齐之半，可伐也。'"说者以为孔子岂较力之强弱，但明其义而已。能顺人心而行天讨，何患不克！使鲁君从之，孔子其使于周，请命乎天子，正名其罪。至其所以胜齐者，孔子之余事也。予以为鲁之不能伐齐，三子之不欲伐齐，周之不能讨齐，通国知之矣。孔子为此举，岂真欲以鲁之半力敌之哉？盖是时三子无君，与陈氏等，孔子上欲悟哀公，下欲警三子。使哀公悟其意，必察三臣之擅国，思有以制之，起孔子而付以政，其正君君、臣臣之分，不难也。使三子者警，必将曰：鲁小于齐，齐臣弑君而欲致讨，吾三臣或如是，彼齐、晋大国肯置而不问乎！惜其君臣皆不识圣人之深旨。自是二年，孔子亡。又十一年，哀公竟逼于三子而孙于越，比之简公，仅全其身尔。

【注释】

①三子：指当时掌握鲁国政权的三家贵族，即孟孙氏、叔孙氏、季孙氏。

【译文】

陈成子杀了齐简公，孔子告诉鲁哀公，请求讨伐陈成子。鲁哀公说："这件事你去找孟孙氏、叔孙氏、季孙氏三家贵族吧。"孔子把他的想法告诉了三家贵族，他们都没有同意。《左传》中记载说："孔子请求讨伐齐国，鲁哀公说：'鲁国比齐国弱已经是很久的事情了，你现在要讨伐他，结果会怎么样呢？'孔子回答说："陈成子杀了他们齐国的国君，齐国的老百姓有一半都不会支持他，凭借着鲁国所有人的力量加上齐国的一半人的力量，这样是足可以讨伐齐国的。"有人议论说孔子从不会计较实力的大小，只是他比较注重仁义而已，但从仁义的角度能把事情的道理说明白讲清楚就足够了。如果能顺从老百姓的心思而进行讨伐，还有什么可担心的呢？假若鲁哀公接受了孔子的请求，让孔子出使周朝天子，请求天子降罪于陈成子。至于能不能战胜齐国，孔子认为这就是与他无关的事情了。在我看来，鲁国还不能讨伐齐国，三家贵族与齐国的陈成子一样居心不良，因此不能讨伐齐国，周天子失去了权威，因此也不能够讨伐齐国，这是全国上下无人不知的道理。孔子的这一举动，难道真的是想让鲁国加上齐国一半人的力量去对抗齐国吗？大概是因为当时鲁国的三家贵族目无君主，与陈成子的状况是一样的。孔子既可以使鲁哀公觉悟，也可以警告三家贵族。如果这样使鲁哀公知道了孔子的本意，他一定会认真看待三臣擅权、图谋不轨的事实，然后想尽办法控制三臣，然后重用孔子并让他执掌国政，那么国君与大臣之间的关系就不会那么生分了。如果孔子的举动使三家贵族受到警示，他们一定会说："鲁国比齐国小，齐国的大臣杀了君主而导致大家一致要去讨伐齐国，我们三家一起去杀君主，像齐、晋这些大国又怎么会置之不理呢？"可惜的是，鲁国君臣不能理解孔子的这番深意。自此两年后，孔子死了。又过了十一年，鲁哀公竟在三位大臣的逼迫下逃到了越国，这与齐简公比起来，只是得免一死罢了。

【评析】

这篇文章讲述了孔子苦心孤诣帮助鲁哀公解决三家贵族擅权、图谋不轨的问题，可惜鲁哀公不能理解孔子所做的这些事情，孔子死后，鲁哀公被逼之下逃到了越国。看到这篇文章，让我想起了韩愈《马说》中的一句话："世有伯乐，然后有千里马。千里马常有，而伯乐不常有。"每读这篇文章，心中必有一番凄凉，有人是注定一生孤独、压抑，注定怀才不遇，最终顾影自怜，潦草此生。但也不乏有幸运者，将遇良材，最后功成封侯，并且得以善终，哀荣著后。但大多数人虽有伯乐之缘，却没有千里马之福，或英年早逝，或招君主猜忌死于刀下，或抑郁一生。孔子的一生可以说就是这样。

狐突言辞有味

【原文】

晋侯使太子申生伐东山皋落氏，以十二月出师，衣之偏衣，佩之金玦。《左氏》[1]载狐突所叹八十余言，而词义五转。其一曰："时，事之征也。衣，身之章也。佩，衷之旗也。"其二曰："敬其事，则命以始。服其身，则衣之纯。用其衷，则佩之度。"其三曰："今命以时卒，閟[2]其事也。衣之尨服，远其躬也。佩以金玦，弃其衷也。"其四曰："服以远之，时以閟之。"其五曰："尨凉，冬杀，金寒，玦离。"其宛转有味，皆可咀嚼。《国语》[3]亦多此体，有至六七转，然大抵缓[4]而不切。

【注释】

①《左氏》：即《左氏春秋》。②閟（bì）：止，尽。③《国语》：《国语》是我国最早的一部国别史著作。记录了周朝王室和鲁国、齐国、晋国、郑国、楚国、吴国、越国等诸侯国的历史。④缓：这里指关联不紧凑。

【译文】

晋侯派遣太子申生去讨伐东山皋落氏,并命令他十二月出兵,穿上不同颜色的衣服,再佩上镶金的玉佩。《左传》中记载了狐突所说有关这件事的八十多个字,其中的含义包括五个层次的转折。其一说:"时间,是事情的征兆;衣服,是身份的表象;佩饰,是内心的旗帜。"其二说:"想要让他郑重地对待一件事情,就要提前采取行动;想要符合他的身份,就要穿纯色的衣服;想要让他内心忠诚,就应当佩带合乎礼度的饰物。"其三说:"如今命令他出征的时间如此匆忙,是想要让他的事业终止;让他穿不同颜色的衣服,是想要与他疏远关系;让他佩上镶金的玉佩,是想要舍弃他内心的忠诚。"其四说:"让他穿不同颜色的衣服目的是要疏远他;让他在较晚时间出征目的是要终止他的事业。"其五说:"杂色意味着凄凉,冬天意味着肃杀,金属意味着寒气,玦佩意味着火一般的燥热。"这些文字婉转曲折,耐人寻味。《国语》中也有许多类似这样的文字,有的甚至包含六七个层次的转折,但大多数都关联不紧且不切入主题。

【评析】

狐突原姓姬,为春秋时晋国大夫,史上赫赫有名的晋文公重耳是他的外孙。晋献公命令太子申生征伐东山皋落氏,是在闵公二年(公元前660年),狐突为太子驾驭戎车。晋献公命令申生"尽敌而返",实际是要牺牲他,好改立骊姬的儿子奚齐为太子。狐突从晋献公为申生"衣之偏衣,佩之金玦"的举动中看出了端倪,从五个角度婉转提醒申生,希望他可以醒悟。《左传》里后来还提到,梁余子养、罕夷和先丹木都看出事情不对,狐突准备让大家一起出逃,被监军的羊舌大夫阻止了。于是狐突就劝谏申生,让他不要出兵。后来申生被逼自杀,晋国大乱,狐突也被杀。百姓对于他的遭遇非常同情,于是立祠祭祀。

孟子书百里奚

【原文】

柳子厚《复杜温夫书》云:"生①用助字,不当律令,所谓乎、欤、耶、哉、夫也者，疑辞也。矣、耳、焉也者，决辞也。今生则一之，宜考前闻人②所使用，与吾言类且异，精思之则益也。"予读《孟子》"百里奚③"一章曰："曾不知以食牛干秦缪公之为污也，可谓智乎？不可谏而不谏，可谓不智乎？知虞公之将亡而先去之，不可谓不智也。时举于秦，知缪公之可与有行也而相之，可谓不智乎？"味其所用助字，开阖④变化，使人之意飞动，此难以为温夫辈言也。

【注释】

①生：指杜温夫。②闻人：前人、名人。③百里奚：为"百里傒"简作，亦称百里子或百里，字里，名奚。秦穆公时的贤臣，是著名的政治家。④开阖：指诗文结构的铺展、收合等变化。

【译文】

柳宗元在《复杜温夫书》中说："你使用语助字时，是不符合法则和规律的。所说的乎、欤、耶、哉、夫等词，是疑问词。所说的矣、耳、焉等词，是判断词。而今，你认为这些字的意思是一样的，查考前人对这些字的使用规则，与我们理解的是不同的，可见仔细的思考分析是很有益的。"我在读《孟子》时看到关于百里奚的一段文字，这样写道："曾经不知道用养牛人的身份去拜见秦穆公是种肮脏的行为，这可以说是明智吗？他知道劝阻不了虞公，就不去劝阻，可以说是不明智吗？他知道虞公将要灭亡，于是提早离开，这不可以说不明智。他在秦国被推荐出来辅佐秦穆公时，便知道秦穆公是一位有作为的君主，便辅佐他，可以说是不明智吗？"仔细品味助字的使用，看诗文结构的铺展、收合等变化，让人思绪飞动，这些是温夫之辈难以理解的。

【评析】

助词是一种独立性差、无实义的特殊虚词，通常附着在其他词汇、词组，或是句子之上，以突出句子的结构或者某种功能。助词若位于句子的前、中、后，通常表示某种语气；若用于句子中间或词与词之间，则表示提示某种结构上的关系。助词没有实际的意义，所以经常被人忽视。北宋僧人文莹撰写的《湘山野录》中讲了一个故事，说赵匡胤在当上皇帝以后，准备拓展外城，他来到朱雀门前，抬头看见门额上写着"朱雀之门"四个字，觉得别扭，就问身旁的大臣赵普："为什么不写'朱雀门'三个字，多用一个'之'字有什么用呢？"赵普告诉他说："这是把'之'字作为助词用的。"赵匡胤听后哈哈大笑说："之乎者也，助得甚事！"然而助词用不好，文章也不会写得漂亮。作者转载古文大家柳宗元给青年学子杜温夫的讲解，并且又通过研读《孟子》，更加确认了这一观点。俗话说："之乎者也焉矣哉，用得成章好秀才。"做任何事，都要重视细节，不能因为它不是主要的部分就忽略不管，否则会永远比别人做得差。

韩柳为文之旨

【原文】

韩退之自言：作为文章，上规姚、姒、盘、诰①、《春秋》、《易》、《诗》、《左氏》、《庄》、《骚》、太史、子云、相如，闳其中而肆其外。柳子厚自言：每为文章，本之《书》②、《诗》、《礼》、《春秋》、《易》，参之谷梁氏③以厉其气，参之《孟》、《荀》以畅其支，参之《庄》、《老》以肆其端，参之《国语》④以博其趣，参之《离骚》以致其幽，参之太史公以著其洁。此韩、柳为文之旨，要学者宜思之。

【注释】

①姚：相传虞居姚墟而姓姚，此指《虞书》。姒，夏禹姓姒，此指《夏书》。《盘》，盘铭，商汤时代刻在盘上的铭辞。《诰》，周代的诏令。②《书》：《尚书》，现存最早的儒家经典之一，相传是经孔子编选的我国上古时期的典章文献。③谷梁氏：谷梁赤撰《谷梁传》。④《国语》：又称《春秋外传》，相传是春秋时左丘明撰，是记言史书，分周、鲁、齐、晋、郑、楚、吴、越八国叙述史事。

【译文】

韩愈曾经说过：写文章的时候，应该效法如《尚书·盘庚》《尚书·诰》《春秋》《易经》《诗经》《左传》《庄子》《离骚》，以及司马迁、杨雄、司马相如等人的文章，发挥主旨并充分演绎。柳宗元则认为：每写文章时，首先应以《尚书》《诗经》《礼记》《春秋》《易经》为基础，参照《谷梁传》的写法，可使文章思路广阔，气势磅礴；参照《孟子》《荀子》，可使文章语句流畅、脉络清晰；参照《庄子》《老子》，可使文章酣畅淋漓，妙笔生花；参照《国语》，可使文章意趣横生，更加耐人寻味；参照《离骚》，可以使文章更加意境幽远；参照《史记》，可使文章语言简洁优美。这就是韩愈、柳宗元写文章的要领，想学习写作的人应当仔细揣摩。

【评析】

这篇文章通过引用韩愈和柳宗元两人的话，阐述了要善于学习别人的优点的道理。孔子曾经说过："三人行，必有我师焉。择其善者而从之，其不善者而改之。"随时注意学习他人的长处，随时以他人缺点引以为戒，与人为善，待人宽而责己严。

洛中盱江八贤

【原文】

司马温公《序赗礼》，书闾阎①之善者五人；吕南公②作《不欺述》，书三人，皆以卑微不见于史氏。予顷③修国史，将以缀于孝行传而不果成，聊纪④之于此。

温公所书皆陕州夏县人。曰医刘太，居亲丧⑤，不饮酒食肉终，三年，以为今世士大夫所难能。其弟永一，尤孝友廉谨。夏县有水灾，民溺死者以百数，永一执竿立门首，他人物流入门者，辄摘⑥出之。有僧寓⑦钱数万于其室而死，永一诣县自陈，请以钱归其子弟。乡人负债不偿者，毁其券。曰周文粲，其兄嗜酒，仰⑧弟为生，兄或时酗殴粲，邻人不平而唁之，粲怒曰："兄未尝殴我，汝何离间吾兄弟也！"曰苏庆文者，事继母以孝闻，常语其妇曰："汝事吾母小不谨，必逐汝。"继母少寡而无子，由是安其室终身。曰台亨者，善画，朝廷修景灵宫，调天下画工诣京师，事毕，诏选试其优者，留翰林授官禄，亨名第一。以父老固辞，归养于田里。

南公所书皆建昌南城人。曰陈策，尝买骡，得不可被鞍者，不忍移之他人，命养于野庐，俟其自毙。其子与猾驵⑨计，因经过官人丧马，即磨破骡背，以炫贾之。既售矣，策闻，自追及，告以不堪。官人疑策爱也，秘之。策请试以鞍，亢亢终日不得被，始谢还焉。有人从策买银器若罗绮者，策不与罗绮。其人曰："向见君帑有之，今何靳⑩？"策曰："然。有质钱而没者，岁月已久，丝力靡脆不任用，闻公欲以嫁女，安可以此物病公哉！"取所当与银器投炽炭中，曰："吾恐受质人或得银之非真者，故为公验之。"曰危整者，买鲍鱼，其驵舞秤权阴厚整。鱼人去，身留整旁，请曰："公买止五斤，已为公密倍入之，愿畀⑪我酒。"整大惊，追鱼人数里返之，酬以直⑫。又饮驵醇酒，曰："汝所欲酒而已，何欺寒人为？"曰曾叔卿者，买陶器欲转易于北方，而不果行。有人从之并售者，叔卿与之，已纳价⑬，犹⑭问曰："今以是何之？"其人对："欲效公前谋耳。"叔卿曰："不可，吾缘北方新有灾荒，是故不以行，今岂宜不告以误君乎？"遂不复售。而叔卿家苦贫，妻子饥寒不恤也。呜呼，此八人者贤乎哉！

【注释】

①闾阎：指平民老百姓。闾，古代以二十五家为闾。阎，里巷的门。②吕南公：字次儒，号灌园，建昌南城（今属江西）人，宋代文学家，著有《灌园集》。③顷：有近来之意。④聊纪：暂且记录。聊，暂且。纪，通"记"。⑤居亲丧：为父母守丧。居，守。⑥刬揥（tī）：挑出、捞出。⑦寓：寄放。⑧仰：仰仗、依靠。⑨猾驵（zǎng）：马市上奸猾的经纪人。⑩靳：吝惜，不肯给予。⑪畀：给予的意思。⑫直：通"值"，等值的财物。⑬纳价：已经付钱。⑭犹：顺便。

【译文】

司马光的《序赗礼》中说民间有善行的五人，吕南公（今属江西人）所撰的《不欺述》中，写了三人，这八个人都是由于出身卑微而未被史家记载。近期我在编修国史时，打算将这八个人的孝行记载在国史中，但是没能成功。于是暂且记录在这里。

司马光所说的这五人，都是陕州夏县人。一是一个叫刘太的医生，为了给父母守丧，守孝三年，从未饮酒吃肉，我认为这是当今士大夫们所难以做到的。二是刘太的弟弟刘永一，特别的孝顺友好和廉洁谨慎。夏县发生水灾时，百姓溺水身亡的数以百计，刘永一便拿着一根竹竿站在门口，当有人、物流经家门口时，就将其全部打捞上来。曾有一个和尚把数万钱寄放在刘永一家里，但之后死了，刘永一便到县里说明了这件事情，并请求把这钱归还给僧人的弟子。乡亲们向他借钱，因贫困不能够如期偿还的，他就将借条焚烧毁掉。三是周文粲，他的哥哥喜欢饮酒，依靠他供养。他的哥哥喝醉时经常对他进行殴打。邻居感到愤愤不平而安慰周文粲。周文粲恼火地说:"我哥哥从来没打过我,你们为什么要挑拨我们兄弟之间的感情呢?"四是苏庆文,因为孝敬继母而闻名,他常常对他的妻子说:"如果你不耐心谨慎地侍奉我的母亲,我就会把你赶出去。"他的继母年轻时就守了寡,并且膝下无子,之后与苏庆文相依为命,最后终老。五是台亨,善于绘画。当时朝廷决定修建景灵宫,便征调各地著名画工到京师。这件事结束之后,朝廷选拔优秀的人留在了翰林院,并授予官职发放官禄,台亨排名第一。然而由于父亲年迈,他放弃官职,辞官返乡,侍奉双亲。

吕南公所记载的三个人,都是建昌南城人。一是陈策,曾经买了一匹骡子,买完之后才发现这匹骡不能备鞍,所以也就不能骑和驮物,但陈策不忍心转手卖给他人,就命人把它养在村外草屋里,等它老死。他的儿子与奸诈的马匹商人合谋,经过这里的官人有马死去的,他们就把骡子的脊背磨破,并大肆夸耀这匹骡子,然后卖给官人。卖完这匹骡子之后没多久,陈策就听说了此事,于是连忙前去追赶,并告诉买主实情。官人怀疑陈策也很喜欢这匹骡子,并且想把骡子买走,于是将骡子藏了起来。陈策让官人试着把鞍放在骡背上,折腾了一天也未能成功。官人这才把骡子退给陈策,并十分感谢他。曾经有人找陈策去买质地轻软、并带有椒眼文饰的银器,陈策没有答应。那个人就说:"我看见你家里有这种银器,现在为什么不肯卖给我呢?"陈策回答说:"没错,我这里是有银器,可是那是别人借钱抵押给我的,时间已经过了很久,银器变得很旧又脆弱,所以不能再用了。我听说你想要用这个给女儿作陪嫁用,我怎么能拿报废的银器来坑害你呢?"说完,就将家中的银器全部扔进了炽热的炭火中,并对买主说:"我担心被抵押人欺骗,可能使买银器的人上当,所以为您验证一下它的真假。"二是危整,在买鱼的时候,经纪人舞弄着秤锤,故意多给秤了几斤。卖鱼人走后,经纪人就对危整说:"你只买五斤,我暗中给你称了十斤,你得请我喝酒。"危整听后十分吃惊,连忙去追赶卖鱼的人,跑了几里路才追上,把经纪人多给他的鱼,按等价付给了卖鱼的人。又请那位经纪人去饮酒,并说:"你只是想喝酒罢了,何必去欺负那些卖鱼的贫苦人呢?"三是曾叔卿,他买了一些陶器是为了转卖到北方,但是没能成功。一次,同他一样做陶器生意的人找他买货,曾叔卿答应卖给他,并且付了钱,他顺便问道:"如今你买这些陶器做什么?"这个人回答说:"我就是按照你原来的想法去做的。"曾叔卿立即对他说:"你可不能这样做。我是因为北方遭遇灾荒，所以才不把这批陶器运到北方去卖的，现在我怎能不告诉你这一点，让你蒙受如此大的损失呢？"于是曾叔卿没有把存货卖给他。而当时曾叔卿家中贫穷，就连妻子的饥寒温饱都难以顾全。哎呀，上面这八个人，真可以称得上是善人贤人啊！

【评析】

本篇记载了八位堪称贤者的普通人，又因不能将他们的事迹列入正史而流传，使作者深感遗憾。孔子曾说，人有五种类型：庸人、士人、君子、贤人和圣人。所谓庸人，嘴里不能说出好话，心里也不知道忧愁，被身体的欲念所主宰，思想也就跟着变坏；所谓士人，即使不能尽善尽美，但必定有所操守，说话做事都非常审慎；所谓君子，就是说话忠诚守信而并不自诩有美德，仁义之道充满全身，而脸上并不露出炫耀的神色，思考问题明白通达却不与人争辩；所谓贤人，行为符合规矩法度而不伤害本身，言论能够被天下人取法而不伤害自己，富裕得拥有天下而没有私藏的财富，把财物施舍给天下人而不用担忧自己会贫穷；所谓圣人，智慧能通晓大道，面对各种事变而不会穷于应付，能明辨万物性质。

这五种层次，实际上就是一个人通过克制物欲，逐渐提高思想道德水平的过程。如刘太、苏庆文等人，躬行孝道，兄弟友爱，不取非分之财，便达到了士人的境界，一生持守，就可称得上君子。而危整的行为，使鱼贩不致受骗而蒙受损失，指出经纪人的过错却又不让他过于失去颜面，称得上是忠信仁义俱全的无可挑剔的君子了。至于圣、贤两个层次太过缥缈，恐怕不是普通人可以达到的，但做到君子的程度，就可以算得上普通人中的圣贤了。关键是，不能因为身份的卑微，就不去克制物欲，不去培养道德。道德是一种行动，对于普通人而言，要过一种道德的生活，绝非体现在轰轰烈烈的壮举之中，而是体现在日常平凡的举止之中。

诸葛公

【原文】

诸葛孔明千载人①，其用兵行师，皆本于仁义节制，自三代以降，未之有也。盖其操心制行②，一出于诚，生于乱世，躬耕陇亩，使无徐庶之一言，玄德之三顾，则苟全性命，不求闻达必矣。其始见玄德，论曹操不可与争锋，孙氏可与为援而不可图，唯荆、益可以取，言如蓍龟③，终身不易。二十余年之间，君信之，士大夫仰之，夷夏④服之，敌人畏之。上有以取信于主，故玄德临终，至云："嗣子不才，君可自取。"后主虽庸懦无立，而举国听之而不疑。下有以见信于人，故废廖立而立垂泣，废李严而严致死。后主左右，奸辟侧佞⑤，充塞于中，而无一人有心害疾者。魏尽据中州，乘操、丕积威之后，猛士如林，不敢西向发一矢以临蜀，而公六出征之，使魏畏蜀如虎。司马懿案行其营垒处所，叹为天下奇才。钟会伐蜀，使人至汉川祭其庙，禁军士不得近墓樵采，是岂智力策虑所能致哉？魏延每随公出，辄欲请兵万人，与公异道会于潼关⑥，公制而不许；又欲请兵五千，循秦岭⑦而东，直取长安，以为一举而咸阳以西可定。史臣谓公以为危计不用，是不然。公真所谓义兵不用诈谋奇计，方以数十万之众，据正道而临有罪，建旗鸣鼓，直指魏都，固将飞书告之，择日合战，岂复翳行窃步⑧，事一旦之谲⑨以规咸阳哉！司马懿年长于公四岁，懿存而公死，才五十四耳。天不祚汉，非人力也。"霸气西南歇，雄图历数屯。"杜诗尽之矣。

【注释】

①千载人：千年的伟人。②操心制行：思想和行为。③蓍（shī）龟：蓍草、龟壳，两者都是用来占卜的，此处代指占卜算卦。④夷夏：指少数民族和中原人。⑤佞：善辩，巧言谄媚。⑥潼关：在今陕西潼关东南。⑦秦岭：自甘肃天水至河南三门峡一段山脉。⑧翳行窃步：暗中出兵偷袭。⑨谲（jué）：欺诈。

【译文】

诸葛亮是千百年以来的伟人，他的行军用兵之道，都是以仁义之道为原则，自三代以来，从未有过像诸葛亮这样的人。他的思想和行为，出于对国家的忠诚，他出生在乱世时期，以种田为生，倘若没有徐庶的举荐、刘备的三顾茅庐，诸葛亮必是苟且保全性命，不求扬名显达了。诸葛亮第一次遇见刘备时，就讨论不能够和曹操较量高低，可以支援孙权，但不能对其图谋，只有荆州、益州可以夺取。这些话就像占卜算卦一样的准确，在他的一生中，这样的形势果然都没有发生改变。在二十多年中，刘备信任他，士大夫仰慕他，少数民族和中原人都佩服他，敌人畏惧他。对上，他完全取得了君主的信任，所以刘备在临终时，对诸葛亮说："如果我的儿子没有治国才能，你可以取代他自己做皇帝。"后主刘禅虽平庸懦弱，没有立国的才能，但他也敢将国家交给诸葛亮，从不对他产生怀疑。对下，他的诚信与才德威望被所有人信服，所以廖立与李严虽然都被诸葛亮弹劾免职，但听到诸葛亮病逝，廖立痛苦大哭，李严因过度伤心而亡。后主刘禅左右的奸佞之臣巧言善辩，遍及朝野，但没有人怀有暗害诸葛亮之心。当魏国完全占领中州地区之后，还挟有曹操、曹丕父子生前的积威，军中勇猛的将士如林，却不敢向西发一支箭到蜀国，而诸葛亮却六次率领大军讨伐魏国，致使魏国上下畏惧蜀国如同畏惧老虎一般。司马懿仔细地巡查诸葛亮的营寨后，感叹他为天下奇才。钟会征讨蜀国时，曾派人到汉川祭祀诸葛亮庙，并禁止士兵在诸葛亮墓的周围砍柴，这仅仅是凭借诸葛亮的高超才能与足智多谋所获得的吗？蜀国大将魏延每次随诸葛亮出征，总是请求领兵一万，从暗道走，与诸葛亮在潼关会师，诸葛亮一直没有答应；魏延又请求诸葛亮给他五千精兵，他想要沿秦岭向东走，直取长安，并认为这样可以平定咸阳以西的地方。史臣认为，诸葛亮觉得魏延的计策太过于危险，所以不予采纳。其实并不是这样。诸葛公是认为正义之师不可以用诈谋奇计，于是他便率领几十万大军，占据要道来讨伐敌军，他举起大旗，高鸣战鼓，直指魏国的都城，他本来打算派人给魏军送战书，择日交战，怎么能够暗中出兵偷袭，以欺诈之计占据咸阳呢？司马懿比诸葛亮大四岁，但司马懿活着，诸葛亮却死了，年仅五十四岁。上天不保佑庇护汉室，这不是人力所能挽回的。"霸气西南歇，雄图历数屯。"杜甫这两句诗已经把这件事说得淋漓尽致了

【评析】

诸葛亮是三国时期蜀汉丞相，杰出的政治家、军事家、发明家、文学家。他为了匡扶蜀汉政权，呕心沥血、鞠躬尽瘁、死而后已，成为后代宰相的楷模。在一般人的心目中，诸葛亮最大的特点是有谋略，所以鲁迅曾经评价《三国演义》把诸葛亮写得"多智而近妖"。但事实上，诸葛亮能够取得成功，更多是依靠他强大的人格魅力。人格魅力不是先天就有的，也不是自然而然形成的，他是人应有的心量、雅量和气量的集中体现，是人以身作则、率先垂范的结果。一个人拥有第一等的胸襟、第一等的学识，便会拥有第一等的魅力。

论韩公文

【原文】

刘梦得、李习之、皇甫持正、李汉①，皆称诵韩公之文，各极其挚。刘之语云："高山无穷，太华削成。人文无穷，夫子挺生。""鸾凤一鸣，蜩螗②革音。手持文柄，高视寰海。权衡低昂，瞻我所在。三十馀年，声名塞天。"习之云："建武以还，文卑质丧。气萎体败，剽剥不让。""拔去其华，得其本根。""包刘越嬴，并武同殷。'六经'之风，绝而复新。学者有归，大变于文。"又云："公每以为自杨雄之后，作者不出。其所为文，未尝效前人之言而固与之并。""后进之士有志于古文者，莫不视以为法。"皇甫云："先生之作，无圆无方，主是归工。抉经之心，执圣之权。尚友作者，跂邪觝异，以扶孔子，存皇之极。""茹古涵今，无有端涯。鲸铿春丽，惊耀天下。""栗密窈眇，章妥句适，精能之至，鬼入神出。""姬氏以来，一人而已。"又云："属文意语天出，业孔子、孟轲而侈其文，焯焯烈烈，为唐文章。"又云："如长江秋注，千里一道。""然施于灌激，或爽于用。"此论似以为不知公者。汉之语云："诡然而蛟龙翔，蔚然而虎凤跃，锵然而韶钧鸣，日光玉洁，周情孔思，千态万貌，卒泽于道德仁义，炳如也。"是四人者，所以推高韩公，可谓尽矣。及东坡之碑一出，而后众说尽废，其略云："匹夫而为百世师，一言而为天下法，是皆有以参天地之化，关盛衰之运。""自东汉以来，道丧文弊，历唐贞观开元而不能救，独公谈笑而麾之，天下靡然从公，复归于正。""文起八代之衰，道济天下之溺，岂非参天地而独存者乎？""骑龙白云"之诗，蹈厉发越，直到《雅》、《颂》，所谓若捕龙蛇、搏虎豹者，大哉言乎！

【注释】

①刘梦得：刘禹锡（公元772年～公元842年），字梦得，汉族，唐朝彭城人，祖籍洛阳，唐朝文学家，哲学家，自称是汉中山靖王后裔，曾任监察御史，是王叔文政治改革集团的一员。唐代中晚期著名诗人，有"诗豪"之称。②蜩螗（tiáo táng）革音：蜩螗，比喻喧闹、纷扰不宁；革，改变。

【译文】

刘禹锡、李习之、皇甫持正、李汉，都极为真诚地称赞韩愈的文章。刘禹锡称赞说："无计其数的高山，唯华山险要峻削。人文才子层出不穷，诞生了韩夫子。鸾凤一声长鸣，螗蜩便改变了声音。你手持文权，俯视海内九州。你评论高下，一举一动令世人瞻仰。三十余年间，你的声名已经充满天地之间。"李习之称赞说："自东汉光武帝建武以来，文风卑弱、文质丧失、文气萎靡，文体败落。剽窃吞剥之风大作。而文公你拔其精华，得其本根，上循商、周、秦、汉，使六经朴实的文风绝而复新。天下学文的人也有所遵循，从而大大变革了文风。"李习之又说："韩文公常以为自杨雄以后，就没有真正的作家出现。他所作的文章也从来没有模仿过前人，却总是能和前贤并驾齐驱。后来人有志学习古文的，没有不把他的文章看作楷模的。"皇甫持正称赞韩愈的文章："先生所作的文章，无论形式和内容，都十分高妙。他深入钻研六经的精髓，掌握圣人权衡事物的观点，与天下作家为友，坚决抵制异端邪说，并与之斗争，扶助孔子，以保卫伟大的儒家思想标准。他的思想包古含今、无边无际。他的文章笔力雄健、辞藻华丽，震惊天下，内容充实缜密，章句妥帖美妙，到了出神入化的地步，从周代以来，也只有他一人而已。"他又说："先生作的文章，立意、语言都像是自天而降。他学习孔子、孟子，并以文章发扬他们的思想，鲜明壮美，是唐代散文的新篇章。"又说："先生的文章，就像长江秋水的洪流，一泻千里，气势宏伟，而如用于灌溉，可能就是大材小用了。"这一点似乎是不太了解韩愈。李汉评论韩愈的文章说："韩文公的文章奇诡如同蛟龙在飞翔，文采如同虎凤在跳跃，语言铿锵有力如同韶乐在鸣奏，文章如同日光般玉洁，表现出周代六经中的感情、孔子的思想，千姿万态，最终还是对道德、仁义的润泽和表现，这是非常明显的。"这四个人对韩愈文章的评价可谓是淋漓尽致了。当苏东坡的《韩文公庙碑》一问世，所有的赞美语都显得苍白无力了。苏东坡说："一个普普通通的人却能成为百代宗师，说出一句话就能成为天下人效法的准则，这都是因为他的成就可以和天地的化育万物相提并论，和国家命运的盛衰有密切的关系。自东汉以来，儒道衰丧，文风败坏，经过唐朝贞观、开元两个兴盛时期也未能挽救，只有韩文公自己谈笑着挥斥邪说，天下的人都疯狂地追随他，使思想和文风重新回到正道上来。他的文章使东汉、魏、晋、宋、齐、梁、陈、隋八代以来衰败的文风得到振兴，他宣扬儒道，把天下人从沉溺中拯救出来，这难道不是赞助天地、关系盛衰、浩大独立的正气吗？"后来，苏东坡又写了一首骑龙邀游白云乡的诗，慷慨激越，一直追随《诗经》中雅、颂的风格，这就像捕龙蛇、搏虎豹一样的宏大啊！

【评析】

韩愈的文章在他生活的时代就产生了巨大影响。苏轼对韩愈作了定论性的评价，并且景仰之情溢于言表，以苏轼的雄才，能让他如此佩服的有几人呢？应该说韩愈是影响中国文学发展的重要人物，对后世文学产生了巨大影响，他承前启后，开创了新的一代文风。

陈轸之说疏

【原文】

战国权谋之士，游说①从横，皆趋②一时之利，殊③不顾义理曲直所在。张仪欺楚怀王，使之绝齐而献商於之地。陈轸④谏曰："张仪必负王，商於不可得而齐、秦合，是北绝齐交，西生秦患。"其言可谓善矣。然至云："不若阴合而阳绝于齐⑤，使人随张仪，苟⑥与吾地，绝齐未晚。"是轸不深计齐之可绝与否，但以得地为意耳。及秦负约⑦，楚王欲攻之，轸又劝曰："不如因赂之以一名都，与之并兵而攻齐，是我亡地于秦，取偿⑧于齐也。"此策尤乖谬不义⑨。且秦加亡道于我，乃欲赂以地；齐本与国，楚无故而绝之，宜割地致币⑩，卑词谢罪，复求其援。而反欲攻之，轸之说于是疏矣。乃知鲁仲连、虞卿为豪杰之士，非轸辈所能企及也。

【注释】

①游说：泛指多方活动陈述自己的建议，希望自己的建议和主张被采纳、实施。游说此举主要出现在春秋战国时期，那时群雄并立，士人聚徒讲学，传授知识，各国国君招徕并任用贤士，以谋富国强兵之道。从横，合纵连横。②趋：趋向，追求。③殊：特别，很。④陈轸：战国时期有名的纵横之士，投奔秦惠王，为其出谋划策，扩张势力。⑤阴合而阳绝于齐：暗地里与齐国联合，但是表面上和它断交。⑥苟：如果。⑦负约：背弃盟约。⑧偿：补偿。⑨乖谬不义：荒唐乖谬不合道义。⑩割地致币：割让土地，贡献财物。鲁仲连，战国末期齐国人，擅

长计谋，常周游各国，为其排解烦难。曾游说赵、魏两国联合抗秦。被后人认为是正义之士。

【译文】

战国时期的权术谋略之人，四处游说，都只是为了追求一时的利益，完全不顾及正义道理和是非曲直的存在。张仪欺骗蒙蔽楚怀王，使得楚国和齐国断交，并且把秦国的商於之地（今陕西、河南一带）献给了楚王。陈轸进谏说："张仪一定会背叛大王，因此不但不能得到秦国的商於之地，齐国、秦国还会联合。这样的话就会使我们在北边与齐国断绝了来往，在西面秦国可能就会成为我国的隐患。"这些话可谓是善意的谏言。然而他又说："我们不如暗地里跟齐国联合，表面上跟他们断绝关系，再使人跟随张仪，如果秦国真的打算把商於之地给我们，那时候再与齐国断绝来往也不迟啊。"此时的陈轸并没有认真考虑是否真正可以与齐国断绝交往，他的目的只是为了能够得到秦国的土地罢了。等到秦国背弃盟约，楚王想攻打秦国时，陈轸又劝谏说："我们不如此时献给秦国一座名都，然后与秦国一起联合起来去攻打齐国，齐国战败之后，我国赠送给秦国的那部分土地，就可以从齐国那里补偿回来了。"这条计策是多么的荒谬可笑，不合道义啊！况且秦国把齐国的灭亡之名强加给了楚国，楚国却打算把名都贿赂给秦国；齐国本来与楚国是同盟，楚国却无缘无故和齐国断绝往来。楚国本应该因为他的过错向齐国割让土地作为赔礼，然后用卑微的语言向齐国承认错误，再请求齐国的支援。然而却想要与秦国联盟一起攻打齐国，陈轸的劝说实在是太过于疏忽大意了。相比来说，鲁仲连、虞卿才称得上是豪杰之士，不是陈轸这样的人所能赶得上的。

【评析】

陈轸是战国时的一位纵横家，原来投靠在秦惠王门下，受到重用。后来秦惠王任用张仪做宰相，陈轸和张仪不和，就投奔了楚国。但是楚王没有重用他，于是陈轸又回到秦国。然而陈轸的名声却不太好，因为他所崇尚的是权谋策略及言谈辩论之技巧，其指导思想与儒家所推崇之仁义道德大相径庭。

唐扬州之盛

【原文】

唐世盐铁转运使①在扬州，尽斡②利权，判官③多至数十人，商贾④如织。故谚称"扬一益二"，谓天下之盛，扬为一而蜀次之也。杜牧之有"春风十里珠帘"之句，张祜诗云："十里长街市井连，月明桥上看神仙。人生只合扬州死，禅智山光好墓田。"王建诗云："夜市千灯照碧云，高楼红袖客纷纷。如今不似时平日，犹自笙歌彻晓闻。"徐凝诗云："天下三分明月夜，二分无赖是扬州。"其盛可知矣。自毕师铎、孙儒之乱，荡⑤为丘墟。杨行密复葺之，稍成壮藩，又毁于显德。本朝承平百七十年，尚不能及唐之什一，今日真可酸鼻也。

【注释】

①盐铁转运使：官名，负责盐铁管理与运输。②斡（guǎn）：通"管"，主管，掌管。③判官：唐宋地方长官的僚属，佐理政事。④商贾：商人。商，流动经营的商人。贾，坐地经营的商人。⑤荡：扫荡变成。

【译文】

唐朝时期，盐铁转运使居住在扬州，他们全面掌管着那里的财政大权，判官多达几十人，商人来来往往如穿梭。所以这才有了谚语"扬一益二"，说的就是天下最繁华昌盛的地方，扬州排名第一，而四川益州仅次于它。对于扬州的盛况，杜牧有"春风十里珠帘"的诗句，张祜的诗说："十里长街市井连，月明桥上看神仙。人生只合扬州死，禅智山光好墓田。"王建的诗说："夜市千灯照碧云，高楼红袖客纷纷。如今不似时平日，犹自笙歌彻晓闻。"徐凝的诗说："天下三分明月夜，二分无赖是扬州。"从这些诗句中，就可以想象出扬州当时繁盛的景象了。自从毕师铎、孙儒发生战乱，扬州就被扫荡成废墟了。杨行密曾经重建扬州，扬州又渐渐变成了强大的藩镇，但之后不久又在周显德年间被烧毁了。我朝继承太平已一百七十年，还赶不上唐朝的十分之一，如今真是让人感到心酸啊！

【评析】

扬州是中国历史文化名城，地处长江北岸，江淮平原南端。西汉时，扬州的经济就很发达。汉景帝时吴王刘濞造反，靠的就是扬州自主产盐铸币的权力。隋朝时，由于大运河的开发，扬州居南北要冲之地，成为重要的经济中心。唐代安史之乱之后，北方大规模遭到破坏，北人大批南下来到扬州，带动了扬州的经济发展，甚至超过了有"天府之国"美称的四川。然而唐末黄巢起义，战乱波及扬州。后周显德年间，扬州又成为战场，百年繁华毁于一旦。所谓"宁为太平犬，不做离乱人"，战争的危害，就在于对文明的毁灭，这才是让人痛惜的。宋代以后，随着北方游牧民族不断南侵，经济中心实际上已经转移到太湖流域，所以扬州的经济难以恢复到以前的水平。不过"山外青山楼外楼"的杭州，应该不亚于隋唐时的扬州。到了清代，扬州在盐商的带动下，再次成为明星城市。所谓星移斗转，沧海桑田，都是不可转移的历史规律。

爰盎小人

【原文】

爰盎真小人，每事皆借公言而报私怨，初非尽忠一意为君上者也。尝为吕禄舍人，故①怨周勃。文帝礼下②勃，何豫盎事③，乃有"非社稷臣"之语，谓勃不能争吕氏之事，适会④成功耳。致文帝有轻勃心，既免使就国，遂有廷尉之难。尝谒⑤丞相申屠嘉，嘉弗为礼，则之丞相舍折困之⑥。为赵谈所害，故沮止⑦其参乘。素不好晁错，故因吴反事请诛之。盖盎本安陵群盗，宜其忮⑧心忍戾如此，死于刺客，非不幸也⑨。

【注释】

①故：因此，以其故。②礼下：以礼相待。③何豫盎事：关袁盎什么事情？④适会：恰巧碰上。⑤谒：进谒，求见。⑥舍：住所。折困，折辱为难。⑦沮止：通"阻止"。⑧忮：嫉妒，狠。⑨非不幸也：并非是不幸的事情。

【译文】

爰盎是个真正的小人，他做的每一件事情都是假借办理公事而实是报私人恩怨，他的初衷并不是为了尽心尽力地为皇上办事。他曾经担任过吕禄的舍人，后来吕禄被杀，因此一直怨恨周勃。汉文帝礼待周勃，这又与爰盎有什么关系呢？可是爰盎居然诋毁周勃"不是国家的忠臣"，并认为周勃不能为吕氏的事劝诤，只是正好碰上诛诸吕成功罢了。这导致汉文帝有了轻视周勃的思想，周勃被罢免官职回到封国之后，又不幸遭受刑狱之难。爰盎曾经去拜见丞相申屠嘉，但是并没有得到申屠嘉的礼待，于是爰盎就到丞相住处去为难他。爰盎被赵谈加害过，于是他便阻止赵谈陪皇上乘车。爰盎一直以来都不喜欢晁错，因此他趁着吴王造反这一件事请求皇帝杀了晁错。爰盎家原本是安陵地区的一伙盗匪，难怪他心术不正，残忍到这种程度。最后他死在了刺客的手里，这并非是不幸的事情啊。

【评析】

爰盎在汉景帝"七国之乱"时，曾奏请斩晁错以平众怒，结果七国之乱平定后，他就被封为太常。司马迁也说他"爱好名声夸耀才能，终于因为追求名声而招致祸患"。小人是儒家定义君子的"反义词"，其特点是喜欢造谣生事、挑拨离间、拍马奉承、落井下石、仗势欺人、阳奉阴违。孔子说小人"近之则不逊，远之则怨"。

玉蕊杜鹃

【原文】

物以希见为珍，不必异种也。长安唐昌观玉蕊，乃今璪①花，又名米囊，黄鲁直易为山矾者。润州②鹤林寺杜鹃，乃今映山红，又名红踯躅③者。二花在江东弥山亘野，殆④与榛莽相似。而唐昌所产，至于神女下游，折花而去，以践玉峰之期，鹤林之花；至以为外国僧钵盂中所移，上玄命三女下司之已逾百年，终归阆苑⑤。是不特土俗⑥罕见，虽神仙亦不识也。王建宫词云："太仪前日暖房来，嘱向昭阳乞药栽。敕赐一窠红踯躅，谢恩未了奏花开。"其重如此，盖宫禁⑦中亦鲜云。

【注释】

①璪（chàng）：古代祭祀用的一种圭，也叫璪圭。②润州：今江苏镇江。③踯躅（zhí zhú）：杜鹃花的别名。④殆：几乎的意思。⑤阆（làng）苑：泛指神仙

居住的地方，有时也代指帝王宫苑。⑥土俗：民间，当地。⑦宫禁：皇宫。

【译文】

事物因为罕见而变得珍贵，不一定非是奇异的品种。长安唐昌观中的玉蕊花，也就是如今的瑲花，又叫作米囊，黄鲁直改称它为山矾花。润州（今江苏镇江）鹤林寺中的杜鹃花，也就是如今的映山红，又叫作红踯躅。这两种花在江东一带满山遍野，几乎跟野草灌木一样茂盛。而唐昌观中所种的玉蕊花，据说曾有神女下凡游玩赏花，临走之前将花全部折走，用来赴玉峰仙境的约会；鹤林寺的杜鹃花，据说是从外国僧人的钵盂中移来的，上天命令三位仙女下凡管理它，已经超过一百年了，最终要回到神仙居住的地方。这两种花不仅在民间很少见到，即使是神仙也不认识。王建的宫词说道："太仪前日暖房来，嘱向昭阳乞药栽。敕赐一窠红踯躅，谢恩未了奏花开。"从这句话中，我们可以看出，王建是多么的重视这种花，可见这种花在皇宫之中也很少见到。

【评析】

作者开篇直陈："物以希见为珍，不必异种也。"就是俗话说的"物以稀为贵"。鲁迅在《藤野先生》中也写道："大概是物以稀为贵罢。北京的白菜运往浙江，便用红头绳系住菜根，倒挂在水果店头，尊为'胶菜'；福建野生着的芦荟，一到北京就请进温室，且美其名曰'龙舌兰'。"经济学告诉我们，商品的价格从根本上说是由价值决定的，但受供求关系的影响，供不应求，价格上升；供过于求，价格下降。值得注意的是，"物"的"贵"有一定的"度"，因为商品价格的变化会引起供求关系的变化，价格升高，利益增大，生产经营者必然增多，"稀"的状况就会改变，因而价格就会下降。只有因为某些客观原因，使得商品的供给无论如何也不能满足需求，才会一直"贵"下去。

将帅贪功

【原文】

以功名为心，贪①军旅之寄，此自将帅习气，虽古为贤卿大夫，未有能知止自敛者也。廉颇既老，饭斗米，肉十斤，被②甲上马，以示可用，致困郭开之口，终不得召。汉武帝大击匈奴，李广数自请行，上以为老，不许，良久乃许之，卒有东道失军之罪。宣帝时，先零羌反，赵充国③年七十余，上老之，使丙吉问谁可将，曰："亡踰于老臣者矣。"即驰至金城，图上方略④，虽全师制胜，而祸及其子卬。光武时，五溪蛮夷畔，马援请行，帝愍⑤其老，未许。援自请曰："臣尚能被甲上马。"帝令试之，援据鞍顾盼，以示可用。帝笑曰："矍铄⑥哉！是翁也！"遂用为将，果有壶头之厄。李靖为相，以足疾就第，会吐谷浑寇边，即往见房乔曰："吾虽老，尚堪一行。"既平其国，而有高甑生诬罔之事，几于不免。太宗将伐辽，召入谓曰："高丽未服，公亦有意乎？"对曰："今疾虽衰，陛下诚不弃，病且瘳⑦矣。"帝悯其老，不许。郭子仪年八十余，犹为关内副元帅、朔方河中节度，不求退身，竟为德宗册罢。此诸公皆人杰也，犹不免此，况其下者乎！

【注释】

①贪：热心于。②被：(pī)，古同"披"，覆盖，穿上。③赵充国：字翁孙，汉族，原为陇西上邽（今甘肃省天水市）人，后移居湟中（今青海西宁）西汉著名将领。④图上方略：立刻画出地图与想出破敌战略。图，动词，画图。⑤愍(mǐn)：同"悯"。怜悯，体恤。⑥矍铄：形容老人目光炯炯、精神健旺。⑦瘳：病愈，恢复健康。

【译文】

以求取功名为目的，希望在军旅生涯中能够有所成就，这自然是将帅一贯的习气，即使是在古代贤明的卿大夫中，也没有人能够知道退让或是自我收敛的。廉颇已经很老了，但他每顿还是要吃一斗米、十斤肉，披上战甲，骑上战马，用来表示他还可以被朝廷任用，但因困于郭开的谗言，他最终还是不能被召见。汉武帝大举攻打匈奴，李广多次请求随同参战，汉武帝认为他年纪太大了，一直没有答应他。李广请求了多次才得到汉武帝的同意，最后却因为在东路上迷路而延误了期限犯下罪过。在汉宣帝时期，先零羌造反，此时的赵充国已经有七十多岁了，汉宣帝认为他年纪太大了，派遣丙吉去问他，谁可以被重用，他回答道："还没有谁能超过我的。"随即受诏奔往金城，立刻画出地图、想出破敌战略，虽然他打败了敌军，取得了胜利，但他的儿子赵卬却因此招来了杀身之祸。汉光帝时期，五溪的少数民族造反，马援请求出征平乱，光帝怜恤他年老，没有允许，马援就亲自去拜见并请求说："我还能够披甲上马。"光帝让他试一试，马援跨上马鞍，回头看看，表示他可以被任用。光帝笑着说："这个老将还真是勇健啊！"便任用他带兵领将，结果在壶头山兵败身亡。李靖曾担任过宰相之职，因为脚病在家休养。恰好赶上吐谷浑骚扰边境，他马上去拜见宰相房玄龄说："我虽然老了，但还能出征。"他大胜敌军，却又遭到高甑生的诋毁诬陷，几乎不能幸免。唐太宗打算攻打辽东时，召李靖进宫并对他说："高丽还是不肯臣服我大唐，您有意愿出征讨伐吗？"他回答说："如今我虽然有病在身，若陛下真的不嫌弃我的话，我的病很快就会好。"唐太宗怜悯他年龄老了，没有答应。郭子仪在年纪已经八十多岁的时候，仍然任关内副元帅、朔方河中节度使，但他并不想告老还乡，最后被唐德宗下令罢免了职位。上述的这几个人都是英雄豪杰，年老时仍不舍得放弃功名利禄，更何况是那些比他们职位低的人呢？

【评析】

作者认为，武将都喜欢求取功名，即使是素有贤名的人也不能幸免。这种说法是种偏见，但也并不是完全没有道理。俗话说："文无第一，武无第二。"意思是说，水平再接近的武将，总可以通过比赛较量出输赢，而同样优秀的文章，却很难决定谁更胜一筹，因为没有公认的清晰明确的可以量化的评价标准。武将的舞台是战场，在战场上非胜即负，所以武将好胜心强是可以理解的。

汉二帝治盗

【原文】

汉武帝末年，盗贼滋①起，大群至数千人，小群以百数。上使使者衣绣衣，持节虎符②，发兵以兴击，斩首大部或至万馀级，于是作"沈命法"，曰："群盗起不发觉，觉③而弗捕满品者，二千石④以下至小吏主者皆死。"其后小吏畏诛，虽有盗，弗敢发，恐不能得。坐课累府，府亦使不言。故盗贼浸多⑤，上下相为匿，以避文法焉。光武时，群盗处处并起，遣使者下郡国，听群盗自相纠摘，五人共斩一人者除其罪。吏虽逗留回避故纵者，皆勿问，听以禽讨为效。其牧守令长坐界内有盗贼而不收捕者，及以畏愞捐城委守者，皆不以为负，但取获贼多少为殿最⑥，唯蔽匿者乃罪之。于是更相追捕，贼并解散。此二事均为治盗，而武帝之严，不若光武之宽，其效可睹也。

【注释】

①滋：生长，滋生，加多。②持节虎符：拿着符节作凭证。持节，拿着符节。虎符，古时帝王调兵遣将用的兵符，用青铜或是黄金做成伏虎形状的令牌，一分为二，其中一块交给将帅，另一个交给皇帝。只有两个同时使用，才可以调兵遣将。③觉：揭发，上报。④二千石：汉代的郡守、诸侯相国。⑤浸多：日益增多。⑥殿最：评定优劣。

【译文】

汉武帝末年，盗贼的人数变得越来越多，大的盗匪群多达数千人，小的也有几百人。皇上派使者穿上绣衣，手里拿着掌管军队的虎符，派遣军队对盗贼进行攻打，斩首了大部分的盗贼，首级达到了一万多个。于是建立"沈命法"，其中规定："成群的盗匪出现没有发觉，发觉了而没有按其标准进行捕获的，二千石以下的官员到下级官吏管理这件事的人处以死刑。"这件事之后，官吏们害怕被杀，即使有盗贼出现也不敢上报朝廷，害怕不能按规定捕获盗贼而受罚，因此也会连累到上级，上级官员也让他们不要上报。因此盗贼变得越来越多，上上下下却相互隐瞒，好躲避国家法律的制裁。在汉光武帝时期，成群的盗贼再次蜂拥而起。汉光武帝派遣使者到各郡里去考察，听任盗贼们相互争吵揭发，有五个人共同斩杀一人的，就会消除他们的罪行。官吏们即使停留拖延、回避不前、故意放纵盗贼的，都不加追问，只以捉获盗贼的成效论处。那些郡守、县令犯了管辖区域内有盗贼而不收容捕捉的罪过的，及因为害怕软弱丢弃城池和职守的人，都不看作过失，只根据捕获盗贼的多少来进行赏赐，只有包庇隐藏的官员才会被判罪。于是盗贼们互相追捕，最终匪群都解体逃散。这两件事都是治理盗贼的方法，从中可以看出，汉武帝严厉，不如汉光武帝宽容，他们采取措施的效果明显是不同的。

【评析】

非常之时，用非常之典。治国之道，更应该根据不同时期的不同情况，采用不同的方法治国。本篇文章中，汉武帝见盗贼蜂拥而起，就派军队将其全部斩杀，并且建立了"沈命法"，如果发现盗贼后不能全数缉拿，则当地二千石以下官员以及相关小吏全部处死。众多官员为了保命，便将盗情隐匿不报，这不但没有解决盗贼变多的问题，甚至还致使盗贼越来越多。但是到了汉光武帝执政时，面对严重的盗贼问题，汉光武帝并没有沿袭以前的做法。他下令：未能缉拿盗贼的官吏皆不治罪；参与缉盗的官吏将根据其功绩予以考评奖赏；隐匿盗贼的予以追究。于是，众官吏开始争相缉盗，盗贼之患渐去。汉武帝在非常时期建立新的政策来应对此时的状况是没有问题的，但是他所采用的方法不但没有解决问题，反而让情况越来越糟糕，而汉光武帝采用的方法正好避免了这一状况。古往今来，这样的例子也不少，举武则天为例。其在称帝前期，为巩固政权大肆鼓励告密风气。待到政治稳定后，又以公开一封检举信，而刹住了告密之风。她早年拒谏，晚年纳谏！同一个人的行为前后矛盾，但都效果俱佳。证明政策无好坏，只是要区分时间，不同时间，用不同方法！开明的统治者不会要求基层事事言听计从，而是要头脑清醒，对基层之事使用合适的办法！

光武弃冯衍

【原文】

汉室中兴，固皆光武之功。然更始既即天子位，光武受其爵秩，北面为臣矣，及平王郎、定河北，诏令罢兵，辞不受召，于是始贰焉。更始方困于赤眉①，而光武杀其将谢躬、苗曾，取洛阳、下河东，翻为腹心之疾②。后世以成败论人，故不复议。予谓光武知更始不材，必败大业，逆取顺守，尚为有辞。彼鲍永、冯衍，始坚守并州，不肯降下，闻更始已亡，乃罢兵来归，曰："诚惭以其众幸富贵。"其忠义之节，凛然可称。光武不能显而用之，闻其言而不悦。永后以它立功见用，而衍终身摈斥③，群臣亦无为之言者，吁，可叹哉！

【注释】

①赤眉：指赤眉军，指汉末以樊崇等为首的农民起义军。因以赤色涂眉为标志。②腹心之疾：心腹之患。③摈斥：排斥，弃去。例：南朝梁刘孝标《辩命论》："昔之玉质金相，英髦秀达，皆摈斥于当年，韫奇才而莫用。"

【译文】

汉朝从衰败到复兴，固然都是汉光武的功劳，但是更始帝刘玄却继承天子位，汉光武接受了刘玄所封的爵位，面向北做了臣子，等到平定了王郎、安定了河北，刘玄下令撤军时，汉光武拒绝接受，没有撤军，在这时便开始有了二心。在刘玄被赤眉军围困时，汉光武却杀了他的将领谢躬、苗曾，之后攻占了洛阳，打下河东，反而成了刘玄的心腹之患。后世喜欢以成败来评论一个人，因此不再议论。我认为汉光武知道刘玄没有什么治国的才能，一定会败坏大业，因此才采取武力来夺取政权，用文教治理天下，本来就没有什么可议论的。但鲍永、冯衍，始终坚守并州，不肯投降，听到刘玄已死后，才投降归顺汉光武，说道："我实在惭愧，带领我的军队到您这里寻求富贵。"他的忠义之心值得称赞。汉光武不但没有提拔重用他，听到他的话后就更不高兴了。鲍永后来因立了战功被任用，而冯衍却终身被摈弃排斥，大臣们也没有一个替他说话的，唉，真是令人悲哀啊！

【评析】

冯衍，字敬通，幼有奇才，二十岁而博通群书。因为没有积极投靠刘秀，所以不被重用。后来又遭人谗毁，被废于家，闭门自保。作者以此感叹人生际遇之无常。怀才不遇者，古已有之。冯唐易老，李广难封；圣主之下，贾谊自屈长沙；开明之时，梁鸿不甘出仕。冯衍晚年撰《显志赋》以自伤不遇。所谓"久栖迟于小官，不得舒其所怀。抑心折节，意凄情悲"，正是他写此赋的缘由。赋中借史实以讽喻时政，借追慕古人而抒发其郁抑不平。冯衍们的悲剧，归根结底是由于封建专制制度，一般人都要"学成文武艺，卖与帝王家"，只有得到帝王的赏识，才能建功立业，实现理想。而在现代多元社会中，个人价值的实现更多的要依靠自己的努力。与其悲叹怀才不遇，不如主动出击，才能不做当代冯衍。

曹操用人

【原文】

曹操为汉鬼蜮①，君子所不道。然知人善任使，实后世之所难及。荀彧、荀攸、郭嘉皆腹心谋臣，共济大事，无待赞说。其馀智效一官，权分一郡，无小无大，卓然皆称其职。恐关中诸将为害，则属司隶校尉钟繇以西事②，而马腾、韩遂遣子入侍。当天下乱离，诸军乏食，则以枣祗、任峻建立屯田，而军国饶裕，遂芟③群雄。欲复盐官之利，则使卫觊镇抚关中，而诸将服。河东未定，以杜畿为太守，而卫固、范先束手禽戮④。并州初平，以梁习为刺史，而边境肃清。扬州陷于孙权，独有九江一郡，付之刘馥而恩化大行。冯翊困于鄜盗，付之郑浑而民安寇灭。代郡三单于，恃力骄恣，裴潜单车之郡，而单于詟服。方得汉中，命杜袭督留事，而百姓自乐，出徙于洛、邺者，至八万口。方得马超之兵，闻当发徙，惊骇欲变，命赵俨为护军，而相率还降，致于东方者亦二万口。凡此十者，其为利岂不大哉！张辽走孙权于合肥，郭淮拒蜀军于阳平，徐晃却关羽于樊，皆以少制众，分方面忧。操无敌于建安之时，非幸也。

【注释】

①鬼蜮：阴险的叛逆。②以西事：主管西部边防事务。③芟：削平，消灭。④禽戮：被擒被杀。禽，通"擒"，擒住。

【译文】

在汉朝时期，曹操可谓是当时的阴险小人，是君子所不愿提的。然而他很了解人并善于用人，这是后生晚辈所难以相比的。荀彧、荀攸、郭嘉都是他的心腹谋士，共同成大事，不必称赞评说。剩下的人，聪慧的，能被授予一个官位，随时可以应对各种变化，就能掌管一个郡，无论官职大小，才能的高低都与他们所在的职位高低一一对应。曹操担心关中的将领们产生矛盾，于是就让司隶校尉钟繇去主管西边的事务，把马腾、韩遂的儿子调到到宫中侍候。当天下战乱，各军队缺乏粮草之际，曹操便派遣枣祗、任峻设立了屯田制度，结果军队和国家粮草丰裕，于是消灭了群雄。当曹操想要恢复盐务制度以牟取利益时，曹操派卫觊镇守安抚关中，结果将领们都心服。河东还没有平定时，曹操任用杜畿为太守，结果卫固、范先束手被擒，最后被杀死。并州刚刚平定，任梁习为刺史，使得并州边境和平安泰。扬州被孙权攻陷，只剩下了九江一个郡，曹操把权力交给刘馥，结果恩德教化得到很好的实行。冯翊被鄜州盗寇所困，曹操交给郑浑去处理这件事情，结果百姓安居乐业，盗寇也被消灭了。代郡的三单于军队倚仗武力骄横恣肆，裴潜只乘一辆车便潜入了代郡，使得单于心服。刚刚得到汉中，任命杜袭负责留守汉中，结果百姓安居乐业，近八万人口从洛阳、邺地迁来到此居住。刚刚得到马超的军队，马超军队听说要把他们发配到别的地方，都惊恐想要兵变，曹操命令赵俨为护军，结果马超军都互相带领回来归降，送到东方的人口也有两万。上述的十件事所产生的好处难道不大吗？张辽在合肥打跑孙权，郭淮在阳平抵御蜀国军队，徐晃在樊城阻挡关羽，都是以少胜多，解决了一方面的忧患。曹操在建安时期没有敌手，并非侥幸。

【评析】

三国时代风起云涌，想要谋身立足甚至有所作为，关键是要懂得使用人才。像刘备那样无勇无谋的人，只是因为能得到关羽、张飞、赵云、诸葛亮这样的人才的帮助，就能自立为王，割据天下。三国之中，最会用人的还要数曹操，无论后人怎样评价他的人品，对他"知人善任"这一点都是佩服的。知人善任，包括知人与善任两个相互联系的层面。"为政之本，在于选贤"，选贤务必知人善任。知人就是要了解人，善任就是要用好人；知人是善任的前提，善任是知人的目的；通过知人以达到善任，又在善任中进一步知人识人。能否真正做到知人善任，既是对领导者品行修养与领导能力的检验，也直接关系到事业的兴衰成败。"知人"要做到不以好恶而取才，不以妒谤而毁才，不以卑微而轻才，不以恭顺而选才，不以小过而舍才；"善任"要做到坚持德才兼备，坚持重用人才，坚持用人所长，坚持注重实绩，坚持明责授权。

谏说之难

【原文】

韩非作《说难》①，而死于说难，盖谏说之难，自古以然。至于知其所欲说，迎而拒之，然卒至于言听而计从者，又为难而可喜者也。秦穆公执晋侯，晋阴饴甥②往会盟，其为晋游说，无可疑者。秦伯曰："晋国和乎？"对曰："不和。小人曰必报仇，君子曰必报德。"秦伯曰："国谓君何？"曰："小人谓之不免，君子以为必归；以德为怨，秦不其然。"秦遂归晋侯。秦伐赵，赵求救于齐，齐欲长安君为质③。太后不肯，曰："复言者老妇必唾其面。"左师触龙愿见，后盛气而揖之入，知其必用此事来也。左师徐坐，问后体所苦，继乞以少子补黑衣之缺。后曰："丈夫亦爱怜少子乎？"曰："甚于妇人。"然后及其女燕后，乃极论赵王三世之子孙无功而为侯者，祸及其身。后既寤④，则言："长安君何以自托于赵？"于是后曰："恣君之所使。"长安君遂出质。

范雎⑤见疏于秦，蔡泽⑥入秦，使人宣言感怒雎，曰："燕客蔡泽，天下辨士也，彼一见秦王，必夺君位。"雎曰："百家之说，吾既知之，众口之辩，吾皆摧⑦之，是恶能夺我位乎？"使人召泽，谓之曰："子宣言欲代我相，有之乎？"对曰："然。"即引商君、吴起、大夫种之事。雎知泽欲困己以说，谬曰："杀身成名，何为不可？"泽以身为俱全之说诱之，极之以闳夭、周公之忠圣。今秦王不倍功臣，不若秦孝公、楚、越王，雎之功不若三子，劝其归相印以让贤。雎竦然失其宿怒，忘其故辩，敬受命，延入为上客。卒之代为秦相者泽也。秦始皇迁其母，下令曰："敢以太后事谏者杀之。"死者二十七人矣。茅焦请谏，王召镬将烹之。焦数以桀、纣狂悖之行，言未绝口，王母子如初。吕甥之言出于义，左师之计伸于爱，蔡泽之说激于理，若茅焦者，真所谓捋虎牙者矣。范雎亲困穰侯而夺其位，何遽不如泽哉！彼此一时也。

【注释】

①韩非（约公元前280年~公元前233年）：战国时期重要思想家之一，先秦法家学说的集大成者。著有《韩非子》五十五篇。《说难》选自《韩非子》，论述向人主进言之不易。说（shuì），游说，劝说。②阴饴甥：晋大夫，名饴。甥，指他为晋侯的外甥。因封于阴（今河南陕县至陕西商县一带），故又称阴饴甥。③齐欲长安君为质：齐国要用长安君作抵押。长安君，赵太后的小儿子的封号。质，抵押。当时诸侯之间结盟，常把自己的子孙抵押给对方作为保证。④寤：通"悟"，觉悟，明晓。⑤范雎（？~公元前255年）：一作"范且"，或误作"范睢"。战国时魏人。后入秦游说秦昭王，驱逐专权的秦相魏冉。秦昭王四十一年（公元前266年）任秦相。见疏于秦，被秦王疏远。⑥蔡泽：战国时燕人。曾游说各国。秦昭王五十二年（公元前255年）秦相范雎以攻赵不胜失意，他劝范雎辞退，被任为相国。⑦摧：挫败，挫损。这里有"批驳""驳倒"的意思。

【译文】

韩非作《说难》，却因为劝谏君王而死于非命。看来进谏劝说是件很难的事情，自古以来都是这样。有时国君心里明白臣子所想要进谏规劝的内容，召见了他却拒绝了他的建议,然而劝谏而使国君言听计从,这虽然极其困难但却是件令人高兴的事情。秦穆公俘虏了晋惠公,晋国的阴饴甥前往秦国参加会盟,他将替晋国游说是毫无疑问的。秦穆公问他:"晋国和睦吗?"阴饴甥回答说:"不和睦。小人说有仇必报,君子说有恩必报。"秦穆公又问:"晋国的百姓们认为你们的国君的命运怎样?"阴饴甥回答说:"小人认为晋惠公不会被赦免,君子认为晋惠公一定会回到晋国的。以德报怨,秦国是不会这样做的!"于是秦国把晋惠公放回了晋国。秦国讨伐赵国,赵国请求齐国援救。齐国想要把长安君作为人质,赵太后不愿意,说:"再有人劝说我,老妇一定要在他脸上吐唾沫!"左师触龙希望晋见太后,太后气呼呼地请他进来,她知道左师触龙必定是因让长安君做人质的事而来的。左师触龙慢慢地坐下,问了一下赵太后的身体有无病状,然后请求赵太后让自己的小儿子在宫廷中当个黑衣卫士。赵太后问:"男子汉也疼爱自己的小儿子吗?"左师触龙回答说:"比女人们更疼爱啊。"后来慢慢地谈到了赵太后的女儿燕后,于是又深入探讨赵王三代以下的子孙没有功绩也被封侯,结果遭遇了灾祸的事情。赵太后明白了左师触龙的话,左师触龙又问:"长安君凭什么来统治赵国呢?"赵太后说:"任凭您支派他吧!"于是长安君被派到齐国当了人质。

范雎渐渐地被秦王疏远,蔡泽来到秦国,派人散布了一些能够激怒范雎的话,说:"从燕国来的客人蔡泽是天下能言善辩的人。他一旦见到了秦王,一定会夺走范雎的相位。"范雎听了之后说道:"诸子百家的学说,我全都知道。很多人的辩论,我都赢过他们,他们怎么能夺走我的相位呢?"然后派人召来蔡泽,问蔡泽说:"您扬言要取代我任相国之位,有这事吗?"蔡泽答道:"是的。"接着又引据商鞅、吴起、大夫种的事例。范雎知道蔡泽想要用游说之词难为自己,就说:"牺牲性命来成就名声,有什么不可以的?"蔡泽拿生命、名声都要保全的道理诱导他,以闳夭、周公的忠贞圣明为他树立榜样。忠告他当今秦王不像秦孝公、楚越王那样厚待功臣,而你范雎的功绩也比不上商鞅等三人。劝说他归还相印,把相位让给有贤才的人。范雎顿时对蔡泽肃然起敬,没有了原先的恼怒,失去了原有的辩才,恭恭敬敬听他的意见,把他请到家中,如对待上宾一样对待他。最终蔡泽取代范雎做了秦国的宰相。秦始皇把母亲放逐出秦都,下令说:"谁敢因太后的事来劝谏我,我一定会杀死他!"为这件事进谏而死的已经有二十七人了。茅集请求晋见秦王,秦王让人抬来大锅准备煮死他。茅焦借夏桀、殷纣狂乱悖理的行为来责备秦王,话还未说完，秦王母子就和好如初了。吕甥的言论出自于正义，左师触龙的计谋发挥于爱，蔡泽的劝说激发于情理，至于茅焦，真是所谓老虎嘴里拔牙的人了。范雎曾使擅权三十余年的秦昭王的舅父穰侯遭受困厄，从而夺取了他的相位，为什么一下子就不如蔡泽了呢？这就叫此一时彼一时啊！

【评析】

自古以来，有不少良臣进谏，明君纳谏，以致开创治业，政通人和，成为千古佳话。阴饴甥的言论出自于正义，左师触龙劝谏赵太后让长安君为人质是出于爱，蔡泽的劝说是激发于情理，他们都能根据进谏的具体情况选择合适的突破口。至于茅焦，表面上看是强谏，其实他也是揣摩到了秦始皇不愿被人当作桀、纣之类的暴君的心理才进谏成功的。由此可见，谏之难，难在不能知己知彼。如果知己知彼，因势利导，则谏不难。

孙膑减灶

【原文】

孙膑胜庞涓之事，兵家以为奇谋，予独有疑焉，云："齐军入魏地为十万灶，明日为五万灶，又明日为二万灶。"方师行逐利，每夕而兴此役，不知以几何人给之，又必人人各一灶乎！庞涓行三日而大喜，曰："齐士卒亡者过半。"则是所过之处，必使人枚数之矣，是岂救急赴敌之师乎！又云："度其暮①当至马陵，乃斫大树，白而书之②，曰：'庞涓死于此树之下。'遂伏万弩，期日暮见火举而俱发。涓果夜至斫木下，见白书，钻③火烛④之。读未毕，万弩俱发。"夫军行迟速，既非他人所料，安能必其以暮至不差晷刻⑤乎！古人坐于车中，既云暮矣，安知树间之有白书，且必举火读之乎！齐弩尚能俱发，而涓读八字未毕。皆深不可信。殆好事者为之而不精考耳。

【注释】

①度其暮：估计快到了天黑。②白而书之：削去树皮，然后再白色的树干上写上字。③钻：取用。④烛：动词，照亮。⑤不差晷刻：时间不差分毫。

【译文】

对于孙膑战胜庞涓的战役，军事家们认为此战役是用了巧妙的计谋，唯独我对此有些疑问。史书曾记载："齐军进入魏国领土时，挖出了十万个炉灶，第二天挖出了五万个，第三天挖出两万个。"在军队前进追逐利益的过程中，齐国军队每天晚上都要干相同的事情，不知要用多少人来供应所需物品，难道还必须每人各挖一灶吗？庞涓行军三天后高兴地说："齐军逃亡的士兵已经超过半数了。"这就是说，军队所经过的地方一定会派人一个个清查炉灶数目，这难道是急救危难而奔赴杀敌的军队吗？史书又记载到："估计庞涓会在天黑时赶到马陵，于是派人削掉树皮，在树干上面写上'庞涓死于此树之下。'于是埋伏下一万弓弩手，约定天黑看见火把时一起向其发射弓箭。天黑的时候，庞涓果然来到削了皮的树下，看见树干上写的字，点火照之。还没有读完上面的字，万箭一同向他射来。"军队前进的速度，并不是他人所能预测到的，怎么又能确定庞涓一定会正好在天黑时赶到这里，不差一点时间呢？古人坐在车中，既然说是天黑的时候，怎么又会知道树干上有字，而且还一定要点火照亮来看呢？齐军弓箭手还能同时发射，而且庞涓连八个字都没读完。都是不能让人相信的啊，恐怕是好事的人编造的，而且人们不曾作精密考证罢了。

【评析】

孙膑战胜庞涓的这一战，军事史上称为"马陵之战"，战场在今天河南省濮阳市莘县大张家镇附近。在这一战中，孙膑运用《孙子兵法·计篇》所说的"能而示之不能，用而示之不用"以及《兵势篇》所说的"以利动之，以卒待之"等原则，用"减灶添兵"的计策，大打心理战，成为历史上以弱胜强的一个经典战例。其具体的战役过程，记载在《史记·孙子吴起列传》中。然而作者通过自己的推理，认为史书中的记载是虚构的。首先提出的质疑是，齐军不可能每个人挖一个灶，魏军也不可能一个一个去数灶。这就暴露了作者对军事的无知。中国古代的军事理论是非常发达的，除了《孙子兵法》这样的战略艺术著作，还有大量关于如何行军、如何布阵、如何扎营、如何传递消息的规定，其中当然也有炊事员如何做饭的规定。所谓"十万灶"，并不是十万个灶，而是供十万人吃饭的灶。

考古学中有个技巧，在古代家庭遗址中如果能找到锅和碗，那么用锅的容积除以碗的容积，就大致是家庭的人口数，这是因为每个人每餐大致吃一碗饭。同理，根据灶的大小，就能推断出锅的大小，以及一锅饭够几个人吃。而且军队中的灶不能乱挖，一定是排列整齐的，有经验的老兵很容易就能判断出一片土地上的灶坑能供应多少军队。何况据说孙膑和庞涓都是鬼谷子的学生，他们行军扎营的方式一定十分类似。但是孙膑更聪明一些，肯定是用一个灶煮几锅饭的方法，既保证队伍的伙食，又迷惑了对手。孙膑的老家在离马陵六十里的鄄城，他对这一带的地形非常熟悉，所以才能以空间换取时间，不怕多挖几个灶，多烧几把柴耽误时间，也能牵着魏军的鼻子走，把敌人领进伏击圈。其他如所谓的"暮至"，可能从黄昏一直到凌晨，是一段颇长的时间，不是"不差晷刻"。而古人的战车也和后代的座车不同，四周是没有挡板的，视野上和步行无异。凡此种种，可以看出作者的质疑并不是十分有力。作为一部史书，《史记》的记载还是比较真实的。我们对古书当然可以有所质疑，但"大胆假设"后还要"小心求证"，不能随意给他人下"好事不精考"的断语，这不符合科学的精神，也是作者的一个失误。

次山谢表

【原文】

元次山①为道州刺史，作《舂陵行》，其序云："州旧四万余户，经贼以来，不满四千，大半不胜赋税。到官未五十日，承诸使征求符牒②二百余封，皆曰'失期限者罪至贬削'。于戏，若悉应其命，则州县破乱，刺史欲焉逃罪！若不应命，又即获罪戾。吾将静以安人，待罪而已。"其辞甚苦，大略云："州小经乱亡，遗人实困疲。朝餐是草根，暮食乃木皮。出言气欲绝，意速行步迟。追呼尚不忍，况乃鞭扑之。邮亭传急符，来往迹相追。更无宽大恩，但有迫催期。欲令鬻儿女，言发恐乱随。奈何重驱逐，不使存活为。安人天子命，符节我所持。逋缓违诏令，蒙责固所宜。"又《贼退示官吏》一篇，言贼攻永破邵，不犯此州，盖蒙其伤怜而已，诸使何为忍苦征敛！其诗云："城小贼不屠，人贫伤可怜。是以陷邻境，此州独见全。使臣将王命，岂不如贼焉。今彼征敛者，迫之如火煎。"二诗忧民惨切如此。故杜老以为："今盗贼未息，知民疾苦，得结辈十数公，落落参错天下为邦伯③，天下少安，立可待矣。"遂有"两章对秋月,一字偕华星"之句。今《次山集》中,载其《谢上表》两通。其一云:"今日刺史,若无武略以制暴乱,若无文才以救疲弊,若不清廉以身率下,若不变通以救时须,则乱将作矣。臣料今日州县堪征税者无几,已破败者实多,百姓恋坟墓者盖少,思流亡者乃众,则刺史宜精选谨择以委任之,固不可拘限官次,得之货贿出之权门者也。"其二云:"今四方兵革未宁,赋敛未息,百姓流亡转甚,官吏侵刻日多,实不合使凶庸贪狠之徒、凡弱下愚之类,以货赂权势,而为州县长官。"观次山表语,但因谢上,而能极论民穷吏恶,劝天子以精择长吏,有谢表以来,未之见也。世人以杜老褒激之故,或稍诵其诗,以《中兴颂》故诵其文,不闻有称其表者,予是以备录之,以风后之君子。次山临道州,岁在癸卯,唐代宗初元广德也。

【注释】

①元次山:元结(公元719年~公元772年)唐代文学家。字次山,号漫叟、聱叟。河南鲁山人。②符牒:符移关牒等公文的统称。③邦伯:州牧。古代用以称一方诸侯之长。

【译文】

元次山担任道州刺史的时候,写了一篇《舂陵行》,序文说:"道州原来有四万多户人口,经历战乱之后,人口就不到四千户了,大多数的人承担不起赋税。元次山到任还不到五十天,就收到上级催促上交赋税的二百多封公文,都说'误了期限的降职免官。'啊呀!倘若全部接受这些命令,州县就会破乱不堪,当刺史的怎能逃避罪责?倘若不接受命令,又会立刻受到罪责。我打算安安静静地呆着,不会对百姓进行征税,好让他们安定下来,我等待着惩罚罢了。"《舂陵行》的语言十分凄苦,大概是说:"州小经乱亡,遗人实困疲。朝餐是草根,暮食乃木皮。出言气欲绝,意速行步迟。追呼尚不忍,况乃鞭扑之。邮亭传急符,来往迹相追。更无宽大恩,但有迫促期。欲令鬻儿女,言发恐乱随。奈何重驱逐,不使存活为?安人天子命,符节我所持。逋缓违诏令,蒙责固所宜。"又有一篇《贼退示官吏》的文章,说的是有叛军攻打永州,并已经攻破邵州,却一直不攻占道州,大概是可怜道州太贫穷了吧,官吏又怎么忍心苛刻征收穷人的税呢?其中还说道:"城小贼不屠,人贫伤可怜。是以陷邻境,此州独见全。使臣将王命,岂不如贼焉?今彼征敛者,迫之如火煎。"以上两首诗是如此为民忧虑、悲伤恳切啊。所以杜甫认为："如今盗贼还没有平息，能够了解百姓疾苦，能有像元次山这样的十几个人，分别被分散到国家的各地区去做官员，全国逐渐安定的局面，可以很快到来。"于是有了"两章对秋月，一字偕华星"这样的诗句。如今的《次山集》中记载了他的《谢上表》两篇，其中一篇说道："现在的刺史，如果没有军事谋略来制止暴乱，没有文才来解救贫穷弊端，不能清正廉洁以身作则，不知灵活变通来补救一时之需，那么祸乱就必会发生。我估计如今各州县能够负担得起税赋的没有几个，已经破产败落的家庭实在太多了，百姓依恋祖籍故土的很少，打算流浪他乡的却是很多，那么刺史之职应该精选细挑，再去委派任用，当然不能受本人原有官阶的限制，或是凭借得到多少贿赂，是否出自豪门望族。"另一篇说："如今全国四方的战乱还没有平息，赋税征收不止，流离失所的百姓越来越多，官吏对百姓的欺凌剥削愈加严重，实在不能让凶残、昏庸、贪婪、卑鄙之徒，平凡懦弱无能、愚蠢低下的一类人，凭着贿赂，依仗权势，担任州县的长官。"看元次山所述的话中，只是通过向皇上致谢而透彻论述百姓穷困、官吏凶恶的情况，规劝皇上能够精心选择地方长官，自有谢表以来，还没有见过这种写法。世人因为杜甫表彰的缘故，或许多少读过一些元次山的诗，因为《中兴颂》的缘故，诵读他的文章，没有听到有称道他的上表的，于是我把这件事写在了这里，把它当作后代的君子榜样，次山赴道州上任是在癸卯年（公元763年），唐代宗广德元年。

【评析】

　　谢表，是臣僚感谢皇帝恩惠的文章，是我国古代公文文体中的"上行文"之一。《宋代官制辞典》称："凡官员升迁除授、谪降贬官，至于生日受赐酒醴、封爵追赠等等，均有谢表。"在封建时代，所谓"雷霆雨露俱是君恩"，臣子的一切都出自君主的赏赐。即使皇帝下令杀掉臣子，也是"君要臣死，臣不得不死"，甚至还要违心称颂"皇上圣明，臣罪当诛"。

　　臣子往往借助谢表向皇帝表达衷曲，但是像元结这样在谢表中讲述民间疾苦，向皇帝提出建议，把谢表写成奏折的文章，可以说极其罕见。所以作者特意将其记录下来。元结，字次山，唐天宝十二年中进士。安史之乱时曾避难江南，也曾参与抗击史思明叛军，立有战功。后任道州刺史等地方军政职务。他为官清廉开明，爱护百姓，诗文注重反映政治现实和人民疾苦，所作《春陵行》《贼退示官吏》等，曾受杜甫推崇。他的文章或直抒胸臆，或托物刺讥，都出于愤世嫉俗，忧道悯人，无论书、序、表、状，均刻意求古，意气超拔，谢表不颂圣而谏君，正是其人其文的一贯风格。

唐诗人名不显者

【原文】

《温公诗话》云："唐之中叶，文章特盛，其姓名湮没不传于世者甚众，如河中府①鹳雀楼有王之涣、畅诸②二诗。二人皆当时所不数，而后人擅诗名者，岂能及之哉？"予观少陵集中所载韦迢、郭受诗，少陵酬答，至有"新诗锦不如"，"自得随珠觉夜明"之语，则二人诗名可知矣，然非编之杜集，几于无传焉。又有严恽③《惜花》一绝云："春光冉冉归何处，更向花前把一杯。尽日问花花不语，为谁零落为谁开？"前人多不知谁作，乃见于皮、陆《唱和集》中。大率唐人多工④诗，虽小说戏剧，鬼物假托，莫不宛转有思致，不必颛门⑤名家而后可称也。

【注释】

①河中府：治所在河中，即今山西永济薄州镇。②畅诸：开元初登进士第，开元九年（公元721年）中拔萃科，官至许昌尉。其《登鹳雀楼》诗有"天势围平野，河流入断山"之句，盛传于时，为历代所赏。③严恽：字子重，吴兴人。生卒年均不详，约唐武宗会昌中前后在世。举进士不第。工诗，与杜牧友善，以问春诗得名。皮日休、陆龟蒙爱重其诗，曾专程造访。《全唐诗》存诗一首。④工：善于，长于。⑤颛门：谓独立门户，自成一家。颛（zhuān），通"专"。

【译文】

《温公诗话》中写道："唐代中期，文学创作十分流行，文章作者的姓名湮没，不传于世的有很多。比如：河中府（治所在河中，即今山西永济薄州镇）鹳雀楼有王之涣、畅诸的两首诗。这两个人在当时都算是名气不大的，然而后代善于写诗并具有一些名气的人，哪儿能比得上他们呢！"我看到《少陵集》中记载着韦迢、郭受的诗，杜甫酬答的诗中，以致有"新诗锦不如""自得随珠觉夜明"的句子，那么，二人的作诗的才能与其名气就可想而知了，可如果没有记载到杜甫的文集里面话，几乎就什么也流传不下来了。还有严恽的一首绝句《惜花》："春光冉冉归何处，更向花前把一杯。尽日问花花不语，为谁零落为谁开？"以前的人大都不知道是谁作的，原来出现在皮日休、陆龟蒙的《唱和集》中。大多数的唐代人工于作诗，即使是创作小说戏剧，假话鬼物影射现实，也无不情节曲折、富于情致，不一定非为专门作家才值得称道。

【评析】

"白日依山尽，黄河入海流。欲穷千里目，更上一层楼。"王之涣的这首《登鹳雀楼》，恐怕读过书的中国人都会背诵。还有一首被章太炎推为"绝句之最"《凉州词》："黄河远上白云间，一片孤城万仞山。羌笛何须怨杨柳，春风不度玉门关。"王之涣的诗仅存六首，其中就有两首成为千古名篇，说他是"伟大的诗人"一点也不过分。可是这样伟大的诗人，其生平事迹却不太为人所知。一个重要的原因是，在唐朝，这样的诗人虽然堪称"伟大"，却是车载斗量，不可胜数。唐代是我国古典诗歌发展的全盛时期。唐诗是我国优秀的文学遗产之一，也是全世界文学宝库中的一颗灿烂的明珠。尽管离现在已有一千多年了，但许多诗篇还是广为流传，历久弥新。唐代的诗人特别多，除了李白、杜甫、白居易这些名播海外的伟大诗人，今天知名的就还有两千多人。他们的作品，保存在《全唐诗》中的高达49403首。

孔氏野史

【原文】

世传孔毅甫《野史》一卷，凡四十事，予得其书于清江刘靖之所，载赵清献为青城宰，挈散乐妓以归，为邑尉①追还，大恸且怒。又因与妻忿争，由此惑志。文潞公②守太原，辟司马温公为通判，夫人生日，温公献小词，为都漕唐子方峻责。欧阳永叔、谢希深、田元均、尹师鲁在河南，携官妓游龙门，半月不返，留守钱思公作简③招之，亦不答。范文正与京东人石曼卿、刘潜之类相结以取名，服中上万言书，甚非言不文之义。苏子瞻被命作《储祥宫记》，大貂陈衍干当宫事，得旨置酒与苏高会，苏阴使人发，御史董敦逸即有章疏，遂堕计中。又云子瞻四六表章不成文字。其它如潞公、范忠宣、吕汲公、吴冲卿、傅献简诸公，皆不免讥议。予谓决非毅甫所作，盖魏泰《碧云騢》

之流耳。温公自用庞颍公辟，不与潞公、子方同时，其廖妄不待攻也。靖之乃原甫曾孙，佳士也，而跋④是书云："孔氏兄弟，曾大父行也。思其人欲闻其言久矣，故录而藏之。"汪圣锡亦书其后，但记上官彦衡一事，岂弗深考云！

【注释】

①邑尉：县尉。职掌一县治安，位在县令之下。唐岑参《题永乐韦少府厅壁》诗："故人是邑尉，过客驻征轩。"②文潞公：文彦博，生于宋真宗景德三年（公元1006年），辛于宋哲宗绍圣四年（公元1097年），字宽夫，号伊叟，汾州介休（今属山西）人，北宋时期政治家、书法家。他历仕仁、英、神、哲四帝，出将入相，有五十年之久。任职期间，秉公执法，世人尊称为贤相。曾成功地抵御了西夏的入侵。宰相期间，大胆提出裁军八万之主张，为精兵简政，减轻人民负担。晚年皈依佛法。③作简：写书信。简，书信。④跋：文体的一种。附在正文之后。即后序。

【译文】

世代流传着孔毅甫的一卷《野史》，一共记载了四十件事，我是从清江县的刘靖之那里得到的这本书。这本书记载了当时赵清献（赵抃，谥清献）任青城县令时，曾带一名民间的乐妓回家，被当地的县尉追上并送了回去，为此他恼羞成怒，还因此事和妻子发生了矛盾。因为这件事，赵清献迷失了自己志向抱负。文潞公（文彦博，封潞国公）担任太原太守期间，任用司马温公（司马光，赠温国公）为通判，在文夫人生日时，温公曾进献小词祝寿，都遭唐子方严厉斥责了他。欧阳永叔（欧阳修，字永叔）、谢希深（谢绛，字希深）、田元均（田况，字元均）、尹师鲁（尹洙，字师鲁）等人在河南时，曾经携带官妓游览龙门，半个月都不知道回来，留守在河南的官员钱思公写信叫他们回来，他们也不曾理睬他。范仲淹（范仲淹，谥文正）和京东（京东路，辖境东至海、西抵汴、南极淮、北薄于河）人石曼卿（石延年，字曼卿）、刘潜等人互相结交以获取名誉。服丧期间，他向上进谏了万书，不符合在服丧期间说话不能有文采的规定。苏辙（字子瞻）受命创作《储祥宫记》，大太监陈衍掌管着宫廷的各类事务，得到皇上的旨意，举办酒席与苏辙共饮，苏辙暗地遣人揭发此事，御史董敦逸因此向皇上呈上了弹劾陈衍的奏章，于是正好落入陈衍设计好的圈套中。还说苏辙写的四六表章不符合规定，其他的人比如文潞公、范忠宣纯仁、吕汲公大防，吴冲卿充、傅献简尧俞等人，都没有逃过讥讽评论。

我认为这决不是出自毅甫之笔，大抵是来自魏泰的《碧云騢》之类的东西。温公被征辟入朝是因为庞颖公的举荐，不与文潞公、子方在同一时候，其荒谬虚假就不攻自破了。刘靖之是原甫的曾孙，是位才学兼备的佳人，可是为这部书所写的跋语却说："孔氏兄弟和我的曾祖父同辈，怀念他们的为人，又想听到他们以前的言论已经有很长时间了，所以把它抄录保存。"汪圣锡也在书的后面写有跋语，但是只记录了一件关于上官彦衡的事，难道他们没有对书的内容进行过深入考查吗？

【评析】

赵抃、司马光、欧阳修、范仲淹、苏辙，这些都是历史上素有德行之称的名士，然而一本署名孔毅甫的《野史》中，却记载了他们一些不太合乎道德规范的行为，作者看到后非常愤怒，认为这是一本荒谬虚假的伪书。作者的一个理由是，司马光和文彦博没有同时在太原当过官。查检史书，至和元年庞拜昭德军节度使、知并州军，将心腹司马光安排在并州通判的位置上，嘉祐二年，庞籍因事获罪，司马光引咎离开并州，而文彦博是在第二年被弹劾罢相，才去太原做太守的。从这一点来看，《野史》一书有很大的编造的嫌疑。然而这样的书却在不断地流传，其中是有很深刻的原因的。

《春秋谷梁传》中说："为尊者讳耻，为贤者讳过，为亲者讳疾。"举凡是尊者、贤者、亲者的耻辱、过失、不足，都最好少说，对那些有失其体面的事，知道的人越少越好。然而人非圣贤，岂能无过？在逆反心理的作用下，贤者的过失就在"野史"中不断流传，甚至有人还编造一些无中生有的"段子"来散播。其实《论语》中说："大德不踰闲，小德出入可也。"儒家讲不忧、不惑、不惧、不淫、不移、不屈，讲节操、道德、浩然之气、大丈夫人格，这些都是从大的方面、原则性的问题着眼。君子或有小节不拘，或有惭德不佳，但大德不可失。评价一个人的是非功过，应当观其大节，看其主流，而不应斤斤计较于细枝末节，更不能抓住一点小节不放，以小节之过否定大节。从另一个角度来说，小节有亏，并不能"以一眚掩大德"。为贤者讳，对贤者的形象并没有真正的帮助。

京师老吏

【原文】

京师盛时,诸司老吏,类多识事体,习①典故。翰苑有孔目②吏,每学士制草出,必据案细读,疑误辄告。刘嗣明③尝作《皇子剃胎发文》,用"克长克君"之语,吏持以请,嗣明曰:"此言堪为长堪为君,真善颂也。"吏拱手曰:"内中读文书不如是,最以语忌为嫌,既剋长又剋君,殆不可用也。"嗣明悚然亟易之。靖康岁,都城受围,御敌器甲刓弊④。或言太常寺有旧祭服数十,闲无所用,可以藉⑤甲。少卿刘珏即具稿欲献于朝,以付书史。史作字楷而敏,平常无错误,珏将上马,立俟之,既至,而结衔脱两字。趣使更写,至于三,其误如初。珏怒责之,逡巡谢曰:"非敢误也,某小人窃妄有管见,在《礼》,'祭服敝则焚之'。今国家迫急,诚不宜以常日论,然容台之职,唯当秉礼。少卿固体国,不若俟朝廷来索则纳之,贤于先自背礼而有献也。"珏愧叹而止,后每为人言,嘉赏其意。今之胥徒⑥,虽公府右职,省寺掌故,但能鼓扇狷浮,顾贿谢⑦为业,簿书期会之间,乃漫不之晓,求如彼二人,岂可得哉!

【注释】

①习:通晓,熟悉。②孔目:翰林属官,掌管图籍。从九品。③刘嗣明:开封祥符人。入太学,积以试艺,名出诸生右。崇宁中,车驾幸学,解褐补承事郎,历校书郎至给事中。④刓弊(wán bì):摩挲致损,磨损,损坏。⑤藉:衬垫。⑥胥徒:本为民服徭役者。后泛指官府衙役。⑦贿谢:受贿。《新唐书·张锡传》:"与郑杲俱知选,坐泄禁中语,又贿谢钜万,时苏味道亦坐事,同被讯。"

【译文】

京都全盛之时,各官府衙门的老吏,大多能够懂得事体,通晓熟悉典故。翰林院有个叫孔目的吏官,每当翰林院的学士们代拟制书的草稿写出来以后,他一定会根据案卷仔细研究,有疑误便会告诉起草人。刘嗣明曾作过一篇《皇子剃胎发文》的文章,用了克长克君的话,孔目吏拿着稿子来请教刘嗣明,刘嗣明回答道:"这句话的意思是说能做长,能做君,完全是好的颂辞。"孔目吏拱手致谢,说:"宫廷里面读文书不是这样,特别的厌恶触犯语言忌讳，而这句同音，很可能被误认为既克长又克君，恐怕这句话不可以用啊。"刘嗣明顿时很担心，立即换成了其他的话。靖康年间，都城被敌人包围，防御敌军的器甲都坏掉了。有人说太常寺有数十套旧的祭服，闲置着没什么用途，可以用来衬垫铠甲。少卿刘珏就起草了一篇奏章，想要把它们献给朝廷，就把奏章的草稿交给吏员抄写。那位吏员写字工笔既整齐又很快，平常从来没有出过错，刘珏就要上马，站着等奏章，奏章送来一看，却在签署官衔的地方少了两个字，他便催促那位吏员重写，一直写了三回，还是出了和开始一样的错误。刘珏发脾气斥责他，书吏吞吞吐吐地谢罪道："我是不敢写错的，但小人我心里面有种不踏实的感觉，在《礼记》中记载，'祭服破旧了就应该把它烧掉'。现在国家处于危急之中，实在不应该以平常的老规矩办事，可是这与礼部官员的职位有关，应当按礼制办事。少卿这样做固然是体谅国家的困难，不如等朝廷来索要再交上去，这样要比违背礼制主动进献的行为要好很多。"刘珏很惭愧并停止了这种行为，后来每与别人谈起这件事，他都会赞赏那位书吏的一片苦心。如今的官吏，虽然是各官府衙门的高级职员，知道各省各寺的礼制，但也只是用来扇动虚浮不实的风气，追求收受钱财谢礼，以之为业；至于处理文书、办理公务，竟然全然不懂，再找像上述那样的两个人，哪能找得到呢！

【评析】

　　胥吏，是古代官府中各类办事人员和差役，胥吏大多出身于贫穷而清白的家庭，因为种种原因无法进入仕途。少数胥吏也曾经做过官，他们或者因为行为不检而被革职，或者因为裁员而丧失职位。胥吏的社会地位是很低的，在很长的一段时间里，他们都不被准允参加科举考试。然而某些胥吏从事的是需要专业知识与长期经验积累的工作，比如钱谷刑名、田赋统计等等，相当具体细致，却又是那些从科举考场中拼杀博得官位的官员们所不熟悉、无暇学又不屑一顾的，所以，很多情况下，权柄倒持而被转到胥吏的手上，真正能决定平民命运的，不是官员，而是胥吏。而且胥吏往往父传子、兄传弟，使得专业知识不断累积传承，产生"官无封建而吏有封建"的奇怪现象。

　　有时候官员被指派到一个不熟悉的领域，在专业知识方面往往需要胥吏的帮助。甚至到了清朝，官员不得不"与胥吏共天下"，离开了胥吏，就寸步难行。作者提到的翰林院和太常寺的这两位老吏，不仅专业业务精湛，更有上司官员没有的政治智慧和官场经验,在他们的提醒下,上官免除了很大的政治风险。这种职业精神和温良的品德,是那些只会鱼肉乡里、索贿收钱的同行难以企及的。从政治学的角度,胥吏比较接近于现代意义上的基层公务员。他们地位不是很高,收入也不是很丰厚,然而他们掌握着一定的权力,又与人民生计息息相关。如果基层公务员都能像两位京师老吏一样与人为善,"公门里面好修行",社会一定会更加和谐。

文章小伎

【原文】

"文章一小伎①,于道未为尊。"虽杜子美有激而云,然要为失言,不可以训。文章岂小事哉?《易·贲》之象言:"刚柔交错,天文也;文明以止,人文也。观乎天文以察时变,观乎人文以化成天下。"孔子称帝尧焕乎有文章。子贡曰:"天子之文章,可得而闻。"《诗》美卫武公,亦云有文章。尧、舜、禹、汤、文、武、成、康之圣贤,桀、纣、幽、厉之昏乱,非《诗》《书》以文章载之,何以传?伏羲画八卦,文王重之,非孔子以文章翼之,何以传?孔子至言要道,托《孝经》、《论语》之文而传。曾子、子思、孟子传圣人心学,使无《中庸》及七篇之书,后人何所窥门户?老、庄绝灭礼学,忘言去为,而五千言与《内、外篇》极其文藻。释氏之为禅者,谓语言为累,不知大乘诸经可废乎?然则诋为小伎,其理谬矣。彼后世为词章者,逐末而忘其本,玩其华而落其实,流宕自远,非文章过也。杜老所云:"文章千古事","已似爱文章","文章日自负","文章实致身②","文章开宎奥","文章憎命达","名岂文章著","枚乘文章老","文章敢自诬","海内文章伯","文章曹植波澜阔","庾信文章老更成","岂有文章惊海内","每语见许文章伯","文章有神交有道",如此之类,多指诗而言,所见狭矣!

【注释】

①伎:技巧。②致身:慎独、磨炼的意思。

【译文】

"文章一小伎，于道未为尊。"虽然这两句诗是杜甫（字子美）有感而发，但是应该算是失言，不可当作典式。文章怎么可以说成是小事呢？《易·贲》的《彖》辞中说："刚柔互相交错，便是天文，以文明之道立身处事，便是人文。通过观察天上日月星辰的运行，来得知一年四季的时令变化，观察人间的文明之道，据此以教化大治天下。"孔子称赞帝尧的文物制度光明灿烂。子贡说："老师写的文章，可以得到，可以听到。"《诗经》中赞美卫武公，也说他有文章。唐尧、虞舜、夏禹、商汤、周文王、周武王、周成王、周康王等贤明君主，夏桀、殷纣王、周幽王、周厉王等昏君，如果没有《诗经》《尚书》用文章的形式记载下来，怎么能流传后世呢？伏羲画八卦，文王在他的基础上推出为六十四卦，如果不是孔子用文章的形式作了《十翼》进行解说，后人又怎么能知道呢？孔子的至理名言，寄托在《孝经》《论语》的文字，因此才可以流传下去。曾子、子思、孟子传授孔圣人的儒家学说，倘若没有《中庸》和七篇《孟子》等书，后代的人又从哪里能窥其门径呢？老子、庄子拒绝主张礼仪制度，胡乱说没有文章，可是五千言的《道德经》和分内、外篇的《庄子》却又极尽文藻之能事。佛门弟子参禅，说语言是累赘，不知道大乘诸经典可不可废弃？把文章贬低为小事，这个道理实在是太荒谬了。那些后代作文章的人，逐渐忘记了写文章的根本目的，只注意它的表面形式，追求文辞的华美却忽视其内容，照着这样子下去，以致越来越远离其根本，这不是文章本身的过错。杜甫所说的"文章千古事"，"已似爱文章"，"文章日自负"，"文章实致身"，"文章开窔奥"，"文章憎命达"，"名岂文章著"，"枚乘文章老"，"文章敢自诬"，"海内文章伯"，"文章曹植波澜阔"，"庾信文章老更成"，"岂有文章惊海内"，"每语见许文章伯"，"文章有神交有道"，诸如此类，大多是对诗歌而言，他的见识真是狭窄。

【评析】

作者在此批评杜甫"文章一小伎，于道未为尊"的观点，实际上是秉承长久以来"文以载道"的信念。"文以载道"的艺术命题是宋代文学家周敦颐提出来的。这里所说的"道"，是指儒家的传统伦理道德。周敦颐认为，写作文章的目的，就是要宣扬儒家的仁义道德和伦理纲常，为封建统治的政治教化服务；评价文章好坏的首要标准是其内容的贤与不贤，如果仅仅是文辞漂亮，却没有道德内容，这样的文章是不会广为流传的。"文以载道"的思想，其实早在战国时《荀子》中已露端倪。荀子在《解蔽》《儒效》《正名》等篇中，就提出要求"文以明道"。唐代文学家韩愈又提出"文以贯道"之说，他的门人李汉在《昌黎先生序》中说："文者，贯道之器也。"

古代文学家提倡诗教，企图以文学作为推行教化的有力工具。"文"是手段，"道"是目的，"文"都是为其"道"服务的。"文以载道"不但成为散文的共同准则，而且成为整个古代文学的基本精神。这也是作者批评杜甫"文章小伎"观的基本出发点。然而"文章千古事，得失寸心知"。杜甫认为文章是"小伎"，但其诗文却有经天纬地的力量，因而被誉为诗中之"圣"。而大多数腐儒即使整日默念"文以载道"，却也只能"逐末而忘其本，玩其华而落其实"。比如科举考试的"八股文"，虽说要"代圣人立言"，但顶多是写陈词滥调，高头讲章罢了。文字要用来表述真实的感情和思想，这一点在杜甫心中是自然而然的，所以他把文章看为"小伎"。后世之人大多数做不到这一点，便把"文以载道"高高供奉起来。这或许是作者无法超越历史的局限性所在。

三长月

【原文】

释氏以正、五、九月为三长月，故奉佛者皆茹素①。其说云："天帝释以大宝镜，轮照四天下，寅、午、戌月，正临南瞻部洲②，故当食素以徼福。官司谓之'断月'，故受驿券有所谓羊肉者，则不支。俗谓之'恶月'，士大夫赴官者，辄避之。或人以谓唐日藩镇莅事，必大享军，屠杀羊豕至多，故不欲以其月上事③，今之它官，不当尔也。"然此说亦无所经见。予读《晋书·礼志》，穆帝纳后，欲用九月，九月是"忌月"。《北齐书》④云高洋谋篡魏，其臣宋景业言："宜以仲夏受禅。"或曰："五月不可入官⑤，犯之，终于其位。"景业曰："王为天子，无复下期，岂得不终于其位乎。"乃知此忌相承，由来已久，竟不能晓其义及出何经典也。

【注释】

①茹素：吃素。②南瞻部洲：佛经说的四大部洲之一，在须驼山南。③上事：上任，就职。④《北齐书》：唐朝史家李百药撰，属纪传体断代史，共50卷，纪8卷，列传42卷，记载上起北魏分裂前十年左右，接续北魏分裂、东魏立国、北齐取代东魏，下迄北齐亡国，前后约五十余年史实，而以记北齐历史为主。⑤入官：上任，就职。

【译文】

佛教以正月、五月、九月为"三长月"，所以信奉佛教的人都会在这三个月里吃素食。他们的说法是：上帝和释迦牟尼用大宝镜，轮流照耀天下四方，寅、午、戌的三个月，正好照在南瞻部州，所以应当吃素以请求平安幸福。官僚衙门称之为"断月"，所以驿站接受驿券中的领羊肉之券，就不再支付。世俗称之为"恶月"，士大夫为官上任总是会避开这三个月。有人认为是唐朝时期藩镇到官视事，必定要大肆犒赏军队，此时就会屠杀大量的羊和猪，所以不愿在这三个月上任，现在士大夫新官上任，就不再理会这样的说法了。然而这种说法也没有看见在哪里记载过。我读《晋书·礼志》，其中说穆帝与皇后的婚礼想在九月举行，可九月是"忌月"。《北齐书》写道高洋密谋篡夺魏国皇位，他的大臣宋景业对他说："应该在仲夏五月接受禅让。"有人说："五月不能到官上任，如果在五月上任了，就会终止于那个官位，不得升迁。"景业说："大王做了天子，就已经是最高的官位了，不会再有升迁，哪能不停止在这个位置呢？"于是知道这种忌讳是一代代传下来的，由来已久，可一直都不能理解它的意义及出自何种经典。

【评析】

作者在这里讲的"三长月"，是一种流行在官员中的禁忌，官员不会在这三个月里上任，害怕不能再升迁。禁忌本是古代人敬畏超自然力量或因为迷信观念而采取的消极防范措施。它在古代社会生活中曾经起着法律一样的规范与制约作用。到了今天，许多禁忌随着人们对被禁物的神秘感和迷信观念的消除，已经逐渐消亡，但仍有不少禁忌遗留下来了，并且影响着人们的生活，比如儿童正月不许剃头，对老年人忌说七十三、八十四，等等。在人们的生活中，无论是礼仪、节日、行业等，凡认为不吉利的，几乎都在禁忌之例。

和诗当和意

【原文】

　　古人酬和诗，必答其来意，非若今人为次韵①所局也。观《文选》②所编何劭、张华、卢谌、刘琨、二陆、三谢③诸人赠答可知已。唐人尤多，不可具载。姑取杜集数篇，略纪于此。高适寄杜公云："愧尔东西南北人。"杜则云："东西南北更堪论。"高适又有诗云："草《玄》今已毕，此外更何言？"杜则云："草《玄》吾岂敢，赋或似相如。"严武寄杜云："兴发会能驰骏马，终须重到使君滩。"杜则云："枉沐旌麾出城府，草茅无径欲教锄。"杜公寄严诗云："何路出巴山，重岸细菊斑，遥知篌鞍马，回首白云间。"严答云："卧向巴山落月时"，"篱外黄花菊对谁，跂马望君非一度。"杜送韦迢云："洞庭无过雁，书疏莫相忘。"迢云："相忆无南雁，何时有报章④？"杜又云："虽无南去雁，看取北来鱼。"郭受寄杜云："春兴不知凡几首？"杜答云："药裹关心诗总废。"皆如钟磬在算簴⑤，叩之则应，往来反复，于是乎有馀味矣。

【注释】

　　①次韵：和他人诗，其韵脚和用韵次序，皆与原诗相同。此类诗体乃元稹、白居易互相唱和所首创，宋时尤为盛行。②《文选》：即《昭明文选》，南朝梁昭明太子萧统编，选录先秦至梁各体诗文。③何劭（shào）：字敬祖，西晋时文学家，长于奏议文章。张华，字茂先，官至司空，博学多闻，撰有《博物志》。卢谌（shèn），字子谅，善属文，著有《祭法》《庄子注》等。刘琨，字越石，生逢五胡乱华之难，所作诗歌多悲壮之音，著有《晋刘越石集》。二陆，指陆机、陆云两兄弟。三谢，指谢灵运、谢惠连、谢朓。④报章：报纸。这里代指音讯、消息。⑤算簴（jù）：古代挂钟磬的架子上的立柱。

【译文】

　　古人对和诗歌，一定要回答它的来意，并非像现在那样，人与人和诗时，还要局限于诗韵的次序。翻阅《昭明文选》中所编的何劭、张华、卢谌、刘琨，二陆即陆机、陆云，三谢即谢灵运、谢惠连、谢朓等人的赠答诗，就可以知道这一点了。唐人的例子颇多，并不能全部记载上去。暂且从杜甫的诗集中挑出了几篇，大略地记载在这里。高适曾寄给杜甫一首诗，说到："愧尔东西南北人。"杜甫对诗说:"东西南北更堪论。"高适又有诗说:"草《玄》今已毕,此外更何言?"杜甫则说:"草《玄》吾岂敢,赋或似相如。"严武寄给杜甫的诗说:"兴发会能驰骏马,终须重到使君滩。"杜甫对诗回答:"枉沐旌麾出城府,草茅无径欲教锄。"杜甫寄给严武的诗说:"何路出巴山,重岩细菊斑,遥知簇鞍马,回首白云间。"严武的答诗说:"卧向巴山落月时","篱外黄花菊对谁,跂马望君非一度"。杜甫送韦迢的诗说:"洞庭无过雁,书疏莫相忘。"韦迢的答诗说:"相忆无南雁,何时有报章?"杜甫和诗:"虽无南去雁,看取北来鱼。"郭受寄给杜甫的诗说:"春兴不知凡几首?"杜甫和诗说:"药裹关心诗总废。"这些诗句都像挂在架子上的钟磬,扣它便有了回应,这样反反复复,因而余味无穷。

【评析】

"唱和",也叫作"唱酬",是互相赠送,表达友情的诗歌。谢灵运的《鞠歌行》说:"德不孤兮必有邻,唱和之契冥相因。"《诗经》中有"叔兮伯兮,倡予和女"的句子,描写的就是古人唱和的情景。诗词都是用韵的,和诗便有依韵、用韵和步韵之分。依韵是指和诗与被和诗同属一韵,但不必用其原字;用韵,即用原诗韵的字而不必顺其次序;步韵最严格,要用其原韵原字,且先后次序都须相同。作者翻阅古代诗集,感觉前人的诗词唱和一定要在内容上相互呼应,而很少在意字韵是否相同。这是一个很有意义的发现。孔子说:"辞达而已矣。"语言是用来交流思想、表情达意的,以能够准确简洁地表达自己的思想为原则,而不以精巧为目的。过分地注重语言的表达方式和说话的委婉,容易流于巧言。唱和的目的是表达心心相印的友情,要"如钟磬在算簴,叩之则应,往来反复"。如果过于在意字韵,却忽略了内容的呼应,就犯了"以辞害意"的毛病。其实无论是国家政令、外交辞令还是文章著作,言辞能够明确表达即可,既然是达意,文辞便可多可少,该多就多,该少就少,而且不求结构的特异。

真假皆妄

【原文】

江山登临之美,泉石赏玩之胜,世间佳境也,观者必曰如画。故有"江山如画"、"天开图画即江山"、"身在画图中"之语。至于丹青①之妙,好事君子嗟叹之不足者,则又以逼真目之,如老杜"人间又见真乘黄②"、"时危安得真致此"、"悄然坐我天姥③下"、"斯须九重真龙出"、"凭轩忽若无丹青"、"高堂见生鹘④"、"直讶杉松冷"、"兼疑菱荇香"之句是也。以真为假,以假为真,均之为妄境耳。人生万事如是,何特此耶?

【注释】

①丹青:绘画用的颜色,借指彩色图画。②乘黄:古千里马名。③天姥:山名,在今浙江嵊县与新昌间。④鹘(gǔ):古书上说的一种鸟,短尾,青黑色。

【译文】

登高俯视江上的美丽,游玩观赏泉石的美景,这才是世间的佳境,看到这种景象的人一定会说美如图画。因此才有"江山如画""天开图画即江山""身在画图中"这样的说法。对于图画的妙处,爱好图画的人常常感叹画得还不够完美,但又会说画得已经很逼真了。像杜甫的"人间又见真乘黄"、"时危安得真致此""悄然坐我天姥下""斯须九重真龙出""凭轩忽若无丹青""高堂见生鹘""直讶杉松冷""兼疑菱荇香"等诗句都是这样。以真为假,以假为真,这都是虚妄的境界罢了。世间万物都是这样,又岂能只局限于艺术呢?

【评析】

洪迈认为"以真为假,以假为真,均之为妄境耳",世间万物都是这样,不仅仅局限于艺术。就如文中所说,江山之美如同图画;图画虽不完美、不真实,但却近于逼真。老杜的几句诗词更是详尽地描绘了真假虚妄的境界。

容斋续笔

戒石铭

【原文】

"尔俸尔禄，民膏民脂，下民易虐，上天难欺。"太宗皇帝书此以赐郡国，立于厅事之南，谓之《戒石铭》。案，成都人景焕①，有《野人闲话》一书，乾德三年所作。其首篇《颁令箴》，载蜀王孟昶为文颁诸邑云："朕念赤子②，旰食宵衣③。言之令长，抚养惠绥。政存三异④，道在七丝。驱鸡为理，留犊⑤为规。宽猛得所，风俗可移。无令侵削，无使疮痍。下民易虐，上天难欺。赋舆是切，军国是资。朕之赏罚，固不踰时。尔俸尔禄，民膏民脂。为民父母，莫不仁慈。勉尔为戒，体朕深思。"凡二十四句。昶区区爱民之心，在五季⑥诸僭伪之君为可称也，但语言皆不工⑦，唯经表出者，词简理尽，遂成王言，盖诗家所谓夺胎换骨法也。

【注释】

①景焕：著名北宋官吏。著有《野人寒语》、《牧竖闲谈》等。宋乾德年间，朝中立郡国戒石碑，上面就刻有《野人寒语》中的句子："尔俸尔禄，民膏民脂。下民易虐，上天难欺。"②念：关心，想念。赤子，忠于朝廷的百姓。③旰食宵衣：天色很晚才吃饭，天不亮就穿衣起来。形容勤于政事。例如，南朝陈文人徐陵《陈文帝哀策文》："勤民听政，旰食宵衣。"④政存三异：处理政务要达到三种现象出现，即蝗虫不入境，鸟兽懂礼仪，儿童有仁心。⑤留犊：三国时时苗出任寿春县令，驾黄牛赴任，离任时将牛犊留下。比喻为官清廉。⑥五季：五代。⑦不工：不够精炼。

【译文】

"你们的俸禄，都来自民脂民膏。百姓虽然容易欺负，上天却很难欺骗。"宋太宗把他写的这四句赐给各郡的官员，立碑在公堂南面，称作《戒石铭》。成都人景焕，在宋太祖乾德三年时，写了一本名为《野人闲话》的书。第一篇名《颁令箴》，记载了蜀国国君孟昶曾写文章颁给各地方官员，他说："寡人体恤关心百姓疾苦，夜里很晚才吃饭，天不亮就起床。之所以给你们讲这番话，是希望你们要关心爱护百姓。治理地方要达到"三异"，即没有蝗虫入境，鸟兽懂礼仪，儿童有仁心。治理的方法不同，但道理差不多都是一样的。做官要有一定的原则，不能扰乱百姓的生活。处理事情要宽松得当，才可以端正民风。可以对百姓征税，但不能过于剥削百姓。虐待百姓很容易，但你们很难欺骗上天。田赋和税收是国家的根本，军队和政府是国家的依托。我对你们的赏罚，是决不会拖延的。你们所得的俸禄，都是民脂民膏。作为百姓的父母官，最重要的莫过于懂得对百姓仁慈。希望你们都要以此为戒，要很好地体会这个意思。"共写了二十四句。孟昶这一点关爱百姓之心，在五代十国那些割据地方的君主里面，可以算是比较好的了。但其语言不精简，唯有从中归纳出来的四句，言辞简要，道理尽说，于是成为宋太宗的名言。这大概就是诗人们所用的脱胎换骨的写作方法吧。

【评析】

从本文中可以得知，戒石铭虽起于唐明皇，但具体内容却没有传下来。戒石铭的原作者应该是五代时的蜀主孟昶，宋灭蜀后，宋太宗把这个戒石铭写下来，颁行天下。后来又重新归纳书写，最终成为了宋太宗的名言。孟昶在《颁令箴》中只用了二十四句就将治国之道详尽地论述出来。"政存三异，道在七丝"引用典故，指治理政务有前例和规律可循；"驱鸡为理，留犊为规"是具体的治理方法，前面的是说牧民要顺势而为，后面则指出不要贪腐，为官要清廉；"宽猛"也是为政的手段，只要宽猛相济，就能移风易俗；"无令侵消，无使疮痍"，是说要善待百姓。作为一种警示，作为一种教育，戒石铭之类的文字还是有一定的作用的，它最起码是对官员的一个提醒。

存亡大计

【原文】

国家大策系于安危存亡。方变故交切，幸而有智者陈至当①之谋，其听而行之，当如捧漏瓮以沃焦釜②。而愚荒之主，暗于事几③，且惑于谀佞屠懦者之言，不旋踵而受其祸败，自古非一也。曹操自将征刘备，田丰劝袁绍袭其后，绍辞以子疾不行；操征乌桓，刘备说刘表袭许，表不能用，后皆为操所灭。唐兵征王世充于洛阳，窦建德自河北来救，太宗屯虎牢以扼之，建德不得进，其臣凌敬请悉兵济河，攻取怀州、河阳，逾太行，入上党，徇汾、晋，趣蒲津，蹈无人之境，取胜可以万全，关中骇震，则郑围自解。诸将曰："凌敬书生，何为知战事，其言岂可用？"建德乃谢敬。其妻曹氏，又劝令乘唐国之虚，连营渐进，以取山北，西抄关中，唐必还师自救，郑围何忧不解。建德亦不从，引众合战，身为人擒，国随以灭。唐庄宗既取河北，屯兵朝城，梁之君臣谋数道大举，令董璋引陕、虢、泽、潞之兵趣太原，霍彦威以汝、洛之兵寇镇、定，王彦章以禁军攻郓州，段凝以大军当庄宗。庄宗闻之，深以为忧。而段凝不能临机决策，梁主又无断，遂以致亡。石敬瑭以河东叛，耶律德光赴救，败唐兵而围之，废帝问策于群臣。时德光兄赞华。因争国之故，亡归在唐，吏部侍郎龙敏请立为契丹主，令天雄、卢龙二镇分兵送之，自幽州趣西楼，朝廷露④檄言之，虏必有内顾之虑，然后选募精锐以击之，此解围一算也，帝深以为然。而执政恐其无成，议竟不决，唐遂以亡。皇家靖康之难，胡骑犯阙⑤，孤军深入，后无重援，亦有出奇计乞用师捣燕者，天未悔祸，噬脐弗及⑥，可胜叹哉！

【注释】

①当：正确，恰当。②捧漏瓮以沃焦釜：捧着漏了的水瓮去浇烧焦的锅，喻虽形势危急，但仍能缓解。釜，烧饭的锅。③暗于事几：看不清事情的全貌。④露：出示，张贴。⑤胡骑犯阙：金兵侵犯都城。⑥噬脐弗及：若不早作打算，以后就会像咬自己的肚脐而够不着一样没有办法了。比喻后悔莫及。

【译文】

国家的重大决策，关系到一个国家的安危存亡。当各种变故交织在一起时，幸好出现了有才华谋略的人提出了正确的计谋，明智的君主听取了他的计谋，并按照其方法去做了，就好比捧着漏瓮去浇烧焦的锅一样立竿见影。而愚昧放纵的君主，看不出事物的前兆，而且容易被阿谀奉承奸诈懦弱的小人之话所迷惑，因此还没有掌政太久就会遭受祸乱而败亡，自古以来这样的例子不止一个。曹操曾亲自领兵去征讨刘备，田丰劝袁绍趁机袭击曹操的后方，袁绍以儿子有病为借口拒绝了田丰的建议。曹操带兵攻打乌戎，刘备劝说刘表趁机袭击许都（今河南许昌），刘表没有采纳他的建议。之后袁绍、刘表都被曹操消灭了。唐朝时期，有军队去洛阳征讨王世充，窦建德立即从河北派兵赶来支援他，唐太宗李世民派众兵把守虎牢关，对其军队进行阻截，窦建德的军队无法继续前进。这时，窦建德的部下凌敬提出了一个应对之策：请求全部军队渡过黄河，攻占怀州、河阳两地，再越过太行山，进入上党地区，沿着汾水、晋州前进，直指蒲津关，这样就如同进入了无人之境，这个计谋是取胜的万全之策，关中地区（今陕西西安一带）一定会因此事而震动，这样就可以解洛阳之围了。然而窦建德手下将领却说："凌敬只不过是一介书生，他从没有带兵打过仗，哪里懂得什么军事？他的话是绝对不可以采纳的。"窦建德没有采纳凌敬的建议。窦建德的妻子曹氏，又劝说他："唐军后方空虚，不如趁此机会，集中各兵营的力量，稳扎稳打，来夺取山北面的地方，再向西包抄关中，唐兵一定会回兵进行援救，那么，自然就可以解洛阳之困了。"窦建德也没有听从她的意见，而是将兵力集中在一起与唐兵进行对抗，结果被唐兵活捉，他的国家也随之灭亡。唐庄宗占领河北地区之后，屯兵在朝城，梁国的君臣经过商议，决定分兵几路大举进攻，让董璋集中陕州（今河南陕县）、虢州（今河南灵宝）、泽州（今山西晋城）、潞州（今山西长治）四州军队的力量去攻打太原；让霍彦威率领汝州和洛阳的军队攻打镇、定（今河北石家庄一带），让王彦章率领禁军攻打郓州（今山东郓城），而以招讨使段凝统帅主力去抵挡唐庄宗。庄宗得知消息后，十分担忧，但是由于段凝不能果断决策，梁国国君又优柔寡断，结果导致灭亡。河东节度使石敬瑭在河东叛乱，契丹族领袖耶律德光领兵前去支援他，战胜了前来讨伐石敬瑭叛乱的唐兵，并把他们包围起来，使之很难前行。废帝向朝廷大臣征求应对此状况的计谋。当时，耶律德光的哥哥耶律赞华，因为和德光争夺王位失败，逃亡到了后唐，吏部侍郎龙敏便请求策立耶律赞华为契丹国王，命令天雄、卢龙两镇（管辖河北大名至北京以北一带）节度使派兵送他回国即位，经幽州（今北京西南）直奔西楼（今内蒙古林西），朝廷再出檄文通告这项决定。这样契丹人必然担心发生内乱，军心必然会因此动摇，这时再派精兵强将对其进行猛烈的攻击，这是解决困境的一个良策，废帝也觉得这是个好办法。可是执政大臣担心没有把握，经过长时间讨论也没有作出决定，后唐就因此灭亡了。大宋曾经遭遇了靖康之变，金兵侵犯国都东京（今河南开封），孤军深入，后方也没有有力的支援，当时也有人提出奇计，建议派精兵强将趁机袭击金国后方的幽燕地区，看来是老天有意给大宋降下灾祸，此计谋没有得到采纳，以致后来后悔也来不及了，真是可叹啊！

【评析】

本文的开头就直接提出了"国家大策，系于安危存亡"的观点，说明决策对于国家存亡的重要性。然后又在"变故交切，智者陈谋"的情况下，讨论了明君与愚君是如何选择的。明君会"听而行之"，则国家生存。愚君则会"暗于事几，且惑于谀佞屠懦者之言"，则国家灭亡。之后作者用了大段文字列举了五个例子对此进行了有力论证。一是曹操征讨刘备，田丰劝谏袁绍袭击曹操，袁绍拒绝，曹操攻打乌戎，刘备劝谏刘表袭击曹军后方，刘表拒绝，结果袁绍和刘表的国家最终被曹操灭亡；二是窦建德从河北援助王世充时，在虎牢关遭到李世民的阻截，他的部下凌敬和妻子分别提出了一个计谋，但他都没有听从，最终灭亡了；三是唐庄宗攻打梁国，由于段凝没有果断决策，梁君优柔寡断，梁国灭亡；四是契丹族领袖耶律德光在河东叛乱，废帝没有采用龙敏提出的推举耶律赞华为契丹国王以引起契丹国内乱的计策，后唐也被灭亡了；五是大宋遭遇靖康之变，有人也提出奇计，但没得到采用，北宋就灭亡了。这些灭亡的国家都有机会躲过危机，但是由于君王的愚钝和优柔寡断，没有采用智者的谏言，造成了国家灭亡的悲剧。

田宅契券取直

【原文】

《隋书·志》："晋自过江，凡货卖奴婢马牛田宅，有文券①，率②钱一万，输估四百入官，卖者三百，买者一百；无文券者，随物所堪，亦百分收四，名为散估。历宋、齐、梁、陈，如此以为常。以人竞商贩，不为田业，故使均输，欲为惩劝。虽以此为辞，其实利在侵削也。"今之牙契投税，正出于此。田宅所系者大，奉行惟谨，至于奴婢马牛，虽著于令甲，民不复问。然官所取过多，并郡邑导行之费③，盖百分用其十五六，又皆买者独输，故为数多者率隐减价直，赊立岁月，坐是招激讦诉。顷尝因奏对，上章乞蠲其半④，使民不作伪以息争，则自言者必多，亦以与为取之义。既下有司，而户部引条制沮其说。

【注释】

①文券：文契，契约。②率：大概，大略。③导行之费：过路费用。④乞蠲其半：请求免除一半的费用。蠲（juān），除去、驱出、祛除、免除、去掉。

【译文】

《隋书·食货志》上说："自东晋迁都江南以后，凡是进行买卖奴婢、牛马和田宅的交易的，如果有契约文书，每次交易达到一万钱的都要拿出四百钱上交官吏，卖方交三百，买方交一百。交易没有契约文书的，也收交易金额的百分之四，称作散估。经过南朝的宋、齐、梁、陈几个朝代，都把这样征税的方式当成了习惯。因为很多百姓为了获利都争着去做商贩，放弃了种田，所以才对买方和卖方都进行征税，想要通过这样的方式惩罚他们，并告诫他们要适可而止。虽然是用这样的话当作借口，其实是为了侵削商贾，从中捞取利益罢了。"现在实行的牙税、契税，就来源于此。田地和房屋的交易，利害关系很大，按法令行事很谨慎；对于奴婢马牛的交易，虽然明确地写在法令里面，但百姓并不认真执行。然而由于官府从买卖双方征税过多，地方郡邑还要收取过路费，大概有百分之十五六，这些费用又是买方独自支付，所以很多商人会隐瞒实际金额，降低货物的价值，甚至延期不交税金，导致纠纷的发生。近来我常常因为此事上奏朝廷，希望税金能够减免一半，使百姓们不再靠作伪来平息纠纷，那么，主动交税的人就会变得更多了，这就是"以与为取"的道理。朝廷把这个奏章批下给有关衙门研究，而户部则取用史上条例和制度，否定了这种主张。

【评析】

作者看到了税负过重的弊端，认为减轻税负，偷税的人就会减少，收税的总额就会增加。这种看法有一定的道理。从另一个角度来说，减少税收，会刺激民间经济的发展，随着经济总量的增加，可以征收税款的财产也会随之增加。所以在现代市场经济国家，如果遇到经济停滞的情况，国家就会主动为中小企业和个人减税，以促进经济的增长。这一点对于现代人来说已经是常识。而作者所处的年代，其税收以农业税为主，像契税这样的商业税并不太受到重视，更何况官府收税无非是搜刮民财，户部衙门否定作者建议的结果，也就可想而知了。

张释之传误

【原文】

《汉书》①纪、传、志、表，矛盾不同非一，然唯张释之②为甚。本传云："释之为骑郎，事文帝十年不得调，亡所知名，欲免归。中郎将袁盎惜其去，请徙补谒者③，后拜为廷尉④，逮事景帝，岁余，为淮南相。"而《百官公卿表》所载，文帝即位三年，释之为廷尉，至十年，书廷尉昌、廷尉嘉又二人，凡历十三年，景帝乃立，而以张驱为廷尉。则是释之未尝十年不调，乃未尝以廷尉事景帝也。

【注释】

①《汉书》：又称《前汉书》，由我国东汉时期的历史学家班固编撰，是中国第一部纪传体断代史，"二十四史"之一。②张释之：字季，西汉南阳堵阳（今河南方城东）人。曾事汉文帝、汉景帝二朝，官至廷尉，以执法公正不阿闻名。③谒者：掌管晋见的近侍。④廷尉：官名，秦置，为九卿之一。管理天下刑狱。

【译文】

《汉书》的内容形式由纪、传、志、表几种体裁组成，相互矛盾的记载不止一处，然而尤以记载张释之的事情矛盾突出。书里记载说："张释之担任骑郎，在汉文帝手下做官十年，职位都没有升迁，很少人知道他的名字，所以他想辞官回家。中郎将袁盎惋惜他的离去，于是上奏章请求升他为谒者的官，后来又升任廷尉，到汉景帝即位之后一年，又调任淮南相。"而在《百官公卿表》里记载，汉文帝即位之后的第三年，张释之就担任了廷尉，到汉文帝十年，又记载有廷尉昌、廷尉嘉二人的名字，过了十三年，汉景帝才即位，此时张驱担任廷尉。从后面的这个记载来看，就没有张释之十年未升迁，也没有他在汉景帝时担任过廷尉的事了。

【评析】

本文是对张释之为官经历进行考证，订误。洪迈认为《汉书》记载相互矛盾之处很多，不应全部信以为真，并对张释之为官之事进行考证反驳。考察《百官公卿表》中对此事的记载，他认为，不存在《汉书》中所说的张释之十年未升迁之事，他也从没担任过廷尉之职。

巫蛊之祸

【原文】

汉世巫蛊之祸①，虽起于江充，然事会之来，盖有不可晓者。武帝居建章宫，亲见一男子带剑入中龙华门，疑其异人，命收之，男子捐剑走，逐之弗获。上怒，斩门候，闭长安城门，大索十一日，巫蛊始起。又尝昼寝，梦木人数十，持杖欲击已，乃惊寤，因是体不平，遂苦忽忽善忘。此两事可谓异矣。木将腐，蠹②实生之。物将坏，虫实生之。是时帝春秋已高，忍而好杀，李陵所谓法令无常，大臣无罪夷灭者数十家。由心术既荒，随念招妄，男子、木人之兆，皆迷不复开，则谪见于天，鬼瞰其室。祸之所被，以妻则卫皇后，以子则戾园，以兄子则屈氂，以女则诸邑、阳石公主，以妇则史良娣，以孙则史皇孙。骨肉之酷如此，岂复顾他人哉！且两公主实卫后所生，太子未败数月前，皆已下狱诛死，则其母与兄岂有全理！固不待于江充之谮也。

【注释】

①巫蛊之祸：巫蛊为一种巫术。当时人认为使巫师祠祭或以桐木偶人埋于地下，诅咒所怨者，被诅咒者即有灾难。巫蛊之祸特指汉武帝征和二年发生的重大政治事件，牵连者上至皇后太子、下至普通平民，达数十万人。巫蛊之祸震荡了当时西汉政权的高层几乎每一个人物，国本动摇。大量政治军事人才的流失成为西汉政权衰落的重要历史原因。②蠹：蠹虫。

【译文】

汉朝巫蛊之祸，虽然罪魁祸首是江充，但是事情的发生起因，还有一些让人百思不得其解的地方。汉武帝住在建章宫，亲眼看见一个男子带着宝剑进入中龙华门，武帝觉得他的行踪很诡异，便命人把这男子抓起来，男子弃剑逃走，卫兵们前去追捕也没抓到这个人。汉武帝非常生气，斩杀了守门官员，又下令关闭长安的城门，在全城大肆搜捕了十一天，这是引起"巫蛊事件"的一个原因。汉武帝曾经在白天睡觉时，梦见几十个木头人，都拿着木杖想要打他，忽然间被噩梦惊醒，从此以后身体一直不适，竟因精神恍惚健忘而苦恼。这两件事可以说是异事。木头将要腐烂的时候，一定是生满了蠹虫，物品快要坏时，也要生虫。此时汉武帝年纪已经很大了，变得残忍好杀，李陵曾说的"法令变化无常，大臣们无罪被杀的有好几十家"，指的就是当时的情况。由于汉武帝的心志已经有些恍惚，常常产生一些荒唐的想法，男子和木人的征兆，都是解不开的谜，所以上天谴责他，"鬼怪"也敢在宫室窥视闹事。祸难涉及甚广，比如他的妻子卫皇后，儿子戾园，兄弟屈氂，女儿诸邑、阳石，妾史良娣，孙子史皇孙。对待骨肉至亲都这么残酷，更何况其他人呢？而且两个公主是卫皇后所生，在太子还没有被杀前几个月，就已经被押进监狱杀死了，那么作为她们的母亲和兄弟，怎么可能不受到牵连而平安呢？所以，即使不被江充诬告，也会遭遇到灾祸的。

【评析】

洪迈认为"汉世巫蛊之祸，虽起于江充，然事会之来，盖有不可晓者"，究其原因有二，其一是武帝见到带剑的行踪诡异的男子，命人追捕没有结果，于是斩杀官员，禁城搜捕十一天。其二是因为武帝梦见木人惊醒，之后身体不适精神恍惚。后来武帝竟残忍杀害妻儿大臣，洪迈认为"固不待于江充之谮也"。巫蛊之祸也从一个侧面反映出了武帝朝后期的政治昏暗。武帝时虽然出现了大一统的局面，达到了封建王朝的鼎盛，但同时也存在不少弊端。武帝前期，由于文景两世的积累以及开明的政治环境，当时社会矛盾并不明显。但连年征伐，大兴土木，造成了府库空虚，只得搜刮百姓。迷信鬼神、奢侈逸乐，生产破坏，于是人民不满，社会动荡，起义爆发。或许正是由于社会的动乱，使他感觉到自己或许会有秦始皇的结果，造成他精神恍惚，疑神疑鬼，也更加相信巫术迷信之言，最终酿成巫蛊之祸的惨剧。

丹青引

【原文】

杜子美《丹青引赠曹将军霸》云："先帝天马玉花骢，画工如山貌不同。是日牵来赤墀①下，迥立阊阖生长风②。诏谓将军拂绢素，意匠惨澹经营中。斯须九重真龙出，一洗万古凡马空。玉花却在御榻上，榻上廷前屹相向。至尊含笑催赐金，圉人太仆③皆惆怅。"读者或不晓其旨，以为画马夺真，圉人、太仆所为不乐，是不然。圉人、太仆盖牧养官曹及驭者，而黄金之赐，乃画史得之，是以惆怅，杜公之意深矣。又《观曹将军画马图》云："曾貌先帝照夜白④，龙池十日飞霹雳。内府殷红玛瑙盘，婕妤传召才人索。"亦此意也。

【注释】

①赤墀：皇宫中的台阶，因其以赤色丹漆涂饰，所以有此称呼。②迥立阊阖生长风：卓然站在殿前四蹄生风。阊阖，宫门的正门。③圉人太仆：圉人，养马的官员。太仆，为天子执御，畜养牧马的官员。④照夜白：马的名字，因为其毛色雪白，可以照夜，故有此名。

【译文】

杜甫（字子美）在《丹青引赠曹将军霸》一诗中写道："先帝乘坐的御马玉花骢，在画家的大笔下画得确实与众不同。把马牵到殿下的台阶旁，卓然站在殿前四蹄生风。皇帝下诏让将军展开画绢，将军用心挥笔在绢上描摹，不一会精神抖擞的龙马便跃然绢上，一下子把世上的凡马都压倒了。画卷被捧到御床之上，床上的马和殿下的马相对地屹立着。皇帝含笑催促快赏金银，养马人和管马的官心里都十分惆怅。"读这段诗的人或许不知道其意思，以为画的马可以乱真，所以养马人和管马的官心中不高兴。这是不对的。这首诗的意思是，圉人和太仆是养马和管马的人，而皇帝却把黄金赏给画马的人，所以他们心里不高兴。杜甫这样说，其中还含有深意。另外杜甫还有《观曹将军画马图》一诗说："曾经给先帝的名马照夜白画过像，使龙池（唐明皇旧居）十天里都仿佛听到龙马飞腾的蹄声。皇宫里用殷红色的玛瑙盘装上金银，女官们有的传旨，有的让快去取出。"也是赏赐画家的意思。

【评析】

《丹青引赠曹将军霸》及《观曹将军画马图》为杜甫于唐代宗广德二年（公元764年）作于成都。曹霸是盛唐时期著名的画马大师，安史之乱后，与作者一样，潦倒漂泊。代宗广德二年，杜甫和他在成都相识，十分同情他的遭遇，写下了这两首诗句。诗中明以写马，暗以写人。写马重在筋骨气概，写人寄托情感抱负。赞九马图之妙，生今昔之感，字里行间流露出作者对先帝的忠诚之意。

诗文当句对

【原文】

唐人诗文，或于一句中自成对偶，谓之当句对。盖起于《楚辞》"蕙烝兰藉"、"桂酒椒浆"、"桂櫂兰枻"、"斫冰积雪"。自齐、梁以来，江文通①、庾子山②诸人亦如此。如王勃《宴滕王阁序》，一篇皆然，谓若"襟三江带五湖，控蛮荆引瓯越"，"龙光牛斗"、"徐孺陈蕃"，"腾蛟起凤"、"紫电青霜"，"鹤汀凫渚"、"桂殿兰宫"，"钟鸣鼎食之家"、"青雀黄龙之轴"，"落霞孤鹜"、"秋水长天"，"天高地迥"、"兴尽悲来"，"宇宙盈虚"、"丘墟已矣"之辞是也。于公异《破朱泚露布》亦然，如"尧舜禹汤之德"、"统元立极之君"，"卧鼓偃旗"、"养威蓄锐"；"夹川陆而左旋右抽"、"抵丘陵而浸淫布濩"，"声塞宇宙"、"气雄钲鼓③"，"貙兕作威"、"风云动色"，"乘其跆藉④"、"取彼鲸鲵⑤"，"自卯及酉"、"来拒复攻"，"山倾河泄"、"霆斗雷驰"，"自北徂南"、"舆尸折首"，"左武右文"、"销锋铸镝"之辞是也。杜诗："小院回廊春寂寂，浴凫飞鹭晚悠悠"、"清江锦石伤心丽，嫩蕊浓花满目斑"、"书签药里封蛛网，野店山桥送马蹄"，"戎马不如归马逸，千家今有百家存"、"犬羊曾烂漫，宫阙尚萧条"、"蛟龙引子过，荷芰逐花低"、"干戈况复尘随眼，鬓发还应雪满头"、"百万传深入，环区望匪他"、"象床玉手，万草千花"、"落絮游丝，随风照日"、"青袍白马，金谷铜驼"、"竹寒沙碧，菱刺藤梢"、"长年三老，捩⑥柂开头"、"门巷荆棘底，君臣豺虎边"、"养拙干戈，全生麋鹿"、"舍舟策马，拖玉腰金"、"高江急峡，翠木苍藤"、"古庙杉松，岁时伏腊"、"三分割据，万古云霄"、"伯仲之间，指挥若定"、"桃蹊李径，栀子红椒"、"庾信罗含，春去秋来"、"枫林桔树，复道重楼"之类，不可胜举。李义山⑦一诗，其题目《当句有对》云："密迩平阳接上兰，秦楼鸳瓦汉宫盘。池光不定花光乱，日气初涵露气干。但觉游蜂饶舞蝶，岂知孤凤忆离鸾。三星自转三山远，紫府程遥碧落宽。"其他诗句中，如"青女素娥"对"月中霜里"、"黄叶风雨"对"青楼管弦"、"骨肉书题"对"蕙兰蹊径"、"花须柳眼"对"紫蝶黄蜂"、"重吟细把"对"已落犹开"、"急鼓疏钟"对"休灯灭烛"、"江鱼朔雁"对"秦树嵩云"、"万户千门"对"凤朝露夜"，如是者甚多。

【注释】

①江文通：江淹，字文通，南朝著名诗人。②庾子山：即庾信，字子山，南阳新野人。早期在梁宫廷，为宫体文学的代表作家，作品富丽冶艳；后期到了北朝，文章一转而为沉郁顿挫，苍劲悲凉。③钲鼓：钲和鼓。古代行军或歌舞时用以指挥进退、动静的两种乐器。④跆藉：践踏。⑤鲸鲵：本指鲸鱼，此处代指凶恶的敌人。⑥捩：扭转。⑦李义山：即李商隐，字义山，晚唐著名诗人，其诗风格纤丽哀婉，为人称道。

【译文】

唐朝人所作的诗文，常有在一句当中自成对偶的，被叫作"当句对"。这是来自于《楚辞》里的"蕙烝兰藉""桂酒椒浆""桂棹兰枻""斫冰积雪"这些句子。自齐、梁朝以来，江淹，庾信等这样的诗人所写的诗文中"当句对"都有很多。比如唐朝王勃写的一篇文章《宴滕王阁序》也是这样。像文章里的"襟三江带五湖，控蛮荆引瓯越"、"龙光牛斗"、"徐孺陈蕃"、"腾蛟起凤"、"紫电青霜"、"鹤汀凫渚"、"桂殿兰宫"、"钟鸣鼎食之家"、"青雀黄龙之轴"、"落霞孤鹜"、"秋水长天"、"天高地迥"、"兴尽悲来"、"宇宙盈虚"、"丘墟已矣"之辞。于公异《破朱泚露布》也是这样，像其中之词"尧舜禹汤之德"、"统元立极之君"、"卧鼓偃旗"、"养威蓄锐"；"夹川陆而左旋右抽"、"抵丘陵而浸淫布濩"、"声塞宇宙"、"气雄钲鼓"、"貔儿作威"、"风云动色"、"乘其跆藉"、"取彼鲸鲵"、"自卯及酉"、"来拒复攻"、"山倾河泄"、"霆斗雷驰"、

"自北徂南"、"舆尸折首"、"左武右文"、"销锋铸镝"等。杜甫的诗中有"小院回廊春寂寂，浴凫飞鹭晚悠悠"、"清江锦石伤心丽，嫩蕊浓花满目斑"、"书签药里封蛛网，野店山桥送马蹄"，"戎马不如归马逸，千家今有百家存"、"犬羊曾烂漫，宫阙尚萧条"、"蛟龙引子过，荷芰逐花低"、"干戈况复尘随眼，鬓发还应雪满头"、"百万传深入，环区望匪他"、"象床玉手，万草千花"、"落絮游丝，随风照日"、"青袍白马，金谷铜驼"、"竹寒沙碧，菱刺藤梢"、"长年三老，捩柂开头"、"门巷荆棘底，君臣豺虎边"、"养拙干戈，全生麋鹿"、"舍舟策马，拖玉腰金"、"高江急峡，翠木苍藤"、"古庙杉松，岁时伏腊"、"三分割据，万古云霄"、"伯仲之间，指挥若定"、"桃蹊李径，栀子红椒"、"庾信罗含，春去秋来"、"枫林桔树，复道重楼"之类，亦是多得不胜枚举。李商隐曾写过一首题目为《当句有对》的诗，其内言写道："密迩平阳接上兰，秦楼鸳瓦汉宫盘。池光不定花光乱，日气初涵露气干。但觉游蜂饶舞蝶，岂知孤凤忆离鸾。三星自转三山远，紫府程遥碧落宽。"在李商隐的其他诗句中，如"青女素娥"对"月中霜里"，"黄叶风雨"对"青楼管弦"，"骨肉书题"对"蕙兰蹊径"，"花须柳眼"对"紫蝶黄蜂"，"重吟细把"对"已落犹开"，"急鼓疏钟"对"休灯灭烛"，"江鱼朔雁"对"秦树嵩云"，"万户千门"对"凤朝露夜"，等等。这样的句子还有很多。

【评析】

当句对，也称句中对，对仗的一种，是指一句之中某些语词自成对偶。当句对是格律中一个非常重要的规则和技巧，用在句中，有灵活多变、抑扬顿挫的效果。黄庭坚有诗句："野水自添田水满，晴鸠却唤雨鸠归。""野水""田水"互对，"晴鸠""雨鸠"互对，而上下联又遥遥成对，十分工整。白居易也有《寄韬光禅师》诗："东涧水流西涧水，南山云起北山云。前台花发后台见，上界钟声下界闻。"全诗共四句当句对，非有妙思者不能为。

台谏不相见

【原文】

嘉祐六年，司马公以修起居注①同知谏院，上章乞立宗室为继嗣。对毕，诣中书，略为宰相韩公言其旨。韩公摄飨明堂②，殿中侍御史陈洙监祭，公问洙："闻殿院与司马舍人甚熟。"洙答以"顷年曾同为直讲③"。又问："近日曾闻其上殿言何事？"洙答以"彼此台、谏官不相往来，不知言何事"。此一项温公私记之甚详。然则国朝故实，台谏、官无不相见。故赵清献公④为御史论陈恭公，而范蜀公⑤以谏官与之争。元丰中，又不许两省官相往来，鲜于子骏乞罢此禁。元祐中，谏官刘器之、梁况之等论蔡新州，而御史中丞以下，皆以无章疏罢黜。靖康时，谏议大夫冯懈论时政失当，为侍御史李光所驳。今两者合为一府，居同门，出同幕，与故事异，而执政祭祠行事，与监察御史不相见云。

【注释】

①起居注：是记录我国古代帝王言行的书籍。②明堂：古代帝王宣明政教的地方。凡朝会、祭祀、庆赏、选士、养老、教学等大典，都在此举行。③直讲：官名。辅助博士讲授经学。④赵清献公：赵抃（公元1008年~公元1084年）字阅道，宋衢州西安（今浙江衢州市）人。景祐元年（公元1034年）进士，任殿中侍御史，弹劾不避权势，时称"铁面御史"。⑤范蜀公：范镇，字景仁，宋成都华阳人。

【译文】

宋仁宗嘉祐六年，司马光以修起居注官兼任谏院的长官，因无子，便上奏朝廷请求从宗室里选出一人册立为继子。上奏之后，司马光来到中书省，对宰相韩公大略讲了下这件事。韩公去太庙祭祀，殿中侍御史陈洙监祭。韩公问陈洙说："听说你与司马光很熟。"陈洙回答说："前几年曾一同担任直谏官，在一起共事。"韩公又问："近日曾听说过司马光上奏章，说的是什么事情啊？"陈洙回答说："我和他分别担任为台官和谏官，没有来往，不知道他上奏的是什么事情。"司马光私底下把这件事详细记录了下来。然而朝廷很久以前就有这样的制度：台官与谏官不准来往相见。赵清献公担任御史的时候，曾议论陈恭公，而范蜀公以谏官身份站出来和赵抃争辩。元丰年间，又下令不允许两省官员来往，鲜于子骏请求取消这个禁令。元祐年间，谏官刘器之、梁况之等议论蔡新州，而在御史中丞以下的官员，都因为没有上奏此事而被罢免官职。靖康年间，谏议大夫冯懈评论时政失当，被侍御史李光反驳。如今这两个机构已合并成一个，住在一个门里，在一个屋檐下办公，与过去的制度不同，而在执政祭礼活动时，不得与监察御史见面。

【评析】

　　本文叙述的是古代制度中有直谏官与台谏官不能相互往来见面的制度。本文中首先列举出宰相韩琦询问台官陈洙有关谏官司马光上奏之事，由此证明了朝廷曾有"台谏官无事不相见"的制度。之后又有范蜀公以谏官与御史之争、鲜于子骏请求取消不许两省官相往来制度、谏议大夫被侍御史所驳等之事的出现，由此说明了御史台与谏院之间相互负有监察之责，二者不能互通往来，以免党同伐异。文章最后还提到如今制度得到改善，御史台与谏院已经合并成一个机构，只有在执政祭祠行事时，不得与监察御史相见。

周世宗

【原文】

　　周世宗英毅雄杰①，以衰乱之世，区区五六年间，威武之声②，震慑夷夏③，可谓一时贤主，而享年不及四十，身没半岁④，国随以亡。固天方⑤授宋，使之驱除。然考其行事，失于好杀，用法太严，群臣职事小有不举⑥，往往置之极刑，虽素有才干声名，无所开宥，此其所短也。薛居正⑦《旧史》纪载翰林医官马道元进状，诉寿州界被贼杀其子，获正贼⑩见在宿州，本州不为勘断。帝大怒，遣窦仪乘驲往按之。及狱成，坐族死者二十四人。仪奉辞之日，帝旨甚峻，故仪之用刑，伤于深刻，知州赵砺坐除名⑧。此事本只马氏子一人遭杀，何至于族诛二十四家，其他可以类推矣。《太祖实录·窦仪传》有此事，史臣但归咎于仪云。

【注释】

　　①英毅雄杰：英明果决。②威武之声：威望和雄强的名声。③夷夏：四夷和华夏，意即整个中国。④身没半岁：死后半年。身没，指身死。半岁，半年。⑤天方：天意，上天。⑥小有不举：稍微有一点过错。⑦薛居正：字子平，开封人，北宋大臣，少有大志，好学不倦。曾监修《旧五代史》。⑧坐除名：因此受牵连而丢掉官职。

【译文】

周世宗柴荣是个英明果敢的豪杰,处于五代十国的混乱时期,仅用短短的五六年时间,威望和名声便震慑了整个中国,真可谓是一代贤能的君主,可是他却没活到40岁,死后不过半年,国家就随之灭亡了。这恐怕是天意属于宋,才让他为宋朝建国扫清了道路。但是考察他一生所做的事,其失策的地方在于他的好杀,动用刑法太严。他手下的官员,稍有一点过错,往往就要被处以重刑杀掉。所以他虽具富有才干的威望和名声,但不知道宽容,这是他的短处。薛居正主编的《旧五代史》记载有翰林院医官马道元曾递状子给世宗,诉说自己的儿子在寿州(今安徽寿县)境内被贼杀死,现主犯已在宿州(今安徽宿县)被捕,当地州官不认真断理此案。世宗大怒,派大臣窦仪乘驿站快马去处理此案。审理结果,牵连处死了24个人及其家属。这是因为窦仪奉命的时候,世宗的旨意十分严厉,所以窦仪用刑便过于残酷,知州赵砺亦因此被撤职。这件事本来只是马氏的一个儿子遭杀,怎么能够连诛24家的族人呢?其他事也可类推了。《太祖实录·窦仪传》也记载了这件事,但史官把这件事的过错归罪到窦仪身上。

【评析】

作者洪迈距周世宗生活的年代已经过去了200多年,尽管周世宗用法严苛的记载白纸黑字见于许多正史典籍,但是当时的具体情形是绝对难以复原了,而洪迈据此坐实"周世宗好杀",恐怕是文人情绪化的表达居多。有道是"乱世用重典"。强悍如周世宗者,要想斧正世道人心,恐怕就不得不背上一个"好杀"的恶名,这恐怕是作者洪迈所不能理解的。

郑权

【原文】

唐穆宗时,以工部尚书郑权为岭南节度使,卿大夫相率为诗送之①。韩文公作序,言:"权功德可称道。家属百人,无数亩之宅,僦②屋以居,可谓贵而能贫,为仁者不富之效也③。"《旧唐史》权传云:"权在京师,以家人数多,奉入不足,求为镇④,有中人之助,南海多珍货,权颇积聚以遗之,大为朝士所嗤。"又《薛廷老传》云："郑权因郑注得广州节度，权至镇，尽以公家珍宝赴京师，以酬恩地⑤。廷老以右拾遗上疏请按⑥权罪，中人由是切齿⑦。"然则其为人，乃贪邪之士尔，韩公以为仁者何邪？

【注释】

①为诗送之：写诗为他送行。②僦：租赁。③效：仿效。④求为镇：请求到地方镇上做地方官。⑤恩地：唐以来对师门的称呼，此处指代郑注，因他帮郑权谋官，对郑权有恩。⑥按：考察，探究。⑦切齿：痛恨，咬牙切齿的样子。

【译文】

唐穆宗时，朝廷把工部尚书郑权外调到岭南任节度使，朝内百官先后写诗为他送行。韩愈（谥号文，故后世称文公）作了一篇序说："郑权的功绩和道德可以称得上人的楷模，家属有100多人，却没有一所几亩地大的住宅，只好租赁别人的房子居住，真可以说是身居显贵而又能过贫苦生活，这是那些为富不仁的人应该效仿的。"《旧唐书·郑权传》里说："郑权在京都时，因家里人口太多，薪俸不够家庭开支，求到地方上做地方长官，得到掌权太监们的帮助。南海地方有很多珍贵的物产，郑权到任后积累了不少特产送给太监们，这件事受到朝内官员们的耻笑。"又有《薛廷老传》里说："郑权因有郑注的帮助才得到广州节度使的职务，郑权到任后，把官库里藏的珍宝统统运到京都，用以酬谢郑注。薛廷老当时担任右拾遗的官，因此上奏疏给皇帝，请把郑权治罪，为此宦官们非常痛恨薛廷老。"根据这些记载，郑权是个贪婪的赃官，韩愈却说他仁德，是为什么呢？

【评析】

看了这则故事，我们带着末尾的疑问检点史籍，然后得知，郑权为官之初，口碑还是颇佳的，史称他"器度魁伟，有辞辩"，"宽厚容众"。自然的，后来他在广州节度使任上大肆搜刮，并与权臣郑注以及宦官来往甚密，也是实有其事。至于韩愈写序说，"郑权的功绩和道德可以称得上人的楷模，家属有100多人，却没有一所几亩地大的住宅，只好租赁别人的房子居住，真可以说是身居显贵而又能过贫苦生活，这是那些为富不仁的人应该效仿的"，恐怕是郑权沽名钓誉的伪装罢了。只不过韩愈写歌功颂德文章在前，郑权露出狐狸尾巴在后，就算韩愈后来反悔，也赖不掉这些白纸黑字了。这就告诫我们，有些人非常善于伪装，因此我们交友要极其谨慎，所谓"路遥知马力，日久见人心"。

资治通鉴

【原文】

司马公①修《资治通鉴》②，辟范梦得为官属，尝以手帖论缵述③之要，大抵欲如《左传》叙事之体。又云："凡年号皆以后来者为定。如武德元年，则从正月，便为唐高祖，更不称隋义宁二年，梁开平元年正月，便不称唐天祐四年。"故此书用以为法。然究其所穷，颇有窒而不通之处。公意正以《春秋》定公为例，于未即位，即书正月为其元年。然昭公以去年十二月薨，则次年之事，不得复系于昭。故定虽未立，自当追书。兼经文至简，不过一二十字，一览可以了解。若《通鉴》则不侔④，隋炀帝大业十三年，便以为恭皇帝上，直至下卷之末恭帝立，始改义宁，后一卷，则为唐高祖。盖凡涉历三卷，而炀帝固存，方书其在江都时事。明皇后卷之首，标为肃宗至德元载，至一卷之半，方书太子即位。代宗下卷云："上方励精求治，不次用人。"乃是德宗也。庄宗同光四年，便系于天成，以为明宗，而卷内书命李嗣源讨邺，至次卷首，庄宗方殂。潞王清泰三年，便标为晋高祖，而卷内书石敬瑭反，至卷末始为晋天福。凡此之类，殊费分说⑤。此外，如晋、宋诸胡僭⑥国，所封建王公及除拜卿相，纤悉必书⑦，有至二百字者。又如西秦丞相南川宣公出连乞都卒，魏都坐大官章安侯封懿、天部大人白马文正公崔宏、宜都文成王穆观、镇远将军平舒侯燕凤、平昌宣王和其奴卒，皆无关于社稷治乱。而周勃薨乃不书。及书汉章帝行幸⑧长安，进幸槐里、岐山，又幸长平、御池阳宫，东至高陵，十二月丁亥还宫；又乙未幸东阿，北登太行山，至天井关，夏四月乙卯还宫。又书魏主七月戊子如⑨鱼池，登青冈原，甲午还宫；八月己亥如弥泽，甲寅登牛头山，甲子还宫。如此行役，无岁无之⑩，皆可省也。

【注释】

①司马光：北宋政治家、文学家、史学家。初字公实，更字君实，号迁夫，晚号迂叟，司马池之子。汉族，出生于河南省光山县，原籍陕州夏县（今属山西

夏县）涑水乡人，世称涑水先生。②《资治通鉴》：简称"通鉴"，是北宋司马光主编的一部多卷本编年体史书，共294卷，历时19年告成。③缵述：编辑。④不侔：不能同等看待。侔，相等，齐。⑤殊费分说：解释起来非常费力。殊，很。分说，解释，注解。⑥僭：僭越，超越本分，多指地位低下者冒用上主的名义或礼仪、器物。⑦纤悉必书：连细枝末节都详尽记述。⑧幸：帝王到达某个地方称幸或者临幸。⑨如：到达。⑩无岁无之：没有哪一岁没有，意即每年都有。

【译文】

司马光在编纂《资治通鉴》时，聘请范祖禹一起参加编撰工作，司马光常常通过书写的方式向他讲明编纂的要点，大致想要像《左传》的编年叙事体一样。又对他说："凡是出现两个在同一年的年号，都要以后来那个继承皇位的年号为准。如唐高祖武德元年，同时又是隋恭帝义宁二年，则从正月起便是唐高祖，不可以称之为隋义宁二年。五代梁开平元年正月，就不能称之为唐天祐四年。"所以这部书凡是遇到同一年内出现两个年号的都采用这种办法解决。然而仔细研究一下它的道理，就会发现其有不通的地方。司马光的本意是想用《春秋》鲁定公为例，在他没有即位时，就记正月是他的元年。但昭公于去年十二月去世，那么第二年的事就不能再放到昭公名下进行记述了，所以虽然鲁定公还没有即位，自然也应当把发生在第二年的全部事情记在他的名下。况且《春秋》内容十分简单，超不过一二十字，看一遍就知道全部的内容了。但《资治通鉴》就不能同等看待。比如，隋炀帝大业十三年，便标题为隋恭皇帝上卷，但直至下卷末尾，恭帝即位，才改元义宁，紧接着便是唐高祖武德元年。这里前后共涉及三卷，而这时候隋炀帝还在世，其中还说到隋炀帝在江都（今江苏扬州）做过的事情。唐明皇后卷的开头，标明为唐肃宗至德元年，编撰一卷的一半时，才写到太子即位的事情。唐代宗下卷又写到："皇上正在振奋精神努力治国，不断破格使用人才。"而这说的却是唐德宗在位的事。唐庄宗同光四年，便记载到明宗纪年中，而卷内却记载皇帝命李嗣源（明宗本名）去征讨邺郡（今河南安阳一带），到下一卷开始，庄宗才驾崩。潞王清泰三年，便标题为晋高祖，而卷内却记载了石敬瑭（晋高祖本名）叛乱一事，一直到卷末才写到晋天福的年号。诸如此类的内容，很难解释清楚。此外，还有晋、宋等这样不属正统的少数民族，他们封的王公位，以及任命的大臣、宰相，记得十分详尽，甚至有的记到二百字之多。再比如西秦丞相南川宣公出连乞都去世，还有魏国的章安侯封懿，天部大人白马文正公崔宏，宜都文成王穆观、镇远将军平舒侯燕凤，平昌宣王和他的奴仆等人去世，都是与国家政权和社会安定无关的人。而周勃之死，却没有记载。还记载了汉章帝出游长安（今陕西西安），并游槐里、岐山，又游玩到了长平，住进池阳宫，往东到高陵（以上各地均在今陕西省），十二月丁亥才返回皇宫；又记载了乙未游行东阿，北登太行山，到天井关，夏天四月回到宫里。又记有魏王七月到鱼池，游览青冈原，甲午回宫；八月又到弥泽、牛头山游览，甲子回宫等。像这些游览的事情，每年都不可能不出现的，这都是可以省略不记的。

【评析】

《资治通鉴》，简称"通鉴"，是司马光主编的一部多卷本编年体史书，共294卷，历时19年告成。它以时间为纲，事件为目，从周威烈王二十三年（公元前403年）写起，到五代的后周世宗显德六年（公元959年）征淮南停笔，涵盖十六朝一千三百余年的历史，在我国官修史书中占有极重要的地位。司马光是以为君亲政、贤明之道为出发点编写《资治通鉴》的，所谓"删削冗长，举撮机要，专取国家盛衰，系生民休戚，善可为法，恶可为戒者，为编年一书，使先后有伦，精粗不杂"。书名的意思是"鉴于往事，有资于治道"，即以历史的得失作为鉴诫来加强统治，所以叫《资治通鉴》。其中隋唐五代占全书40%，史料价值最高。他多次着墨在其中的贤明政治时期，如文景之治、贞观之治等。

《资治通鉴》具有强烈的正统立场，在分裂时代，如三国，魏有《纪》而吴蜀无《纪》；南北朝时代，南朝有《纪》，北朝无《纪》；五代有《纪》，而十国无《纪》。又如记载魏明帝太和五年："（诸葛）亮帅诸军入寇，围祁山，以木牛运。"对此朱熹曾表达他的不满："三国当以蜀汉为正，而温公乃云，某年某月'诸葛亮入寇'，是冠履倒置，何以示训？"《资治通鉴》虽被誉为"体例严谨，脉络清晰，网罗宏大，体大思精，史料充实，考证稽详，叙事详明，繁简得宜"，但本身也有不少错误。明代严衍熟读《资治通鉴》，著有《资治通鉴补》，列举通鉴有"漏、复、紊、杂、误、执、诬"七病。朱熹则直接批评："温公修书，凡与己意不合者，即节去之，不知他人之意不如此。《通鉴》之类多矣。"洪迈在文中提到的年号划分上的失误以及对君主游幸过分的记述，也是《资治通鉴》的两个毛病，而且比其他人提到的问题要小得多。究其原因，可能是因为《资治通鉴》并非司马光全力写成，作为主编，他还要分心于其他工作。而这部史书的编写有给皇帝当教材的目的，在史论上就不太容易持平。可见，研究学问，如果不全身心投入，不抛弃功利的目的，就容易出现错误，遭受批评。

田横吕布

【原文】

田横①既败，窜居海岛中。高帝遣使诏之，曰："横来，大者王，小者乃侯耳"横遂与二客诣雒阳。将至，谓客曰："横始与汉王俱南面称孤，今汉王为天子，而横乃为亡虏，北面事之，其愧固已甚矣。"即自刭。横不顾王侯之爵，视死如归，故汉祖流涕称其贤，班固②以为雄才。韩退之道出其墓下，为文以吊曰："自古死者非一，夫子至今有耿光。"其英烈凛然，至今犹有生气也。吕布为曹操所缚，将死之际，乃语操曰："明公之所患，不过于布，今已服矣。令布将骑，明公将步，天下不足定也。"操竟杀之。布之材未必在横下，而欲忍耻事仇。故东坡诗曰："犹胜白门穷吕布，欲将鞍马事曹瞒。"盖笑之也。刘守光以燕败，为晋王所擒，既知不免，犹呼曰："王将复唐室以成霸业，何不赦臣使自效？"此又庸奴下才，无足责者。

【注释】

①田横：田横，秦末群雄之一，原为齐国贵族，在陈胜吴广大泽乡起义后，田横与兄田儋、田荣也反秦自立，兄弟三人先后占据齐地为王。②班固：班固（公元32年~公元92年）东汉官吏、史学家、文学家。史学家班彪之子，字孟坚，汉族，扶风安陵人（今陕西咸阳东北）。除兰台令史，迁为郎，典校秘书，潜心二十余年，修成《汉书》，当世重之，迁玄武司马，撰《白虎通德论》，征匈奴为中护军，兵败受牵连，死狱中，善辞赋，有《两都赋》等。

【译文】

田横兵败以后，便逃到海岛上去。汉高祖刘邦派使者前去招降他，说："如果田横投降，大的可以封王，小的也可以给个侯爵。"于是田横便带两个门客前往洛阳。快要到达的时候，田横对门客说："我曾经和刘邦一样都是坐处南面称为皇帝，现在汉王刘邦当了天子，而我田横却成了逃亡的俘虏，如今我面北向他行礼称臣，这对我而言实在是件羞耻的事情啊！"于是拔剑自杀了。田横不屑于王侯爵位的荣耀，视死如归，所以汉高祖为其逝去流下眼泪，并且还说他是位贤人。班固则认为田横是一个"雄才"。韩愈路过田横的墓时，写了一篇悼念他的文章，其中写道："自古以来死去的人不知有多少了，先生的死至今还散发着光芒。"他的气节凛然成风，至今还有着振奋人心的豪气。吕布被曹操抓住，将要面临死亡的时候，吕布对曹操说："您所惧怕的人，没有超过我的了吧，现在我已愿意降服了。让我带领骑兵，您统领步军，这样，天下就不难平定了。"最后曹操还是把他杀了。吕布的勇猛未必在田横之下，而他却想忍受耻辱去顺从敌军，所以苏东坡曾有诗说："犹胜白门穷吕布，欲将鞍马事曹瞒。"这是在嘲讽吕布不知廉耻的行为。五代时后梁的刘守光自称燕帝，兵败之后被晋王擒住，知道自己不能被赦免死罪，还大声地哀求晋王说："大王打算恢复大唐来成就霸业，为什么不可以赦免臣的罪过，让我为您效力呢？"这个刘守光是个庸俗的小人，又是一个一等一的蠢货，根本不值得去责备他。

【评析】

本文主要通过叙述三段历史故事，对比出田横与吕布、刘守光面对死亡的两种不同反应，讽刺了吕布、刘守元的贪生怕死，赞扬了田横的英烈凛然。田横战败，刘邦为巩固政权，对田横提出"大者王，小者乃侯耳"的条件，田横忍受不了屈辱，拔剑自杀。田横宁死不受辱的精神感动了汉高祖，班固也称其"雄才"，韩愈更是在祭文里赞叹道"自古死者非一，夫子至今有耿光"。洪迈由此也赞道："其英烈凛然，至今犹有生气也。"然而吕布被曹操擒住，吕布请求曹操保命，最后还是被曹操杀了，比之田横"不顾王侯之爵，视死如归"当然是差远了。吕布同曹操曾同样是一方诸侯，失败却愿意侍奉曹操。虽然其才干可比田横，但临死之际，却没有田横那样的气魄，所以洪迈就借苏东坡的一首诗嘲笑他贪生怕死。刘守光其路数同吕布一样，但却没有吕布的能耐，李存勖当然不会理他。洪迈对此就评论道："此又庸奴下才，无足责者"。鄙视之意，跃然纸上。田横，吕布，刘守光都是一方诸侯，失败之后态度截然不同，同是难逃一死，表现各异，孰高孰下，不言而喻。洪迈讲田横、吕布、刘守光的故事，有借古喻今的意味在里面。

禁天高之称

【原文】

　　周宣帝自称天元皇帝，不听人有天、高、上、大之称。官名有犯，皆改之。改姓高者为姜，九族称高祖者为长祖。政和中，禁中外不许以龙、天、君、玉、帝、上、圣、皇等为名字。于是毛友龙但名友，叶天将但名将，乐天作但名作，句龙如渊但名句如渊，卫上达赐名仲达，葛君仲改为师仲，方天任为大任，方天若为元若，余圣求为应求，周纲字君举，改曰元举，程振字伯玉，改曰伯起，程瑀亦字伯玉，改曰伯禹；张读字圣行，改曰彦行。盖蔡京当国，遏绝史学，故无有知周事者。宣和七年七月，手诏以昨臣僚建请，士庶名字有犯天、玉、君、圣及主字者悉禁，既非上帝名讳，又无经据，谄佞不根，贻讥后世，罢之。

【译文】

　　周宣帝自称天元皇帝，不允许任何人使用天、高、上、大几个字作为称谓，官名当中有侵犯这几个字的，都进行了更改。姓高的改为姓姜，九族里的高祖改称为长祖。在徽宗政和年间，曾禁止中外使用龙、天、君、玉、帝、上、圣、皇等字作名字。于是就有毛龙友改名毛友，叶天将改名叶将，乐天作改名乐作，句龙如渊改名句如渊，卫上达被赐名为卫仲达，葛君仲改名为葛师仲，方天任改名为方大任，方天若改名为方元若，余圣求改名为余应求，周纲字君举，改称元举，程振字伯玉，改称伯起，程瑀亦字伯玉，改成伯禹，张读字圣行，改成彦行。在蔡京掌握国家大权的时候，遏止人们学习历史，所以没有人知道北周已发生过这件事了。宣和七年七月，徽宗才发下手诏说，前几天有臣下曾经提出，官员和百姓名字中有犯天、玉、君、圣和主字的都要禁用。这些字既不是上帝名号，又没有历史可以依据，谄媚者坚持此事是没有根据的，只会被后人讥笑，所以废除。

【评析】

　　本文主要讲述古代制度中有禁止名字中带有"天、高"等之类的字的现象，批判了古代制度的不合理性。对于"士庶名字有犯天、玉、君、圣及主字者悉禁"的这种制度，洪迈认为这些字既不是帝王名讳，又没有历史的根据，断然禁止百姓使用这类字，只会被后人耻笑，对此这种无根无据的制度理应废除。

汉唐二武

【原文】

东坡云："古之君子，必忧治世而危明主，明主有绝人之资，而治世无可畏之防。"美哉斯言。汉之武帝，唐之武后①，不可谓不明，而巫蛊②之祸，罗织之狱③，天下涂炭④，后妃公卿，交臂就戮⑤，后世闻二武之名，则憎恶之。蔡确作诗，用郝甑山上元间事，宣仁谓以吾比武后；苏辙用武帝奢侈穷兵虚耗海内为谏疏⑥，哲宗谓至引汉武上方先朝。皆以之得罪。人君之立政，可不监⑦兹。

【注释】

①武后：武则天。②巫蛊：用巫术毒害人。蛊，传说中的一种人工培养的毒虫，专用来害人。③罗织之狱：网罗编造罪名让人下狱。罗织，虚构种种罪名，对无辜者加以诬陷。④涂炭：烂泥和炭火，比喻极困苦的境遇。⑤交臂就戮：因为一点小事就遭到杀戮。⑥谏疏：谏，规劝君主使其改正错误。疏，分条说明的文字，一般指臣子向皇帝上奏。⑦监：通"鉴"，借鉴，参考。

【译文】

苏东坡说："古代道德高尚的人，一定会为治理国家而劳心，同时为明君分忧，贤明的国君必有过人的资质，然而治理国家却没有可以令人担心的。"此话说得太对了！汉朝的汉武帝，唐朝的武则天，不能说不贤明，但是他们治理国家时仍然会有巫蛊之祸和罗织之狱，天下生灵涂炭，后宫嫔妃和朝廷大臣可能会因一点小事就惨遭杀害，后代的人听到这两位君主的名字，就非常憎恶。蔡确写了一首诗，用到了郝甑山上元间的事情，宣仁皇后把她比作武则天；苏辙以汉武帝奢侈、穷兵黩武、浪费公家钱财为例，对君主进行规劝，哲宗皇帝就认为他是引用汉武帝的故事把他和前朝相比。这两个人都因此被判了罪。君主治理国家，怎么能不以此为鉴呢？

【评析】

本文开篇引用苏东坡之言提出全文观点"古之君子，必忧治世而危明主，明主有绝人之资，而治世无可畏之防"，论述了君主虽有过人之处，但仍避免不了治国有过失现象的存在。之后针对汉武帝和武则天的治国之道提出了自己的见解，洪迈认为其二人不能说不贤明，但仍会出现"天下涂炭，后妃公卿，交臂就戮"之惨象，后人理应以此为戒。然后又列举蔡确和苏辙这样的忠臣为治国担心进谏，但没有得到君主认同，因此遭到罪罚，由此发表了感慨："人君之立政，可不监兹！"本文告诉我们，无论做什么事情都要善于冷静明智地听从他人的建议，要以古人的教训为警戒。

买马牧马

【原文】

国家买马①，南边于邕管，西边于岷黎、皆置使提督，岁所纲发者盖逾万匹②，使臣、将校得迁秩转资③，沿道数十州，驿程券食④、厩圉薪刍⑤之费，其数不赀⑥，而江、淮之间，本非骑兵所能展奋，又三衙遇暑月，放牧于苏、秀以就水草⑦，亦为逐处之患⑧。因读《五代旧史》云："唐明宗问枢密使范延光⑨内外马数。对曰：'三万五千匹。'帝叹曰：'太祖在太原，骑军不过七千。先皇自始至终，马才及万。今有铁马如是，而不能使九州混一⑩，是吾养士练将之不至也。'延光奏曰：'国家养马太多，计一骑士之费可赡步军五人，三万五千骑，抵十五万步军，既无所施，虚耗国力。'帝曰：'诚如卿言，肥骑士而瘠吾民，民何负哉！'明宗出于蕃戎⑪，犹能以爱民为念。李克用父子以马上立国制胜，然所蓄只如此。今盖数倍之矣。尺寸之功不建⑫，可不惜哉。"且明宗都洛阳，正临中州，尚以为骑士无所施。然则今虽纯用步卒，亦未为失计也。

【注释】

①国家买马：宋朝为了充实骑兵兵力而购买马匹。国家，本朝，即宋朝。②岁所纲发者盖逾万匹：每年成批从这些地方送往内地的马匹大约超过一万。纲，转运大批货物所实施的方法。逾，超过。③得迁秩转资：得以升迁。迁，指调动官职，一般指升职。秩，官职级别。④券食：凭券供应的膳食。一般官吏所用。⑤厩

围薪刍：盖马厩，准备柴禾、草料。⑥不赀：无法估算。⑦放牧于苏、秀以就水草：为了方便马匹喝水吃草，将马匹赶到苏州、秀州地区放牧。⑧逐处之患：给这些地方每处都造成很大的损失。⑨范延光：字子瑰，相州临漳人，唐明宗时曾做节度使，能征善战，生性刚正，敢于直言劝谏。⑩混一：统一天下。⑪蕃戎：少数民族。⑫尺寸之功不建：一点功劳都未建立。

【译文】

宋朝为了买马来充实骑兵，在南边的邕管（今广西南宁），西边的岷州（今甘肃岷县）、黎州（今四川汉源）都安置了专门官员和设立了买马的机构，每年购买的马匹成批上交朝廷的数量大概都能超过一万匹，使得担任这一职责的使臣、将校往往因此得以升迁官职。运送这些马匹要沿途经过几十个州县，准备驿站居住、官兵饭食，盖马圈、备草料，这些费用无法估量。然而长江、淮河之间，本来就不适合骑兵奔驰训练，又碰上炎热天气，不得不将马赶到苏州（今江苏吴县）、秀州（今浙江嘉兴）一带放牧，就造成了各地区的巨大损失。据《旧五代史》记载："后唐明宗李嗣源询问枢密使范延光全国的马匹数目。范延光回答说：'一共有马三万五千匹。'唐明宗感叹地说道：'太祖在太原时，骑兵也只有七千人。先皇（庄宗李存勖）在世的时候，马匹也才有一万匹。现在我有这么多的军马，却还不能统一天下，这是我对养兵和训练将帅还做得不够啊。'范延光上奏说：'我国养的马匹太多了，花在一个骑兵身上的费用足可以养活五个步兵了，那么三万五千名骑兵的费用就相当于十五万步兵费用了，这么多骑兵既不能发挥作用，又白白消耗了国家财力。'后唐明宗说：'倘若真的像你说的那样，厚养骑兵而使百姓受苦，那么百姓怎能承受得了呢？'虽然明宗出身于少数民族家庭，却还能够把老百姓的利益放在首位。李克用父子凭着骑兵的力量战胜敌军而建立国家，然而他们所蓄养的马匹却很少。如今所养马的数量是其数量的好几倍，到现在为止却没有建立一点功绩，真让人为之可惜啊！"况且自明宗定都洛阳，地处中原地区，还以为骑兵无用武之地。然而如果现在全部使用步兵，也未必不是良策啊。

【评析】

作者在本文中揭示了宋代马政的弊端，认为应当减少骑兵的数量。在两宋三百多年中，马匹问题始终被作为一项重要的立国之政，建立了一套完整的职官、牧养、买马制度。马政在宋代社会经济、政治、军事中占据重要的地位，有着极大的影响。然而宋代国土相对狭小，缺乏天然牧场，牧监主要分布在重要农业区的黄河南北地区。不仅影响马匹质量和数量的增长，而且和农业争地严重，对农业的发展以及国家租赋收入的增加都有一定的影响，在一定程度上也激化了农民阶级与封建政权的矛盾。故每当对外军事斗争缓和或阶级矛盾激化时，总有一部分官吏站出来要求还田于民，或者压缩牧地面积以增加租税收入。洪迈的观点就是基于这一主张。从爱惜民力的角度来讲，这一主张是正确的。

然而宋代军事局势比较严峻，先后与辽、夏、金、蒙古等国对峙，每当局势紧张时，便要强征民间马匹，增加买马数额，使国家财政支出困难。由于马匹不足，严重地影响了宋军的战斗力，使其始终建立不起强大的骑兵部队。而其敌国却拥有充足的马源和强大的骑兵部队，使宋军在战争中处于不利的地位，加剧了宋朝的"积弱"之势。实际上，宋代也通过改革提升了马政的效率。庆历革新及王安石变法推出的保马法、户马法、给地牧马法等，实践已经证实，可以减少马匹死亡率，增加马匹繁殖率，解决农牧争地问题，农民一般也可以接受这一政策。户马法初行时，仅京畿养马百姓就有1500户，保马法初行时，禹城一县有448户自愿响应。而反对派只看到新政策存在的问题，看不到其成绩及可行性，不知去调节完善这些政策，而是一概地予以罢废，结果造成严重的后果。由于政策的多变，不仅使马政更加混乱，马匹数量下降，也加重了农民的负担，更加激化了社会矛盾。这是一个值得吸取的历史教训。

后妃命数

【原文】

《左传》所载郑文公之子十余人，其母皆贵胄^①，而子多不得其死，惟贱妾燕姞生穆公，独继父有国，子孙蕃衍盛大，与郑存亡。薄姬入汉王宫，岁余不得幸，其所善管夫人、赵子儿先幸汉王，为言其故，王即召幸之，岁中生文帝，自有子后希见^②。及吕后幽诸幸姬不得出宫，而薄氏以希见故，得从子之代，为代太后。终之承汉大业者，文帝也。景帝召程姬，程姬有所避不愿进，而饰侍者唐儿使夜往，上醉不知而幸之，遂有身，生长沙王发。以母微无宠，故王卑湿贫国。汉之宗室十有余万人，而中兴炎祚^③，成四百年之基者，发之五世孙光武也。元帝为太子，所爱司马良娣④死，怒诸娣妾，莫得进见。宣帝令皇后择后宫家人子五人，虞侍⑤太子。后令旁长御问所欲，太子殊无意于五人者，不得已于皇后，强应曰："此中一人可。"乃王政君也。一幸有身，生成帝，自有子后，希复进见。然历汉四世，为天下母六十余载。观此四后妃者，可谓承恩有限，而光华启佑，与同辈辽绝，政君遂为先汉之祸。天之所命，其亦各有数乎！徽宗皇帝有子三十人，唯高宗皇帝再复大业。显仁皇后在宫掖时，亦不肯与同列争进，甚类薄太后云。

【注释】

①贵胄：贵族的后代，王公贵族。②希：假借为"稀"，稀少，罕见。③炎祚：三国蜀刘备自称得汉之正统，故亦指蜀汉。④司马良娣：良娣是皇太子妾称号，太子妾中品级较高者，地位仅次于太子妃。司马良娣是刘奭还是太子时最宠爱的一位妃嫔。公元前54年，刘奭还没登上皇位的时候，司马良娣就病死了。⑤虞侍：谓伴侍而使愉悦。虞，通"娱"。

【译文】

据《左传》记载，郑文公有十多个儿子，他们的母亲都出身于名门望族，但这些儿子大多数因遭遇横祸而亡，只有出身地位微贱的燕妾所生养的穆公，继承了皇位做了郑国国君，子孙繁盛，与郑国共存亡。薄姬进入汉王刘邦的王宫，一年多时间，刘邦都没有宠幸过她。管夫人、赵子儿与她的关系甚好，并且先得到了汉王刘邦的宠爱，于是她们二人就在刘邦面前替薄姬美言，刘邦这才召幸了她，还不到一年，她便给刘邦生了个儿子，就是后来的汉文帝刘恒。自从有了儿子刘恒，薄姬就很少与刘邦见面了。吕后幽禁刘邦的宠妃并禁止她们出宫，由于过去薄姬很少陪伴刘邦，因而得以跟随儿子来到代国，做了代国的太后。最后继承汉朝大业的是汉文帝刘恒。汉景帝想召幸程姬，程姬不太方便，所以不愿进宫，就派她的侍女唐儿夜里去陪汉景帝，汉景帝喝醉了酒，不知道真相，便宠幸了唐儿，于是唐儿怀了汉景帝的孩子，生下了长沙王刘发。因为母亲出身卑微也不被宠爱，所以长沙王刘发就被派到了潮湿贫穷的地方当了王。汉朝的宗室有十多万人，而中兴汉朝，并使汉朝大业延续到四百年的人，却是长沙王刘发的第五代子孙光武帝刘秀。汉元帝当太子时，最喜欢的司马良娣死了，就迁怒于其他妃子，谁也不召见。汉宣帝让皇后从后宫中选择了五个佳人，侍候太子。皇后派她身边的人去问太子的想法，太子本来对这五个佳人没有一个中意的，但不得不服从皇后，勉强回答说："这五个人中有一个还可以。"这就是王政君。王政君得到太子一次宠幸便有了身孕，生下了汉成帝刘骜。她自从生了儿子后，就再也没有得到过元帝的宠幸。王政君经历四代汉室，母仪天下六十多年。看到上述四个后妃的经历，可以说她们得到的宠幸都很有限，但享受的荣华富贵却是其他后妃所不能比的，最后王政君成为西汉的祸害。上天安排的命运，都有其定数吧！徽宗皇帝有三十个孩子，只有高宗皇帝再次复兴了大宋朝。显仁皇后在后宫时，也不愿与其他妃子争宠，很像西汉的薄太后。

【评析】

本文通过讲述四例后宫妃嫔承受帝王恩宠与命数之间的关系，得出后妃"承恩有限"，"天之所命，其亦各有数"的结论。洪迈认为，后妃承蒙厚恩与命数有关，就像文中所说，郑文公妃嫔大多出自于贵族，然而他们的儿子却没有继承她们曾有的恩德，大多都遭受厄运，而燕妾虽出身卑微，没有受过过多恩宠，但其子秦穆公却继承了皇位，子孙繁衍盛大；薄姬虽很少陪伴刘邦，但躲过了吕后的幽禁宠妃之难，与其儿子来到代国，最终她的儿子继承了汉朝大业。还讲到侍女唐儿的子孙刘秀却成为了光武帝，王政君母仪天下六十年。这四位嫔妃均没有得到帝王的恩宠，但其后代却得到了厚待。本文从正反两方面论述了后妃承恩与命数之间的关系，论述详尽有力，使文章更有说服力。

严武不杀杜甫

【原文】

《新唐书·严武传》云："房琯①以故宰相为巡内刺史，武②慢倨不为礼③，最厚④杜甫，然欲杀甫数矣，李白为《蜀道难》者，为房与杜危之也。"甫传云："武以世旧待甫，甫见之，或时不巾。尝醉登武床，瞪视曰：'严挺之乃有此儿。'武衔之，一日欲杀甫，冠钩于帘三，左右白其母，奔救得止。"《旧史》但云："甫性褊躁⑤，尝凭醉登武床，斥其父名，武不以为忤。"初无所谓欲杀之说，盖唐小说所载，而《新书》以为然。予按李白《蜀道难》，本以讥章仇兼琼，前人尝论之矣。甫集中诗，凡为武作者几三十篇送其还朝者,曰"江村独归处,寂寞养残生。"喜其再镇蜀,曰:"得归茅屋赴成都,直为文翁再剖符⑥。"此犹是武在时语。至《哭其归榇》及《八哀诗》"记室得何逊,韬钤延子荆",盖以自况;"空余老宾客,身上愧簪缨",又以自伤。若果有欲杀之怨,必不应眷眷如此。好事者但以武诗有"莫倚善题《鹦鹉赋》"之句,故用证前说引黄祖杀祢衡为喻,殆是痴人面前不得说梦也,武肯以黄祖自比乎!

【注释】

①房绾:字次律,河南人。②武:严武(公元726年~公元765年),字季鹰,华州华阴人。生于唐玄宗开元十四年,卒于代宗永泰元年,年四十岁。③倨不为礼:傲慢无礼。④厚:优待,重视。⑤褊躁:气度偏窄,脾气急躁。⑥剖符:或叫"剖竹"。封建时代的帝王在建国之后,就会封赏有功的诸侯将士,任命将、郡守,将符节剖分为二,文臣武将各执其一,作为信守的约证,叫作"剖符"。

【译文】

据《新唐书·严武传》中记载:"房绾凭借前宰相的身份担任巡内刺史,严武对他很傲慢无礼,但严武特别看重杜甫,却又多次想杀了杜甫。李白的《蜀道难》,写的就是担心房绾和杜甫之间的关系。"杜甫的本传也写道:"严武以世交对待杜甫,杜甫看见严武的时候,有时连头巾也不戴。杜甫曾经喝醉酒后爬到严武床上,瞪着眼睛,无礼地对严武说:'严挺之怎么会有你这样的儿子!'严武对这事耿耿于怀,有一天严武想杀杜甫,把帽子挂在门帘上三次,每次又取了下来,他手下的随从把这事告诉了他的母亲,他母亲急忙赶来制止了他。"然而《旧唐书》却写道:"杜甫气量狭小,性情急躁,常常喝醉后爬上严武的床,大声叫嚷严武父亲的名字,严武并不挂在心上。"开始时并没有所谓严武要杀杜甫这种说法,可能是因为唐朝小说对此有所记载,而《新唐书》中却认为这是真实的事情。我认为李白所作的这篇《蜀道难》,本来是嘲讽章仇兼琼的,前人也曾经论述过这一点。杜甫文集中的诗歌,为严武而作的诗歌将近三十篇,送严武回京时还写道"江村独归处,寂寞养残生。"当杜甫得知严武再次回到四川时,高兴地为其写下了"得归茅屋赴成都,直为文翁再剖符"的诗句。这些都是杜甫在严武活着的时候写下的。严武死后,杜甫又在《哭其归榇》和《八哀诗》中写道"记室得何逊,韬钤延子荆"论述自己的状况，写"空余老宾客，身上愧簪缨"来表达自己的伤感。倘若真的存在严武要杀杜甫这件事情，杜甫肯定不会在诗中表达出对严武的眷眷不舍之情。喜欢多事的人是因为看到严武诗中写道"莫倚善题《鹦鹉赋》"的句子，所以就用此来证明前面的说法，并引用黄祖杀祢衡的事来比喻严武和杜甫之间的事情，这恐怕是痴人说梦，严武难道愿意把自己与黄祖相比吗？

【评析】

将史书与杜诗对严武事迹的记录与评价之异同进行对述，对史书本传对严武的微词加以辩驳，给严武以公正的历史定评。洪迈针对《新唐书》中记载"杜甫酒后失言，忤严武，严武或不以为忤，或中衔之，以致一日欲杀杜甫"的说法给予了反驳。他认为《新唐书》之所以这样记载，可能是《旧唐书》中有"甫性褊躁……"等说法，之后又受到了唐代小说的影响。他还认为《蜀道难》是讽刺章仇兼琼的，并不是《新唐书》中说的那样写"为房与杜危之也"。又列举了诸多杜甫在严武生前死后为其所作的诗歌，由此证明杜甫与严武之间的至深友情，否定了由严武诗所引出的"严武杀杜甫"的言论。洪迈在文章的最后还以"殆是痴人面前不得说梦也，武肯以黄祖自比乎"反驳了"引黄祖杀祢衡为喻"之说，由此看出，洪迈十分信任严武的为人。

朱温三事

【原文】

义理所在，虽盗贼凶悖之人①，亦有不能违者。刘仁恭为卢龙节度使，其子守文守沧州，朱全忠②引兵攻之，城中食尽，使人说以早降。守文应之曰："仆③于幽州，父子也，梁王方以大义服天下，若子叛父而来，将安用之？"全忠愧其辞直，为之缓攻。其后还师，悉焚诸营资粮，在舟中者凿而沉之。守文遗④全忠书曰："城中数万口，不食⑤数月矣，与其焚之为烟，沉之为泥，愿乞其所余以救之。"全忠为之留数囷，沧人赖以济⑥。及篡唐之后，苏循及其子楷自谓有功于梁，当不次擢用⑦。全忠薄其为人，以其为唐鸱枭⑧，卖国求利，勒循致仕，斥楷归田里。宋州节度使进瑞麦⑨，省之不怿，曰："宋州今年水灾，百姓不足，何用此为！"遣中使诘责之，县令除名。此三事，在他人为之不足道，于全忠则为可书矣，所谓憎而知其善也。

【注释】

①盗贼凶悖之人：背叛朝廷的凶狠暴虐的盗贼。②朱全忠：后梁太祖朱温，起初参加黄巢起义，降唐时被唐僖宗赐名全忠，晚年尤其嗜好杀戮及淫乱。③仆：我，谦辞。④遗：赠送，这里表示给朱温写信。⑤不食：没有东西吃。⑥济：活命。⑦当不次擢用：应当被破格提拔。擢用，任用。⑧鸱枭：同"鸱鸮"，这里代指罪人。⑨瑞麦：一株多穗或异株同穗的麦子。古时将此当作吉祥的兆头。

【译文】

义理无所不在，即使是背叛朝廷的凶恶盗贼，有时也不违背。唐朝末年，刘仁恭任卢龙节度使，他的儿子刘守文驻守沧州（今属河北），朱温（赐名全忠）率兵围攻沧州，沧州城中能吃的东西都吃完了，但仍苦苦坚守，朱温派人劝说刘守文早日投降。刘守文回答说："我和刘仁恭是父子关系，梁王你正在用正义征服天下，如果当儿子的背叛了父亲而投靠你，你将如何任用他呢？"朱温听了刘守文的正直言辞，感到很惭愧，就减缓了攻势。后来，朱温撤军，准备把各军营中的粮草全部烧掉，河中的粮船也都凿沉在水中。刘守文写信给朱温，说："沧州城中几万军民，已好几个月没东西吃了，你与其把粮草烧成烟灰，沉没在水中烂成泥，不如发点慈悲，把剩余的粮草用来救活沧州城中的军民。"朱温于是留了几座粮仓没有烧，沧州城中的军民靠此得以活命。到了朱温篡夺唐朝江山，做了后梁皇帝后，苏循和他的儿子苏楷，自以为对后梁有功，应该被破格提拔重用。而朱温却看不起他们父子俩的人品，认为他们是唐朝的罪人，卖国求荣，牟取私利，便勒令苏循辞官回家，苏楷削职为民。宋州（今河南商丘）节度使进奉象征吉祥的多穗麦子，朱温看了很不高兴，说："宋州今年发水灾，老百姓缺食少衣，为什么还要进奉祥瑞呢？"并派宫中的宦官到宋州责备节度使，还罢免了进献瑞麦的县令。这三件事，对于其他人来说不值得提及，但对朱温来说，却值得大书特书。因为就算憎恨一个人，也要知道他有好的一面。

【评析】

我们认为，人大致可分为三类：其一，为良善之人，其二为奸邪之人，其三为逡巡之人。朱温大约就是属于逡巡之人。所谓逡巡之人，就是一直徘徊在善恶边缘的一类人。他们偶尔会有脱离奸邪而向善的举动，但这并非是他们的良心发现使然，而是偶尔屈从于人世间的道德律罢了。大约任何一个奸邪之徒，在享受既得利益的同时，也渴望自身道德高尚，而当"利"字当前时，邪恶的本性就战胜了道德律。其实，人这一辈子，就是自我斗争的一辈子，斗得过自己的，我们就称之为好汉，斗不过自己的，我们就称之为孬种。所以，劝君切莫歌颂鳄鱼们的眼泪。这当然也是作者洪迈所不能理解的。

大义感人

【原文】

理义感人心，其究至于浃①肌肤而沦骨髓，不过语言造次②之间，初非有怪奇卓诡之事也。楚昭王遭吴阖庐之祸，国灭出亡，父老送之，王曰："父老返矣，何患无君！"父老曰："有君如是其贤也！"相与从之，或奔走赴秦，号哭请救，竟以复国。汉高祖入关，召诸县豪杰曰："父老苦秦苛法久矣，吾当王关中，与父老约法三章③耳。凡吾所以来，为父兄除害，非有所侵暴，毋恐！"乃使人与秦吏行至县乡邑，告谕之，秦民大喜。已而项羽所过残灭，民大失望。刘氏四百年基业定于是矣。

唐明皇避禄山乱，至扶风，士卒颇怀去就④，流言不逊，召入谕之曰："朕托任失人，致逆胡乱常，须远避其锋。卿等仓卒从朕，不得别父母妻子，朕甚愧之。今听各还家，朕独与子弟入蜀，今日与卿等诀。归见父母及长安父老，为朕致意。"众皆哭曰："死生从陛下。"自是流言遂息。

贼围张巡⑤于雍丘，大将劝巡降，巡设天子画像，帅将士朝之，人人皆泣。巡引六将于前，责以大义而斩之，士心益劝。河北四凶称王，李抱真使贾林说王武俊，托为天子之语，曰："朕前事诚误，朋友失意，尚可谢，况朕为四海之主乎？"武俊即首唱从化。及奉天诏下，武俊遣使谓田悦曰："天子方在隐忧，以德绥⑥我，何得不悔过而归之？"

王庭凑盗据成德，韩愈宣慰，庭凑拔刃弦弓以逆。及馆，罗甲士于廷。愈为言安、史以来逆顺祸福之理，庭凑恐众心动，麾之使出，讫为藩臣。黄巢伪赦至凤翔，节度使郑畋不出，乐奏，将佐皆哭。巢使者怪之，幕客曰："以相公风痺不能来，故悲耳。"民间闻者无不泣，畋曰："吾固知人心尚未厌唐，贼授首无日矣。"旋起兵率倡诸镇，以复长安。

田悦以魏叛，丧师遁还，亦能以语言动众心，誓同生死。乃知陆贽劝德宗痛自咎悔，以言谢天下，制书所下，虽武人悍卒，无不感动流涕，识者知贼不足平。凡此数端，皆异代而同符也。国家靖康⑦，建炎之难极矣。不闻有此，何邪？

【注释】

①浃：湿透，渗透。②造次：慌忙，仓促。③约法三章：原指订立法律与人民相约遵守。后泛指订立简单的条款。出自《史记·高祖本纪》："与父老约，法三章耳；杀人者死，伤人及盗抵罪。"《汉书·刑法志》："高祖初入关，约法三章。"④颇怀去就：这里指心怀着逃走的想法。⑤张巡：唐蒲州河东（今山西永济）人，他生于唐中宗景龙二年（公元708年），卒于唐肃宗至德二载（公元757年）。张巡是"安史之乱"时期著名的英雄。安史之乱时，张巡誓死守卫睢阳（今河南商丘），他虽为文官，但精通兵法，屡次击败叛军，但终因寡不敌众，战死于睢阳。⑥绥（suí）：安抚。⑦靖康：安康，安乐。

【译文】

道义可以感动人心，甚至可以渗入人们的皮肤和骨髓中，不过有的只是一时匆忙所说的话，或起初并没有发生什么奇怪诡异的大事，但最后都起到了这种作用。楚昭王遭受了吴王阖庐带来的灾难，国家灭亡，被迫逃亡，楚国父老乡亲为他送行，楚昭王说："乡亲们，回去吧，不要担心这里没有国君。"乡亲们说："哪里还有像您这么贤明的国君哪！"于是乡亲们就跟着楚昭王一起走了，有的人来到秦国，哭着请求秦国相救，楚国最终复兴了。汉高祖刘邦进入关中后，召集各县的豪杰说："父老乡亲们遭受秦国苛刻暴敛的政策已经很久了，如今我当了关中的王，要与各位父老相亲们约法三章。之所以我来到关中，是为父老兄弟们除去祸害，并不是为了侵犯虐待你们，请大家不要害怕。"又派人和秦朝官吏一起到各郡县乡邑，向老百姓解释说明，秦朝的百姓都很高兴。然而，凡是项羽率兵经过的地方，老百姓都会遭受残害灭杀，所以老百姓对项羽大失所望。这便为刘氏的四百年的基业奠定了群众基础。

唐明皇李隆基为躲避安禄山的叛乱，逃到了扶凤（今陕西宝鸡东）时，有很多士兵心中都有了逃走的想法，有一些诋毁唐明皇的谣言四起，唐明皇召集士兵并对他们说："我用人不当，招致胡人安禄山叛乱谋反，现在必须远走以避开他的势头。大家都是在仓促之时跟随我出走，来不及跟父母、妻儿告别，对此我感到很惭愧，现在任凭你们回家，我和我的儿子要独自前往四川，今天在此和大家诀别。回去见到你们的父母和长安（今陕西西安）的父老乡亲们，替我向他们问候一下。"将士们听到这些话后都哭了，说："不论生死，我们都愿意跟随皇帝陛下。"于是谣言便渐渐消失了。

乱臣安禄山带领的军队围困了张巡驻守的雍丘城（今河南杞县），城中将军们都劝张巡投降，张巡在城中摆放着皇帝李隆基的画像，带领将军士兵对其朝拜，人人都在皇帝画像前哭泣，张巡把劝他投降的六个大将带到皇帝画像前，指责他们没有忠孝大义，并把他们斩首，城内所有将领们的抗敌之心得到极大的鼓舞。唐德宗时，河北有四个人叛乱称王，其中王武俊称赵王、田悦称魏王、李纳称齐王、朱滔称冀王。李抱真派贾林劝说王武俊，并假托皇帝的话说："我以前处理事情是有不对的地方，朋友之间发生了矛盾，还可以相互道歉，何况我身为天下君主呢？"于是王武俊就第一个提出归顺皇帝的建议。等到皇帝在奉天（今陕西乾县）下诏书时，王武俊派人对田悦说："皇帝正为国家大事担忧，还用恩德安抚我们，我们还有什么理由不悔过自新，归顺朝廷呢？"

王庭凑偷偷占据了成德，韩愈奉命前去安抚。王庭凑剑拔弩张迎接韩愈。韩愈被带到厅堂，厅堂里布满了带有兵器的士兵。韩愈对王庭凑以及士兵们讲述安史之乱以来背叛和归顺朝廷的利害关系，王庭凑害怕军心动摇，挥手让士兵出去，最终王庭凑归顺了朝廷并做了朝廷的藩镇大臣。黄巢占领长安后，伪造的赦令传到凤翔（今陕西凤翔）时，节度使郑畋不出来接受，当音乐奏起时，将领们都哭了。黄巢派来传送赦诏的使者感到很奇怪，郑畋的幕僚说："这是因为郑畋的风湿病犯了，不能前来受诏，所以他们非常伤心。"凤翔的老百姓听说这件事没有不流泪的，郑畋说："我本来就知道老百姓的心中还没有厌恶唐朝，乱臣贼子授首就擒的日子没有几天了。"立即带领军队并提议各藩镇一起起兵反抗，最终共同收复了长安。

田悦自称魏王，发起叛乱，战败逃回了魏州（今河北），竟然还能用语言打动士兵将领的心，使众人发誓与他同生共死。陆贽得知这件事后，劝说唐德宗深刻认识自己的过失，并用真诚的言辞向天下百姓谢罪，诏书颁布后，凡是看到的人，即使是武夫那样凶悍的人，也没有不为之感动得流泪的，有识之士由此知道叛乱不难平定。

上述的这几件事，都发生在不同的时代，但效果都相同。国家在靖康、建炎年间所遭受的灾难惨极了，但却没有听说像上述那样用道义来感化人的事，这是为什么呢？

【评析】

本文主要讲述了在危急时刻要善于使用"大义"鼓动人心，激励士气的道理。洪迈在文章开头就提出自己的观点，他认为，"理义感人心，其究至于浃肌肤而沦骨髓，不过语言造次之间，初非有怪奇卓诡之事也"，之后他列举吴国侵犯楚国、楚昭王"灭国出亡"和安史之乱、唐明皇避乱幸蜀等八件史事，说明危急时刻以义感人，遂使民众、军士死生从之，一一转危为安，"竟以复国"，联系实际，洪迈感慨不已："国家靖康、建炎之难极矣。不闻有此，何邪？"，由此可以推断出，缺少忠义之理、忠义之风、忠义之士，是招致靖康之祸、导致北宋灭亡的重要原因。洪迈将历史与现实相结合，运用丰富的史实，通过纵向、横向对比，充分论证了"大义感人"的极端重要性。

女子夜绩

【原文】

《汉·食货志》云："冬，民既入①，妇人相从夜绩②，女工一月得四十五日。"谓一月之中，又得半夜，为四十五日也。必相从者，所以省费燎火③，同巧拙而合习俗也④。《战国策》甘茂亡秦⑤出关，遇苏代曰："江上之贫女，与富人女会绩⑥而无烛，处女相与语，欲去之。女曰：妾以无烛故，常先至扫室布席，何爱余明之照四壁者，幸以赐妾。"以是知三代之时，民风和厚⑦勤朴如此，非独女子也，男子亦然。《豳风》⑧言"昼尔于茅，宵尔索绹"，言昼日往取茅⑨归，夜作绹索⑩，以待时用也，夜者日之余，其为益多矣。

【注释】

①民既入：民众都待在家里。②相从夜绩：聚集在一起，晚上一同纺麻织布。绩，把麻搓捻成线或绳。③省费燎火：节省灯火费用。④同巧拙而合习俗也：相互取长补短，时间长了，便成为一种习俗。⑤亡秦：逃离秦国。⑥会绩：一同纺麻。⑦爱：吝惜。和厚，和睦淳厚。⑧《豳风》：《诗经》中的篇章，为一个系列，多反映周族先民的劳作场面。⑨茅：上山砍茅草。⑩绹（táo）索：古代制作绳纹陶器专用的绳索。

【译文】

《汉书·食货志》上说:"到了冬天农闲时,老百姓都待在家中,妇女们聚集在一起,晚上纺麻织布,这样一个月可做45天的活。"就是说,一个月中,每天又多出半夜,这样一个月就相当于45天。妇女们所以要聚集在一起,是为了节省灯火,并相互取长补短,这已经积久成俗。《战国策》记载,甘茂逃离秦国,出了关中地区,遇见了苏代,就对苏代说:"江上的一个贫家女子和富家女子一起织布,自己却没有灯烛,一起织布的女子们一起商量,想赶走她。贫家女说:'我因为没有灯,所以常常先到,打扫房屋,铺设坐席,你们何必吝啬照在四周墙壁上的余光呢?希望把多余的光亮赐给我。'"从这可以知道,夏、商、周三代时期,民风是如此的淳厚、朴素、勤劳。不但妇女如此,男子也是这样。《诗经·豳风》中说:"昼尔于茅,宵尔索绹。"意思是指,白天男子上山采集茅草,晚上把茅草搓成绳子,以备冬日制陶用。夜晚作为白天的延续,它的好处很多啊。

【评析】

古代农闲的时候,左邻右舍的妇女们晚上会聚集在一起,纺麻织布,这是我国古代农耕社会特有的习俗之一。但据此说"夏、商、周三代的民风是如此的淳厚,男人女人是如此朴素、勤劳",也是不严谨的。历朝历代都有民风淳厚的时候,也有民风险恶的时候。一般来说,一朝立国之初,民风都较为淳厚,一朝大厦将倾之时,民风都很险恶。如此而已。

董仲舒灾异对

【原文】

汉武帝建元六年,辽东高庙、长陵高园殿灾,董仲舒[①]居家,推说其意,草稿未上,主父偃[②]窃其书奏之。上召视诸儒,仲舒弟子吕步舒不知其师书,以为大愚。于是下仲舒吏,当死,诏赦之。仲舒遂不敢复言灾异。此本传所书。而《五行志》载其对曰:"汉当亡秦大敝[③]之后,承其下流。又多兄弟亲戚骨肉之连,骄扬奢侈,恣睢者众,故天灾若语陛下,'非以太平至公不能治也。视亲戚贵属在诸侯远正最甚者,忍而诛之,如吾燔辽东高庙乃可;视亲戚贵属在诸侯远正最甚者，忍而诛之，如吾燔辽东高庙乃可'云尔。在外而不正者，虽贵如高庙，犹灾燔之，况诸侯乎？在内不正者，虽贵如高园殿，犹灾燔之，况大臣乎。此天意也。"其后淮南、衡山王谋反，上思仲舒前言，使吕步舒持斧钺④治淮南狱，以《春秋》谊颛断⑤于外，不请。既还奏事，上皆是之。凡与王谋反列侯二千石豪杰，皆以罪轻重受诛。二狱死者数万人。呜呼，以武帝之嗜杀，时临御方数岁，可与为善，庙殿之灾，岂无他说？而仲舒首劝其杀骨肉大臣，与平生学术大为乖剌⑥，驯致数万人之祸，皆此书启之也。然则下吏几死，盖天所以激步舒云，使其就戮，非不幸也。

【注释】

①董仲舒：是西汉一位与时俱进的思想家，儒学家，西汉时期著名的唯心主义哲学家和今文经学大师。②主父偃：汉朝官员。出身贫寒，早年学长短纵横之术，后学《易》、《春秋》和百家之言。周游他国都没有受到重用。到达长安之后，被刘彻任命为郎中。不久又迁为谒者、中郎、中大夫，一年中升迁四次，得到武帝的破格任用。③敝：疲惫，困乏，衰败。④斧钺：尚方宝剑。⑤颛（zhuān）断：独自决断。颛，通"专"。⑥乖剌：违忤，不和谐。

【译文】

汉武帝建元六年，辽东高祖庙和长陵（高祖陵）高园殿遭受了灾难。董仲舒闲居在家，推测灾难发生的原因，并将他的观点写在了草稿上，但没有上奏。不料主父偃偷走了这个草稿并呈给了汉武帝。汉武帝召集朝中大臣把董仲舒的奏稿给他们看，董仲舒的弟子吕步舒不知是他师父写的，认为这种观点极其愚蠢。于是汉武帝下令逮捕董仲舒入狱并处以死罪。后来通过吕步舒从中斡旋，汉武帝才下诏赦免了他。从此以后董仲舒再也不敢谈论灾异了。这件事是《汉书·董仲舒传》中的记载，而《汉书·五行志》中记载他的对策说："汉朝是在秦亡并且残破不堪的情形之下建立起来的，同时秦朝的一些弊端也被继承下来了。又因为汉朝皇室中，兄弟、亲戚、子女甚多并且关系紧密，骄奢跋扈，暴戾恣睢的人很多，因此天降灾难像是在警告陛下说：'不用太平时期的公正是治理不好天下的。在诸侯的亲戚贵属中挑出最专横跋扈的人杀掉，就向我烧掉辽东的高庙一样才可以。对待亲近的大臣在国家中步入旁门左道，和那些手握重权不正直的人，要把他们杀掉，就像我烧掉高园殿一样才行。'在外面不正直的人，即使是身份像高庙一样的尊贵，也要把他杀掉，更何况是诸侯呢？在内不正直的人，即使是高贵得像高园殿一样，也应该杀掉，这都是天意啊！"后来淮南王和衡山王谋反叛乱，此时汉武帝想起了董仲舒之前说的那些话，派吕步舒持尚方宝剑穷审淮南王案件，吕步舒以《春秋》上所说可专断于外，没有请示汉武帝就处置了谋反的诸侯及其从属。处理一切事情之后才上奏汉武帝，汉武帝认为他处理得很好。凡是参与淮南王谋反，列侯以及二千石官吏、豪杰之士，无论罪过轻重一律诛杀，两个案子死者数万人。哎呀！像汉武帝这样大开杀戒，而他那时当皇帝不过才几年，完全可以在这件事情上网开一面，辽东高庙、长陵高园殿的灾难，难道就不会有其他的说法吗？但是董仲舒首先劝汉武帝诛杀亲密大臣，这与他平生的学术真正是背道而驰。导致数万人被诛杀的大祸，都是由于他的这些言论引发的。然而他自己也被逮捕下狱，几乎被处死，这大概是上天故意激励吕步舒说的那几句话。假使他被诛杀，也并非是不幸的事。

【评析】

董仲舒推测高庙和长陵高园殿发生灾难是因为上天警告陛下"非以太平至公，不能治也"的道理，并认为兄弟亲戚骨肉大臣中，骄扬奢侈、恣睢跋扈和贵而不正之人均应该杀掉，如同焚毁了高贵的高庙和长陵高园殿一样。由此可以看出，董仲舒十分信仰灾异与人事有天人感应。他认为灾异是天之所命，是天意的表现。人君的行为失道，天以灾异谴告、警惧。汉武帝之后竟然信任了董仲舒的灾异之说，对叛乱之人大开杀戒，洪迈将"驯致数万人之祸"归咎于董仲舒对高庙灾异的言论。洪迈在文章的最后引用吕步舒之言"使其就戮，非不幸也"，由此否定了董仲舒的灾异观点。

韩婴诗

【原文】

《前汉书·儒林传》叙《诗》云：汉兴，申公作《鲁诗》，后苍作《齐诗》，韩婴作《韩诗》。又云：申公为《诗》训故。而齐辕固、燕韩生皆为之传，或取《春秋》，采杂说，咸非其本义，与不得已，鲁最为近之。婴为文帝博士，景帝时至常山太傅，推诗人之意，作《外传》数万言，其语颇与齐、鲁间殊，然归一也。武帝时，与董仲舒论于上前，精悍分明，仲舒不能难。其后韩氏有王吉、食子公、长孙顺之学。《艺文志》，《韩家诗经》二十八卷，《韩故》三十六卷，《内传》四卷，《外传》六卷，《韩说》四十一卷。今惟存外传十卷。庆历中，将作监主簿李用章序之，命工刊刻于杭，其末又题云："蒙文相公改正三千余字。"予家有其书，读首卷第二章，曰："孔子南游适楚，至于阿谷，有处子佩瑱而浣者。"孔子曰："彼妇人其可与言矣乎？"抽觞以授子贡，曰："善为之辞。"子贡曰："吾将南之楚，逢天暑，愿乞一饮以表我心。"妇人对曰："阿谷之水流而趋海，欲饮则饮，何问妇人乎？"受子贡觞，迎流而挹之，置之沙上，曰："礼固不亲授。"孔子抽琴去其轸，子贡往请调其音。妇人曰："吾五音不知，安能调琴？"孔子抽绤纷五两以授子贡，子贡曰："吾不敢以当子身，敢置之水浦。"妇人曰："子年甚少，何敢受子？子不早去，今窃有狂夫守之者矣。"诗曰："南有乔木，不可休息。汉有游女，不可求思。"此之谓也。观此章，乃谓孔子见处女而教子贡以微词三挑之，以是说诗，可乎？其谬戾甚矣，他亦无足言。

【译文】

《前汉书·儒林传》叙述《诗经》说：汉朝盛兴后，申公著《鲁诗》，后苍著《齐诗》，韩婴著《韩诗》。又说：申公为《诗经》作注释。而齐国的辕固、燕国的韩生都为《诗经》作传，或者取材于《春秋》，或者取材于杂家之说，都不是原来的本义，只有《鲁诗》与本义最为接近。韩婴在文帝时期是博士，景帝时官职升至常山太傅，推测诗人的用意，作《外传》数万言，其中的语句许多与齐、鲁间所流传的有不同之处，但大意基本一致。武帝时，韩婴与董仲舒同于武帝面前谈论《诗经》，韩婴的见解精确明白，董仲舒不能问难。其后韩婴弟子有王吉、食子公、长孙顺等人。《汉书·艺文志》载《韩家诗经》二十八卷，《韩故》三十六卷，《韩诗内传》四卷，《韩诗外传》六卷，《韩说》四十一卷。如今只存下《外传》十卷。宋仁宗庆历期间，将作监主簿李用章为之作序，并派工匠把它刻在杭州，在后面又题道："蒙文相公改正三千余字。"我家藏有此书，读第一卷第二章，写道："孔子南游至楚国，到了阿谷这个地方，看见有一年轻姑娘佩带着塞耳的玉，正在洗衣服。孔子问道：'这位妇人，我可以与你说几句话吗？'拿一个酒杯给子贡，说：'有礼貌地与她说话。'子贡说：'我将去南边的楚国，恰逢天气炎热，请让我饮一杯水以解除我炎热的心情。'妇人回答说：'阿谷的水流向大海，想饮就饮，何必问我呢？'她接过子贡的酒杯，迎逆流盛了一杯水，放在沙石上，说：'礼，我不能亲手递给你。'孔子拿出琴，扭动琴轴，子贡请她去调音。妇人说：'我不懂五音，怎能调琴？'孔子拿出粗细葛布五两给子贡，子贡说：'我不敢把这亲手交给你，只好放在水旁。'妇人说：'我年纪很轻，怎敢接受您的馈赠，您不早点离开，担心有勇悍而不讲情面的人突然出现呀！'《诗经》说：'南方有乔木，下面不可以休息。汉水有游水之女，不可以求得。'就是说这件事。"读这一章，是说孔子看见处女而教子贡以婉转巧妙的话去再三挑逗她，这样来解释《诗经》，可以吗？这是非常荒诞的，其他的也不值一谈。

【评析】

《诗经》是中国最早的诗歌总集。收入自西周初年至春秋中叶大约五百多年的诗歌。据说原有古诗3000篇，孔子根据礼义的标准编选了其中300篇，整理出了《诗经》。唐代孔颖达、宋代朱熹等对此说均持怀疑态度。《左传》中记载，孔子不到10岁时就有了定型的《诗经》，公元前544年，鲁乐工为吴公子季札所奏的风诗次序与今本《诗经》基本相同。现在通常认为《诗经》为各诸侯国协助周朝朝廷采集，之后由史官和乐师编纂整理而成。孔子也参与了这个整理的过程。汉初传授《诗经》学的共有四个学派：齐之辕固生，鲁之申培，燕之韩婴，赵之毛亨、毛苌，简称齐诗、鲁诗、韩诗和毛诗。齐、鲁、韩三家属今文经学，是官方承认的学派；毛诗属古文经学，是民间学派。但到了东汉以后，毛诗反而日渐兴盛，并为官方所承认；前三家则逐渐衰落，到南宋就完全失传了。今天我们看到的《诗经》，就是毛诗一派的传本。洪迈记载了韩诗中的部分内容，是《国风·周南·汉广》，并评价韩婴对这首诗的解释是荒诞不经的。其实对于古代著作，注释者往往无法脱离自己的既定立场。比如《诗经》中第一首《关雎》，明显是描写男子追求女子的恋爱之诗，可毛诗却说其赞颂的是"后妃之德"。董仲舒说过"诗无达诂"，意谓对《诗经》没有通达的或一成不变的解释，因时因人而有异。当然，像韩婴那样编故事就太过荒唐，难怪它失传了。

蜘蛛结网

【原文】

佛经云:"蠢动含灵,皆有佛性。"《庄子》云:"惟虫能虫,惟虫能天。"盖虽昆虫之微,天机所运①,其善巧方便,有非人智虑技解②所可及者。蚕之作茧,蜘蛛之结网,蜂之累③房,燕之营巢,蚁之筑垤④,螟蛉之祝子之类是已。虽然,亦各有幸不幸存乎其间。蛛之结网也,布丝引经⑤,捷急上下,其始为甚难。至于纬而织之,转盼可就,疏密分寸,未尝不齐。门槛及花梢竹间则不终日,必为人与风所败。唯闲屋圮垣,人迹罕至,乃可久久而享其安。故燕巢幕上,季子⑥以为至危。李斯见吏舍厕中鼠食不洁,近人犬,数惊恐之,仓中之鼠食积粟,居大庑⑦之下,不见人犬之忧,叹曰:"人之贤不肖,譬如鼠矣,在所自处耳!"岂不信⑧哉?

【注释】

①运:联系。②技解:技能,方法。③累:通"垒",搭建,构造。④筑垤:构窝所堆的小土堆。垤,蚂蚁做窝时堆在穴口的小土堆,小土堆。⑤布丝引径:布置蛛丝,牵引径线。⑥季子:苏秦(公元前337年~公元前284年),字季子,汉族,战国时期的洛阳(周王室直属)人,是与张仪齐名的纵横家。⑦大庑:大房子。庑,堂下周围的走廊、廊屋。⑧信:正确,有道理。

【译文】

佛经上说:"蠢动含灵,皆有佛性。"《庄子》说:"惟虫能虫,惟虫能天。"这两句都是说,虽然昆虫很微小,却含有上天的灵气,他们的巧妙便利,有些是人类的智慧和技能所比不上的。如蚕作茧、蜘蛛织网、蜜蜂垒房、燕子筑巢、蚂蚁构窝时所堆的小土堆、螟蛉祝子等等都是这样。虽然他们之间也存在着幸运和不幸运之分。如蜘蛛织网,需要布置蛛丝牵引经线,还要迅速敏捷地爬上爬下,开始时很困难,可是到了该织纬线时,转眼间就完成了,疏松密集很有分寸,没有不整齐的。蜘蛛在门槛和花木、竹林之间编织的网线,往往不到一天就一定会被人或大风破坏了。只有把网织在闲置的空屋子里或是残垣断壁之间,像这样很少有人到达的地方,才可以长时间地持续下去而享受平静。所以,燕子在帷幕上筑巢,苏秦认为这样很危险。李斯看见衙门的厕所中老鼠吃不干净的食物，每当有人和狗接近时，都会感觉很害怕，仓库中的老鼠偷吃仓中积存的粮食，住在大仓库的下面，就不会看见人和狗接近时担忧的状况了，李斯由此感叹地说："一个人贤不贤能，就像这处于不同生活状况的老鼠一样，完全是看他处在什么样的位置上啊！"难道不是这样吗？

【评析】

本文主要通过叙述了蜘蛛结网和李斯看见两种生活状态的老鼠之事。本文首先引用佛经和庄子的话说到昆虫虽小，但其有些智慧技能是人类不能企及的。之后主要根据蜘蛛结网之事提出"有幸不幸"两种状态与结网地点不同有关。蜘蛛结网于"门槛及花梢竹间"，不到一日就被破坏，而结网于"闲屋坏垣，人迹罕至"之地则可享其安。然后写李斯看到生活在厕所中和仓库下的两种状态下的老鼠，由此引出"人之贤不肖，在所自处耳"的道理。这篇文章中，洪迈用蜘蛛在不同地方结网所遭遇的命运的不同，阐述了这样一个道理：人与人的差别，其实在很大程度上是由于人所处的位置、地位不同。此篇引用了李斯看到仓中鼠和厕中鼠时所发出的感叹，实在是发人深省。

孙权称至尊

【原文】

陈寿《三国志》，固多出于一时杂史，然独《吴书》称孙权为至尊，方在汉建安为将军时已如此，至于诸葛亮、周瑜，见之于文字间，亦皆然。周瑜病困，与权书曰："曹公在北，刘备寄寓①，此至尊垂虑之日②也。"鲁肃破曹公还，权迎之，肃曰："愿至尊威德加乎四海。"吕蒙遣邓玄之说郝普曰："关羽在南郡③，至尊身自临之。"又曰："至尊遣兵，相继于道④。"蒙谋取关羽，密陈计策⑤，曰："羽所以未便⑥东向者，以至尊圣明，蒙等尚存也。"陆逊谓蒙曰："下见至尊，宜好为计。"甘宁欲图荆州，曰："刘表虑既不远，儿子又劣，至尊当早规之。"权为张辽掩袭，贺齐曰："至尊人主，常当持重⑦。"权欲以诸葛恪典掌⑧军粮，诸葛亮书与陆逊曰："家兄年老，而恪性疏，粮谷军之要最，足下⑨特为启至尊转之。"逊以白权。凡此之类，皆非所宜称，若以为陈寿作史虚辞，则魏、蜀不然也。

【注释】

①寄寓：寄居，依附。②垂虑之日：日日思考的事情。③鲁肃破曹公：鲁肃和周瑜联合诸葛亮在赤壁大败曹操。南郡，古代我国的一个郡，始置于秦朝，治所在江陵县（今湖北荆州）。唐代南郡更名为江陵郡，后来又改为江陵府。④相继于道：已经出发，相继在路上了。⑤密陈计策：暗地里筹划布置计策。⑥便：便利，顺利。⑦持重：行事慎重；谨慎稳重，不轻浮。⑧诸葛恪：诸葛亮之兄诸葛瑾的长子，才思敏捷、善于应对。孙亮继位后，诸葛恪掌握了吴国大权，骄奢轻敌，被孙峻联合孙亮设计杀害，夷灭三族。典掌，掌管。⑨足下：常用于对平辈或是朋友之间的敬称。

【译文】

陈寿的《三国志》，大多数的内容都出自当时的各种杂史，不过只有在《吴书》中称孙权为"至尊"，孙权还在汉献帝建安时期当将军时，就是这样称呼。关于诸葛亮、周瑜，出现在文字中记载的也都是这样。周瑜患重病时，给孙权写一封信，其中对孙权说："曹操在北方，刘备寄居于江东，这是'至尊'您日夜思虑的事啊！"鲁肃大胜曹操归来，孙权前去迎接他，鲁肃对他说："祝愿'至尊'威震四海。"吕蒙派遣邓玄前去劝说郝普，说："关羽的军队在南郡（今湖北江陵），'至尊'正好面对着他。"又说："'至尊'调遣的军队，已经陆陆续续赶在路上了。"吕蒙谋划着要攻打关羽，秘密报告计谋给他，说："关羽之所以不能向东扩展他的领地，是因为'至尊'圣明，我吕蒙还在这里坚守啊。"陆逊对吕蒙说："阁下见到'至尊'，应当好好地出谋划策。"甘宁想要攻占荆州，说："刘表没有深谋远虑，他的儿子又都顽劣，'至尊'应当早作打算。"孙权被张辽偷袭，贺齐说："'至尊'是主公，应当稳固坚守。"孙权欲派诸葛恪管理军粮押运的职务，诸葛亮写信给陆逊说："我哥哥年岁已大，而他的性格马虎粗糙，粮草是军中最重要的部分，请您转告'至尊'，不要让诸葛恪掌管军粮。"陆逊将诸葛亮的话告诉了孙权。像上述这些，都不应该这样称呼的。如果认为这是陈寿写史时用的不真实之辞，但魏、蜀人说话则不应当这样用词。

【评析】

至尊，此词原意为至尊无上的地位，而古代又多指皇位，成了皇帝一词诸多代称的一种。本文中,洪迈举例叙述了孙权尚未称帝,却被称为"至尊"的一些现象,对此他认为这样的称呼不当。这篇文章首先写道陈寿《三国志》大多内容都出自于杂史,但只有《吴书》中称孙权为"至尊",然后列举诸葛亮、周瑜、鲁肃、吕蒙等诸多贤人将才都称孙权为"至尊"的例子说明这种现象的存在。洪迈认为孙权未称帝,就被称为"至尊"是"非所宜称",最后有说道"若以为陈寿作史虚辞,则魏、蜀不然也",似乎是认为陈寿在《吴书》中对孙权的称呼不当。

三家七穆

【原文】

春秋列国卿大夫世家之盛,无越鲁三家、郑七穆者。鲁之公族,如臧氏、展氏、施氏、子叔氏、叔仲氏、东门氏、郈氏之类固多,唯孟孙、叔孙、季孙实出于桓公,其传序累代,皆秉国政,与鲁相为久长。若揆之以理①,则桓公弑兄夺国,得罪于天,顾使有后如此。郑灵公亡,无嗣,国人立穆公之子子良,子良辞以公子坚长。乃立坚,是为襄公。襄公将去穆氏。子良争之,愿与偕亡。乃舍之,皆为大夫。其后位卿、大夫而传世者,罕、驷、丰、印、游、国、良,故曰七穆。然则诸家不逐而获存,子良之力也。至其孙良霄乃先覆族,而六家为卿如故,此又不可解也。

【注释】

①揆之以理:按照一般情理推测揣度。揆,揆度。

【译文】

春秋时期,各国的卿大夫世代显贵兴盛的,没有能超过鲁国的三家、郑国的七穆的。鲁国的王公贵族,如臧氏、展氏、施氏、子叔氏、叔仲氏、东门氏、郈氏等等,虽然很多,但唯有孟孙、叔孙、季孙才是桓公的后代,他们一代代地继承下来,全都掌管过国家政权,他们掌管政权的时间与鲁国的国祚一样长久。如果按一般情理推测揣度的话,那么,桓公就是弑兄夺国,已经得罪于天,上天反而让他的后代如此兴旺繁盛。郑灵公死后,没有子嗣,国人想要册封穆公之子子良为皇上,子良坚决不同意,还推荐公子坚为皇帝,于是公子坚被册封为皇帝,就是郑襄公。郑襄公即位后,想要把穆氏的人全部驱逐出朝廷,子良与郑襄公发生争论,并声称要与穆氏的人共存亡。于是郑襄公放弃了这件事,于是穆公子孙都降为大夫。后来位居卿大夫而世代相传的有罕、驷、丰、印、游、国、良七家,被称为七穆。诸穆之所以没被驱逐而得以留下来,都是子良的作用。但子良一族只传到孙子良霄一辈就先被灭了族,其他六家则依然世袭卿大夫之职,这又是一件令人费解的事。

【评析】

俗话说:"善有善报,恶有恶报,不是不报,时候未到。"然而历史是不以人的意志为转移的,如作者文中写到的鲁三家与郑七穆。鲁国孟孙、叔孙、季孙三家是桓公的后代,桓公是杀了兄弟才夺取国家的,有违天和,子孙却世代掌管国家政权。这是恶人未得恶报。郑穆公之子公子子良把公位让给了公子坚,当公子坚要把穆公一族驱逐出朝廷的时候,又是公子子良据理力争,保全了这七家。然而其他六家依然世袭卿大夫之职,只有公子子良一族传到孙子辈就被灭了族。这是善人未得善报。这两件事都让作者感到费解。其实,所谓的"因果报应"只是人们的一种主观愿望。历史与命运,自然有它们的规律与轨迹。以前说书人开场之前,常会念一首《西江月》,词曰:"守法朝朝忧闷,强梁夜夜欢歌,损人利己骑马骡,正直公平挨饿。修桥补路瞎眼,杀人放火儿多。待到西天问我佛,佛说看他因果。"今人有将最后一句改为"佛说我也没辙",看似无可奈何,其实要比原词豁达百倍。古训有"但行好事,莫问前程"之说。行善不是为了得到回报,作恶的也不能等着老天去制裁他。有菩萨心肠、霹雳手段,做好事不计较得失,遇到坏人可以去除他的恶,能够洞明世事、老练通达的人,才是我们学习的榜样。

萧何先见

【原文】

韩信从项梁,居戏下①,无所知名。又属②羽,数以策干羽,羽弗用,乃亡归汉。陈平事项羽,羽使击降河内,已而汉攻下之。羽怒,将诛定河内者。平惧诛,乃降汉。信与平固能择所从,然不若萧何之先见。何为泗水卒史事,第一。秦御史欲入言召何,何固请,得毋行。则当秦之未亡,已知其不能久矣，不待献策弗用，及惧罪且诛，然后去之也。

【注释】

①居戏下：位居将帅下的一位小官。戏，假借为"麾"。军队中的帅旗。②属：归属，隶属。

【译文】

韩信跟随项梁时，只是位居将帅下的一名小官，没有多少人知道他。后来又跟随了项羽，数次为项羽出谋划策，项羽都没有采纳，于是逃离了项羽，归顺了刘邦。陈平为项羽做事，项羽派他领兵攻取河内（今河南沁阳），河内却被刘邦占领了。项羽大怒，打算诛杀攻取河内的将领。陈平害怕被杀，于是投降汉王刘邦。韩信和陈平都能够选择应该跟随的人，但都比不上萧何有先见之明。萧何在担任泗水郡卒史时，政绩排名第一。秦朝的御史打算上奏征调萧何，萧何坚决辞谢，这件事才作罢。在秦国还没有灭亡的时候，萧何就知道秦国存在的时日不多了，而不是等到出谋划策不被采纳，或者害怕降罪被杀头时，才选择离开，投奔其他君主。

【评析】

本篇文章列举了韩信追随项梁和陈平追随刘邦的两件事，与萧何投奔其他君主的事情作对比，衬托出萧何的先见之明。作者认为韩信、陈平先从项羽，后从刘邦，与萧何先事秦，后事汉都是弃暗投明，但也有些区别，韩信是得不到项羽的重用，陈平是惧怕项羽的杀戮，而萧何是因有才干秦官员要提拔他，他揣测秦气数已尽，婉拒。作者因此认为萧何之睿智是韩信和陈平所不能比的。

曹参不荐士

【原文】

曹参①代萧何为汉相国，日夜饮酒不事事，自云："高皇帝与何定天下，法令既明，遵而勿失，不亦可乎！"是则然矣，然以其时考之，承暴秦之后，高帝创业尚浅，日不暇给②，岂无一事可关心者哉？其初相齐，闻胶西盖公善治黄、老言，使人厚币请之。盖公为言治道贵清净而民自定。参于是避正堂以舍之，其治要用黄、老术。故相齐九年，齐国安集。然入相汉时，未尝引盖公为助也。齐处士东郭先生、梁石君隐居深山，蒯彻③为参客，或谓彻曰："先生之于曹相国，拾遗举过④，显贤进能，二人者，世俗所不及，何不进之于相国乎？"彻以告参，参皆以为上宾。彻善齐人安其生⑤，尝干项羽，羽不能用其策。羽欲封此两人，两人卒不受。凡此数贤，参皆不之用，若非史策失其传，则参不荐士之过多矣。

【注释】

①曹参：字敬伯，汉族，泗水沛（今江苏沛县）人，西汉开国功臣，名将，是继萧何后的汉代第二位相国。②日不暇给：时间紧凑，做事情忙不过来。③蒯彻：即蒯通，本名彻，后为避汉武帝忌讳，更名为通。西汉范阳人，机谋权变。韩信采纳其计策平定齐帝，曹参也对其十分器重。后劝韩信反，韩信被杀，蒯通在高祖面前极力为韩信申辩。高祖敬佩，其无罪。④拾遗举过：指出他（曹参）思虑欠周之处。拾遗，纠正过失。⑤安其生：即安期生，据传为秦汉间齐人，与蒯通交好，曾经以策干项羽，未见用。后来的方士、道家者称之为千岁翁。

【译文】

曹参替代萧何担任了汉朝的相国，日夜饮酒不管政事，还为自己狡辩说："高祖皇帝和萧何平定了天下，法令已经写得很清楚了，只要遵守规定，不出现失误，不就可以了吗？"按理自然是如此，但是从他所处的那个时代来考察他的行事的话，当时汉代紧接着暴虐的秦代之后，高祖创业的根基尚不稳定，事务繁忙，时间紧急，很多事情都忙不过来，难道就没有一件事值得他关心的吗？在曹参刚开始任齐国的相国时，听说胶西盖公精于黄帝、老子的学说，就派人以重金把他请来。盖公对他说，治理政事最重要的就是不过分耗劳百姓，那么，百姓自然会安定下来。于是曹参迁出正屋让盖公住下，根据盖公所说的黄帝、老子之术来治理齐国。所以在齐国当了九年相国的过程中，齐国人安居乐业。但当他入京做汉朝宰相时，并没有引进盖公帮助他。齐国有士人东郭先生、梁石君二人隐居深山，蒯彻是曹参的宾客，有人对蒯彻说："先生可以帮助曹相国找出错误，弥补缺漏，显扬贤良，进荐才能，像东郭先生、梁石君这二人，是世俗人所不能企及的，何不把他们推荐给曹相国呢？"于是蒯彻把这两个人举荐给了曹参，曹参以上宾的礼仪接待他们。蒯彻和齐国人安其生关系友好，曾一同为项羽献计策，但没有被采纳。后来项羽想要给他们俩封官，蒯彻和安其生最终没有接受。这几位贤士，曹参都没有任用，如果不是史书失传的话，那曹参不举荐士人的过失就很多了。

【评析】

本篇文章是洪迈针对曹参不荐士一事进行考证，提出自己的观点。"曹参不荐士"说曹参接任汉朝丞相后，"举事无所变更，一尊萧何约束"。但经过洪迈考证得知，曹参任齐国丞相时，曾有盖公相助，齐国治理安定，而任汉朝宰相后，曹参并没有把给他提过治国建议的盖公举荐到朝廷相助，依然按着原来的治国方针治理汉朝，并对其他人向他推荐的一些人虽待之若上宾，却不予以任用。曹参身为丞相，有举荐贤人的责任，在其职位，应该时刻为朝廷着想，但是曹参拒贤忌能。洪迈对其评论："凡此数贤，参皆不用，若非史策失其传，则参不荐士之过多矣。"

汉唐辅相

【原文】

前汉宰相四十五人，自萧、曹、魏、丙之外，如陈平、王陵、周勃、灌婴、张苍、申屠嘉①以高帝故臣，陶青、刘舍、许昌、薛泽、庄青翟、赵周以功臣侯子孙，窦婴、田蚡、公孙贺、刘屈氂以宗戚，卫绾、李蔡以士伍，唯王陵、申屠嘉及周亚夫、王商、王嘉有刚直之节，薛宣、翟方进有材，其余皆容身保位，无所建明②。至于御史大夫，名为亚相，尤录录不足数③。刘向所谓御史大夫有如倪宽③者，盖以余人可称者少也。若唐宰相三百余人，除房、杜、姚、宋⑤之外，如魏徵、王珪、褚遂良、狄仁杰、魏元忠、韩休、张九龄、杨绾、崔祐甫、陆贽、杜黄裳、裴垍、李绛、李潘、裴度、崔群、韦处厚、李德裕、郑畋，皆为一时名宰，考其行事，非汉诸人可比也。

【注释】

①申屠嘉：西汉时梁（治今安徽砀山）人。他膂力过人，能拉强弓硬弩，跟随汉高帝攻打项羽，因军功升任卮从。②容身保位，无所建明：明哲保身，没有

建立政绩。③录录不足数：碌碌无为，不值一提。④倪宽：西汉官员，字仲文，千乘（今山东广饶）人。历仕廷尉、掾举侍御史、中大夫、左内史、御史大夫。⑤房、杜、姚、宋：分别为房玄龄、杜如晦、姚崇、宋璟。

【译文】

西汉时期一共有四十五位宰相，除萧何、曹参、魏相、丙吉之外，像陈平、王陵、周勃、灌婴、张苍、申屠嘉都能为相，是因他们是高祖刘邦的老臣，陶青、刘舍、许昌、薛泽、庄青翟、赵周为相，因为他们均是功臣王侯的子孙，窦婴、田蚡、公孙贺、刘屈氂为相，因为他们是皇亲国戚，卫绾、李蔡因出身行伍而为相。只有王陵、申屠嘉以及周亚夫、王商、王嘉是因为拥有刚正不阿的气节，薛宣、翟方进凭的是才能，剩下的都是为了明哲保身，没有做出什么业绩来。还有御史大夫，名义上是亚相，实际上却是碌碌无为，不值一提。刘向曾说御史大夫没有像倪宽那样的，大概是剩下的这些人没有可以值得称道的吧。唐朝前后有三百多位宰相，除房玄龄、杜如晦、姚崇、宋璟之外，像魏徵、王珪、褚遂良、狄仁杰、魏元忠、韩休、张九龄、杨绾、崔祐甫、陆贽、杜黄裳、裴垍、李绛、李潘、裴度、崔群、韦处厚、李德裕、郑畋，都是当时很有名气的宰相，考查一下他们的为人处世，都不是汉朝诸相可以相比的。

【评析】

本文是考察汉朝和唐朝时期，诸位宰相之名与其为人处世。文章中，洪迈对汉唐诸相进行考察，将其身份、品质、业绩等进行比较和批评。比如文中写道"王陵、申屠嘉及周亚夫、王商、王嘉有刚直之节，薛宣、翟方进有才华，其余皆容身保位，无所建明"通过对比，突出前者的高洁品质，同时批评了后者贪慕虚荣之心。而且文中还通过对比汉唐宰相的为人处世之道，称赞了唐朝宰相。此文中有见解、有看法。

唐帝称太上皇

【原文】

唐诸帝称太上皇者，高祖、睿宗、明皇、顺宗凡四君。顺宗以病废之故，不能临政，高祖以秦王杀建成、元吉，明皇幸蜀，为太子所夺，唯睿宗上畏天戒，发于诚心，为史册所表①。然以事考之，睿宗以先天元年八月传位于皇太子，犹五日一受朝，三品以上除授②，及大刑政皆自决之。故皇帝之子嗣直、嗣谦、嗣昇封王，皆以上皇诰而出命。又遣皇帝巡边。二年七月甲子，太平公主诛，明日乙丑，即归政。然则犹有不获已也。若夫与尧、舜合其德，则我高宗皇帝、至尊寿皇圣帝为然。

【注释】

①表：表彰。②除授：委任。

【译文】

唐朝所有的皇帝中被称为太上皇的，有高祖、睿宗、明皇、顺宗四人。顺宗是因为生病的原因，不能临朝执政；高祖禅位是秦王杀太子建成、齐王元吉的缘故；明皇因安史之乱逃到成都，皇位被太子所夺；只有睿宗是因畏惧上天的警告，自愿退位，因此被史册所赞扬。但如果对当时的历史进行考证，就知道睿宗是在先天元年八月的时候将皇位传给皇太子的，太子即位后，睿宗仍然五日接受一次百官朝拜，三品以上官员的任命，以及重大刑事案件的裁决都由他决定。所以皇帝之子嗣直、嗣谦、嗣昇被封王时，都是太上皇诰命加封。睿宗还派皇帝到边境巡视。二年七月甲子，太平公主被诛，第二天即为乙丑，睿宗才把大权交给皇帝。因此可以看出，睿宗让位并非自愿。那么，能够像尧、舜那样具有禅让美德的君主就只有我朝的高宗皇帝、至尊寿皇圣帝了。

【评析】

综观中国历史上太上皇帝的出现，多半是有各种原因，不得已而为之。有的是老病，如文中的顺宗"以病废之故，不能临政"；有的淡泊政务，如后魏献文帝；有的是迫于形势，如文中"高祖以秦王杀建成、元吉"和"明皇幸蜀，为太子所夺"；有的是他人擅立，只好默认，如唐玄宗、明英宗等。本文中，宋人洪迈经过事实考证辩论，总结出唐朝以来，真正发于诚心而内禅的，就只有宋朝的高宗皇帝和宋孝宗而已。虽然史册上记载睿宗也是提前擅位，但是太子即位后，从睿宗"犹五日一受朝，三品以上除授，及大刑政皆自决之"和"太平公主诛"的行为可以看出，退位并非自愿，而是趋于形势所逼，遭到洪迈的否定。所以，洪迈只对宋高宗、宋孝宗的禅让美德大加褒奖，称他们

"与尧舜合其德"。

东坡自引所为文

【原文】

　　东坡为文潞公作《德威堂铭》，云："元祐之初，起公以平章军国重事，期年，乃求去，诏曰：'昔西伯善养老，而太公自至。鲁穆公无人子思侧，则长者①去之。公自为谋则善矣，独不为朝廷惜乎！'又曰：'唐太宗以干戈之事，尚能起李靖于既老，而穆宗、文宗以燕安之际，不能用裴度②于未病。治乱之效，于斯可见。'公读诏耸然，不敢言去。"案，此二诏，盖元祐二年三月潞公乞致仕③不允批答，皆彼所行也。又，《缴还乞罢青苗状》云："近日谪降吕惠卿告词云：'首建青苗，次行助役④。'"亦坡所作。《张文定公墓志》载尝论次其文凡三百二十字，结之云：'世以轼为知言。'"又述谏用兵云："老臣且死，见先帝地下，有以藉口矣。"亦其所作也。并引责吕惠卿词亦然。乾道中，迈直翰苑，答陈敏步师诏云："亚夫持重，小棘门、霸上之将军；不识将屯，冠长乐、未央之卫尉。"后为敏作神道碑，亦引之，正以公为法也。

【注释】

　　①长者：指有德行的人。②裴度：唐朝名相，字中立，汉族，河东闻喜（今山西闻喜东北）人。唐代后期杰出的政治家。宪宗元和时累迁司封员外郎、中书舍人、御史中丞。视行营中军，还朝遇刺伤首。拜中书侍郎，同中书门下平章事。封晋国公，穆宗时数出镇拜相。官终中书令。③致仕：古代官员正常退休。一般致仕的年龄为七十岁，有疾患则提前。④青苗：青苗法，亦称"常平给敛法""常平敛散"。宋朝王安石执政后，实行的变法措施之一。宋朝初期，规定凡州县各等民户，在每年夏秋两收前，可到当地官府借贷现钱或粮谷，以补助耕作。借户贫富搭配，10人为保，互相检查。贷款数额依各户资产分五等，一等户每次可借15贯，末等户1贯。当年借款随春秋两税归还，每期取息2分，实际有重达三四分的。但实行的收效不大。

【译文】

　　苏东坡为文彦博所写的《德威堂铭》中说道："元祐初年，朝廷起用文潞公担任平章军国重事，但一年后文潞公却请求辞职，皇帝下诏说：'过去西伯侯喜欢在家中养老，所以姜子牙自己前来投奔他。鲁穆公没有遣人去侍候子思，便有有才学的长者离他而去。卿为自己着想因而辞去了这份职务，难道不为朝廷和国家感到可惜吗？'皇帝又说：'唐太宗因为遇到战乱的事情，还能够任用年纪已大的李靖，但唐穆宗和唐文宗在天下太平的时期，却不能任用没有患病的裴度。之所以出现治理混乱的现象，从这点就可以看出来了。'文潞公看完诏书后甚为震惊，再也不敢请求辞职还乡。"根据对这两道诏书的考察，大概是元祐二年三月文潞公请求辞官还乡时，朝廷拒绝他的批答，这都是苏东坡所执笔拟的。另外，《缴还乞罢青苗状》里所说道的："近日贬谪吕惠卿的告词说，'首先提议建立青苗法，然后推行助役法。'"也是苏东坡所作的。在《张文定公（齐贤）墓志》记载了论述苏东坡文章的三百二十字，文章的最后说道："当世以苏轼为知言。"又记述劝谏用兵说："老臣如果死了，就能在地下与先帝相见，这样就有借口了。"也是他所作。而且引用的斥责吕惠卿的话也是他写的。乾道年间，我在翰林院担任直学士，在起草批答步帅陈敏的诏书中说："周亚夫持事稳重，小棘门、霸上之将军相形见绌；（程）不识率兵屯戍，在长乐、未央之卫尉中排第一。"之后为陈敏作神道碑，也引用了这句话，这正是效法苏东坡的方法。

【评析】

  本文是洪迈简略摘录记载苏东坡为官期间所写过的文章。苏东坡学识渊博，在诗词、散文各方面都有很高造诣，除了巨大的文学成就，他曾担任过翰林学士，在政治上也取得了很大的成功，负责为皇帝起草诏书，参与重大朝政的决策，地位很重要。苏东坡从政之后不改文人秉性，在摘录的这些苏东坡写的文章中就能够看出这些特点。如苏东坡为文潞公写的诏书中引用了诸多历史典故，用"昔西伯善养老，而太公自至。鲁穆公无人子思侧，则长者去之"之理，替文潞公辞去官位感到惋惜，动摇文潞公辞官之心。然后说到唐太宗战乱任用年迈李靖，穆宗、文宗在天下安宁时不任用裴度而出现治国混乱的现象，强调文潞公在朝中的重要性，由此阻止其辞官。其后还记载了《张文定公墓志》称赞苏东坡文章的话"世以轼为知言"等等。从上述中就可以看出，苏东坡对典故史实十分熟悉，对事物有高深的见解。

渊有九名

【原文】

《庄子》载壶子见季咸事云："鲵旋之潘为渊①，止水之潘为渊，流水之潘为渊，渊有九名，此处三焉。"其详见于《列子·黄帝篇》，尽载其目，曰："鲵旋之潘为渊，止水之潘为渊，流水之潘为渊，滥水之潘为渊，沃水之潘为渊，汍水②之潘为渊，雍水之常务为渊，汧水之潘为渊，肥水之潘为渊，是为九渊。"案《尔雅》云："滥水正出。"即槛泉也。沃泉下出，汍泉穴出，雍者反入，汧者出不流。"又"水决之泽为汧，肥者出同而归异。"皆禹所名也。《尔雅》之书，非周公所作，盖是训释三百《诗》篇所用字，不知列子之时已有此书否。细碎虫鱼之文，列子决不肯留意，得非偶相同邪？《淮南子》有九璇之渊，许叔重云："至深也。"贾谊《吊屈赋》："袭九渊之神龙。"颜师古曰："九渊，九旋之川，言至深也。"与此不同。

【注释】

①鲵旋之潘为渊：雌鲸盘旋的回流为渊。鲵，雌鲸。②汍（guǐ）水：泉水从侧面而流出。

【译文】

《庄子》载壶子见季咸的事说："雌鲸盘旋的回流为渊，断水之处的回流为渊，流水的回流为渊，渊有九名，此处有三。"《列子·黄帝篇》详尽地记载了九渊的名目，写道："雌鲸盘旋的回流为渊，断水之处的回流为渊，流水的回流为渊，涌出的泉回流为渊，往下流的泉水的回流为渊，从旁边流出的泉水的回流为渊，雍塞之水的回流为渊，流水停积集聚之回流为渊，同源异流之水的回流为渊，这就是九渊。"根据《尔雅》所说："滥水正出。即槛泉。沃泉下出，汍泉穴出，雍者反入，汧者出不流。"又说："水决之泽为汧，肥者出同而归异。"这些都是大禹所命名的。《尔雅》一书，并不是周公所作，大概是训释三百篇《诗经》所用的字而编写的。不知列子在世的时候，是否已有了此书？细碎繁琐的虫鱼鸟兽的文章，列子是决不会留意的，难道是偶然相同吗？《淮南子》中有九璇之渊，许慎说："水很深为渊。"贾谊在《吊屈赋》里写道"袭九渊之神龙。"颜师古说："九渊，九旋之川，言至深也。"

与此不同。

【评析】

  此篇是辨析"渊有九名"的出处和含义。"壶子见季咸",出自《庄子·应帝王》,它表达了庄子的为政思想。其中叙述神巫给得道的壶子看相的故事,说明只有"虚"而"藏"才能不为人所测,含蓄地指出为政也得虚己而顺应。《庄子》这篇文章是非常奇怪的,很多问题都摆在那里,却没有做结论,需要读者自己去参悟。尤其是三渊之喻,清人王念孙指出:"正此处各注都不得解。……是以明清以来,论古音者,纷如聚讼,莫衷一是也。简而言之,所谓"鲵旋之潘""止水之潘"和"流水之潘",指的是原地旋转的水、静止的水和活动的水,和壶子对季咸展示出来的"杜德机""善者机"和"衡气机"这三种气机之象相对应。老子云:"上善若水。"讲到关于人性、心理、生命的问题时,很多宗教、哲学都是用流水作比喻。其中的玄妙,要靠读者自己去体悟了。

列子书事

【原文】

  《列子》书事[①],简劲宏妙[②],多出《庄子》之右。其言惠盎[③]见宋康王,王曰:"寡人之所说者,勇有力也,客将何以教寡人?"盎曰:"臣有道于此,使人虽勇,刺之不入,虽有力,击之弗中。"王曰:"善,此寡人之所欲闻也。"盎曰:"夫刺之不入,击之不中,此犹辱也。臣有道于此,使人虽有勇弗敢刺,虽有力弗敢击。夫弗敢,非无其志也。臣有道于此,使人本无其志。夫无其志也,未有爱利之心。臣有道于此,使天下丈夫女子莫不欢然皆欲爱利之,此其贤于勇有力也,四累之上也。"观此一段语,宛转四反,非数百言曲而畅之不能了,而洁净粹白[④]如此,后人笔力,渠复可到耶!三不欺之义,正与此合。不入不中者,不能欺也;弗敢刺击者,不敢欺也;无其志者,不忍欺也。魏文帝论三者优劣,斯言足以蔽之[⑤]。

【注释】

  ①书事:记载的事情。②简劲宏妙:简洁明快,精准巧妙。劲,笔法遒劲。

③惠盎（àng）：宋国（今河南商丘）人，惠施的近支族人。宋康王治国谋臣，战国时政治家、辩客和哲学家。④洁净粹白：干净利落。⑤足以蔽之：足以概括。蔽，概括。

【译文】

《列子》记载的事情，简洁明快，精准巧妙，胜过《庄子》。它记载了惠盎见宋康王时所说的一段话，康王说："我所喜欢的人是既勇敢又有力气的那种，你打算展示什么本事给我看呢？"惠盎说："臣有办法，可以让勇敢的人刺之不入，有力气的人击之而不中。"康王说："好，这个本事我倒想要听听你怎么说。"惠盎说："刺之不入，击之不中，这也是一件令人耻辱的事情。臣有办法，可以让那些有勇气的人，不敢刺，有力气的人，不敢击。不敢，并不是没有刺人、击人的想法。臣所有的办法，是要使有勇气有力气的人没有刺人、击人的想法。没有这种想法，也就是没有追逐利益的想法。臣有办法，可以使天下男女没有不高兴的，并都想要为他效力，这些都比你所说的勇而有力的人强得多，并在上面所说的四个层次之上。"看了这一段话，宛转四个层次，并非一般人用几百句就能将其意思表达清楚了。但《列子》中的论述干脆利落，后人所写的文章中还有谁能达到这种程度呢？这段话与三不欺之义正好相合。刺不入，击不中，不能欺；不敢刺，不敢击，不敢欺；无其志者，不忍欺。魏文帝曾评论这三者的优劣，其实这段话就足以概括了。

【评析】

洪迈认为《列子》记载的事情，简劲宏妙，胜过《庄子》，并从《列子》中摘录惠盎见宋康王之事证明其观点。文中写道惠盎了解到宋康王喜欢有勇有力之人，便顺其喜好提出"使人虽勇，刺之不入；虽有力，击之弗中"的方法，由此引起宋康王的好奇心。之后说出"非无其志"的方法，因此说服了宋康王。惠盎善于运用谈话技巧，因势利导，使得深奥的道理变得通俗易懂，所以能够成功说服宋康王。洪迈认为惠盎说服宋康王的这一段话，"宛转四反，而洁净粹白如此"，并非是"百言曲而畅"才可以达到的，后人也是很难做到的。

古迹不可考

【原文】

郡县山川之古迹，朝代变更，陵谷推迁，盖已不可复识。如尧山、历山所在多有之，皆指为尧、舜时事，编之图经。会稽禹墓，尚云居高丘之巅，至于禹穴，则强名一罅，不能容指，不知司马子长若之何可探也？舜都蒲坂，实今之河中所谓舜城者，宜历世奉之唯谨①。按张芸叟《河中五废记》云："蒲之西门所由而出者，两门之间，即舜城也，庙居其中，唐张宏靖守蒲，尝修饰之。至熙宁之初，垣墉尚固。曾不五年，而为埏陶者尽矣。舜城自是遂废。又河之中泠一州岛，名曰中潭，所以限桥。不知其所起，或云汾阳王所为。以铁为基，上有河伯祠，水环四周，乔木蔚然。嘉祐八年秋，大水冯襄，了无遗迹。中潭自此遂废。"显显者若此，它可知矣。东坡在凤翔作《凌虚台记》，云："尝试登台而望，其东则秦穆之祈年、橐泉，其南则汉武之长杨、五柞，其北则隋之仁寿、唐之九成也。记其一时之盛，宏杰诡丽，坚固而不可动。然数世之后，欲求其仿佛，而破瓦颓垣，无复存者。"谓物之废兴成毁，皆不可得而知，则区区泥于陈迹，而必欲求其是，盖无此理也。《汉书·地理志》，扶风雍县②有橐泉宫，秦孝公起。祈年宫，惠公起，不以为穆公。

【注释】

①宜历世奉之唯谨：应当世代小心谨慎地奉祀。②雍县：今陕西凤翔。

【译文】

郡县的山川古迹会随着朝代变更、地形地貌的推动迁移而发生变化，大都已经不是原来看到的样子了。像尧山、历山，许多地方都有这样的山名，都称是当年尧、舜活动过的地方，其地理图形被编进图籍中。会稽的大禹墓，据说位居高丘的顶端，对于禹穴，就只是牵强命名的一个裂缝而已，就连手指都不能容下，不知当时司马迁是如何去探求禹穴的？舜的都城蒲坂，实际上就是现在的河中府（今山西永济西）。所说的舜城，应该世代谨慎小心地奉祀。根据张芸叟的《河中五废记》中记载："蒲坂城西的出入口，两门之间，就是舜城，其中又有一座庙。唐朝张洪靖管理蒲州，曾经修葺此庙。到宋神宗熙宁初年，那里的城墙还相当坚固。不到五年时间，就被烧制陶器的人挖空了，舜城那时就被毁灭了。另外，河中建造一座小岛，名叫中潬，用来固定桥梁。不知从什么时候开始，有人说这座小岛是唐朝汾阳王郭子仪所建造的，用铁柱为基，岛上还有河伯庙，它的周围都环绕着水，乔木茂盛。宋仁宗嘉祐八年秋天，大水泛滥，这座小岛被大水冲刷得了无痕迹。中潬从此也就消失了。"像这样坚固的古迹都能够遭遇这样的命运，其他的古迹就可想而知了。苏东坡在凤翔时，曾写《凌虚台记》说："我曾尝试着登上高台向东眺望，看到的是当年秦穆公祈年宫、橐泉宫的遗址，向南眺望，看到的是汉武帝的长杨宫、五柞宫的遗址，向北眺望，看到的是隋仁寿宫、唐九成宫遗址。这些遗址在当时都是非常有名的宫殿，宏伟壮观，坚不可摧。然而数世之后，想要再看到当年的壮美景象已经是不可能的事情了，看到的只有破墙烂瓦、断壁残垣，以前的宫殿已经不复存在了。"所以说事物的废兴成毁，都是不可预料的。如果只凭着一点点残留的古迹，就想求得其真实面貌，这是不可能做到的。据《汉书·地理志》记载，扶风雍县（今陕西凤翔）有橐泉宫，是秦孝公建造的。祈年宫是秦惠公建造，不被认为是秦穆公所建。

【评析】

洪迈用古今废兴成毁的历史，抒发"物之废兴成毁，皆不可得而知"的感慨，由此推出世事均不能以"区区泥于陈迹，而必欲求其是"的道理。

帝王训俭

【原文】

帝王创业垂统，规以节俭，贻训子孙①，必其继世象贤，而后可以循其教，不然，正足取侮笑耳。宋孝武大治宫室，坏高祖所居阴室②，于其处起玉烛殿，与群臣观之。床头有土障，上挂葛灯笼、麻蝇拂③。侍中袁顗因盛称高祖俭素之德，上不答，独曰："田舍翁得此，已为过矣！"唐高力士④于太宗陵寝宫，见梳箱一、柞木梳一、黑角篦一、草根刷子一，叹曰："先帝亲正皇极，以致升平，随身服用，唯留此物。将欲传示子孙，永存节俭。"具以奏闻。明皇诣陵，至寝宫，问所留示者何在？力士捧跪上，上跪奉，肃敬如不可胜，曰："夜光之珍，垂棘之璧，将何以愈此？"即命史官书之典册。是时，明皇履位未久，厉精为治，故见太宗故物而惕然有感。及侈心一动，穷天下之力不足以副其求，尚何有于此哉？宋孝武不足责也，若齐高帝、周武帝、陈高祖、隋文帝，皆有俭德，而东昏、天元、叔宝、炀帝之淫侈，浮于桀、纣，又不可以语此云。

【注释】

①规以节俭，贻训子孙：以节俭作为规范，以此告诫子孙。②阴室：帝王生前的居室。③上挂葛灯笼、麻蝇拂：上面挂着葛条编织的灯笼、麻拧成的蝇拂。④高力士：本名冯元一，唐潘州人（今广东省高州市城区），为冯盎之曾孙、冯智玳之孙、冯君衡之子。10岁时，其家因株连罪被抄，武则天圣历初，岭南招讨使李千里进二阉儿，一为力士，为则天赏识，后因小过逐出宫，中人高延福收为养子，一年多后，则天又召力士入宫。景龙中，临淄王李隆基引为知己，景龙四年李隆基发动宫廷政变，杀韦皇后、安乐公主和武氏党羽，唐睿宗复位，立隆基为皇太子，力士参与谋划有功，擢升朝散大夫、内给事。

【译文】

帝王创业后，为了使帝国大业能够世代相传，都会以节俭作为规范，以此来告诫子孙，但必须要有贤德的子孙继承和效法他们，并且遵听他们的教诲。否则的话，只会招来别人的侮辱和讥笑罢了。宋孝武帝大修皇宫，想要拆毁宋武帝居住过的那间卧室，在那块地上新建起玉烛殿，于是孝武帝和群臣一起去看即将拆掉的那间卧室。卧室里的床头有一个土台，上面挂着葛条编织的灯笼、麻拧成的蝇拂。侍中袁顗看到之后大大称颂武帝节俭朴素的美德，孝武帝不回答，自言自语说："种田的老头儿用这些，已经是过分了！"唐代的高力士在唐太宗陵墓的寝宫中，看到一个梳头箱子，一个柞木梳子，一个黑牛角篦子，一个草根刷子，慨叹说："先帝以身作则，为帝王树立了一个好的榜样，导致天下一片繁荣安定的景象，随身所用的东西，只留下了这些。这是想要展示传留给子孙，永远保存节俭的美德。"高力士把寝宫中所有看到的如实告诉了明皇。唐明皇来到昭陵，进入寝宫，询问留存给子孙观看的遗物在哪里。高力士跪地双手捧给皇上，皇上跪着接受，其肃穆庄重没法用语言描述，说："珍贵的夜光明珠，垂棘的美玉，怎么能和这些东西相比呢？"立即命令史官把它写在典册上。当时，明皇即位不久，励精图治。所以见到太宗的遗物时感觉那就是对自己的告诫。等到后来奢侈之心一动，穷尽天下的民力财力都不足以满足他的需求，哪里还会想到太宗的遗物呢？宋孝武帝不值得责备，像齐高帝、周武帝、陈高祖、隋文帝，都有节俭的美德，而东昏侯、天元帝、陈叔宝、隋炀帝的骄奢淫逸，却远远超过了桀纣，对他们就没必要再讲什么节俭之德了。

【评析】

本文首先列举了两位帝王简朴的卧室陈设，一是南朝宋武帝刘裕临终住的卧室："床头有土障，上挂葛灯笼、麻蝇拂。"由此体现了武帝节俭朴素、清简寡欲的美德。然三十多年后，其孙辈孝武帝刘骏认为："田舍翁得此，已为过矣！"下令拆除这间卧室，建起玉烛殿，坏了先人传统，此后南朝虽四易君主，但维持二十多年便灭亡了。一则是"唐高力士于太宗陵寝宫，见梳箱一、柞木梳一、黑角篦一、草根刷子一，叹曰：'先帝正皇级，以致升平，随身服用，惟留此物。将欲传示子孙，永存节俭。'"唐明皇李隆基在太宗驾崩六十多年后看到这些遗物，崇敬得为之下跪曰："'夜光之珍，垂棘之璧，将何以愈此！'即命史官书之典册。"唐明皇初为帝时，励精图治，然而后来明皇"及侈心一动，穷天下之力不足以副其求，尚何有于此哉？"其迷恋淫靡无度的生活，致使安史之乱爆发，唐王朝瞬间从开元盛世跌落到难以收拾的地步。这些故事可以让从政者学到理政治国的良策，也可让后人学到修身治家的良方。

陈涉不可轻

【原文】

扬子①《法言》："或问陈胜吴广。曰：'乱。'曰：'不若是则秦不亡。'曰：'亡秦乎？恐秦未亡而先亡矣。'""李轨以为："轻用其身②，而要乎非命之运，不足为福先，适足以为祸始。"予谓不然。秦以无道毒③天下，六王皆万乘之国，相踵灭亡，岂无孝子慈孙、故家遗俗？皆奉头鼠伏④。自张良狙击之外，更无一人敢西向窥其锋者。陈胜出于戍卒，一旦奋发不顾，海内豪杰之士，乃始云合响应，并起而诛之。数月之间，一战失利，不幸陨命于御者之手，身虽已死，其所置遣侯王将相竟亡秦。项氏之起江东，亦矫称陈王之令而度江。秦之社稷为墟，谁之力也？且其称王之初，万事草创⑤，能从陈余之言，迎孔子之孙鲋为博士，至尊为太师，所与谋议，皆非庸人崛起者可及，此其志岂小小者哉！汉高帝为之置守冢⑥于砀⑦，血食二百年乃绝。子云指以为乱，何邪？若乃杀吴广，诛故人，寡恩忘旧，无帝王之度，此其所以败也。

【注释】

①扬子：即杨雄，字子云，西汉蜀郡成都（今四川成都郫县友爱镇）人，汉族。西汉学者、辞赋家、语言学家。字子云。扬雄少时好学，博览多识，酷好辞赋。口吃，不善言谈，而好深思。家贫，不慕富贵。②轻用其身：轻举妄动，铤而走险。③毒：毒害。④奉头鼠伏：像老鼠一样拜服在敌人的脚下。⑤万事草创：所有的事情都是粗略的创建。⑥守冢：守灵的人。⑦砀：砀县，在安徽省砀山县东南。

【译文】

西汉著名文学家杨雄在《法言》中说："有人问陈胜、吴广是什么样的人，我的回答是：'乱臣。'又说：'如果不是他们，那么秦朝就不会灭亡了。'我说：'灭亡秦朝吗？恐怕秦朝还没有灭亡而他们自己却死了。'"隋朝的李轨认为："轻举妄动，铤而走险，改变自己不能改变的命运，不仅没能造福百姓，反而造成了灾难。"对此我却不这么认为。秦国以残忍无道的行为毒害天下百姓，曾经六国都是万乘之国，却相继被灭，难道这些国家的人都没有孝子贤孙和家族传统吗？都恭恭敬敬地拜伏在秦国人的脚下，任其宰割。除了张良派刺客刺杀过秦始皇没有成功外，就再也没有一人敢站出来对抗秦始皇了。陈胜是出自于一个小地方的守卫，一旦奋不顾身地揭竿而起，四海之内的英雄豪杰便云集响应，一同讨伐残暴的秦国。数月之间，因为一次战役的失败，陈胜竟不幸被车夫庄贾杀害。陈胜虽然死了，但是他所任命派遣的王侯将相最终推翻了残暴的秦国。项氏一族在江东起兵，也是假借陈王的命令而渡过长江的。秦朝的残暴统治被推翻，是谁的功劳呢？况且陈胜在称王之初，一切事情都是草草地建立起来的，但依然能听从陈余的建议，迎立孔子的孙子孙鲋为博士，并且尊奉他为太师，与孙鲋一起商议事情，绝非崛起后平庸之人所能想到和做到的，这样的志向不远大吗？汉高祖刘邦在砀县（今河南永城东北）为他设置了守灵的人，使他被祭祀了二百年才断绝。杨雄指责说他是造反作乱，这是什么缘故呢？陈胜杀吴广、诛老友、寡情薄义，缺乏帝王的度量，这才是陈胜失败的真正原因。

【评析】

洪迈在文章的开头便对扬子《法言》中说陈胜是"乱臣"和李轨的"轻用其身，而要乎非命之运，不足为福先，适足以为祸始"提出异议，他认为陈胜是位功臣，并说他之所以战败，是"杀吴广，诛故人，寡恩忘旧，无帝王之度"的缘故。从本文中可以看出，洪迈认为"陈涉不可轻"可从两方面来说，一是陈胜生前，六国相继灭亡，秦政无道残暴，除了张良敢刺杀秦王外，"更无一人敢西向窥其锋者"，而陈胜虽出于戍卒，但"揭竿起义，群雄奋起"，且其称王之初，万事草创，善于听从他人建议，可见陈胜的志向之远大。二是陈胜死后，身后留名，令后起之秀出师有名。由此两点，巧妙地反驳了扬子说其"乱臣"的观点。洪迈的对陈胜这段历史的评论一针见血，读来让人击节生叹，非常痛快。这篇"陈涉不可轻"一文给了陈胜很高的评价，与古人有很大不同。以洪迈所处的时代，能够有这样一些见解，着实让人佩服。

孔墨

【原文】

墨翟以兼爱无父之故，孟子辞而辟之，至比于禽兽，然一时之论。迨①于汉世，往往以配孔子。《列子》载惠盎见宋康王曰："孔丘、墨翟，无地而为君，无官而为长，天下丈夫女子，莫不延颈举踵而愿安利之②。"邹阳上书于梁孝王曰："鲁听季孙之说逐孔子，宋任子冉之计囚墨翟，以孔、墨之辩，不能自免于谗谀。"贾谊《过秦》云："非有仲尼、墨翟之知③。"徐乐云："非有孔、曾、墨子之贤。"是皆以孔、墨为一等，列、邹之书不足议，而谊亦如此。韩文公最为发明④孟子之学，以为功不在禹下者，正以辟杨、墨耳。而著《读墨子》一篇云："儒、墨同是尧、舜，同非桀、纣，同修身正心以治天下国家。孔子必用墨子，墨子必用孔子。不相用，不足为孔、墨。"此又何也？魏郑公《南史·梁论》，亦有"抑扬孔、墨"之语。

【注释】

①迨：等到，达到。②延颈举踵而愿安利之：翘首以待，时刻准备贡献力

量。③知：通"智"。智慧，才智。④发明：擅长研究。

【译文】

由于墨翟提倡兼爱，不分父子亲疏厚薄，与儒家所提出的仁爱相悖，所以孟子拒绝与墨子的门徒来往，并且避而不见，甚至还把墨子比作禽兽。但是，这只是一时之论。到了汉代，人们往往把墨子和孔子同等看待。《列子》中记载惠盎拜见宋康王时说的一段话，说："孔丘和墨翟，虽然没有国土却是国君，虽然没有官职却是官人，天下的男女老少，无不翘首以待，时刻准备着为他们贡献自己的力量。"邹阳上书给梁孝王说："鲁国听信季孙氏的谗言驱逐了孔子，宋国按照任子冉的计谋囚禁了墨子，即使孔子和墨子有着超群的辩才，却不能使自己免受谄谀之人的陷害。"贾谊的《过秦论》中说："没有像孔丘、墨翟那样的智慧。"徐乐说："没有孔子、曾子、墨子那样的贤德。"这些都是把孔丘、墨翟视为同一等级的人物，即使列子和邹阳的书不足以评议他们，但贾谊也是这样说的。韩愈最擅长研究孟子的学说，他认为孟子的功绩不在大禹之下，是因为他不赞同杨朱和墨子的主张。然而，韩愈在所著的《读墨子》一文中说："儒家和墨家都称赞唐尧、虞舜，都指责夏桀、商纣，都主张修身正心以治国平天下。如果真有治理国家的那一天，孔子一定会用到墨子，墨子一定会用到孔子；如果双方不能相互重用，那就称不上是孔子和墨子。"这又是为什么呢？郑国公魏徵的《南史·梁论》中也有"抑扬孔、墨"的话。

【评析】

洪迈从史书中摘录诸多古人对孔子和墨子这两位历史人物的不同评价，一再强调孔子的仁爱与墨子的仁爱同等重要。洪迈在文中写道，虽然墨子的兼爱与孔子的仁爱曾经相悖，但只是一时之论。随着人们思想的进步，认为墨子与孔子是等同的。然后列举诸多孔墨相同之处，如孔子和墨子都得民心，虽都善于辩论，但曾经受过陷害驱逐，孔墨的智慧、贤德是他人不能相比的，思想上都是为了"修身正心以治天下国家"等等，由此可见，孔墨思想是同等重要的。洪迈在提出孔墨同等重要的这个观点时，并没有局限于论述这两者思想上的区别，而是巧妙地列举诸多古人的评价进行论述，写法新颖，论据有力。

李林甫秦桧

【原文】

　　李林甫①为宰相，妒贤嫉能，以裴耀卿、张九龄在己上，以李适之争权，设诡计去之。若其所引用，如牛仙客至终于位，陈希烈及见其死，皆共政六七年。虽两人伴食诺事，所以能久，然林甫以伎心贼害，亦不朝愠暮喜②，尚能容之。秦桧③则不然，其始也，见其能助我，自冗散小官，不三二年至执政。史才由御史检法官超右正言，迁谏议大夫，遂签书枢密④。施钜由中书检正、郑仲熊由正言，同除权吏部侍郎。方受告正谢，施即参知政事，郑为签枢。宋朴为殿中侍御史，欲骤用之，令台中申称本台缺检法主簿，须长贰⑤乃可辟。即就状奏除侍御史，许荐举，遽拜中丞，谢日除签枢，其捷如此。然数人者，不能数月而罢。杨愿最善佞，至饮食动作悉效之。秦尝因食喷嚏失笑，愿于仓卒间，亦阳喷饭而笑，左右侍者哂焉。秦察其奉己，愈喜。既历岁，亦厌之，讽御史排击而预告之，愿涕泪交颐。秦曰："士大夫出处常事耳，何至是？"愿对曰："愿起贱微，致身此地，已不啻足，但受太师生成恩，过于父母，一旦别去，何时复望车尘马足邪？是所以悲也。"秦益怜之，使以本职奉祠，仅三月起知宣州。李若谷罢参政，或曰："胡不效杨原仲之泣？"李，河北人，有直气，笑曰："便打杀我，亦撰眼泪不出。"秦闻而大怒，遂有江州居住之命。秦尝以病谒告，政府独有余尧弼，因奏对，高宗访以机务，一二不能答。秦病愈入见，上曰："余尧弼既参大政，朝廷事亦宜使之与闻。"秦退，扣余曰："比日榻前所询何事？"余具以告。秦呼省吏取公牍阅视，皆已书押。责之曰："君既书押了，安得言弗知？是故欲相卖耳！"余离席辩析，不复应。明日台评文章。段拂为人愦愦⑥，一日，秦在前开陈颇久，遂俯首瞌睡。秦退始觉，殊窘怖，上犹慰拊之，且询其乡里。少顷，还殿廊幕中。秦闭目诵佛，典客赞揖至三，乃答。归政事堂，穷诘其语，无以对，旋遭劾，至于责居。汤思退在枢府，上偶回顾，有所问。秦是日所奏，微不合。即云："陛下不以臣言为然，乞问汤思退⑦。"上曰："此事朕岂不晓，何用问他汤思退？"秦还省见汤，已不乐，谋去之。会其病，迨于亡，遂免。考其所为，盖出偃月堂之上也。

【注释】

①李林甫：唐玄宗李隆基时著名的奸相，善音律，无才学，会机变，善钻营。出身于李唐宗室，是李渊叔伯兄弟李叔良的曾孙。②朝愠暮喜：早上恼怒晚上欢喜。即喜怒无常。③秦桧：字会之，宋朝江宁府（今江苏南京）人。中国历史上十大奸臣之一。北宋末年任御史中丞，与宋徽宗、钦宗一起被金人俘获。南归后，任礼部尚书，两任宰相，前后执政十九年。④枢密：中枢官署的统称。⑤长贰：指官的正副职。⑥愦愦：昏庸，糊涂，碌碌无为。⑦汤思退：南宋著名政治家，官至宰相。字进之，号湘水，浙江景宁汤氏第七世祖。

【译文】

唐朝的李林甫是一个嫉妒贤能的人，在担任宰相时，因为宰相裴耀卿和张九龄的才能在他之上，左相李适之又和他争夺权力，他就设诡计把这三个人都排挤出了宰相的位置。如果是他自己引荐的官员并为己所用的，就会保举他们，比如牛仙客老死时还居于官位上，陈希烈等在看见李林甫死去之后还在为官，他们都共同执政了六七年。虽然牛仙客和陈希烈只会伴食巧言谄媚，但就是因为这样，他们才能够长久地保持在官位上，尽管李林甫猜忌狠毒，也不是早晨恼怒、晚上欢喜的那种喜怒无常的人，尚且能够容忍他们。秦桧就不是这样。起初，他看到别人能够帮助自己，就会在不到两三年的时间里，把这个人从闲散的小官提拔到朝廷中的执政大臣。史才从御史检法官越过右正言，升迁到谏议大夫，很快就被任命为签书枢密。施钜从中书检正、郑仲熊从正言，一起被授予了吏部侍郎的职位。刚刚接受任命谢恩的时候，施钜随即就被升为参知政事，郑仲熊就被升为签书枢密。宋朴任殿中侍御史，秦桧想一下子提拔重用他，就命令御史台声称本台缺少检法主簿，必须要长贰才可以选拔担任。于是凭御史台立即写下文书奏请任命宋朴为侍御史，批准他的推荐。宋朴很快又被任命为御史中丞，谢恩的日子就被任命为签书枢密，升迁的速度就是这样快。然而很多人还没有当官几个月就被罢黜了官位。杨愿最善于巧言谄媚，甚至在饮食和动作上全部模仿秦桧。秦桧曾经因为吃饭打喷嚏失态而哑然失笑，杨愿在仓促之间，也故意喷出饭而笑，在旁边侍候的人都讥笑他。秦桧觉察到他在奉承自己，更加高兴。过了一年多，秦桧也开始讨厌杨愿，暗中命令御史排挤弹劾他，但还提前告诉他，杨愿见到秦桧时大哭，眼泪和鼻涕都流到了下巴上。秦桧说："士大夫升迁降职都是很正常的事情，何至于这样？"杨愿回答说："我杨愿出身地位卑微，如今能够当上这个职位，已经不止是满足而已。但是蒙受太师您的提拔之恩，已经超过了我的亲生父母，一旦离别而去，何时还能再看见您的车尘马足啊？这就是我伤心的原因啊。"秦桧听后很怜悯他，命他保留原职等待任命，只过了三个月就任命他为宣州知州。李若谷被罢免参知政事，有人说："你为什么不效仿杨愿在太师面前哭泣呢？"李若谷是河北人，有正直气节，笑着说："就是打死我，也骗不出眼泪来。"秦桧听到这件事非常生气，于是就下令把李若谷贬到江州当官去了。秦桧曾经因病请假，朝廷中只有余尧弼一个人执掌朝政，因此在上奏回答时，高宗皇帝问他有关军机政务的事情时，余尧弼有的不能回答。秦桧病愈以后进见高宗，皇上说："余尧弼既然参与了执掌政务，朝廷中的所有事情就应该让他知道。"秦桧退出以后，问余尧弼说："前些天皇上在御榻上问的是什么事？"余尧弼一五一十地全部告诉了秦桧。秦桧叫省吏取来公文查看，看到余尧弼都已经在公文上面签字画押，就责备他说："你既然已经签字画押了，怎么能跟皇上说你什么都不知道呢？你是故意想要出卖我罢了！"余尧弼离开座位辩解，秦桧不再回答。第二天，参劾余尧弼的奏章就被呈上去了。段拂是个无能的人，一天，秦桧在皇上面前讲话讲了很久，他就低头打瞌睡。秦桧退下以后他才开始醒来，心中十分窘迫害怕，皇上还是安慰他，而且问他是哪里人。过了一会儿，他退回到殿外的廊幕中。秦桧闭上眼睛在念佛，司仪高唱作揖直至三次，才答礼。回到政事堂，秦桧追问他刚才跟皇上说了些什么。段拂不知道怎么说，没多久就遭到了秦桧的弹劾，被罢免了官职，回家了。汤思退在枢密府任职，皇上偶然回头看见了他，就询问了他一些问题。秦桧这天上奏的内容与汤思退的回答稍微有所不同，秦桧就说："陛下如果认为臣的话不对，请陛下问汤思退。"皇上说："这件事难道我会不知道，哪里用得着问他汤思退？"秦桧回到枢密府见到了汤思退，心中很不痛快，打算密谋把他罢黜官位。正好赶上秦桧生病，一直到他死去，汤思退才得以幸免。考查秦桧的所作所为，其恶毒程度还要在李林甫之上。

【评析】

　　本文主要记述佞臣秦桧的奸诈之行，并与唐代奸臣李林甫作对比。作者认为秦桧比李林甫更加恶毒。李林甫居相位十九年，他会机变，善钻营，专政自恣，杜绝言路。唐玄宗晚年政治腐败，他有很大的责任。因为为人忌刻阴险，表面上甜言蜜语相结，背后却阴谋暗害，时人称他"口有蜜，腹有剑"。这就是成语"口蜜腹剑"的来历。但是李林甫却不像秦桧那样喜怒无常，而且确实有政治能力。史书称其"自处台衡，动循格令，谨守格式，百官迁除，各有常度"，可见他办事谨慎，纲纪严明，也只有他才能控制各地的番将。只有别人挡了他擅权的路时，他的奸臣本性才会发作。

秦桧则不同，虽然他是经常谄媚皇帝的佞臣，但是别人拍他的马屁，有时却让他不高兴。秦桧经常在背后拨弄是非，造谣离间，出卖同他共事的大臣。他言语不多，却很毒，甚至以一语害人。正如《宋史》中所说，秦桧阴险如悬崖陷阱，深危莫测。群臣讨论政事，还没有据理力辩，他用一两句话就否定了。李光曾与秦桧争论，发言稍微触犯了秦桧，秦桧就不说话了。等李光说完，秦桧慢慢地说："李光没有做大臣的礼法。"赵构听后，对李光十分生气。史书上指出秦桧凡陷害忠良，一般是用这种权术。而且李林甫害人，严格说起来，不过是历朝历代都摆脱不了的政治权力之争，顶多算是误国，而秦桧害人，甚至帮着宋高宗赵构杀掉了抗金的民族英雄岳飞，实属卖国之行。因此李林甫只是写在书中被人骂一骂，秦桧要永远跪在世人面前，永遭唾弃。

书籍之厄

【原文】

梁元帝在江陵，蓄①古今图书十四万卷，将亡之夕尽焚之。隋嘉则殿有书三十七万卷，唐平王世充②，得其旧书于东都，浮舟溯河③，尽覆于砥柱。贞观、开元募借缮写④，两都各聚书四部。禄山之乱，尺简不藏。代宗、文宗时，复行搜采，分藏于十二库。黄巢之乱⑤，存者盖少。昭宗又于诸道求访，及徒洛阳，荡然无遗。今人观汉、隋、唐《经籍》、《艺文志》，未尝不茫然太息也。晁以道记本朝王文康初相周世宗，多有唐旧书，今其子孙不知何在。李文正所藏既富，而且辟学馆以延学士大夫，不待见主人，而下马直入读书。供牢饩以给其日力，与众共利之。今其家仅有败屋数楹，而书不知何在也！宋宣献家兼有毕文简、杨文庄二家之书，其富盖有王府不及者。元符中，一夕灾为灰烬。以道自谓家五世于兹，虽不敢与宋氏争多，而校雠⑥是正，未肯自逊。政和甲午之冬，火亦告谴。惟刘壮舆家于庐山之阳，自其祖凝之以来，遗子孙者惟图书也，其书与七泽俱富矣。于是为作记。今刘氏之在庐山者不闻其人，则所谓藏书殆亦羽化。乃知自古到今，神物亦于斯文为靳靳⑦也。宣和殿、太清楼、龙图阁御府所储，靖康荡析之馀，尽归于燕，置之秘书省，乃有幸而得存者焉。

【注释】

①蓄：收集，积蓄，储存。②王世充：隋末割据者之一。隋新丰（今陕西临潼东北）人，字行满。祖籍西域，本姓支。仕隋历为江都郡丞。③浮舟溯河：船只倾覆。④募借缮写：募集或是借阅书籍抄写。⑤黄巢之乱：即黄巢起义。指的是乾符五年至中和四年由冤句（今山东菏泽市西南）人黄巢领导的反抗唐朝政府黑暗腐朽残酷统治的农民起义运动。是唐末民变中历时最久、遍及最广、影响最深远的一场战争。黄巢之乱祸延大唐半壁江山，导致唐末国力大衰。⑥校雠（chóu）：校对文字。⑦靳：吝啬。

【译文】

梁元帝在江陵的时候，收集古今图书多达十四万卷，在魏军将要攻破占领江陵的前夕把全部书籍焚烧毁灭了。隋朝的嘉则殿藏有图书三十七万卷，唐朝讨伐王世充时，在东都获得了这些藏书，不料在用船只将这些藏书运往长安途中，船只倾覆，藏书全被毁在了砥柱。贞观、开元年间，唐朝在全国范围内募集或向藏书者借阅缮写，长安和洛阳各自按经、史、子、集四部分类收集图书。安禄山之乱时，这些书籍再一次遭受毁灭。唐代宗、唐文宗时期，再一次进行搜集分类，分别收藏在了十二个库中。黄巢动乱后，保存下来的已是很少。唐昭宗又从各种渠道查访寻求书籍，但到迁都洛阳后，又都荡然无存了。如今人们观看隋、唐朝代的《经籍艺文志》，没有不痛心、叹息的啊！晁以道记载了本朝的王文康早年任周世宗的宰相时，家中藏有很多旧唐书，但如今他的子孙已不知流落到何方。李文正所藏图书也很多，而且曾经还开了个学馆来供士大夫学习，凡是来到这里的人，下马就可以直奔学馆读书，不必拜见主人。不仅如此，他还免费为读者提供饭菜以节约时间，与大家一起分享自己的藏书。如今他家只有几间破屋，藏书也不知去向了。宋宣献家兼有毕文简和杨文庄两家的藏书，其藏书之多就算是王府也比不过。哲宗元符年间，一夜火灾将宋宣献家中的藏书全部烧为灰烬。晁以道自称其家五代致力于搜集图书，虽不敢与宋宣献家相比，但在图书校勘整理方面，不比别人逊色。徽宗政和四年冬天，晁家同样不幸遭遇了火灾，书籍损失惨重。只有居住在庐山南簏的刘壮舆，其家从祖上刘凝之以来，留给子孙的只有书籍。家中藏书与七大湖的水一样多，于是有人为他家的藏书专门作了记录。如今庐山还有没有刘氏的后代已经没有人知道了。那么刘家的藏书也早已消失了吧。从中可以知道，古往今来，神物对于文人也是够吝啬的。宋朝宣和殿、太清楼、龙图阁御府所储藏的图书，在靖康之变时期，被金人掳掠一空，然后被放在金国的秘书省收藏，才有幸保存下来。

【评析】

本文是关于书籍历史方面的笔记，主要以记事和议论为表现形式，讲述历朝历代书籍遭受到的厄运。书籍，作为记载一个民族文明精粹的载体，作为一代文化生成的结晶，历来为帝王文士所倚重。相传黄帝史官仓颉造字，天为雨粟，鬼为夜哭，龙为潜藏。此等天意，怎叫后人敢等闲视之？再加上附庸风雅者良多，历朝历代书籍之盛可谓风尚，然而，即使如此，流传至今的古籍却屈指可数，而其背后原因，桩桩皆叫历史沉叹。正如本文中梁元帝在战败前夕将十四万卷古书焚毁；嘉则殿藏有三十七万卷图书，在运往长安时尽覆于砥柱；唐朝时期多次搜集整理书籍，但经过多次战乱，书籍所剩无几；宋宣献家和晁家均遭受火灾，书籍损失惨重等等。由此看来，古今书籍能够得以保存下来是件多么困难的事情。洪迈在最后也因宋朝书籍经过靖康之变后，被金人保存下来而感到庆幸。

周礼非周公书

【原文】

《周礼》一书，世谓周公所作，而非也，昔贤以为战国阴谋之书，考其实，盖出于刘歆①之手。《汉书·儒林传》，尽载诸经专门师授，此独无传。至王莽时，歆为国师，始建立《周官经》以为《周礼》，且置博士②。而河南杜子春受业于歆，还家以教门徒，好学之士郑兴及其子众往师之，此书遂行。歆之处心积虑，用以济莽之恶，莽据以毒痛四海③，如"五均"、"六筦"、"市官"、"赊贷"，诸所兴为，皆是也。故当其时，公孙禄既已斥歆颠倒"六经"毁师法矣。历代以来，唯宇文周依六典以建官，至于治民发政，亦未尝循故辙。王安石欲变乱祖宗法度，乃尊崇其言，至与《诗》、《书》均匹，以作《三经新义》，其序略曰："其人足以任官，其官足以行法，莫盛乎成周之时；其法可施于后世，其文有见于载籍，莫具乎《周官》之书。自周之衰，以至于今，太平之遗迹，扫荡几尽，学者所见无复全经。于是时也，乃欲训而发之，臣知其难也。以训而发之之难，则又以知夫立政造事追而复之之为难。"则安石所学所行实于此乎出。遂谓："一部之书，理财居其半。"又谓："泉府，凡国之财用取具焉，岁终，则会其出入而纳其馀，则非特摧兼并，救贫厄，因以足国事之财用。夫然，故虽有不庭不虞④，民不加赋，而国无乏事。"其后吕嘉问法之而置市易，由中及外，害遍生灵。呜呼！二王托《周官》之名以为政，其归于祸民一也。

【注释】

①刘歆：字子骏，西汉后期的著名学者。他不仅在儒学上很有造诣，而且在目录校勘学、天文历法学、史学、诗等方面都堪称大家。②博士：古为官名，现为学位名称。掌管书籍文典、通晓史事的官职，后成为学术上专通一经或精通一艺、从事教授生徒的官职。③毒痡（fū）四海：毒害天下百姓。毒痡，毒害，残害。④不虞：出乎意料的事情。

【译文】

对于《周礼》一书，世人都认为是周公所撰写，其实并不是这样的。过去贤人认为这是战国阴谋家所撰写的，后来经过考证，大概是西汉时期的刘歆所写。《汉书·儒林传》详尽地记载了各书籍的来龙去脉，唯独没有记载《周礼》出自何人之手的情况。王莽当政时，刘歆担任国师，开始把《周官经》撰写成《周礼》，而且设置了博士官职。河南杜子春受教于刘歆，回家后教授门徒，好学之士郑兴及其子郑众前去拜他为师，因此《周礼》一书才得以流传于世。刘歆处心积虑，用《周礼》中的知识帮助王莽的恶行，王莽凭借着这本书毒害天下百姓，如五均、六筦、市官、赊贷等一些政策都是依据《周礼》而颁布执行的。在当时，公孙禄就已斥责刘歆违背《六经》，不符合常理。历代以来，只有宇文氏是按照《周礼》中的六典建立的北周政权，对于治理天下，巩固政权，也不是完全遵循六典去管理的。王安石想要改变祖宗的法度，于是提倡推崇《周礼》，并把它同《诗经》《尚书》相提并论。并编撰《三经新义》，其序言大概意思是说："其人足可以任官，其官足可以行法，没有哪个朝代的治理比周朝更盛。其法度可以施行于后世，其文字可以记载到书籍中，没有哪本书比《周官》更具备这个条件了。自从周朝衰败之后，直至现在，太平盛世的遗迹，已经不复存在了，学者们再也见不到完整的经书了。在这种情况下，如果想要训释发展它，臣感觉很困难。因为解释发展它很困难，还要明白按照它的内容来建立政权就难上加难了。"于是便可以知道王安石所学、所推行的都出自《周礼》。于是又说："学好这样一部书，理财就等于学到了一半。"他又说："泉府（《周礼》地官的属官），凡国家的财用全部由他来掌管，一年下来，结算收入支出，把多余的钱上交国库。这样除了有抑制兼并、救助贫困的事发生之外，才可以保证国家的财务开支。就算是发生什么不可预料的事情，百姓不用增加赋税负担，国家也不会感到贫乏。"后来吕嘉效仿《周礼》制定了市场交易法则，由中央扩展到地方，祸害了天下了百姓。呜呼！王莽、王安石都托《周官》的名义来推行其改革措施，其结果都是祸民乱政。

【评析】

《周礼》是古代关于政治经济制度的一部著作，是古代儒家主要经典之一。书中展示了一个完善的国家典制，国中的一切都井然有序，富于哲理，读后令人顿生"治天下如指之掌中"的感觉。《周礼》作者的立意，并非要实录某朝某代的典制，而是要为千秋万世立法则。作者希冀透过此书表达自己对社会、对天人关系的哲学思考，全书的谋篇布局，无不受此左右。《周礼》的作者到底是谁，历代学者为此进行了旷日持久的争论，至少形成了西周说、春秋说、战国说、秦汉之际说、汉初说、王莽伪作说等六种说法。古代名家大儒，以及近代的梁启超、胡适、顾颉刚、钱穆、钱玄同、郭沫若等著名学者都介入了这场讨论，影响之大，可见一斑。近代学者在文献学研究的基础上辅之以古文字学、古器物学、考古学研究等手段，对《周礼》进行更为广泛、深入的研究。目前，多数学者认为《周礼》成书年代偏晚，约作于战国后期。而洪迈则持王莽伪作说，认为是刘歆编纂，目的是帮助王莽篡位。他同时指责王安石也借书中的"歪理邪说"支持变法，祸民乱政。

醉尉亭长

【原文】

　　李广免将军为庶人，屏居①蓝田，尝夜从一骑出，从人田间饮，还至亭，霸陵尉醉呵止广。后广拜右北平太守，请尉与俱，至军而斩之，上书自陈谢罪，武帝报曰："报忿除害，朕之所图于将军也。"王莽窃位，尤备大臣，抑夺下权，大司空②士夜过奉常亭，亭长③苛之，告以官名，亭长醉曰："宁有符传邪？"士以马箠④击亭长，亭长斩士，亡，郡县逐之。家上书，莽曰："亭长奉公，勿逐。"大司空王邑斥士以谢。予观此两亭尉长，其醉等耳。霸陵尉但呵止李广，而广杀之，武帝不问，奉常亭长杀宰士，而王莽反以奉公免之，亦可笑也。

【注释】

　　①屏居：隐居。②大司空：汉代三公之一。③亭长：乡官名。战国时始在邻接他国处设亭，置亭长，任防御之责。④马箠：亦作"马捶"，亦作"马垂"。马杖，马鞭。

【译文】

　　西汉时期，李广因战败被罢免将军一职，被贬为庶民，归隐蓝田（今陕西蓝田），一天晚上，他和一随从骑马外出，与随从在田间饮酒，回家的途中经过霸陵亭时，霸陵尉喝醉了酒大声呵斥李广，阻止他前行。后来李广被朝廷任命为右北平太守，李广请求让霸陵尉和他一同赴任。到了军中，李广就将霸陵尉斩首了。李广把经过上奏朝廷，并请求治罪。汉武帝却说："报愤除害，正是我任用你的目的。"西汉末年，王莽篡夺了皇位，尤其防备会受到大臣压抑或夺走自己的大权。大司空手下有一人夜里经过奉常亭，亭长呵斥他，这个人告诉了他的官名，醉昏昏的亭长问："你有什么证件可以证明你的身份？"这个人听后大怒，便用马鞭抽打亭长，亭长拔剑杀死士人，逃走了。郡县下令捉拿亭长。亭长家属把这件事上奏了朝廷，王莽说："亭长是奉行公务，不要捉他。"大司空王邑训斥了他的其他手下，并向亭长道歉。我看这两位亭尉长，都是醉了酒。霸陵尉只是呵斥阻止李广，李广就杀了他，而武帝没有将李广问罪；奉常亭长杀死士人，而王莽却以执行公务的理由赦免他，这太可笑了。

【评析】

　　这是一篇带有讽刺性的文章，简单列举两个故事，虽然内容平常，却从正反两方面讽刺那些滥用公权、不秉公执法、视生命为草芥、视法律为无物的人。李广被罢官后，曾外出回家遭到喝醉的霸陵尉阻拦呵斥，升迁后，以"尉与俱"为由，引其至军中而杀死。李广心胸不广，利用职务之便，公报私仇，其度量实不足道也。而武帝闻听其斩杀霸陵尉时，谓李广所杀得当，爱惜李广的将才，呵护备至，不以杀尉而惩罚李广。二人都视别人的生命为草芥，视法律为无物。王莽刚篡位为王，大司空手下有一士人也曾与喝醉的亭长发生冲突，亭长将士人杀死，遭到追捕，王莽闻之，认为亭长是执行本职，命司空不得缉拿亭长，并赦免了他。王莽将大司空与亭长平等视之，虽算是秉公执法，但主要还是因为"窃位，尤备大臣抑夺下权"，可见其心机之深。以上两位帝王遇到相同的事件，处理的结果却截然不同，完全都是因为自己的利益，可见帝王之心复杂，不可捉摸。

容斋三笔

晁景迂经说

【原文】

景迂子晁以道留意六经之学，各著一书，发明其旨，故有《易规》、《书传》、《诗序论》，《中庸》、《洪范传》、《三传说》。其说多与世儒异。谓《易》之学者所谓应、所谓位、所谓承乘、所谓主，皆非是。大抵云，《系辞》言卦爻象数刚柔变通之类非一①，未尝及初应四、二应五、三应六也。以阳居阳、以阴居阴为得位，得位者吉②。以阳居阴、以阴居阳为失位，失位者凶。然则九五、九三、六二、六四俱善乎？六五、六三、九二、九四俱不善乎？既为有应无应、得位不得位之说，而求之或不通，则又为承乘之说。谓阴承阳则顺，阳承阴则逆，阳乘柔则吉，阴乘刚则凶，其不思亦甚矣。又必以位而论中正，如六二、九五为中且正，则六五、九二俱不善乎？初、上、三、四永不得用中乎？卦各有主，而一概主之于五，亦非也。

其论《书》曰：予于《尧典》，见天文矣，而言四时者不知中星。《禹贡》敷土治水，而言九州者不知经水。《洪范》性命之原，而言九畴者不知数。舜于四凶，以尧庭之旧而流放窜殛之。穆王将善其祥刑，而先丑其耄荒。汤之伐桀，出不意而夺农时。文王受命为僭王，召公之不说，类乎无上。太甲以不顺伊尹而放，群叔才有流言而诛，启行孥戮之刑以誓不用命，盘庚行劓殄之刑而迁国，周人饮酒而死，鲁人不板干而屋诛。先时不及时而杀无赦。威不可讫，老不足敬，祸不足畏，凶德不足忌之类。惟此经遭秦火煨烬之后，孔壁朽折之余，孔安国初以隶篆推科斗。既而古今文字错出东京，乃取正于杜林。传至唐，弥不能一，明皇帝诏卫包悉以今文易之，其去本几何其远矣！今之学者尽信不疑，殆如手授于洙、泗间，不亦惑乎！论《尧典》中星云，于春分日而南方井、鬼七宿合，昏毕见者，孔氏之误也。岂有七宿百九度而于一夕间毕见者哉！此实春分之一时正位之中星，非常夜昏见之中星也。于夏至而东方角、亢七宿合，昏毕见者，孔氏之误也。岂有七宿七十七度而于一夕间毕见者哉？此夏至一时之中星，非常夜昏见者也。秋分、冬至之说皆然。凡此以上，皆晁氏之说。所辩圣典，非所敢知。但验之天文，不以四时，其同在天者常有十余宿。自昏至旦，除太阳所舍外，余出者过三之二，安得言七宿不能于一夕间毕见哉！盖晁不识星故云尔。

其论《诗序》，云作诗者不必有序。今之说者曰，《序》与《诗》同作，无乃惑欤！且逸诗之传者，岐下之石鼓也，又安觌③序邪？谓晋武公盗立，秦仲者石勒之流，秦襄公取周地，皆不应美。《文王有声》为继伐，是文王以伐纣为志，武王以伐纣为功。《庭燎》、《沔水》、《鹤鸣》、《白驹》，箴、规、诲、刺于宣王，则《云汉》、《韩奕》、《崧高》、《烝民》之作妄也。未有《小雅》之恶如此，而《大雅》之善如彼者也。谓《子衿》、《候人》、《采绿》之《序》骈蔓无益，《樛木》、《日月》之《序》为自戾，《定之方中》、《木瓜》之《序》为不纯。孟子、荀卿、左氏、贾谊、刘向汉诸儒论说及《诗》多矣，未尝有一言以《诗序》为议者，则《序》之所作晚矣。晁所论是否，亦未敢辄言。但其中有云秦康公䌷穆公之业，日称兵于母家，自丧服以寻干戈，终身战不知已，而序《渭阳》，称其"我见舅氏，如母存焉"，是果纯孝欤？陈厉公弑佗代立，而序《墓门》责佗"无良师傅"，失其类矣。予谓康公《渭阳》之诗，乃赠送晋文公入晋时所作，去其即位十六年。衰服用兵，盖晋襄公耳，《传》云"子墨衰绖"者也。康公送公子雍于晋，盖徇其请。晋背约而与之战，康公何罪哉！责其称兵于母家，则不可。陈佗杀威太子而代之，故蔡人杀佗而立厉公，非厉公罪也。晁诋厉以申伦，亦为不可。

其论《三传》，谓杜预以左氏之耳目，夺夫子之笔削。公羊家失之舛杂，而何休者，又特负于公羊。惟谷梁晚出，监二氏之违畔而正之，然或与之同恶，至其精深远大者，真得子夏之所传。范甯又因诸儒而博辩之，申谷梁之志，其于是非亦少公矣，非若杜征南一切申《传》，汲汲然不敢异同也。此论最善。然则晁公之于群经，可谓自信笃而不诡随者矣。

【注释】

①非一：不统一。②吉：吉利。③觌（dǔ）：同"睹"，发现，看见。

【译文】

　　号景迂子的晁以道研究六经之学,针对六经各著一书,发表阐明六经的宏旨,书为《易规》《书传》《诗序论》《中庸》《洪范传》《三传说》。他的学说与当世儒生多有不同。他说研究《易》的学者所说的应、位、承乘、主等卦象都有错误。他的论述大意是说,《系辞》上所谈及的卦爻、象数、刚柔变通之类并不统一,没有提及初应四、二应五、三应六等卦。以阳居阳、以阴居阴称为得位,得位就吉利。以阳居阴、以阴居阳称为失位,失位就凶险。然而九五、九三、六二、六四都是吉利卦象吗?六五、六三、九二、九四的卦象都不吉利吗?既然持有应无应、得位不得位的说法,而求卦时或不通,则又持承乘之说。说阴承阳则顺,阳承阴则不顺,阳乘柔则吉利,阴乘刚则不吉利,这太缺乏思考了。又必定要以卦位来推测中正,如六二、九五爻为中且正,难道六五、九二都不吉利吗?难道初爻、上爻、三爻、四爻永远都不得用为中吗?卦各有主,而一概以五为主卦,这是不对的。

　　他评论《尚书》说:我从《尧典》中了解到了天文,但谈论四时的却不知道中星。《禹贡》是专讲施土治水的,但谈论九州的人却不知道经水。《洪范》是专讲性命之源的,而谈论九畴的人却不懂术数。舜对于鲧、共工、驩兜、三苗等四凶,因为他们是尧时旧臣,而将他们流放或杀掉。周穆王将欲改善他的刑罚之前,而先羞辱了他的老臣。商汤将讨伐桀,先出其不意剥夺他的农时。周文王受命于天自号周王,召公不高兴,因为商王还在,认为这是无上行为。商王太甲因不顺从伊尹而被流放,管叔、蔡叔、霍叔因为有流言而被诛戮。夏启实行一人犯罪株连亲族的刑罚,以警告不听从命令的人。盘庚实行割鼻的刑罚来强迫臣民搬迁国都。周朝人饮酒就要被判处死刑,鲁国人不用夹板筑墙造房就有杀头之罪,提前到达与不按时到达都要杀无赦。威严不可以终止,老人不值得敬重,灾祸用不着畏惧,凶德之名声不必顾忌。只是《尚书》遭受过秦始皇的大火焚烧之后,孔宅墙壁的腐朽拆除之余,孔安国才开始以隶书篆书推断辨认蝌蚪文字。随后古文、今文两种文字的《尚书》交错出现于东京洛阳,由经学家杜林进行统一订正。传到唐代以后,更加难以统一,唐明皇诏令卫包全部以今文修改它,至此,这部书距离他本来的面目已不知相差多远了。如今学者尽信不疑,似乎是亲授他们于洙、泗二水之间,这不是很糊涂吗?晁以道论《尧典》中星说道,在春分那天,南边的井、鬼等七星宿会合,黄昏之后全都看得到，这种说法是孔子的失误。哪里会有七颗星宿在一百零九度而于一夕之间全部看得到呢？这实际上是春分的一个时辰而处在正位上的中星，不是每天黄昏所看见的中星。在夏至那天，东方角、亢七星宿合，黄昏后可以看见，这也是孔子的失误，哪里会有七星宿七十七度而于一夕之间全部看得到呢？这是夏至一个时辰的中星，不是每天黄昏所见到的中星。秋分、冬至之说也同样如此。凡是以上这些，都是晁氏的观点。他所争辩的《尧典》中的问题，我不敢发表意见，但验之天文，不论四季的哪个季节，同在天上的星宿常有十余宿。自傍晚至天明，除太阳之外，其余出现的超过了三分之二，怎么能说七星宿不能在同一夕之间出现呢？这大概是晁氏并不真正认识星宿的缘故吧。

  他评论《诗序》说：作诗不一定都要作序，而现在论诗的人却说，《序》与《诗》是同时作的，太糊涂了！就拿逸诗来说吧，它的流传，是岐山下刻有石鼓文的缘故，又哪里见过序文呢？晁氏说晋武公窃取政权而立，秦仲就像是石勒一类的人物，秦襄公靠辅佐平王东迁而取得了周朝的封地，这些人都不应当赞美。《文王有声》的诗篇是宣扬征伐战争的，因此文王以伐纣为志向，武王以伐纣为功德。《庭燎》《沔水》《鹤鸣》《白驹》等诗篇，是对周宣王进行箴贬、规劝、教诲讽刺的，而《云汉》《韩奕》《崧高》《烝民》是荒诞的文章。没有坏到像《小雅》那种程度的，也没有好到像《大雅》那种程度的。他认为《子衿》《候人》《采绿》等篇的序文，骈丽杂乱并不好。《樛木》《日月》篇的序文是自戾，《定之方中》《木瓜》等篇的序文不纯正。孟子、荀卿、左丘明、贾谊、刘向以及汉代各个儒生，对于《诗》的论述很多，但很少有谈论到《诗序》的，可能是《诗序》所作很晚（相传为汉人毛亨和毛苌所作）。晁氏所论正确与否，我不敢断言。但其中说到秦康公葬送了秦穆公的霸业，经常向母亲的娘家晋国发动战争，自从服丧期间就寻找机会挑起战争，一生打仗不知终止，而诗篇《渭阳》的序中则称他"见到舅舅，就像母亲还活着一样"，这果真表明他有真正的孝情吗？陈厉公杀陈佗并代佗自立，而诗篇《墓门》的序文只是责怪佗"没有好的老师"，此语用非所类。我认为康公《渭阳》之诗，是赠送晋文公入晋时所作的，离他登位还有十六年时间。穿着衰服（丧服的一种）发兵打仗的，是晋襄公，即《左传》上说的"穿黑色丧服系着麻带"一事。秦康公送公子雍去晋国，是依照晋国的请求而为。晋国背约而与秦相战，康公有什么罪呢？责备他向母亲娘家发兵是不对的。陈佗杀威公太子而代立，因此蔡人杀陈佗而立厉公，这不是厉公的罪过。晁氏指责陈厉公而为陈佗申述，也是不应该的。

他评论《三传》说，杜预充当了左丘明的耳目，强夺了孔夫子对《春秋》的笔削订正的功绩。公羊家则舛讹繁杂，而何休又特别负欠于公羊。只有《谷梁传》稍后著成，是谷梁赤在对《左传》《公羊传》进行鉴别纠谬的基础上写成的，虽然仍有些相同的错误，但该传的精深远大之处，则是真正得到了子夏所传的那些部分。范甯又借助诸儒的研究成果对它进行了广博的辨析，引申阐发了谷梁赤的意旨，但对于是非的评断也有不妥之处。但他不像杜预，一切都在为左氏作辩解，不敢提出其他意见。我认为晁氏的这段议论最好。尽管晁氏对六经的论述有值得推敲商榷的地方，但可以说他对于群经的研习充满自信而且不诡饰盲从。

【评析】

晁以道，名说之，字以道，号景迂子，宋代制墨名家。他博通五经，尤精于《易》学，同时又是一位富有创作实绩的作家、画家，与苏轼、黄庭坚等苏门文人、江西诗派作家有着广泛的师友关系。由于元符上书入党籍，其仕途极其坎坷，长期沉沦下僚。他的一生经历了仁宗、神宗、哲宗、徽宗、钦宗、高宗六朝，是难得的一位身入南宋的"元祐名士"。洪迈分析评价了晁以道解说"六经"的著作，指出其中的舛错，但是对晁以道"自信笃而不诡随"的精神给予了高度评价。

"六经"是儒家的经典著作，在酸腐文人看来是不容置疑的。然而晁以道就具有独立思考的品质，不盲目地迷信书本，而是提出了自己的见解。事实上，真正的学者从来不会机械地读书。比如《尚书》这本著作，是儒家经典中的经典，然而被称为儒家"亚圣"的孟子却说："完全相信《尚书》，那么还不如没有《尚书》。我对于《武成》，只取信二三册就罢了。仁者在天下是无敌的，凭借最仁慈的人（周武王）去讨伐最不仁慈的人（商纣王），怎么会血流漂杵呢？"

"尽信书则不如无书"，这是精辟透脱的读书法，要求读者独立思考问题。古往今来，人们关于书已不知有过多少礼赞，对很多人来说，书是他们崇拜的神圣对象。但是，如果我们唯书本是从，轻则使个人成为书呆子，重则形成所谓"本本主义"和"教条主义"的作风，贻害无穷。

上元张灯

【原文】

　　上元①张灯，《太平御览》所载《史记·乐书》曰："汉家祀太一②，以昏时祠到明。"今人正月望日夜游观灯，是其遗事，而今《史记》无此文。唐韦述《两京新记》曰："正月十五日夜，敕③金吾④弛禁，前后各一日以看灯。"本朝京师增为五夜，俗言钱忠懿纳土，进钱买两夜，如前史所谓买宴之比。初用十二、十三夜，至崇宁初，以两日皆国忌，遂展至十七、十八夜。予按国史，乾德五年正月，诏以朝廷无事，区寓乂安，令开封府更增十七、十八两夕。然则俗云因钱氏及崇宁之展日，皆非也。太平兴国五年十月下元，京城始张灯如上元之夕，至淳化元年六月，始罢中元、下元张灯。

【注释】

　　①上元：民间所说的元宵节。②太一：神明，天帝。③敕：帝王的诏书、命令。④金吾：即金乌。相传日中有三足乌，为神鸟。汉掌管京师的长官为"执金吾"。

【译文】

　　上元节（民间所说的元宵节）挂灯笼，据《太平御览》中所记载的《史记·乐书》说："汉朝祭祀天帝神，从黄昏直到第二天天明。"现在人们每当正月十五来临时都会赏月、夜游观灯，这种习俗就是从汉代遗传下来的，但如今《史记》中没有记载这段文字了。唐朝韦述所作的《两京新记》中说："每年正月十五的晚上，皇帝命令京城的巡查治安执金吾解除禁令，前后两天的时间可以看花灯。"本朝在京城里看花灯增加到五个晚上。世俗传言说钱忠懿为招贤纳士，花钱买下两夜灯展，与过去史书中所记载的花钱买酒宴相类似。看花灯最初是在正月十二、十三两个晚上，一直到宋徽宗崇宁初年，由于正月十二、十三两日都是国家忌日，于是把时间推迟到十七、十八两日。我查看国史才知道，乾德五年的正月，皇上下诏朝廷无事，天下安定，下令开封府增加十七、十八日两晚为观灯日。可见这与世俗所流传的钱氏花钱买灯展和宋徽宗改灯展日期的说法都是不对的。宋太宗太平兴国五年十月十五日的下元节，京城开封开始和上元节的晚上一样悬挂灯笼。到宋太宗淳化元年六月，取消了中元节（七月十日）、下元节挂花灯的习俗。

【评析】

三元日中以上元、中元为大节。上元节的宗教活动和民俗活动主要在夜间举行，又称元夕、元宵。上元张灯已有很长的历史，有人以为起于西汉武帝，本文中也提到："上元张灯，《史记·乐书》曰：'汉家祠太乙，以昏时祠到明，今人正月望日夜游观灯或其遗事。'"但是根据历史记载，是起于东汉明帝时期。道教以上元为赐福天官诞辰，在民间以放灯、闹元宵的民俗来庆贺，形成以娱乐、祈祥为主的岁时节日。届时道观中例行设斋庆贺上元天官诞辰，民众多前往庙观烧香祈福。夜间依例上灯，并举行民间各种文艺、杂技演出。元宵节各地且盛行吃汤圆，称为吃元宵。这种习俗也一直沿袭至今。

刘项成败

【原文】

汉高帝、项羽起兵之始，相与北面共事①怀王。及入关破秦，子婴出降，诸将或言诛秦王。高帝曰："始怀王遣我，固以能宽容，且人已服降，杀之不祥。"乃以属吏。至羽则不然，既杀子婴，屠咸阳，使人致命于怀王。王使如初约，先入关者王其地②。羽乃曰："怀王者，吾家武信君③所立耳，非有功伐，何以得颛主约④？今定天下，皆将相诸君与籍力也，怀王亡功，固当分其地而王之。"于是阳尊王为义帝，卒至⑤杀之。观此二事，高帝既成功，犹敬佩王之戒，羽背主约，其未至于如此，成败之端，不待智者而后知也。高帝微时，尝徭咸阳，纵观秦皇帝，喟然太息曰："大丈夫当如此矣！"至羽观始皇，则曰："彼可取而代也。"虽史家所载，容有文饰⑥，然其大旨，固可见云。

【注释】

①相与：一同约定。北面共事，作为臣子，一起侍奉。②王其地：统治这块地。王，统治。③武信君：项羽的叔父项梁。④颛主约：专断把持盟约。颛，通"专"。⑤卒至：最终。⑥容有文饰：或许有文字上的修饰夸张。

【译文】

　　当初汉高祖刘邦、西楚霸王项羽起兵的时候,曾约定一起面向北共同侍奉楚怀王。当刘邦带领的军队进入关中(今陕西西安一带)击破了秦军,秦王子婴出来投降,将领中有人建议把秦王杀掉。汉高祖刘邦说:"起初楚怀王派遣我攻打秦军,是因为我能够宽厚待人,况且子婴已经顺从投降了,杀了就不吉利了。"于是就任子婴为自己手下的一名官吏。等到项羽入关后就不是这样了,杀了子婴,屠杀咸阳城的百姓,后来才派人向楚怀王禀报受命。楚怀王让他遵守当初的盟约,谁先进入关中谁就先统治这个地方。项羽却说:"楚怀王是我的叔父武信君项梁所拥立的,没有任何战绩,他有什么资格主持盟约呢?如今天下被平定,都是靠着各位将领和我项羽的力量,楚怀王没有一点功劳,本来就应该瓜分他的地盘来统治。"于是表面上尊楚怀王为义帝,最终还是杀害了他。观察这两件事,汉高祖已经战胜秦国攻取了关中,但还会听从楚怀王的告诫,而项羽不但违背盟约,而且还发展到杀死楚怀王的地步,成功与失败的趋势,聪明人是不用等待最后就能知道结果的。汉高祖地位比较卑微的时候,曾在咸阳服役,看到秦始皇时,感慨地说:"大丈夫就应该这样啊!"等到项羽看到秦始皇,却说:"我可以取代他。"这虽然是史家的记载,内容有些被修饰过,然而他的主要意思还是可以看出来的。

【评析】

　　本文主要是通过描写刘邦和项羽的言谈、行为和为人处世等,说明了汉王刘邦与楚国项羽相争,最后汉胜楚亡的原因。本文中写道刘项"相与北面共事怀王",在刘邦进入关中时,首先禀告了楚怀王,并听从了其告诫,放了子婴,而项羽进入关中不仅杀死了子婴,还屠杀百姓,最后才告知楚怀王。楚怀王希望他能够遵守盟约,可是项羽却杀死了他。由此比较就可以看出,刘邦大度宽容,遵守信用,善于听从别人的谏言。而项羽自恃功高,残忍无道,骄傲自大,背信弃义,失去民心。同时看到秦始皇,刘邦认为"大丈夫当如此矣",而项羽却说"彼可取而代也",从刘邦、项羽二人最初看到秦始皇的不同态度,便可见二人深沉与直率的性格差异。刘邦的深谋远虑是项羽所不能及的,所以汉胜楚亡。

　　汉代扬雄曾说:"汉屈群策,群策屈群力。"扬雄这句话是说:汉王刘邦尽量发挥、利用众人的智慧和力量，而项羽却只凭一人的匹夫之勇，没有充分调动部下的积极性和采纳他们的建议，这才是项羽失败的主要原因，而不是什么"天之亡我"。洪迈的这篇刘项成败也给予我们启示：欲成事者，必须具有宽大仁爱之心，这样才能得人心，引人才；切莫嫉贤妒能，目空一切；欲成事者，必须善用人才，听智者之言，用智者之智，切莫闭目塞耳，刚愎自用；欲成事者，必须培能益智，深谋远虑，只有这样才能临事善决断。

无名杀臣下

【原文】

《传》曰："欲加之罪，其无辞乎？"古者置人于死地，必求其所以死。然固有无罪杀之，而必为之名者。张汤①为汉武造白鹿皮币②，大农颜异以为本末不相称，天子不悦。汤又与异有隙③。异与客语初令下有不便者，异不应，微反唇。汤奏当异九卿，见令不便，不入言而腹非，论死。自是后有腹非之法。曹操始用崔琰，后为人所谮④，罚为徒隶，使人视之，词色不挠。操令曰："琰虽见刑，而对宾客虬须直视⑤，若有所瞋。"遂赐琰死。隋炀帝杀高颎之后，议新令，久不决。薛道衡谓朝士曰："向使高颎不死，令决当久行。"有人奏之，帝怒，付执法者推之。裴蕴奏："道衡有无君之心，推恶于国，妄造祸端。论其罪名，似如隐昧⑥，原其情意，深为悖逆⑦。"帝曰："公论其逆，妙体本心。"遂令自尽。冤哉此三臣之死也。

【注释】

①张汤：西汉杜陵（今陕西西安东南）人。幼时喜法律，曾任长安丞、内史掾和茂陵尉，后补侍御史。古代著名的酷吏，又以廉洁著称。②白鹿皮币：是西汉武帝元狩四年（公元前119年）发行的货币。汉武帝之时，汉苑多鹿，就收集鹿皮作币材，以鹿皮方尺，缘以藻缋为币，直四十万钱，王侯宗室朝觐聘享，必以皮币荐璧，然后得行。因其作价太高，不久即废止。这种皮币在中国货币史上被视为纸币的滥觞，但不见实物。③有隙：有矛盾。④谮（zèn）：遭到诽谤谗害。⑤虬须直视：吹胡子瞪眼。⑥隐昧：隐匿，欺蒙。⑦悖逆：违背正道。

【译文】

《左传》说："想要加罪于某人，难道还担心找不到借口吗？"古代想要把人置于死地，一定会找出让他死去的理由。不过也会有无罪的人被处死的，而且必会在他身上罔加一些罪名的情况。张汤为汉武帝制造白鹿皮币，大司农颜异认为这会导致农商本末倒置，武帝很生气。张汤与颜异有矛盾。一次，颜异与客人谈话，客人说到刚实施的政令对百姓的生活有一些不利的问题时，颜异没有回答客人的问题，只微将嘴唇翘起。张汤就因这件事上奏弹劾了颜异，说颜异身为九卿，知道刚实施的政令对民众不利，不向皇上进言说明此事，而是内心非议，应该处死。自此以后颜异就背上了腹非的罪名。曹操曾经任用崔琰，后来崔琰被人诬陷，被贬为奴隶，曹操派人去探视他，崔琰的语言十分不敬，表现出不顺从。曹操下令说："崔琰虽然在服刑，但对探视他的人吹胡子瞪眼睛，好像被别人诬陷一样。"于是赐他自杀。隋炀帝杀死高颎之后，与朝廷大臣商议新的法令，很长时间不能作出决定。薛道衡对朝廷大臣们说："如果高颎没有被处死，新的法令早就决定了，并实行一段时间了。"有人将他的话上奏隋炀帝，隋炀帝大怒，把他送到执法者那里接受审问。裴蕴上奏说："薛道衡有藐视皇上的想法，将罪过推诿于朝廷，胡乱制造祸端。想要定他的罪过，似乎也说不清楚，但推究他的本意，实为叛逆不道。"隋炀帝说："你论述薛道衡的叛逆罪行，很巧妙地体现出了他的本心。"因而下令薛道衡自杀。这三个人的死实在是太冤枉了。

【评析】

欲加之罪，何患无辞。洪迈列举了三个例子来论述这个观点，第一个为张汤杀颜异。从文章的这段历史中可以看出，武帝因为颜异对张汤制造白鹿皮币有异议而生气，只因颜异没有回答客人问题而说其为腹非之罪处死，可见专制的帝王想要加罪杀死臣子，其实不必寻找什么理由。还有曹操因服刑的崔琰言语不敬而令其自尽，和隋炀帝听闻薛道衡有"向使高颎不死，令决当久行"之言而命其自尽，这两件事均说明了这点。洪迈最后感叹道："冤哉此三臣之死也。"

平天冠

【原文】

祭服①之冕，自天子至于下士执事者毕服之，特以梁数及旒②之多少为别。俗呼为平天冠，盖指言至尊乃得用。范纯礼知开封府，中旨鞫③淳泽村民谋逆事。审其故，乃尝入戏场观优④，归涂⑤见匠者作桶，取而戴于首，曰："与刘先主如何？"遂为匠擒。明日入对，徽宗问何以处⑥。对曰："愚人村野无所知，若以叛逆蔽罪，恐辜好生之德⑦，以不应为⑧杖之，足矣。"按《后汉·舆服志》蔡邕注冕冠曰："鄙人不识，谓之平天冠。"然则其名之传久矣。

【注释】

①祭服：祭祀的礼服。②旒：古代帝王礼帽前后悬垂的玉串。③鞫：审讯犯人。④观优：观看优伶表演。⑤归涂：回家的途中。涂，通"途"。⑥何以处：如何处置。⑦恐辜好生之德：恐怕会损害了皇上乐于救助生命的美德。⑧不应为：处事不当，做了不该做的事。

【译文】

祭祀礼服中的冠冕，从天子到下面主持祭祀的人都戴，特别从冠梁和冠冕前后悬挂的玉串多少区别等级。通常称它为平天冠，大意是指最尊贵的人才能戴。范纯礼任开封府尹，奉旨审讯淳泽一个村民谋逆造反的事。查清事情的缘故，原来是这个村民到戏场去看倡优表演（表演的可能是有关刘备的故事），回家途中看见一个工匠造水桶，他便拿起水桶戴在头上，问道："我与刘先主比怎么样？"于是就被工匠抓住了。第二天，范纯礼上朝时向皇上禀报审理情况，宋徽宗问怎么处理。范纯礼回答说："愚民山野村夫什么都不懂，如果以叛逆定罪的话，恐怕有损于皇上乐于救助生命的美德，告诫他做了不该做的事，用木棒打他几下，足够了。"按《后汉书·舆服志》蔡邕注冕冠道："鄙人不认识，称它为平天冠。"可见平天冠的名字流传很久了。

【评析】

这件事，范纯礼处理得极其恰当，不媚上，不溺民，不邀功。作者记录下这个故事，大约就是称赞范纯礼的意思。

魏收作史

【原文】

魏收①作元魏一朝史，修史诸人，多被书录，饰以美言，夙②有怨者，多没其善。每言："何物小子，敢共魏收作色③，举之则使上天，按之当使入地。"故众口喧然，称为"秽史"。诸家子孙前后投诉，云遗其家世职位，或云不见记录，或云妄有非毁，至于坐谤史而获罪编配，因以致死者。其书今存，视南北八史中，最为冗谬④。其自序云："汉初，魏无知封高良侯，子均，均子恢，恢子彦，彦子歆，歆子悦，悦子子建，子建子收。"无知于收，为七代祖，而世之相去七百余年。其妄如是，则其述他人世系与夫事业可知矣。

【注释】

①魏收：北齐文学家、史学家。字伯起，小字佛助，钜鹿下曲阳（今河北晋县）人，北魏骠骑大将军魏子建之子。仕魏除太学博士，历官散骑侍郎等，编修国史。入北齐，除中书令，兼著作郎，官至尚书右仆射，位特进。与温子升、邢邵并称"北地三才子"。②夙：往日的。③作色：脸上变色。指神情变严肃或发怒。④冗：庸劣，平庸。谬，错误的，不合情理的。

【译文】

魏收修撰北魏一朝的历史，参与修撰历史的官员，很多被记载到了这本书中，并且用美言对这些人进行修饰，与魏收有矛盾怨恨的人，魏收就会多在书中掩盖他们的善行。他还时常说："什么东西，敢和我魏收作对，抬举你就可以让你上天，贬低你就会让你入地。"众人听到这些话，对魏收议论纷纷，并说《魏书》是"秽史"。各大臣的子孙，前后不断上奏朝廷，有人说《魏书》中遗漏了他们的家世职位，有人说没有记录他家的事迹，还有人说书中的记载妄加诽谤诋毁，以至于有人因诽谤国史而获罪遭到发配，甚至有人因此而丧命。如今这部书还留存在世，审阅南北八史当中，这部书最为荒谬。《魏书》的自序中写道："汉朝初年，魏无知被封为高良侯，子均，均子恢，恢子彦，彦子歆，歆子悦，悦子子建，子建子收。"魏无知是魏收的七世祖，但这两人在世的年代相隔时间却相差了七百多年。对自己的家世记载都能够写到如此荒谬的程度，那么记述其他人的世系和事业时，就可想而知了。

【评析】

本文对魏收所编著的《魏书》进行了辨伪、重评，批判了魏收心胸狭隘、以权谋私，修撰史书不以实情，假公济私之事。从这段文字的历史背景可以看出，魏收假公济私，借修撰史书之名，公报私仇，史书中"夙有怨者，多没其善"，并且扬言"举之则使上天，按之当使入地"，因此《魏书》刚刚修成，因记载不以实情而引得当时朝野大哗，攻之者蜂起，很多人把它说成是"秽史"。洪迈考证了《魏书》中记载魏无知与魏收之间的关系，有力地否定了其书中的记载，最后写道"其妄如是，则其述他人世系与夫事业，可知矣"。作文要以实情为基础，一切不能凭空想象出来，应该根据事物的实际情况去写。

北狄俘虏之苦

【原文】

元魏破江陵，尽①以所俘士民为奴，无问贵贱，盖北方夷俗皆然也。自靖康之后，陷于金虏者，帝子王孙，宦门仕族之家，尽没为奴婢，使供作务。每人一月支稗子五斗，令自舂②为米，得一斗八升，用为饘粮。岁支麻五把，令绩为裘③，此外更无一钱一帛之入。男子不能绩者，则终岁裸体，虏或哀之，则使执爨④，虽时负火得暖气，然才出外取柴，归再坐火边，皮肉即脱落，不日辄死。惟喜有手艺，如医人、绣工之类，寻常只团坐地上，以败席或芦藉衬之。遇客至开筵，引能乐者使奏技，酒阑客散，各复其初，依旧环坐刺绣，任其生死，视如草芥。先公在英州，为摄守蔡寯言之，蔡书于《甲戌日记》，后其子大器录以相示，此《松漠记闻》所遗也。

【注释】

①尽：所有的，全部。②舂：把东西放在石臼或乳钵里捣，使破碎或去皮壳。③令绩为裘：让他们把麻编成衣服。绩，把麻析成缕连接起来。裘，皮衣。④爨（cuàn）：烧火做饭。

【译文】

北魏攻破江陵时，把所有被俘获的士人百姓当成奴隶，不论这些人身份高低贵贱，一同对待，大概北方少数民族的风俗都是这样。宋朝的靖康之后，沦陷为金人俘虏的，不管是帝王子孙，还是官宦人家，全部沦落为奴婢，让他们做苦役。每人每月发五斗稗子，让他们自己舂成米，一斗稗子去了皮之后就只能得到八升，当作这一月的粮食。每年发五把麻，让他们把麻编织成衣服，除此之外，没有一钱一帛的收入。男子有不会将麻编织成衣服的，就会终年都要赤裸着身体，有的金人可怜他们，让他们做些烧火煮饭的活，虽然有时可以靠火取暖，但是刚出去取柴，回来再坐在火边，皮肉就会脱落，不出几日就死了。金人只喜欢有手艺的人，如医人、绣工之类，平常只让他们团坐在地上，用破席子或芦苇席编成的垫子衬托着他们。遇到客人到开筵时，叫来能够演奏乐器的人为他们演奏，酒席结束客人离去，他们又恢复原来的样子，依旧环坐在一起刺绣，任其生死，视同草芥一样。先父在英州，对兼知州蔡嶷说过这些事，蔡嶷把这些事情写入《甲戌日记》，后来他的儿子蔡大器拿来给我看，这是《松漠记闻》没有记载到的。

【评析】

这篇文章记述的是"靖康"之后，"大金国"俘虏营里的宋人奴隶生活苦不堪言的景象，间接讽刺了金人野蛮凶残。文中写道，被金人俘虏之人，不分贵贱，一律都作为奴隶，让其做苦力。"每人一月支稗子五斗"仅为饥粮，"岁支麻五把，令绩为裘，此外更无一钱一帛之入"。然而更残酷的是男子不能"绩为裘"者，只能终岁裸体，等待死亡。有手艺的人，"遇客至开筵，引能乐者使奏技"，客散之后，就和原来一样，任其生死，生命如同草芥一样轻贱。自己的命运不能把握在自己的手中，是多么痛苦的事情啊！由此也能看出，战争能对一个国家经济和文化造成严重的破坏，给天下百姓的生命和财产带来了极大的灾难。

东坡和陶诗

【原文】

《陶渊明集·归田园居》六诗，其末"种苗在东皋"一篇，乃江文通[①]杂体三十篇之一，明言[②]学陶征君《田居》，盖陶之三章云："种豆南山下，草盛豆苗稀。晨兴理荒秽，带月荷锄归。"故文通云："虽有荷锄倦，浊酒聊自适。"正拟其意也。今陶集误编入，东坡据而和之。又"东方有一士"诗十六句，复重载于《拟古》九篇中，坡公遂亦两和之，皆随意即成，不复细考耳。陶之首章云："荣荣窗下兰，密密堂前柳。初与君别时，不谓行当久。出门万里客，中道逢嘉友。未言心先醉，不在接杯酒。兰枯柳亦衰，遂令此言负。"坡和云："有客扣我门，系马庭前柳。庭空鸟雀噪，门闭客立久。主人枕书卧，梦我平生友。忽闻剥啄声，惊散一杯酒。倒裳起谢客，梦觉两愧负。"二者金石[3]合奏，如出一手，何止子由所谓遂与比辙者哉！

【注释】

①江文通：即江淹，字文通，南朝文学家。其诗文典丽工整，最有名的作品当属《别赋》。两个著名的成语"妙笔生花"和"江郎才尽"，都出于江淹之事。②明言：明确说明。③金石：比喻诗文音调铿锵，文辞优美。

【译文】

《陶渊明集·归田园居》六首诗，其中最后一篇"种苗在东皋"，是南朝文学家江文通（江淹）杂体诗三十首中的一篇，江文通很明确地说过这首诗是学陶渊明的《田居》诗而作。陶渊明的第三章写道："种豆南山下，草盛豆苗稀。晨兴理荒秽，带月荷锄归。"所以江文通模仿此诗的大意而作："虽有荷锄倦，浊酒聊自适。"如今陶渊明的诗集中误将江文通的诗加了进去，苏东坡又根据陶集中的诗和诗。又有了"东方有一士"诗十六句，重复编载到了《拟古》九篇中，苏东坡竟两次写诗相和，都是随意写出，没有仔细考察。陶渊明的第一首诗说："荣荣窗下兰，密密堂前柳。初与君别时，不谓行当久。出门万里客，中道逢嘉友。未言心先醉，不在接杯酒。兰枯柳亦衰，遂令此言负。"东坡和诗为："有客扣我门，系马庭前柳。庭空鸟雀噪，门闭客立久。主人枕书卧，梦我平生友。忽闻剥啄声，惊散一杯酒。倒裳起谢客，梦觉两愧负。"二者似金石合奏，就像出自一人手笔，何尝只是苏辙所说的仅能和陶诗相比呢？

【评析】

此文解析苏轼和陶渊明的"种苗在东皋"一诗，其实"种苗在东皋"一诗不是陶渊明的作品，而是江淹模仿陶渊明的诗意所作，被错误地编进了陶渊明的诗集。不过洪迈也赞赏苏轼的才华,认为他的和诗"金石合奏,如出一手",展现了高超的文学才能。

陈季常

【原文】

陈慥字季常,公弼之子,居于黄州之岐亭,自称"龙丘先生",又曰"方山子"。好宾客,喜畜声妓①,然其妻柳氏,绝②凶妒,故东坡有诗云:"龙丘居士亦可怜,谈空说有夜不眠。忽闻河东狮子吼,拄杖落手心茫然。"河东狮子,指柳氏也。坡又尝醉中与季常书云:"一绝乞③秀英君。"想是其妾小字。黄鲁直元祐中有与季常简④曰:"审柳夫人时须医药,今已安平否?公暮年来想渐求清净之乐,姬媵⑤无新进矣,柳夫人比何所念以致疾邪?"又一帖云:"承谕⑥老境情味,法当如此,所苦⑦既不妨游观山川,自可损药石⑧,调护起居饮食而已。河东夫人亦能哀怜老大⑨,一任放不解事⑩邪?"则柳氏之妒名固彰著于外,是以二公皆言之云。

【注释】

①喜畜声妓:喜欢蓄养歌舞乐妓。②绝:非常。③一绝:一首绝句。乞,请求。④简:书简,书信。⑤姬媵:姬妾。⑥承谕:承蒙您告诉我。⑦所苦:苦闷的时候。⑧损药石:减少药剂。药石,草药和石药,泛指中成药。⑨哀怜老大:体谅您年纪太大。⑩一任放不解事:任凭您放荡不羁,不解世事。

【译文】

陈慥,字季常,是陈公弼的儿子,隐居在黄州(今湖北黄冈)的岐亭山,自称是"龙丘先生",又起名叫"方山子"。他喜欢结交宾客,爱好蓄养乐妓,然而他的妻子柳氏非常凶悍好妒,所以苏东坡有诗说:"龙丘居士亦可怜,谈空说有夜不眠。忽闻河东狮子吼,拄杖落手心茫然。"河东狮子,指的就是柳氏。苏东坡又曾在醉中给陈慥写信说:"寄一首绝句求得到秀英君。"想来"秀英君"可能是陈季常之妾的小字。黄庭坚在宋哲宗元祐年间有写给陈季常的书简,说:"详知柳夫人不断用药,现在已安康平复了吗?您晚年想逐渐寻求清静的生活乐趣,美妾没有新的增加,那么柳夫人还有什么烦恼以至于生病呢？"又有一帖写道："承蒙您告诉老境的情趣，做法应当像您说的那样，苦闷时不妨游览一下山川风光，自然可以起到减少药石、调护起居饮食的作用。河东夫人也还能够哀怜您年龄老大，任凭您放荡不通世故吗？"可见柳氏的妒名，早就彰著于外了，所以苏轼、黄庭坚二公都谈到了这事。

【评析】

如今，"河东狮吼"已经成为一个约定俗成的熟语，但是许多人并不知道它原始的出处。洪迈的这则笔记，正好补上了这个缺漏。这也是历代笔记杂文为后世治史者所青睐的原因之一。

旧官衔冗赘

【原文】

国朝官制，沿晚唐、五代余习，故阶衔失之冗赘①，予固已数书之。比②得皇祐中李端愿所书"雪窦山"三大字，其左云："镇潼军节度观察留后、金紫光禄大夫、检校刑部尚书、使持节华州诸军事、华州刺史、兼御史大夫、上柱国。"凡四十一字。自元丰以后，更使名，罢文散阶、检校官、持节、宪衔、勋官、只云"镇潼军承宣使"六字，比旧省去三十五，可谓简要。会稽禹庙有唐天复年越王钱镠所立碑，其全衔九十五字，尤为冗也。

【注释】

①冗赘：啰嗦的，冗长的，多指文章不简练。②比：最近。

【译文】

宋朝的官制，是沿用晚唐、五代的官制的惯例而来，所以官衔繁琐冗长，我已多次向朝廷上书说过这个问题。近得仁宗时李端愿所写的"雪窦山"三个大字，这三个字的左边写道："镇潼军节度观察留后、金紫光禄大夫、检校刑部尚书、使持节华州诸军事、华州刺史、兼御史大夫、上柱国。"共有四十一字。自神宗元丰年间之后，更改官称，取消了文散官阶、检校官、持节、宪衔、勋官，只说"镇潼军承宣使"六字，比以前省掉三十五字，要简单明了多了。会稽禹庙中有唐朝昭宗天复年间由越王钱镠所立的石碑；其全衔达九十五字，更是繁琐冗赘了。

【评析】

本文通过对更改官衔前后的简易复杂程度进行对比，批评官衔冗赘的现象。洪迈认为："国朝官制，沿晚唐、五代余习，故阶衔失之冗赘。"唐宋散官、勋官、封爵、检校官、寄禄官、祠禄官、加宪衔、功臣号、提举宫观官等充斥于职位之外的情况，都大异秦汉。秦汉帝国还未及炮制出花样繁多、五光十色的名号头衔，来满足官僚的夸示荣耀与维系品位的需要。官制应该得到改制，官衔不应该过分的繁文缛节、繁琐细密。

宣告错误

【原文】

　　士大夫告命①，间有错误，如文官，则犹能自言，书铺亦不敢大有邀索②。独右列③为可怜，而军伍中出身者尤甚。予检详密院诸房日，有泾原副都军头乞换授，而所持宣内添注"副"字，为房吏所沮④，都头者不能自明。两枢密以事见付，予视所添字与正文一体，以白两枢曰："使诉者为奸，当妄增品级，不应肯以都头而自降为副，其为写宣房之失，无可疑也。"枢以为然，乃为改正。武翼郎李青当磨勘⑤，尚左验其文书，其始为"大李青"，吏以为罔冒⑥，青无词以答。周茂振权尚书，阅其告命十余通，其一告前云"大李青"，而告身误去"大"字，故后者相承，只云"李青"，即日放行迁秩，且给公据付之。两人者几困于吏手，幸而获直。用是以知枉郁不伸者多矣。

【注释】

　　①告命：即诰命。皇帝下达的文书，委任状。②邀索：要挟勒索。这里指为难。③右列：指武官。古代武官居于朝班之右。④沮：阻止。⑤磨勘：是古代政府通过勘察官员政绩，任命和使用官员的一种考核方式。⑥罔冒：冒充，假冒。

【译文】

　　士大夫的委任状，有时也会出现错误，如果是文官，还可以自己解释清楚，中书省也不会过于为难他。唯独武官可怜，特别是那些出身武官的人。我担任检详密院诸房时，有一位来自于泾原的副都军头请求调换官职，而所持委任状内添注一个"副"字，被管房的官吏拦住，都头又不能把这件事解释清楚。两位枢密将此状给我看，我看到所多"副"字和正文都是对应的，就对两枢密说："如果要求授官的人作假，应该是想升官，应该不会愿意把都头而自降为'副'，这是写委任状人的过错，没什么可怀疑的。"枢密认可了我的说法，于是改正过来。武翼郎李青应当升迁官职，尚书左丞检查看委任状，委任状上开始写着"大李青"，他认为李青是冒名顶替，李青无言以对。周茂振暂代尚书一职，看了十多遍委任状，委任状前面有"大李青"，而正文所有写"李青"的地方都误漏了"大"字，一直到最后都是这样。当日放行迁官，而且给了他一张凭据。这两人都差点都被困在房吏的手中，侥幸得到解决。由此可知，冤枉而未能申辩的不知有多少！

【评析】

　　基层办事人员玩忽职守，使人遭受损害却无处申告。作者在本篇中讲述的事迹，古往今来皆不鲜见。胥吏不是官员，大多数没有经过系统的儒家教育，而且在官僚系统中地位甚低。因此他们不像官员那样，有国家规定的必须遵守的"职业道德"。这一点是胥吏制度与现代公务员制度根本上的区别。王安石变法的时候，曾经主张即将出任公职的人都应当先担任胥吏的职务，让他们预先学习将来自己所要指导和监督的工作。同时提高胥吏的地位，以消弭或缩短他们被隔绝于文官制度之外所造成的差距，希望将他们纳入儒家伦理和社会规范的约束之下，并启发他们忠诚奉献的精神。这一观念比同时代的人超前了上百年。可是这次尝试随着其他新法一起被废止了，对胥吏的过失又回到了加重处罚的老路上。从本篇的两个故事中，也能看出宋朝武将地位之低。文官尚可"官官相护"，对直属的胥吏也能有所制约，而没什么文化，不熟悉朝廷制度的武将连自我辩解的能力都没有。只有平衡好文臣武将、官员胥吏的关系，使他们都能从自己的工作中获得自豪感，自觉培养职业道德，才是一个好的公务员体制应当达到的目的。

宰相不次补

【原文】

　　景德元年七月，宰相李沆薨，时无它相，中书有参知政事王旦、王钦若，不次补。寇准为三司使，真宗欲相之，患其素刚，难独任，乃先以翰林侍读学士毕士安为参政，才一月，并命士安、准为相，而士安居上。旦、钦若各迁官而已。准在太宗朝已两为执政，今士安乃由侍从超用，惟辟作福，图任大臣，盖不应循循历阶而升也。

【译文】

　　景德元年七月，宰相李沆去世，当时朝中除了李沆没有其他宰相，中书省有参知政事王旦、王钦若，没有按照职位的高低进行增补。此时，寇准担任三司使一职，真宗想要让他担任宰相，又担心他性情素来刚直，难以独任，于是先把翰林侍读学士毕士安提拔为参知政事，过一个月后，就任命毕士安、寇准为宰相，而且毕士安官位居高。王旦、王钦若只是调换官职而已。寇准在太宗朝已两度为执政，今毕士安竟然由侍从越级提升，这是征召带来的福分，想要升迁当官，大概不应该按着阶品一级一级往上升吧！

【评析】

　　本篇文章主要通过毕世安越级升迁为宰相一事，强调官职制度不能总按部就班、循规蹈矩，应该根据朝廷需要，恰当调配。本文中，宰相李沆去世，真宗想要提拔毕世安为宰相，帮助寇准执掌政事，真宗没有局限于官职制度，而是越级提升了毕世安，且官位比寇准还高。

孔子正名

【原文】

　　子路曰："卫君待子而为政①，子将奚先②？"子曰："必也正名③乎。"子路曰："子之迂④也，奚其正？"夫子责数之以为"野"。盖是时，夫子在卫，当辄为君之际，留连最久，以其拒父而窃位，故欲正之，此意明白。然子欲适晋，闻其杀鸣犊⑤，临河而还，谓其无罪而杀士也。里名胜母，曾子不入；邑称朝歌，墨子回车，邑里之名不善，两贤去之，安有命世圣人，而肯居无父之国，事不孝之君哉！是可知已。夫子所过者化，不令而行，不言而信，卫辄待以为政，当非下愚而不移者。苟其用我，必将导之以天理，而趣反其真，所谓命驾虚左⑥而迎其父不难也。则其有补于名义，岂不大哉。为是故不忍亟去以须之。既不吾用，于是慨然反鲁。则辄之冥顽悖乱，无所逃于天地之间矣。子路曾不能详味⑦圣言，执迷不悟，竟于身死其难。惜哉。

【注释】

①待子而为政：等待您并且让您去处理国家政事。②子将奚先：您打算首先做什么事情？③正名：纠正名分上不当的现象。④迂：迂腐。⑤闻其杀鸣犊：听说晋国的赵简子杀死了窦鸣犊。窦鸣犊，即窦犨，号鸣犊，晋国大夫，提倡德治、教化，反对苛政、杀戮，提出"不患寡而患不均，不患贫而患不安"的施政主张。因政见不合，而被正卿赵简子杀害。⑥虚左：空着左边的位置。古代以左为尊，虚左表示对宾客的尊敬。⑦详味：仔细体味。

【译文】

子路对孔子说："假如卫君等着您去处理国政，您打算先做些什事情呢？"孔子说："一定先去纠正名分上不当的现象吗！"子路说："这有些不切实际吧！这有什么必要去纠正呢？"孔夫子责备子路说，他太"鲁莽"。当时孔夫子在卫国，此时辄为卫国国君，孔子之所以在卫国停留时间最长，是因为辄拒纳他的父亲回国而夺取了君位，所以孔夫子想纠正他，这里的意思是很明白的。但孔子想去晋国，听说晋国的赵简子杀死了鸣犊，到了黄河边就返回来了，说是晋国杀死了无罪的贤大夫。里名有叫胜母的，因其名不顺，曾参拒不进入该里，邑名有叫朝歌的，因为不适时宜，墨子坐着车又回来了，因为邑里的名字不美，两位贤人都不去那里，为何会有闻名于世的圣人，竟肯居住在父亲的国家里，服侍不孝的国君呢？这是可以知道的了。孔子所经过的地方，那里的百姓都得到了感化，没有得到命令就可以执行，不用言语就可以得到信任，卫出公辄能等待孔子前来为官，应该不是不可改变的下愚之辈。假如卫出公辄用我的话，我一定会用天理引导他，用行动反其本真，命人驾车空着左边的位置前往迎接他父亲并不是难事。如果这样做就可以挽回道义，岂不是一件伟大的事业吗？为此不忍心离去而急切等待着。既然不用我，于是就慷慨离开卫国返回鲁国。而卫出公辄的愚昧无知狂悖忤逆，就不能逃脱于天地间了。子路不能详细玩味孔夫子的圣言，执迷不悟，最终在卫国以身殉难。可惜呀！

【评析】

　　本篇文章主要讲述孔子正名的道理：孔子正名，主要是订正君主、父子之名，实质就是维护父权和君权，使社会各等级相符，形成道德规范，使所有人都各安其分，各善其事，不越位，不犯上。只有国家礼制完善了，才能更好地治理这个国家。孔子认为治国先要纠正名分，并对子路提出的疑问给予否定，并责数之以为"野"。孔子想要去晋国，听说赵简子杀死了贤明的鸣犊，临河而还，由此可以看出，孔子是十分看重国君是否贤明的。又说道"里名胜母，曾子不入"，曾子认为胜母这个词语有超过母亲的意思，不符合礼仪，所以不入。"邑号朝歌，墨子回车"说的是，墨子周游到卫国，因为曾为殷纣之都朝歌城，加之靡靡之音，他认为统治者大办音乐歌舞，沉迷于声色，其荒淫无度的生活是对劳动人民残酷的剥削和搜刮，所以离开。由此得知，孔子与墨子对君主是否贤明是十分重视的。然而就此提出了为何孔子又会选择长期停留在一个连自己父亲不孝的卫国国君的城里呢？原因在于"卫辄待以为政，当非下愚而不移者"，孔子正是看到了这点，才会选择留在卫国，可见，孔子是多么有远见啊！但是"辄之冥顽悖乱"，且子路不能"详味圣言，执迷不悟"，最终以身殉难。

枢密名称更易

【原文】

　　国朝枢密之名，其长为使，则其贰①为副使；其长为知院，则其贰为同知院。如柴禹锡知院，向敏中同知，及曹彬为使，则敏中改副使。王继英知院，王旦同知，继冯拯、陈尧叟亦同知，及继英为使，拯、尧叟乃改签书院事，而恩例②同副使。王钦若、陈尧叟知院，马知节签书，及王、陈为使，知节迁副使，其后知节知院，则任中正、周起同知。惟熙宁初，文彦博、吕公弼已为使，而陈升之过阙，留，王安石以升之曾再入枢府，遂除知院。知院与使并置，非故事③也，安石之意以沮④彦博耳。绍兴以来，唯韩世忠、张俊为使，岳飞为副使。此后除使固多，而其贰只为同知，亦非故事也。又使班视⑤宰相，而乾道职制杂压，令副使反在同知院之下，尤为未然⑥。

【注释】

①贰：副手，副职。②恩例：指帝王为宣示恩德而颁布的条例、规定。③故事：既定的条例。④沮：阻止。⑤视：看作，视为。⑥尤为未然：更加从来没有过先例。

【译文】

宋朝枢密的名称，如果长官称为枢密使，那么他的下一级便称为枢密副使，如果长官为知院，那么副长官称同知院。像柴禹锡为知院，向敏中为同知院，到曹彬为枢密使时，那么向敏中就为枢密副使。王继英担任知院，王旦就为同知院，接下来冯拯、陈尧叟都担任同知院，当王继英为枢密使时，冯拯、陈尧叟于是改为签书院事，不过待遇与枢密副使一样。王钦若、陈尧叟为知院，马知节为签书院事，等到王钦若、陈尧叟任枢密使时，知节升迁副使，后来马知节任知院，就任用中正、周起为同知院。只有在宋神宗熙宁初年，文彦博、吕公弼已为枢密使，而陈升之因为已超过需要填补的名额，被滞留，王安石因陈升之的滞留而再次进入枢密府，被任命为知院。知院与枢密使同时设置，并不是惯例，王安石的目的是想阻止文彦博进入枢密院。宋高宗绍兴以来，只有韩世忠、张俊为枢密使，岳飞为枢密副使。从此以后，担任枢密使的人虽然很多，但副职只有同知，也不是惯例。另外，枢密使的职位被视为宰相一职，孝宗乾道时期官职杂乱挤压，让枢密副使反而居知院之下，真是想不明白。

【评析】

此篇记述的是宋代枢密院主官的演变状况。枢密院是唐代开始创设的掌管军政的官署，长官称枢密使。宋代时与中书门下并称"二府"，同为最高国务机关。宋代枢密院长官枢密使、知枢密院事以士人充任，副职有时用武臣。开始的时候，宰相不带枢密职衔的不得干预军事。庆历年间对西夏用兵，一度由宰相兼枢密使。南宋宁宗以后，宰相兼枢密使成为惯例。枢密院官职混乱，也是宋代重文轻武的一个表现。枢密院虽然管军事，但是脱离实际指挥军队的具体事务，它虽与宰相同为二府，实际已降到副相的地位。唐初枢密院只有掌机要文书一人，到宋代故意削弱其实际权力而增加冗员，使其成为一个庞大臃肿而无权的虚设机构，其主官之位混乱不堪也就无人在意了。

缚鸡行

【原文】

老杜《缚鸡行》一篇云："小奴缚鸡向市卖，鸡被缚急相喧争。家中厌鸡食虫蚁，不知鸡卖还遭烹。虫鸡于人何厚薄？吾叱奴儿解其缚。鸡虫得失无了时，注目寒江倚山阁。"此诗自是一段好议论，至结句之妙，非他人所能跂及①也。予友李德远尝赋《东西船行》，全拟其意。举以相示云："东船得风帆席高，千里瞬息轻鸿毛。西船见笑苦迟钝，汗流撑折百张篙。明日风翻波浪异，西笑东船却如此。东西相笑无已时，我但行藏任天理。"是时，德远诵至三过，颇自喜，予曰："语意绝工②，几于得夺胎法，只恐'行藏任理'与'注目寒江'之句，似不可同日语。"德远以为知言，锐欲易之，终不能满意也。

【注释】

①跂及：犹企及，比得上。②语意绝工：语句绝妙工巧。

【译文】

杜甫在《缚鸡行》一诗中写道："小奴缚鸡向市卖，鸡被缚急相喧争。家中厌鸡食虫蚁，不知鸡卖还遭烹。虫鸡于人何厚薄？吾叱奴儿解其缚。鸡虫得失无了时，注目寒江倚山阁。"这首诗的确是一篇很好的议论，一直到最后结句的妙用，并非是一般人所能写出来的。我的朋友李德远曾作了一首《东西船行》，全部都是模仿《缚鸡行》中的诗意，并拿出来给我看，上边写道："东船得风帆席高，千里瞬息轻鸿毛。西船见笑苦迟钝，汗流撑折百张篙。明日风翻波浪异，西笑东船却如此。东西相笑无已时，我但行藏任天理。"那时，李德远已朗诵了三遍，自己十分高兴，我说："语意的确绝妙工巧，几乎将杜甫诗夺胎而来，只是行藏任理与注目寒江之句，好像还不能相提并论。"李德远认为我说的话很有道理，坚决要改写，最终也没有达到满意的结果。

【评析】

　　杜甫这首《缚鸡行》写得极好,以议论入诗,浅显易懂,其意颇远,"小奴缚鸡向市卖,鸡被缚急相喧争"。将小鸡人性化,似乎鸡的"相喧争"是在向人们抗议,之后杜甫询问为何缚鸡,才知道家人怕鸡吃虫子,残害生灵,于是想把鸡卖了。他不知鸡被人买去,也会遭到宰割。通过对这一过程的议论,间接地表现出了作者此时此刻迷茫的心理。这首诗的语言平朴自然,采用散文化的句法,显得平易顺当,读起来平易近人。作者写的这篇文章十分巧妙,与一些评家惯以晦涩之语评点、褒奖杜甫此诗不同,并借友人一首《东西船行》"全拟其意"的诗歌为参照,点出了杜诗的过人之处,形象、具体、有说服力。

白公夜闻歌者

【原文】

　　白乐天《琵琶行》,盖在浔阳①江上为商人妇所作。而商乃买茶于浮梁,妇对客奏曲,乐天移船,夜登其舟与饮,了无所忌,岂非以其长安故倡女不以为嫌邪?集中又有一篇题云《夜闻歌》者,时自京城谪浔阳,宿于鄂州,又在《琵琶》之前。其词曰:"夜泊鹦鹉洲,秋江月澄澈。邻船有歌者,发调堪愁绝。歌罢继以泣,泣声通复咽。寻声见其人,有妇颜如雪。独倚帆樯立,娉婷十七八。夜泪似真珠,双双堕明月。借问谁家妇,歌泣何凄切?一问一沾襟,低眉终不说。"陈鸿《长恨传序》云:"乐天深于诗多于情者也,故所遇必寄之吟咏,非有意于渔色。"然鄂州所见,亦一女子独处,夫不在焉,瓜田李下②之疑,唐人不议也。今诗人罕谈此章,聊复表出。

【注释】

　　①浔阳:今江西九江。②瓜田李下:意指正人君子要主动远离一些有争议的人和事,避免引起不必要的嫌疑。

【译文】

　　白居易的《琵琶行》,大概是为浔阳(今江西九江)江上一位商人的妻子所作。商人在浮梁(今江西景德镇)买茶,他的妻子对着客人弹曲子,白居易划着小船，傍晚登妇人的小船与她对饮，全然没有忌讳，难道白居易是把她当作在长安城里所熟悉的歌妓了，不认为这会招致怀疑吗？白居易诗集中还有一篇题为《夜闻歌》的诗，当时他在京城长安被贬谪到浔阳，途中夜宿鄂州时所作，作于《琵琶行》之前。这首诗说："夜泊鹦鹉洲，秋江月澄澈。邻船有歌者，发调堪愁绝！歌罢继以泣，泣声通复咽。寻声见其人，有妇颜如雪。独倚帆樯立，娉婷十七八。夜泪似真珠，双双堕明月。借问谁家妇，歌泣何凄切？一问一沾襟，低眉终不说。"陈鸿在《长恨传序》中说："白居易精于作诗，很多诗都是出自于内心情感所写，所以他遇到的事情一定会寄情感于诗中并吟咏出来，并非有意猎取美色。"但他在鄂州所见的，也是与一个女子独处，丈夫又不在家，还是会让人看出有瓜田李下的嫌疑，但唐代的人没有议论他的。现在诗人很少谈到这首诗，所以我重新把它抄录下来。

【评析】

　　《琵琶行》是白居易的名作之一，其中形容琵琶声响的"大珠小珠落玉盘"成为千古名句。而作者读此诗时独辟蹊径，发现白居易夜登妇人的小船与她对饮，而妇人的丈夫却不在旁边。更奇怪的是，唐朝人没有因此议论他。在中国封建历史中，妇女几乎都是男人的附庸，要做到"三从四德"。尤其宋明理学兴盛后，妇女更要"大门不出，二门不迈"，"饿死事小，失节事大"。然而在唐代，社会风气却非常开放，自由恋爱、婚前性行为、婚外恋、离婚和再嫁的现象都非常普遍。大历中，才女晁采与书生文茂时常以诗通情，并乘机欢合，晁母得知，叹道："才子佳人，自应有此。"于是为他们完婚。从今天发现的敦煌资料来看，当时女子在社会上享有很高的地位，少女可以亲自选夫、问夫，直到满意为止。男女在结婚前还可以试婚，试婚时要签一份协议。当时的狎妓之风也非常盛行。唐朝的妓女之盛，对社会生活的许多领域都有影响。新科进士有在教坊游逛的习惯，所谓"春风得意马蹄疾，一日看尽长安花"，就是描写的这一风俗。从这个角度来看，商人的妻子独自招待一位诗人也就不奇怪了。

贤士隐居者

【原文】

士子修己笃学①，独善其身，不求知于人，人亦莫能知者，所至或有之，予每惜其无传。比得上虞李孟传录示四事，故谨书之。

其一曰：慈溪蒋季庄，当宣和间，鄙王氏之学②，不事科举，闭门穷经③，不妄与人接。高抑崇闲居明州城中，率一岁四五访其庐。季庄闻其至，必倒屣出迎④，相对小室，极意讲论，自昼竟夜，殆忘寝食。告去则送之数里，相得欢甚。或问抑崇曰："蒋君不多与人周旋，而独厚于公，公亦惓惓于彼，愿闻其故？"抑崇曰："阅终岁读书，凡有疑而未判，与所缺而未知者，每积至数十，辄一扣⑤之，无不迎刃而解。"而蒋之所长，他人未必能知之。世之所谓知己，其是乎？

其二曰：王茂刚，居明之林村，在岩壑深处，有弟不甚学问，使颛治生以糊口，而刻意读书，足迹未尝妄出，尤邃于《周易》。沈焕通判州事，尝访之，其见趣绝出于传注之外⑥云。气象严重⑦，窥其所得，盖进而未已也。

其三曰：顾主簿，不知何许人，南渡后寓于慈溪。廉介有常，安于贫贱，不蕲人之知⑧。至于践履间，虽细事不苟也。平旦起，俟卖菜者过门，问菜把直几何⑨，随所言酬之⑩。他饮食布帛亦然。久之人皆信服，不忍欺。苟一日之用足，则玩心坟典⑪，不事交游。里中有不安其分武断强忮⑫者，相与讥之，曰："汝岂顾主簿耶？"

其四曰：周日章，信州永丰人。操行介洁，为邑人所敬。开门授徒，仅有以自给，非其义一毫不取。家至贫，常终日绝食⑬，邻里或以薄少致馈。时时不继，宁与妻子忍饿，卒不以求人。隆寒披纸裘⑭，客有就访，亦欣然延纳。望其容貌，听其论议，莫不耸然⑮。县尉谢生遗以袭衣，曰："先生未尝有求，吾自欲致其勤勤耳，受之无伤也。"日章笑答曰："一衣与万钟等耳，傥⑯无名受之，是不辨礼义也。"卒辞之。汪圣锡亦知其贤，以为近于古之所谓独行者⑰。

是四君子，真可书史策云。

【注释】

①修己笃学：专心治学，提高自己的道德修养。②鄙王氏之学：鄙薄王安石

主持编订的经义。王氏,王安石。③闭门穷经:闭门不出,在家考究经书。④必倒屣出迎:因为急着出去迎接他,将鞋子都穿倒了。⑤扣:拜访。⑥其见趣绝出于传注之外:他的见识旨趣绝对超出有传注的那些人。⑦气象严重:气质谨严持重。⑧不蕲人之知:不希求别人知道他。⑨直几何:值多少钱。直,通"值"。⑩随所言酬之:按照别人(卖菜者)所说的价格给人家报酬。⑪玩心坟典:专心研究典籍著作。坟典,三坟五典,泛指典籍著作。⑫强忮:刚愎自用。⑬绝食:没有吃的。⑭纸裘:像纸一样薄的棉袄。⑮竦然:端正尊敬的样子。⑯傥:倘若。⑰独行者:唯一能够保持操守者。

【译文】

　　学子提高自己的品德专心治学,维护自己的名声,不求闻达于世人,别人也不能了解他,能达到这种境界的人是有的,我时常痛惜他们没有记载,近见上虞(今属浙江)李孟传录载有四件事,因此记录下他们的事迹。

　　其一为慈溪(今浙江宁波)人蒋季庄,宋徽宗宣和年间,他鄙视王安石主持编定的经义,不参加科举考试,闭门考究经书,不轻易和人接触。高抑崇(字阅)居住在明州(今浙江宁波)城中,通常一年到他家去拜访四五次。蒋季庄听说高抑崇到了,由于急于迎客,把鞋子都穿倒了,二人相对坐在小屋,尽情谈论,自白天一直达到夜里,废寝忘食。高抑崇告辞时,他必送出数里之外,二人相处甚欢。有人问高抑崇说:"蒋季庄不多与别人交际,而单独看重你,你也诚恳地对待他,愿听其中的缘由。"高抑崇说:"我终年读书,或有疑问而不能决定的,与自己所缺少而不知道的,每次都积累数十条,即一次拜访他,没有不迎刃而解的。"而蒋季庄的长处,其他的人未必能知道。世人所称道的知己不就是这样的吗?

　　其二为王茂刚,居住在明州(辖今浙江宁波等县市)的林村,在山林深处。他有个弟弟,不善学问,便让他经商,用以糊口,而自己则用尽心思读书,轻易不出门,更精深于《周易》一书。沈焕为明州通判时,曾拜访过他,说他的见识旨趣绝对超出饱读经书的那些人。王茂刚气质谨严持重,看他所得到的知识,一天比一天精进了。

　　其三为顾主簿,不知道是哪里人士,宋高宗南渡之后,他寓居于慈溪。他保持廉洁的操行,安于贫贱,不祈求别人知道他。甚至穿鞋子,虽是小事,他也一丝不苟。天明即起,等卖菜的过门时,他问了菜价多少钱,随其所说而付给菜钱。他买饮食和穿的布帛也是这样。时间一长,人们都信服他了,不忍心欺骗他。假如东西够一天之用了，他就专心研究典籍，不好交游。里中有不安分守己武断刚愎的人，相互讥笑，说："你难道是顾主簿吗？"

其四为周日章，是信州（今江西上饶）永丰县人。操行廉洁，为县里的人所尊敬。他开门教授生徒，收费仅仅够自给的，不义之财一毫不取。家中很贫穷，经常终日断吃的，邻里就用微薄的东西相馈送。家中时时上顿不接下顿，宁愿和妻子忍饥挨饿，也终不求人。隆冬寒天披着纸一样薄的袄裘，有客人来访，也高兴地宴请接纳。观察他的容貌，聆听他的论议，无不使人尊敬。县尉谢生给他一套衣服，说："先生未曾有求于我，是我自己献的殷勤，接受它没有什么伤害。"周日章笑着回答说："一套衣服和万钟（量器）粮食一样，如若没有正当的名义就接受它，是我不能分辨礼义的大事。"最终还是推辞掉了。汪圣锡（约为当地郡守）也知道他贤能，认为是近于古代的能独持操守的人。

这四位君子，真可以写进史书里。

【评析】

孔夫子说："邦有道，则仕；邦无道，乘桴浮于海。"历朝历代都有一些为坚守心中的道德律而甘受贫困者，或居于陋巷，或遁迹山野。这四则故事，非常详实地为我们保留了在作者生活的那个时代，那些籍籍无闻的仁人君子的生存状况，其信息量不亚于一篇中篇小说，因此具有极高的史料价值。

韩苏文章譬喻

【原文】

韩、苏两公为文章，用譬喻处，重复联贯，至有七八转者。韩公《送石洪序》云："论人高下，事后当成败，若河决下流东注①，若驷马驾轻车就熟路，而王良、造父②为之先后也，若烛照数计而龟卜③也。"《盛山诗序》云："儒者之于患难，其拒而不受于怀也，若筑河堤以障屋霤④；其容而消之也，若水之于海，冰之于夏日；其玩而忘之以文辞也，若奏金石⑤以破蟋蟀之鸣、虫飞之声。"苏公《百步洪》诗云："长洪斗落生跳波，轻舟南下如投梭，水师绝叫⑥凫雁起，乱石一线争磋磨⑦。有如兔走鹰隼⑧落，骏马下注千丈坡，断弦离柱箭脱手，飞电过隙珠翻荷"之类，是也。

【注释】

①河决下流东注：黄河决下流而东淌。②王良、造父：古代著名的驾驶马车的能手。③龟卜：谓灼龟甲卜吉凶长虹，比喻百步洪的流水。④屋霤：下雨时屋脊上流下的水。屋脊陡，水流急，比喻急流。⑤奏金石：敲击金箔的声音。⑥绝叫：指惊叫。⑦磋磨：挤轧磨擦。⑧隼（zhún）：猛禽，像鹰。

【译文】

韩愈、苏东坡两位诗人所写的文章，运用比喻的地方重复连贯，甚至有七、八次转换。韩愈在《送石洪序》说道："评价一个人能力的高低，要通过完成事情后是成功还是失败进行考证，这就像黄河决下流而东淌，像驷马驾着轻车走熟路，而善驾车的王良、造父在马前车后，就和查看计算然后再占卜一样。"《盛山诗序》中说："儒家对于患难，当拒绝而不接受，这就像是修筑河堤用来阻塞屋脊上流下的水一样；当容纳而化解它，如同水流向大海，冰放在夏天一样；用读书做文章来将忧患忘怀，就像敲击金石用来掩盖蟋蟀的叫声、虫飞的鸣叫声一样。"苏东坡《百步洪》诗说："长洪斗落生跳波，轻舟南下如投梭。水师绝叫凫雁起，乱石一线争磋磨。有如兔走鹰隼落，骏马下注千丈坡。断弦离柱箭脱手，飞电过隙珠翻荷。"这类诗，就是这样的比喻。

【评析】

苏轼和韩愈写文章的风格特色是比喻的丰富、新鲜和贴切，苏轼和韩愈所写的文章用多种多样的比喻来加强形象性。就上文所举的例子看，同样是博喻，内中还有分别。用多种比喻来比一样事物的各个方面，使这种事物突显出来。如《送石处士序》，用五个比喻来比石处士的议论，"若河决下流东注"，用黄河的奔腾向东流比喻议论的雄辩不穷，"若驷马驾轻车，就熟路，而王良造父为之先后也"，用驾轻就熟来比喻他对所议论的事非常熟悉，非常有把握，显得了如指掌、万无一失。用"若烛照、数计而龟卜也"三个比喻来比他的议论有先见之明。这五个比喻的文字长短错落，有变化，不呆板。本文中还用多种比喻来比一种事物的一个方面，像《百步洪》诗用六个比喻来比轻舟在急流中飞速地冲下去。"兔走鹰隼落"，像鹰隼从空中飞速地下来抓逃跑的兔子；"骏马下注千丈坡"，像好马从千丈高坡冲下来；"断弦离柱"，像迸裂的琴弦飞出去；"箭脱手"，像箭从手里飞出去；"飞电过隙"，像闪电从空隙中闪过；"珠翻荷"，像露珠很快从荷叶上滚下去。

孙宣公谏封禅等

【原文】

景德①、祥符之间，北戎结好，宇内②又宁，一时邪谀之臣，唱为瑞应祺祥，以罔明主，王钦若、陈彭年辈实主张之。天书既降，于是东封、西祀、太清之行，以次丕讲，满朝耆老方正之士，鲜有肯启昌言以遏其奸焰，虽寇莱公亦为之。而孙宣公奭独上疏争救，于再于三，《真录》出于钦若提纲，故不能尽载，以故后人罕称之，予略摘其大概纪于此。

一章论西祀，曰："汾阴后土，事不经见。汉都雍，去汾阴至近；河东者，唐王业所起之地，且又都雍，故武帝、明皇行之。今陛下经重关，越险阻，远离京师根本之固，其为不可甚矣。古者圣王先成民而后致力于神，今土木之功，累年未息，水旱作沴，饥馑居多，乃欲劳民事神，神其享之乎！明皇嬖宠害政，奸佞当涂，以至身播国屯。今议者引开元故事以为盛烈，臣窃不取。今之奸臣，以先帝诏停封禅，故赞陛下，以为继承先志。且先帝欲北平幽朔，西取继迁，则未尝献一谋、画一策以佐陛下。而乃卑辞重币，求和于契丹，蠹国縻爵，姑息于保吉。谓主辱臣死为空言，以诬下罔上为己任，撰造祥瑞，假托鬼神，才毕东封，便议西幸。以祖宗艰难之业，为佞邪侥幸之资，臣所以长叹而痛哭也。"

二章论争言符瑞，曰"今野雕山鹿，并形奏简，秋旱冬雷，率皆称贺。将以欺上天，则上天不可欺；将以愚下民，则下民不可愚；将以惑后世，则后世必不信。腹非窃笑，有识尽然。"

三章论将幸亳州，曰："国家近日多效唐明皇所为。且明皇非令德之君，观其祸败，足为深戒，而陛下反希慕之。近臣知而不谏，得非好佞乎！明皇奔至马嵬，杨国忠既诛，乃谕军士曰：'朕识理不明，寄任失所，近亦觉寤。'然则已晚矣，陛下宜早觉寤，斥远邪佞，不袭危乱之迹，社稷之福也。"

四章论朱能天书，曰："奸俭小人，妄言符瑞，而陛下崇信之，屈至尊以迎拜，归秘殿以奉安。百僚黎庶，痛心疾首，反唇腹非，不敢直言。臣不避死亡之诛，听之罪之，惟在圣断。昔汉文成、五利妄言不雠，汉武诛之。先帝时，侯莫、陈利用方术奸发，诛于郑州。唐明皇得灵符宝券，皆王钺、田同秀等所为，不能显戮，今日见老君于阁上，明日见老君于山中，大臣尸禄以将迎，端士畏威而缄默。及禄山兆乱，辅国劫迁，大命既倾，前功并弃。今朱能所为是已。愿远思汉武之雄材，近法先帝之英断，中鉴明皇之召祸，庶几灾害不生，祸乱不作。"奭之论谏，虽魏郑公、陆宣公不能过③也。

【注释】

①景德：宋真宗最后一个年号。②宇内：国家。③过：超过。

【译文】

宋真宗景德、祥符年间，与辽国结好，国家安定，一时奸邪阿谀之臣，就说这是祥瑞征兆，以欺骗明君，王钦若、陈彭年辈是这一说法的倡导人。皇上的命令已经下达，于是东封泰山，西祀汾阴，太清宫祭祀老子，依次盛举，老臣中正直的也很少有肯启齿直言以遏制奸邪之人的气焰，即使是寇准这样的人，也主张祥瑞封禅。而宣公孙奭独自上疏救弊，而且再三地上书，《真宗实录》是王钦若写定的提纲，因而没有详尽地记载孙氏的上书，所以后人很少称道他。我略摘他上书的内容，大概如下：

第一章论西祀，说："汾阴祭祀地神，其事经书不载。西汉建都于雍州的长安，离汾阴很近；河东是唐代帝业兴起之地，而且又建都于雍州的长安，因此汉武帝、唐明皇都去汾阴祭祀地神。如今陛下闯过重重险关，翻越层层险阻，远离京师根本之地，这样做是不可取的。古代的圣明贤王都是先把百姓治理好，然后才去祭祀神灵。如今土木之劳，多年没有停息，水旱作害，饥馑之人很多，还要劳民事神，神也不能安心享受啊！唐明皇宠爱女色危害国家，任用奸佞掌权，导致本人流亡，国家兵革兴起。今议者援引开元故事，认为盛大壮烈，臣私下认为这是不可取的。今天的奸臣，因先帝下诏暂停封禅，因而来称赞陛下，以为可以继承先皇遗志。但先帝欲北平幽燕，西取西夏，那些奸臣则从未献一谋、画一策来帮助陛下。而是卑辞重币，求和于契丹，割让国土，用爵位加以笼络，姑息养奸，以求暂时安宁。说主辱臣死不过是一句空话，以诬下罔上为己任，制造所谓祥瑞，假托鬼神，东封泰山刚结束，便商议西祀汾阴。用祖宗艰难大业，作奸邪之人获取宠幸的资本，臣因此长叹痛哭啊！"

第二章谏争言符瑞之事，说："如今即使出现一只野雕、一头山鹿，也要将其情形奏明皇上，秋旱冬雷，都被认为是祥瑞而加以称贺。以此来欺骗上天，则上天不可欺；以此来愚弄下民，则下民不可愚；以此迷惑后世，则后世必定不会相信。凡此种种，只会让有识之士在心中讥议和窃笑。"

第三章论谏真宗去亳州事，说："国家近来多仿效唐明皇所为。唐明皇并非是具有美德的君主，观其所引起的祸患与失败，足以使人引以为戒，但陛下却仰慕他！近臣们明知而不加劝谏，就成了奸邪之人啊！唐明皇奔走到马嵬驿，杨国忠已被诛，他告谕军士说：'朕识理不明，寄任大臣不得当，现在已经觉悟。'然而已晚，陛下应当早点觉悟，斥退奸邪谄佞的小人，不要因袭危乱之迹，这才是社稷之福啊！"

第四章论朱能天书，说："奸佞小人，妄言符瑞，而陛下却相信它，屈尊迎拜，归于秘殿加以供奉。百官与百姓都痛心疾首，反复思量，但又不敢直言。我不怕因此被诛，如何处罚，请皇上决断。过去汉朝文成将军少翁，五利将军栾大，妄言符瑞而不应，汉武帝诛杀了他们。先帝时，侯莫陈利用方术制造符瑞，事败后被诛于郑州。唐明皇得灵符宝券，乃王钦、田同秀等人所为，不能明正典刑，只说今天于殿上见太上老君，明天于山中见太上老君，大臣不言善恶而去迎取，端正之士畏惧而缄默不语。等到安禄山造乱时，李辅国劫帝迁都，国命既倾，前功尽弃。如今朱能所为就是这样。愿陛下远思汉武的雄才大略，近效法先帝的英明决断，并借鉴唐明皇招致的祸害，也许能使灾害不生，祸乱不作。"孙奭的论谏，即使是魏徵、陆贽也不能超过。

【评析】

宋真宗年间国家稍微安定，就有人献祥瑞，鼓动皇帝封禅，连寇准这样的名臣也不例外。只有孙奭上书阻止。作者将上书的内容摘录下来，以表达对这位魏徵、陆贽般净臣的钦佩。

赦恩为害

【原文】

赦过宥罪[①]，自古不废，然行之太频，则惠奸长恶[②]，引小人于大谴之域[③]，其为害固不胜言矣。唐庄宗同光二年大赦，前云："罪无轻重，常赦所不原[④]者，咸赦除之。"而又曰："十恶，五逆，屠牛，铸钱、故杀人[⑤]，合造毒药，持杖行劫、官典犯赃[⑥]，不在此限。"此制正得其中[⑦]。当乱离之朝，乃能如是⑧，亦可取也，而今时或不然。

【注释】

①赦过宥罪：赦免过错、宽宥罪行。宥，宽宥，原谅。②惠奸长恶：姑息奸宄，助长邪恶。③引小人于大谴之域：将小人引导至犯罪的地步。④不原：不加原谅。⑤十恶：法律规定的不可赦免的十种重大罪名。包括谋反、谋大逆、谋叛、恶逆、不道、大不敬、不孝、不睦、不义、内乱。五逆，泛指各种逆伦之罪。屠牛，宰杀耕牛。铸钱，私自铸造钱币。故杀人，故意杀人。⑥官典犯赃：官吏贪赃枉法。⑦中：宗旨。⑧乃能如是：尚且能做到这样。

【译文】

赦免过错、宽宥罪行，自古没有废除过，但实行得太频繁，就会姑息奸人、助长邪恶，引导小人陷入犯罪之地，这种危害是言语不能尽说的。唐庄宗同光二年大赦，前面说："罪过不论轻重，常赦不予追究的，都赦免它。"而又说："谋反、谋叛、谋恶逆、不道、大不敬、不孝、不义等十恶五逆、屠杀耕牛、私自铸钱、故意杀人、合造毒药、持杖抢劫、官吏贪赃犯法，不在大赦之内。"这一诏书正适合大赦的宗旨。后唐庄宗处在离乱的朝代，尚且能做到这样，也有可取之处，而现在有时就不是这样了。

【评析】

古时候历代统治者为了标榜自己的仁政，实行所谓以"德"治国，每遇新天子登基、改元，或皇室成员寿诞、婚嫁之时，往往会实行大赦。这种大赦，一旦大赦的人群过于宽泛，往往使真正的奸邪之徒成了漏网之鱼，重新回到社会，危害他人。作者正是借后唐庄宗的大赦令，来暗讽南宋朝廷赦令的弊端。

节度使称太尉

【原文】

唐节度使①带②检校官，其初只左右散骑常侍，如李愬在唐、邓时所称者也。后乃转尚书及仆射、司空、司徒，能至此者盖少。僖、昭以降，藩镇盛强,武夫得志,才建节③钺,其资级已高,于是复升太保、太傅、太尉,其上惟有太师,故将帅悉称太尉。元丰定官制,尚如旧贯。崇宁中,改三公为少师、少傅、少保,而以太尉为武阶之冠,以是凡管军者,犹悉称之。绍兴间,叶梦得自观文殿学士,张澄自端明殿学士,皆拜节度。叶尝任执政,以暮年拥旄④,为儒者之荣,自称叶太尉。张微时用邓洵武给使恩出身,羞⑤为武职,但称尚书如故,其相反如此。

【注释】

①节度使:唐代开始设立的地方军政长官。因受职之时,朝廷赐以旌节,故称。②带:兼管。③才建节:执持符节。古代使臣受命,必建节以为凭信。④拥旄(máo):持旄。借指统率军队。⑤羞:不愿意。

【译文】

唐朝的节度使兼带检校官,开始时只带左右散骑常侍,如李愬在唐州(今河南唐河)、邓州(今河南邓州)所称谓的那样,后来就转任尚书及仆射、司空、司徒,不过能达到这一步的也很少。僖宗、昭宗以来,藩镇日益强盛,尚武者得志,节度使赐给符节和斧钺,因为资历等级已经很高,于是再升也只能还是太保、太傅、太尉,在他上面只有太师,所以将帅都称太尉。宋神宗元丰时制定官制,还依照惯例。徽宗崇宁年间,改三公为少师、少傅、少保,而将太尉作为武官官衔之首,所以凡是掌管军队的官位,仍旧称太尉。宋高宗绍兴年间,叶梦得自观文殿学士,张澄自端明殿学士,都称为节度使,叶梦得曾担任执掌国政,暮年时期拥有军队,为儒者之荣,自称叶太尉。张澄低贱时通过邓洵武给予一个使恩出身,才得以做官,因此以武职为羞,只好自称尚书,不愿称太尉。二人就是如此相反。

【评析】

太尉是秦汉时中央掌管军事的最高官员,秦朝以"丞相""太尉""御史大夫"并为"三公",后逐渐成为虚衔或加官。因此最高阶级的武将和管理军队的官员都称太尉。叶梦得、张澄两个人一个以称"太尉"为荣,另一个则不愿称"太尉",实际上反映了宋朝重文轻武的特点。宋朝吸取了唐朝藩镇为祸的前车之鉴,将禁军分为两部分,一部分由殿前都指使司率领,一部分由侍卫亲军马步军都指挥使司率领。后来，后者又分为马军司和步军司两部分。到此，禁军分由三个衙门统率，称为"三衙"。三衙统率军队，却无权调动。调动权归属文官主持的枢密院。两者之间互相限制，但实际上是以文制武。长期的结果，就形成了文官歧视武将的心理，即使狄青这样的名将也被文官猜忌。欧阳修在嘉祐元年上书请罢狄青，洋洋数千言，举不出一条有力罪证，不得不假托虚妄的阴阳五行说，把当年的水灾归罪于狄青。文彦博请罢狄青时，宋仁宗说"狄青是忠臣"，文彦博立即反驳"太祖岂非周世宗忠臣"。一句话点破其中奥秘。所以"正途"出身的叶梦得老年拜节度使，自称太尉，正好过过"文武双全"的瘾，而"非正途"出身的张澄就不愿意称太尉，就是怕受到莫名其妙的歧视。

忠宣公谢表

【原文】

建炎①三年，先忠宣公衔命使②北方，以淮甸贼蜂起，除兼淮南、京东等路抚谕使，俾李成以兵护至南京。公遣书抵成，成方与耿坚围楚州，答书曰："汴③涸，虹有红巾，非五千骑不可往。军食绝，不克唯命④。"公阴遣客说坚，坚强成敛兵。公行未至泗，谍云："有迎骑甲而来。"副使龚悰之，送兵亦不旨前，遂返斾。即上疏言："李成以馈饷稽缓⑤，有引众纳命建康之语。今靳赛、薛庆方横，万一三叛连衡⑥，何以待之？方含垢养晦⑦之时，宜选辩士谕意，优加抚纳。"疏奏，高宗即遣使抚谕成，给米五万斛。初，公戒⑧所遣持奏吏，须疏从中出，乃诣政事堂白⑨副封。时方禁直达⑩，忤宰辅意，以托事滞留为罪，特贬两秩，而许出滁阳路。绍兴十三年使回，始复元官。时已出知饶州，命予作谢表，直叙其故，曰："论事见从⑪，犹获稽留之戾；出疆滋久⑫。屡沾旷荡之恩。始拜明纶⑬，得仍旧秩。伏念臣顷爵乏使，不敢辞难。值三盗之连衡，阻两淮而荐食⑭，深虞⑮猖獗之患，或起呼吸之间，辄露便宜⑯，冀加勤恤。虽玺书赐报，乐闻充国⑰之建言；而吏议不容，见谓陈汤之生事。亏除官簿，绵历岁时⑱，敢自意于来归，遂悉还于所夺。兹盖忘人之过，与天同功。念臣昔丽于微文，蔽罪本无于他意，故从数赦，俾获自新。"书印既毕，父兄复共议，秦桧方擅国，见此表语言，未必不怒，乃别草⑲一通引咎曰："使指稽留，宜速亏除之戾⑳；圣恩深厚，卒从枚拭之科。仰服矜怜㉑，唯知感戴。伏念臣早黍乏使，遂俾行成。值巨寇之临冲㉒，欲搏人而肆毒。仗节㉓宜图于报称，引车何事于逡巡。徐偃出疆，既失受辞之体；申舟假道，初无必死之心。虽蒙贬秩以小惩，尚许立功而自赎。徒行万里，无补一毫，敢妄冀于隆宽，乃悉还于旧贯。兹盖忘人之过，抚下以仁。阳为德而阴为刑，未尝私意；赏有功而赦有罪，皆本好生，坐使孤臣，尽湔宿负"㉔云云。前后奉使，无有不转官者。先公以朝散郎被命，不沾恩凡十五年，而归仅复所贬，而合磨勘㉕五官，刑部皆不引用，秦志也。遂终于此阶。

【注释】

①建炎：宋高宗的年号。②忠宣公：洪皓。衔命使，奉皇上旨意出使。③汴：汴河。④不克唯命：不能承担这个任务。⑤稽缓：延误，迟缓。⑥连衡：联合起来。⑦含垢养晦：韬光养晦，隐忍不发。⑧戒：命令。⑨白：交出。⑩时方禁直达：当时正禁止奏疏直接交与皇上。⑪论事见从：议论的事情被迫服从。⑫出疆滋久：出使金国许久。⑬始拜明纶：开始担任显要的官职。明纶，帝王的诏令。⑭荐食：求得活命。⑮深虞：深感忧虑。⑯辄露便宜：于是酌情奉上书表。⑰充国：赵充国，汉朝将军，曾率兵平定氐族人的反叛。⑱绵历岁时：延续岁月。⑲别草：另外起草。⑳宜速亏除之戾：应该赶紧改变枉任的罪名。㉑仰服矜怜：仰首感怀圣上的怜悯之心。㉒值巨寇之临冲：当时正值贼寇攻城略地。㉓仗节：我作为朝廷的使节。㉔尽湔宿负：洗去平时的忧虑。湔，洗去。㉕磨勘：唐宋官员考绩升迁的制度。官员被反复查验后，根据考绩决定官职的升降。

【译文】

宋高宗建炎三年，先父忠宣公（洪皓）奉命出使金朝，因为淮河一带盗贼蜂起，就兼任淮南、京东等路抚谕使，使李成领兵护送到南京（今河南商丘）。忠宣公遣人先送信给李成，李成当时正与耿坚围攻楚州（今江苏淮安），回信说："汴河已经干涸，虹（今安徽泗县）地有红巾军，若没有五千兵马不可往那里去。军队已经断粮，无法胜任此命。"忠宣公暗地里派人去说服耿坚，耿坚强迫李成收兵。忠宣公未到泗州，先行探路的人说："有骑兵迎面而来。"副使龚某害怕，护送的兵士也不肯前进，于是返回。随即上疏说："李成因为军饷迟缓，有引军到建康纳使的打算，如今靳赛、薛庆横行一时，万一三叛连衡，将如何处置？现在是隐忍待发之时，应当挑选善辩之士向这些人传播皇上旨意，用优厚待遇安抚他们。"疏奏，高宗随即遣使抚慰李成，给米五万斛。当初，忠宣公告诫所遣的送书官吏，必须到中书省后才出示奏疏，于是送奏疏的官吏直接去政事堂，才将奏疏副本送上。当时禁止奏疏直达，因此违背了宰辅的意见以托事滞留为罪名，贬官两级，让他出任滁阳路官员。绍兴十三年从金朝返回，才恢复原职。那时忠宣公已出任饶州知州，命我作谢恩表，直接谈论其中原因。表中说："所论之事虽被朝廷采纳，但我却获得了奏事停留的罪名。出使金国日久，屡次享受宏大的恩惠。始拜明纶（中书省与内阁称为纶阁），得到以前的俸禄。顾念臣突然衔命使于金朝，又没有辞难不去。正值三盗连衡，阻隔两淮而要求获得军粮，臣深虑这些人猖獗作难，兴起于瞬息之间，于是乘机上书，希望朝廷加以抚恤。虽然玺书赐报，乐于听到汉代赵充国平定武都氐人那样的建议，但吏议不容，如同汉代陈汤擅自平定匈奴，而遭受官吏们的谴责那样的事情发生。减少甚至除掉我的官禄，绵延年月，冒昧自意归来，遂全部归还所夺官爵与俸禄。这是忘人之过错，与天地同功德。顾念臣过去常写绝妙文章，直接将上疏面交皇上并无他意，因此特为赦免，使我获得自新。"谢表写毕，父亲与我们兄弟共同讨论，当时秦桧当权，见到此表语言，难免发怒，于是另外写一纸引罪自责的上表说："出外作使，滞留不进，应当速削爵禄之罚。皇恩深厚，终将处罚消除。得到皇上的怜悯，唯有感恩戴德。顾念臣早由乏使，遂使我成行。时值巨寇攻城掠地，欲抓人而肆毒天下，身担使节之命应当一心考虑报答国家，为何引车犹豫不进？徐偃王离开自己的疆域，既失去其国又受到指责，申舟借道于宋，开始时无必死决心。虽容蒙受贬秩的小小惩罚，尚且允许立功。徒行万里而无补于国家一毫，怎敢妄图国家的宽赦。而朝廷归还原官爵，兹为忘人之过错，抚下以仁爱。阳为德阴为刑，不曾有私心。赏有功而罚有罪，都是本着好生之道，使我孤臣尽洗平时忧虑。"如此而已。前后奉使的人，没有不迁官的。先父以朝散郎出使，不沾皇恩十五年，归来时仅仅恢复所贬之官，合乎考绩升迁的制度。五官刑部，都不引用，此为秦桧的意旨。后遂终于此官。

【评析】

洪皓，字光弼，宋代词人，谥忠宣，为《容斋随笔》作者洪迈的父亲。南宋建炎三年，宋高宗准备将都城由杭州迁往建康（今南京），以避金兵锋芒。洪皓不顾职位卑微，上书谏阻。他的意见虽未被采纳，但因此为高宗所赏识，擢升其为徽猷阁待制，假礼部尚书，出使金国。但是被金国扣留15年，威武不屈,时人称之为"宋之苏武"。他通过教授金人读书和其他方式接触,与许多女真人结下了深厚的友情。他们把洪皓视为知心朋友,热情地邀请他参加婚礼、礼佛、生产等活动。他每到一地,人们"争持酒食相劳苦"。在涿州过鞑靼帐,"其酋闻洪尚书名,争邀入庐,出妻女胡舞,举浑脱酒以劝"。《容斋四笔》"汉重苏子卿"一条中,曾说他"厄于权臣",从本篇可知是得罪了秦桧,给秦桧的"奸臣"之名又加了一笔罪状。

唐贤启状

【原文】

故书中有《唐贤启状》一册,皆泛泛缄题①。其间标为独孤常州及、刘信州太真、陆中丞长源、吕衡州温者各数十篇,亦无可传诵。时人以②其名士,故流行至今。独孤有《与第五相公书》云:"垂示《送丘郎中》两诗,词清兴深③,常情所不及。'阴天闻断雁,夜浦送归人。'酽丽闲远之外,文句窈窕悽恻④,比顷来所示者,才又加等。但吟诵叹咏,大谈于吴中文人耳。"又云:"昨见《送梁侍御》六韵,清丽妍雅,妙绝今时,掩映风骚,吟讽不足。"按第五琦乃聚敛之臣,不以文称⑤,而独孤奖重⑥之如此。观表出十字,诚为佳句,乃知唐人工诗者多,不必专门名家而后可称也。

【注释】

①泛泛缄题:扣题不够深入。②以:认为。③词清兴深:文辞清丽,比兴深刻。④文句窈窕悽恻:文辞美艳而又凄惨动人。⑤不以文称:不以诗文著称后世。⑥重:看重,推崇。

【译文】

旧书中有《唐贤启状》一册,都是普普通通的书信。其中标有独孤常州及、刘信州太真、陆中丞长源、吕衡州温的题目,每个都有数十篇,也没有什么可传诵的。当时的人认为他们是有名气的士人,所以流传至今。独孤及在《与第五相公书》中说:"承蒙垂示《送丘郎中》两诗,文辞优美比兴深刻,不是一般情感就能表达出来的。'阴天闻断雁,夜浦送归人'两句除了浓丽闲远之外,文句窈窕凄惨,比最近所看到的诗,文才又有升高。不但自己吟诵叹咏，还与吴中文人一起谈论起这首诗。"又说："昨日见到《送梁侍御》六韵，清丽妍雅，巧妙绝伦一时，隐约衬托出《国风》《离骚》，吟诵不足。"据考察，第五琦本是一位搜刮民财的大臣，不以文辞称道，而独孤及对其看重的程度竟到如此地步。看到这十个字，的确可视为佳句，才知道唐代人作诗的人很多，不一定是专门名家的诗才值得称道。

【评析】

在本文中，列举了《唐贤启状》一书中的两个例子。作者认为虽然独孤常州及、刘信州太真、陆中丞长源、吕衡州温是很有名气的人，但是其作品没有什么值得称赞传诵的。但是独孤及的《与第五相公书》中，记载了一位不以文辞称道的大臣所写的文章，却是佳作。从而在文章的最后得出"工诗者多，不必专门名家而后可称也"的结论。

赦放债负

【原文】

淳熙十六年二月《登极赦》："凡民间所欠债负，不以久近多少，一切除放①。"遂有方出钱旬日，未得一息，而并本尽失之者，人不以为便②。何澹为谏大夫，尝论其事，遂令只偿本钱，小人无义③，几至喧噪。绍熙五年七月覃赦，乃只为蠲④三年以前者。案，晋高祖天福六年八月赦云："私下债负取利及一倍者，并放。"此最为得⑤。又云："天福五年终已前，残税并放。"而今时所放官物，常是以前二年为断⑥，则民已输纳，无及于惠矣。唯民间房赁欠负，则从一年以前皆免。比之区区五代，翻有所不若也。

【注释】

①除放：免除。②人不以为便：人们认为这个条令不合理。③小人无义：一些小人贪利忘义。④蠲：赦免。⑤得：适当，得益。⑥断：限期。

【译文】

宋孝宗淳熙十六年二月发布《登极赦》说："凡是民间所欠国债，不因年代远近、数量多少，一切加以免除。"于是有刚借出去的钱还不到十天，没得到一点利息，就连本都失去了，许多人认为这个条令不合理。当时，何澹任谏议大夫，曾经议论过这件事，于是又下令只偿还本钱，一些小人贪利无义，几乎达到喧闹的地步。宋光宗绍熙五年七月，皇上再次对百姓进行赦免，但只是赦免三年以前所欠的债。按：晋高祖天福六年八月，赦令说："私人欠债以及已经收取利息一倍的都加以免除。"此赦令颇为得体。又说："天福五年十二月以前，过去残留的赋税一并免除。"而今天所放官物，常是以前二年为限，而百姓已经交纳给官府，百姓没有得到实惠。仅民间租赁房子所欠债，则从一年以前都加以赦免。今天和小小的五代相比，反而有所不如。

【评析】

许多领导在作重大决策之前，不爱搞诘难推理，不爱搞调查研究，就偏爱拍脑袋来定夺，名曰爱民，实则害民。这种自娱自乐的工作方法，自古及今都没有绝种啊。

周玄豹相

【原文】

唐庄宗时，术士周玄豹以相法①言人事，多中。时明宗为内衙指挥使，安重诲使他人易服②而坐，召玄豹相之。玄豹曰："内衙，贵将也，此不足当③之。"乃指明宗于下坐，曰："此是也。"因为明宗言其后贵不可言。明宗即位，思玄豹以为神。将召至京师，宰相赵凤谏，乃止。观此事，则玄豹之方术可知。然冯道初自燕归太原，监军使张承业辟为本院巡官，甚重之。玄豹谓承业曰："冯生无前程，不可过用④。"书记卢质曰："我曾见杜黄裳写真图，道之状貌酷类焉，将来必副⑤大用，玄豹之言不足信也。"承业于是荐道为霸府从事。其后位极人臣，考终牖下⑥，五代诸臣皆莫能及，则玄豹未得擅唐、许之誉也。道在晋天福中为上相，诏赐生辰器币。道以幼属乱离⑦，早丧父母，不记生日，恳辞不受。然则道终身不可问命⑧，独有形状可相，而善工⑨亦失之如此。

【注释】

①相法：相面的方法。②易服：改变服装。③当：担当。④不可过用：不可

太过任用。⑤副：辅佐。⑥考终牖下：寿终正寝，老死于家中。⑦幼属乱离：幼年时饱经离乱。⑧然则道终身不可问命：然则冯道终生都不能询问自己的命运。古时人按照生辰八字推算命运，冯道不记得自己的生辰，所以说他终生都不能询问命运。⑨善工：善于相面的人。

【译文】

后唐庄宗时期，术士周玄豹用相面的方法预言人事，经常应验。当时明宗还是内衙指挥使，安重诲故意让他人穿着官服坐在内衙指挥使的座上，召周玄豹来为这个人相面。周玄豹说："内衙是贵将，此人不能当此重任。"于是指着下位的明宗说："这个人可当此重任。"紧接着，周玄豹便仔细剖析明宗，说他会日后富贵逼人。明宗即位后，想到周玄豹相面如神，想召他入京，宰相赵凤加以谏阻，才不了了之。观察此事，周玄豹的方术是出名的。但冯道当初自幽州投归太原时，监军使张承业担任本院巡官，很重视他。周玄豹对张承业说："冯道没有什么前程，不可过于信任。"书记卢质说："我曾经见过唐人杜黄裳的画像，冯道的相貌和他十分相似，将来必能辅佐人君得到大用，周玄豹的言论不足以相信。"张承业于是推荐冯道任幕府从事。其后位居宰相，终老于家中，五代时期的各位大臣都不能超过他，则周玄豹不得专擅术士名誉。冯道在后晋天福年间任上相，皇上下诏赐给他生辰器物币帛。冯道因幼年遭丧乱，父母早死，不记得自己的生日，诚恳推辞不受。那么冯道终身不可询问命运，只有形貌可以观察，善于相面的人也会有失手的时候。

【评析】

自唐人传奇滥觞以来，善于相面的唐人术士的事迹屡屡见于正史。这其中，更多的恐怕是当时的文人根据该人的本末事迹，略加梳理，杜撰而成的。而撰史者囿于自己的阅历和见识，又或者为了取悦后来的读者，便录而不疑了。这是我们读史时需要留心的。

司封失典故

【原文】

南渡之后，台省胥吏①旧人多不存，后生习学，加以省记，不复谙悉②典章。而司封以闲曹之故，尤为不谨。旧法，大卿、监以上赠父至太尉止，余官至吏部尚书止。今司封法，余官至金紫光禄大夫，盖昔之吏书也，而中散以上赠父至少师止。案，政和以前，太尉在太傅上，其上唯有太师，故凡称摄太尉者，皆为摄太傅，则赠者亦应如此，不应但许至少师也。生为执政，其身后但有子升朝，则累赠可至极品大国公。欧阳公位参知政事、太子少师，后以诸子恩至太师兖国公，而其子辈亦不过朝大夫耳，见于苏公祭文及黄门所撰神道碑。比年汪庄敏公任枢密使，以子赠太师，当封国公，而司封以为须一子为侍从乃可，竟不肯施行，不知其说载于何法也。朱汉章却以子赠至大国公。旧少卿、监遇恩，封开国男，食邑三百户，自后再该加封，则每次增百户，无止法。今一封即止。旧学士待制，食邑千五百户以上，每遇恩则加实封，若虚邑五百者，其实封加二百，虚邑三百、二百者，实封加一百。今复不然，虽前执政亦只加虚邑三百耳，故侍从官多至实封百户即止，尤可笑也。

【注释】

①胥吏：旧时官府中办理文书的小官吏。②谙悉：熟知。

【译文】

南渡之后，我朝曾经担任过台省胥吏的很多都已经不存在了，后生晚辈们虽然勤于学习，加以省记，但仍不熟悉典章制度。而司封曹因是闲职的原因，特别不谨慎。按照惯例，大卿、监以上官员赠封他的父亲官位最高只能到达太尉，其余官员的父亲到达吏部尚书而止。而现在的司封法规定，其余的官最高到金紫光禄大夫而止，大概是相当于过去的吏部尚书，而职位在中散大夫以上的官员赠父至少师而止。按照徽宗政和年间以前的制度，太尉的官职在太傅之上，太尉以上的官职只有太师。所以凡称摄太尉的，都为摄太傅，那么赠官也应是这样，不应该只许至少师。如果活着的身后担任的是执政，后来如又有儿子在朝廷为官，那么他就会赠为极品大国公。欧阳修生前位至参知政事、太子少师，后来因为儿子为官的缘故，他被赠官至太师、兖国公，然而他的儿子只当上朝散大夫。此事记载于苏轼的祭文以及官署所撰神道碑中。前些年汪庄敏公担任枢密使，因为儿子为官而被赠官位太师，同时被封为国公，而司封曹则认为须一子为侍中才可以封国公，竟不肯施行，不知道他们的说法是依据于哪一典章制度？朱汉章却因其子之故赠封为大国公。以前少卿、监遇有恩封，为开国男，享有封地三百户，之后才再加封，则每次增百户，不受制度的限制。今一封即止。以前的学士待制，享有封地一千五百户以上的，每遇恩升官就会加一些财物的赏赐，如果虚邑五百户，其实封加二百，虚邑三百或二百户，实封加一百。现在却不是这样，虽然是前执政亦只加虚邑三百户，故侍从官多至实封百户即止，真是太可笑了。

【评析】

中国历史悠久，拥有五千年文明，号称礼仪之邦。古代社会与国家管理方式既非法制社会，也非通常人们认定的人治社会，而是礼法社会。礼法是礼制与法律相结合的概念，融入哲学家的思想、法学家的智慧和政治家的实践。礼制是德治梦想的具体化，通过礼仪定式与礼制规范塑造人们的行为与思想，通过法律的惩罚维护礼法的绝对权威。与礼法相呼应的就是典章。典章制度是一个国家的政府在一定时期内规范行为的基本准则。从很早开始，中国历代统治者就十分重视典章制度的建设。《史记》中的"书"和后来各朝正史中的"志""录"就留下了丰富的有关典制的记载。此外，还有不少典制方面的专书，如《文献通考》《通典》《通志》，以及各种"法令""律则""典章""会要""会典"等等。作者在本文中揭示宋朝南渡之后典章制度的混乱，虽然仅仅是爵位食邑方面的小事，却也从一个侧面反映出宋朝国力的衰弱。

君臣事迹屏风

【原文】

唐宪宗元和二年，制《君臣事迹》。上以天下无事，留意典坟，每览前代兴亡得失之事，皆三复其言。遂采《尚书》、《春秋后传》、《史记》、《汉书》、《三国志》、《晏子春秋》、《吴越春秋》、《新序》、《说苑》等书君臣行事可为龟鉴①者，集成十四篇，自制其序，写于屏风，列之御座之右，书屏风六扇于中，宣示宰臣。李藩等皆进表称贺，白居易《翰林制诰》有批李夷简及百寮严绶等贺表，其略云："取而作鉴，书以为屏。与其散在图书，心存而景慕，不若列之绘素②，目睹而躬行，庶将为后事之师，不独观古人之象。"又云："森然在目，如见其人。论列是非，既庶几为坐隅之戒；发挥献纳，亦足以开臣下之心。"居易代言，可谓详尽。又以见唐世人主作一事而中外至于表贺，又答诏勤渠如此，亦几于丛脞③矣。宪宗此书，有《辨邪正》、《去奢泰》两篇，而末年用皇甫镈而去裴度，荒于游宴④，死于宦侍之手，屏风本意，果安在哉？

【注释】

①龟鉴：比喻借鉴。②绘素：在白色底子上绘画。③丛脞（cuǒ）：细碎，杂乱。④荒于游宴：沉浸在游乐酒宴中。

【译文】

唐宪宗元和二年，编制了《君臣事迹》。皇上因天下太平安定无事，于是便开始留意典籍，每次看到前代兴亡得失的事，都会反复地讨论。于是从《尚书》《春秋后传》《史记》《汉书》《三国志》《晏子春秋》《吴越春秋》《新序》《说苑》等书中收集那些在君臣行事时可以作为借鉴的事情，收集成十四篇，并亲自作序，写在屏风上，放置在御座的右边，书写六扇屏风位于中间，展示给宰相大臣们。李藩等人都进表称贺，翰林学士白居易草拟诏书回答李夷简以及文武百官严绶等人的贺表，诏书中大概是说："收集起来作为借鉴，书写出来作为屏风。与其让这些事迹散在图书中，心里知道并仰慕，不如写在绘帛上，亲眼看见后就会亲自实行，希望后人有所效法，不只是仰观古人形象。"又说："这些事迹时刻摆在眼前，就像看见他们本人一样。讨论所列事迹的是是非非，希望不久可作为大家的鉴戒，发扬进言和采纳的风气，也足可以启发臣子的忠心。"白居易代皇帝说的这些话，可以说是很详尽了。从中又可以看出唐代皇帝做一事，朝廷内外都上表祝贺，回答诏书又如此勤谨，亦近于繁琐。宪宗的这部《君臣事迹》也收录了《辨邪正》《去奢泰》两篇文章，但是在他晚年时却任用了皇甫镈，罢去了裴度，终日沉浸在游乐酒宴中，最后死于宦官之手，写在屏风上的本意，在哪起到了作用呢？

【评析】

自古至今，很多人们都会把自己喜欢的诗文或笔墨挂在墙上，用来时刻激励自己和警示自己。唐宪宗为了警示自己及朝中的大臣们，为官治国之有道，特意写了《君臣事迹》，就其采集收纳了十四篇历代古籍所记载的君臣行事可以借鉴的事情，并亲自作了序言，将其书写于屏风上，排列在他的座位右方，用来告诉大臣，与其让它散见于图书典籍，心中常常想起而羡慕，还不如列于洁白的绘锦上，用眼睛看着它而身体力行，希望它能够成为后来人的效法，而不单单只是看看古人的形象。这是多么值得称赞的事情啊！然而，事与愿违，在他晚年的时候却任用了皇甫镈，罢去了裴度，终日沉浸在游乐酒宴中，最后死在宦官手中，却不知当年作《君臣事迹》的目的，真是太可悲了。有理想有抱负的人常常会引经据典，用名人格言或经典语句时刻提醒自己。当然，不是古板地将其放在座位的右边，有的写在日记的扉页上，有的放在自己办公桌的玻璃板下，更有甚者，请书法好手或名家，形成墨迹，装裱后挂于墙上，既当了观赏品又能时刻提醒自己。

唐夜试进士

【原文】

唐进士入举场得用烛，故或者以为自平旦至通宵。刘虚白①有"二十年前此夜中，一般灯烛一般风"之句，及三条烛尽之说②。按《旧五代史·选举志》云："长兴二年，礼部贡院奏当司奉堂帖③夜试进士，有何条格者。敕旨④：'秋来赴举，备有常程，夜后为文，曾无旧制。王道以明规⑤是设，公事须白昼显行，其进士并令排门齐入就试⑥，至闭门时试毕，内有先了者，上历画时，旋令先出，其入策亦须昼试，应诸科对策，并依此例。'"则昼试进士，非前例也。清泰二年，贡院又请进士试杂文，并点门入省⑦，经宿就试⑧。至晋开运元年，又因礼部尚书知贡举窦贞固奏，自前考试进士，皆以三条烛为限，并诸色举人有怀藏书册不令就试。未知于何时复有更革。白乐天集中奏状云："进士许用书册，兼得通宵。"但不明言入试朝暮也。

【注释】

①刘虚白，竟陵人，擢元和进士第。②三条烛尽之说：有考试时间以三条蜡烛为限的说法。③堂帖：文件，规定。④敕旨：皇帝的诏令。⑤明规：明确的法度或准则。⑥其进士并令排门齐入就试：参加考试的人都要服从命令在门外排好次序一齐进入考场。⑦点门入省：指定进入特别的官署部门。⑧经宿就试：一宿都在考试。

【译文】

唐朝士人进入进士考场得用蜡烛,所以有人认为考试时间是从天刚亮开始一直到通宵。刘虚白有"二十年前此夜中,一般灯烛一般风"之句,还有三条蜡烛燃尽之说。据《旧五代史·选举志》说:"后唐明宗长兴二年,礼部贡院上奏询问考试的主管:遵从下发的文件对进士进行夜间考试时,有没有什么具体规定。皇帝诏令说:'秋天来参加考试,要按照一定的程序,但晚上时开始写文章,过去没有这样的制度。王道都是依照规定设立的,公事必须在白天进行。进士需要听从命令,在门外排好后一起进去考试,一直到闭门时考试才结束。如果考试当中有提前交卷的,记录完成时间,允许他提前出去。他们参加策问的考试要在白天举行,根据策上的内容说出自己的见解,都要依据此程序进行。'"进士白天参加考试,并不是依据以前的规定。后唐末帝清泰二年,贡院又请求对进士进行杂文考试,并从指定的大门进入考场,经过一宿的考试。到后晋开运元年,又因礼部尚书知贡举窦贞固奏,以前进士考试,都以三条蜡烛为限,并且各种举人怀里藏有书本的,不让参加考试。不知考试制度什么时候再有变革。白居易的诗集中说:"允许进士带书考试,同时通宵完成。"但没有说明入试的时间究竟是清早还是晚上。

【评析】

本文是作者对唐代考试制度的辨析。隋炀帝时的科举分两科,一称明经,另一称进士。虽然唐代大大增加了科目数量,但明经和进士仍是选拔官员的主要科目。明经科的主要考试内容包括帖经和墨义。帖经有点像现代考试的填充,试题一般是摘录经书的一句并遮去几个字,考生需填充缺去的字词,墨义则是一些关于经文的问答。进士科的考试主要是要求考生就特定的题目创作诗、赋,有时也会加入帖经。唐高宗以后,进士科的地位慢慢超越了明经,成为科举中唯一的重要科目。造成这种现象的原因主要是进士科考生需要发挥创意方能及第,而明经只需熟读经书便能考上。而且进士科的评选标准严格,考上的人数往往只是明经科的十分之一。当时曾有"三十老明经、五十少进士"之说,道出了进士科的难度。既然是考试,就要有时间限制。从本文可以看出,唐代的考试规定还不是很规范,有时允许通宵答卷,有时天黑之前就要完成;有时允许携带参考书,有时就不允许携带。到了明清时期,考试制度开始规范，会试分三场举行，三日一场，第一场在初九日，第二场在十二日，第三场在十五日，先一日入场，后一日出场，不允许夹带书籍。不过考试方式虽然严格，考生的才华却再难与唐代相比。

前执政为尚书

【原文】

祖宗朝，曾为执政，其后入朝为它官者甚多。自元丰改官制后，但为尚书。曾孝宽自签书枢密去位，复拜吏部尚书。韩忠彦自知枢密院出藩，以吏书召。李清臣、蒲宗孟、王存，皆尝为左丞，而清臣、存复拜吏书，宗孟兵书。先是元祐六年，清臣除目下，为给事中范祖禹封还，朝廷未决，继又进拟宗孟兵部右丞。苏辙言："不如且止①。"左仆射吕大防于帝前奏："诸部久阙尚书，见在人皆资浅，未可用，又不可阙官，须至用前执政。"辙曰："尚书阙官已数年，何尝阙事②？"遂已。胡宗愈尝为右丞，召拜礼书、吏书。自崇宁已来，乃不复然。

【注释】

①不如且止：不如暂时搁置一下。②阙事：失事，误事。

【译文】

太祖太宗时期，曾经担任过执掌朝政的官员，辞官后又重新入朝任其他官职的人很多。自从宋神宗元丰年间改革官制后，再次入朝为官的人就只能担任尚书一职。曾孝宽自从辞去签书枢密的职位后，再次被任用时就成了吏部尚书。韩忠彦自知枢密院外放地方任职，又以吏部尚书一职召回。李清臣、蒲宗孟、王存，都曾担任为左丞，再次入朝为官时，命李清臣、王存为吏部尚书，蒲宗孟为兵部尚书。先是在哲宗元祐六年，任命李清臣的拟旨下发后，被给事中范祖禹退了回来，朝廷没有作出决断，接下来又进谏拟定蒲宗孟为兵部右丞。苏辙说："不如暂时搁置一下，放一放。"左仆射吕大防于皇太后前上奏说："各部久缺尚书一职，现有的人都资历浅薄，没有可以胜任的，又不可以缺少这个职位，需要让以前的执政担任。"苏辙又说："尚书一职空缺已经数年，何曾影响了政务？"于是作罢。胡宗愈曾担任右丞，召拜为礼部尚书、吏部尚书。但自徽宗崇宁以来，就不再有这种情况了。

【评析】

宋朝官制，以宋神宗元丰五年开始的官制改革为界限。元丰改制撤销了中书门下，恢复唐初三省制度，置三省长官——尚书令、中书令和门下侍中。不过这三个官位只是虚设，从不授人。又仿照唐制，用尚书左仆射、右仆射代行尚书省的职权。尚书右仆射兼中书侍郎，代行中书令的职权，他们是正宰相。这时，参知政事的名称被取消，而增设了四名副宰相，即门下侍郎、中书侍郎、尚书左丞、尚书右丞。元丰改制之前，"官"仅用以定禄秩、序位，所以官员"能上能下"，因为待遇是不变的。改制之后，一律"以阶易官"，就造成了宰相如果辞职，再当官的话只能当尚书的现象。而尚书是有实权的官员，有时没有合适的人选，反对派宁可让尚书之位空缺，也不让以前的宰执来做尚书。元丰改制后，行政效率没有提高，比过去还显得拖沓。官制是管理一个国家的重要工具，应当科学合理。中国古代官制及其精妙，是历代统治者通过实践不断发展和完善的。像元丰改制这样不经讨论，由皇帝一人决定的官制改革，很容易出现各种弊端。此应为各级领导干部和管理者所警戒。

老子之言

【原文】

老子之言，大抵以无为、无名为本，至于绝圣弃智①。然所云："将欲歙②之，必固张之；将欲弱之，必固强之；将欲废之，必固兴之；将欲夺之，必固与之。"乃似于用机械而有心者。微言渊奥③，固莫探其旨也。

【注释】

①绝圣弃智：指把头脑中的权威概念消灭掉，让自己不迷信任何人的观点，抛弃这也要想那也要想的念头。②歙（xī）：通"翕"。收缩，敛息。③微言渊奥：微妙的语言深奥难懂。

【译文】

老子的言论，大概以无为、无名为宗旨，以至于绝圣弃智。不过他所说的：" 想要收缩它，一定先要扩张它；想要削弱它，一定先要加强它；想要废除它，一定先要振兴它；想要夺取它，一定先要给予它。"就像是用机械和心机相结合的方法谈君主如何控制臣下的问题。微妙的语言深奥难懂，所以根本无法探明其真意。

【评析】

老子的这段文字体现了他的大智慧，主要是讲利用"物极必反"的原理来达到预期目的，使对方达到极限就会朝着他们预期目的相反的方向发展，这样就可以不花费多大精力达到目的。预期是一种谋略的方法，生活中处处都要用到。做任何事情都要以大局为重，以长远利益为本，不要计较眼前的暂时得失。这实际上也就是人们常说的"舍小取大"，"舍不得孩子套不着狼"的道理。因此，在条件不具备的时候，要想夺取或保存某种东西，必须暂时交出或放弃它，等待时机，创造条件，最后再把它夺回来。举个例子来说：春秋末期，各种新兴势力不断壮大，在晋国，就形成了以"六卿"为首的大族。其中的范、中行合并后，智伯就向魏宣子提出领地要求，魏宣子没有答应。魏宣子有个谋士名叫任章，此人就对他说："你不应该正面拒绝他的要求，不妨满足他的要求，他尝到了甜头，等到他变得骄傲得意，更加贪得无厌，那时，其他官员肯定就会对他产生抱怨，他们几家就会联手对付智伯了，等到那时，他的性命还能保住吗？"于是魏宣王接纳这个建议，分给了智伯一些土地。正如谋事任章所说的那样，智伯果然被赵、魏、韩三家所厌。魏宣子不但收复了失地，还分得了更多的土地。

碑志不书名

【原文】

碑志[①]之作，本孝子慈孙欲以称扬其父祖之功德，播之当时，而垂之后世[②]，当直存其名字，无所避隐。然东汉诸铭，载其先代，多只书官。如《淳于长夏承碑》云，"东莱府君之孙，太尉掾之中子，右中郎将之弟"，《李翊碑》云，"牂柯太守曾孙，谒者孙，从事君元子"之类是也。自唐及本朝名人文集所志，往往只称君讳某字某，至于记序之文亦然，王荆公为多，殆与求文扬名之旨为不相契[③]。东坡先生《送路都曹》诗，首言："乖崖公在蜀，有录事参军老病废事，公责之，遂求去，以诗留别，所谓'秋光都似宦情薄，山色不如归意浓'者。公惊谢之曰：'吾过矣。同僚有诗人而吾不知。'因留而慰荐之。坡幼时闻父老言，恨不问其姓名。及守颍州，而都曹路君以小疾求致仕，诵此语，留之不可，乃采前人意作诗送之。"其诗大略云："结发空百战，市人看先封。谁能搔白首，抱关望夕烽。"则路君之贤而不遇可知矣。然亦不书其名，使之少获表见，又为可惜也。

【注释】

①碑志：墓志碑。②垂之后世：名垂后世。③不相契：不符合。

【译文】

墓志碑上的文字，本是孝子慈孙想要颂扬其父祖的功德，并能够传播一时且名垂于后世的，应当写上名字，不该有什么避讳。然而东汉的墓志铭，记载前代人的功德事迹，大多数只写了官位。比如《淳于长夏承碑》写道："东莱府君之孙，太尉掾之中子，右中郎将之弟。"《李翊碑》写"牂柯太守曾孙，谒者孙，从事君元子"像这样的都是。自唐朝到本朝以来，名人文集所记载的墓志铭，往往只称君讳某字某，对于记载序言之类的文字，也是这样，王安石写过很多墓志铭，但和求文扬名的宗旨不相符合。在苏东坡《送路都曹》诗的序言写道："乖崖公在四川时，有一位录事参军因为生病耽误了公事，乖崖公指责了他，于是请求辞职，并写诗一首作别，诗中说'秋光都似宦情薄，山色不如归意浓'。乖崖公惊叹并且道歉说：'是我的过错，同僚之中有诗人而我却不知道。'因此挽留并予以安慰推荐他。东坡小时候听父老说起这件事，可惜没有问他的姓名。等到东坡作颍州知州时，都曹的路君，因为得了小病请求辞职，吟诵了这首诗，东坡挽留他不成，路君乃采前人之意作诗送东坡。"其诗大略是："结发空百战，市人看先封。谁能搔白首，抱关望夕烽。"那么路君虽有才华但得不到施展才华的机会是可想而知的。然而也没有写他的名字，使人很少能了解他，又是一件可惜的事。

【评析】

作者在本文中讲述了一件奇怪的事情，就是东汉很多墓志铭并不写上墓主的名字，从唐代以来的墓志、序言也是如此。这既与墓志"扬父祖之功德，播之当时而垂之后世"的宗旨相违背，也使很多人的事迹难以流传下来。中国古代为了表示对父祖、师长、显贵的尊敬，常常不直接提他们的名字，也不用他们名字中使用的字。这叫作"名讳"。比如司马迁的父亲叫司马谈，所以长长的《史记》中找不到一个"谈"字，有一个人名叫"赵谈"，司马迁就把他改成了"赵通"。陆游《老学庵笔记》中记载，宋代田登做州官，自讳其名，州中皆谓"灯"为"火"。上元节放灯，州吏贴出榜文云："本州依例放火三日。"于是就有了"只许州官放火，不许百姓点灯"。唐代诗人李贺之父名晋，"晋"与"进"同音，结果李贺一生不考进士。因为常需避讳，古人在小心谨慎之中总结了种种避讳方法：有的改用近义字词来代替需要避讳的字，有时遇到要避讳的字时，在该字上少写一笔，有的遇到要避讳的字时不填写或者使用其他别字代替。严格来说，"名讳"是没有任何实质意义的。避讳别人的名字并不等于心中真的尊敬他。在这方面，西方人的做法就比较好，他们用自己尊敬的人或者祖先的名字给孩子命名，让他们的名字可以永远流传下去，才能真正达到"播之当时而垂之后世"的效果。

曾晳待子不慈

【原文】

传记所载曾晳待其子参不慈，至云因锄菜误伤瓜，以大杖击之仆地①。孔子谓参不能如虞舜小杖则受②，大杖则避，以为陷父于不义，戒③门人曰："参来，勿内。"予窃疑无此事，殆战国时学者妄为之辞。且曾晳与子路、冉有、公西华侍坐，有"浴乎沂，风乎舞雩"之言，涵泳圣教④，有超然独见之妙，于四人之中，独蒙"吾与"之褒，则其为人之贤可知矣。有子如此，而几置之死地，庸人且犹不忍，而谓晳为之乎！孟子称曾子养曾晳酒肉养志⑤，未尝有此等语也。

【注释】

①仆地：仆倒在地。②受：忍受，经受。③戒：告诫。④涵泳圣教：受圣人（孔子）的教育。⑤养志：谓奉养父母能顺从其意志。

【译文】

　　传记中记载曾皙对待自己的儿子曾参很不慈爱，甚至说道因为曾参锄菜时不小心伤了瓜，就用大棍子打得他趴在地上。孔子听后说，曾参不能像虞舜那样，小杖就忍受，大杖就逃避，认为这样做让他的父亲落了个无情无义的骂名，并告诫守门人说："曾参来了别让他进来。"我私下怀疑不可能有这件事，恐怕是战国时期的学者胡乱捏造的。况且书中记载到有关曾皙和子路、冉有、公西华侍坐的事情，有"沐浴于沂，在风中跳祈雨的舞姿"的话，一起讨论事情，曾皙有超过常人的独到见解，在曾皙、子路、冉有和公西华四人中，只有曾皙受到孔夫子的褒奖，那么他的为人的贤德就可知了。能有曾参这样好的儿子，然而还要把他置于死地，普通的人尚且还不忍心，更何况是曾皙呢？孟子讲曾皙是以酒肉养志，我认为不会有这样的话。

【评析】

　　此文章中洪迈对曾皙待子不慈的事情产生怀疑，认为传记中对此事的记载有误，并列举诸多事实证明自己的观点，非常具有说服力。传记中说曾皙待子不慈，孔子曾"参不能如虞舜小杖则受，大杖则避"，并认为因此"陷父于不义"，所以闭门禁止曾参进入。洪迈认为责子几死违背人情，因此对此事的真实性产生怀疑。并指出子路、曾皙、冉有、公西华侍坐时，唯独曾皙因见解独到受到孔子赞赏，由此看出曾皙为人贤德，常人都不会忍心伤害自己的孩子，曾皙就更不可能这样做了。作者在最后还引用了了孟子曾经说过的话，曾参（日后）用酒肉奉养（年老时的）曾皙，是修养自身的志行，因此，如果曾皙曾经待曾参不慈，曾参又怎会对曾皙如此孝敬呢？由此可以看出，曾皙待子不慈之事可能是错误的。

渊明孤松

【原文】

　　渊明诗文率皆纪实①，虽寓兴②花竹间亦然。《归去来辞》云："景翳翳③以将入，抚孤松而盘桓。"其《饮酒诗》二十首中一篇云："青松在东园，众草没其姿。凝霜殄异类，卓然见高枝。连林人不觉，独树众乃奇。"所谓孤松者是已，此意盖以自况也。

【注释】

①纪实：通"记"，记述实况。②寓兴：寄托兴致。③翳翳：晦暗不明貌。

【译文】

陶渊明的诗文大多数都是记述事情，即使是寄寓在花竹之中的诗文也是这样。《归去来辞》中说："景翳翳以将入，抚孤松而盘旋。"他的《饮酒诗》二十首中有一首说："青松在东园，众草没其姿。凝霜殄异类，卓然见高枝。连林人不觉，独树众乃奇。"这些所写的孤松，都是用来比喻自己的。

【评析】

古人喜欢通过歌颂孤松来表达诗人自身的品质。正如本文中，陶渊明在《归去来辞》中写道"景翳翳以将入，抚孤松而盘旋"，黄昏时天色阴暗，太阳快要下山了，陶渊明仍然抚摸孤松不想返回屋内，以景翳翳来借喻东晋国运，一如夕阳将要下山；他有意用孤松比喻自己，以松的经冬常绿比喻自己的坚贞志节，陶渊明见东晋将亡而自己却无力挽救，只好坚守志节，洁身自爱。《饮酒诗》是歌颂青松之高尚节操的。同时也描写了诗人自己与青松相倚为伴，饮酒眺望，陶怡其间的情景。借孤松为己写照，青松象征自己坚贞不渝之人格，众草喻指一班无品无节之士流，凝霜则是譬比当时严峻恶劣之政治气候，皆容易领会。唯"连林人不觉，独树众乃奇"两句，意蕴深刻。一株卓然挺秀之青松，诚然令人惊诧。而其之所以特异，乃在于众草不能有青松之品质。

作文字要点检

【原文】

作文字不问工拙小大①，要之不可不著意点检，若一失事体②，虽遣词超卓，亦云未然。前辈宗工，亦有所不免。欧阳公作《仁宗御书飞白记》云："予将赴亳，假道于汝阴，因得阅书于子履之室。而云章烂然，辉映日月，为之正冠肃容再拜而后敢仰视，盖仁宗皇帝之御飞白③也。曰'此宝文阁之所藏也，胡为乎子之室乎？'曰'曩者天子燕从臣于群玉，而赐以飞白，予幸得预赐焉。'"乌有记君上宸翰④而彼此称"予"，且呼陆经之字？又《登贞观御书阁记》言太宗飞白，亦自称"予"。《外制集序》历道庆历更用大臣，称吕夷简、夏竦、韩琦、范仲淹、富弼，皆斥姓名，而曰"顾予何人，亦与其选"，又曰"予时掌诰命"，又曰"予方与修祖宗故事"，凡称"予"者七。东坡则不然，为王诲亦作此记，其语云"故太子少傅、安简王公讳举正，臣不及见其人矣"云云。是之谓知体。

【注释】

①拙小大：技术好坏，格局大小。②事体：体制，体统。③飞白：是书法中的一种特殊笔法，相传是书法家蔡邕受了修鸿都门的工匠用帚子蘸白粉刷字的启发而创造的。④宸翰（chén hàn）：帝王的墨迹。

【译文】

写文章时不论文章的技巧好坏，关键是一定要注意文字使用是否得当，如果用字不当，即使使用的词句十分巧妙，也不能算好。前辈宗师的文章，也都不能避免。欧阳修所写的《仁宗御书飞白记》中说："我将奔赴亳州，途中路过汝阴，因此才可在子履的房间里阅览书籍。而看见一文章的文字灿然，月光照在上面，我为之整理衣冠，以严肃表情拜之，之后才敢抬起头观看，这大概是仁宗皇帝的亲笔飞白书法。我问：'这是宝文阁所藏，怎么会在你的屋里呢？'他回答说："过去天子摆宴招待各大臣，就赐给我飞白，我有幸被赐。'"哪有记皇帝的宸翰而自己称"予"，而且称呼陆经之字呢？又在《登贞观御书阁记》中，说到太宗飞白，也自称"予"。《外制集序》中，逐个地说庆历时更用的大臣，称吕夷简、夏竦、韩琦、范仲淹、富弼，都是直呼其名，而又说"回顾我是何人，也参与了这次的挑选"，又说"我当时掌管颁布诰命的职务"，又说"我正在参与修撰祖宗的事迹"，凡称"予"者有七处。苏东坡就不是这样，曾经为王诲也写过这样的文章，其中写道"故太子少傅、安简王公讳举正，臣没能亲眼见到这个人"等等，才可以说是得体的。

【评析】

文章的第一句话就提出了文章不论好坏，关键是使用文字是否得当的观点。整篇文章都在围绕这个观点进行举例论述。在文章中洪迈通过"予"字的使用方法详细说明了这个观点。欧阳修的《仁宗御书飞白记》中记载了皇帝的宸翰时错误地把自己称为"予";《外制集序》中介绍大臣时,也错误地用了"予"。但是苏东坡没有犯这种错误,才称得上用字得体。

近几年来,写文章是越发火热,不论是叙述史实,还是记人记言等都是一样的。在一些记人叙事的文章中,很多都是有关名人的逸闻趣事,好的作品自然不少,但记述的事实不准确的捕风捉影的作品也经常能看见,之所以出现这种现象,大多都是因为写文章"不检点",以不真实的内容混淆视听,既浪费读者的时间与精力,又会于无意中伤害到他人,招惹麻烦。生活中,我们看到因写文章"不检点"而打官司的也不少,比如郭小川同志的"轶事"等等。所以说写文章不能够太随意,应该严谨一些比较好。

大观算学

【原文】

大观中,置算学如庠序①之制,三年三月,诏以文宣王为先师,兖、邹、荆三国公配飨②,十哲从祀,而列自昔著名算数之人,绘像于两廊,加赐五等之爵。于是中书舍人张邦昌定其名,风后、大桡、隶首、容成、箕子、商高、常仆、鬼臾区、巫咸九人封公,史苏、卜徒父、卜偃、梓慎、卜楚丘、史赵、史墨、裨灶、荣方、甘德、石申、鲜于妄人、耿寿昌、夏侯胜、京房、翼奉、李寻、张衡、周兴、单飏、樊英、郭璞、何承天、宋景业、萧吉、临孝恭、张曾元、王朴二十八人封伯,邓平、刘洪、管辂、赵达、祖冲之、殷绍、信都芳、许遵、耿询、刘焯、刘炫、傅仁均、王孝通、瞿昙罗、李淳风、王希明、李鼎祚、边冈、郎顗、襄楷二十人封子,司马季主、洛下闳、严君平、刘徽、姜岌、张立建、夏侯阳、甄鸾、卢太翼九人封男。考其所条具,固有于传记无闻者,而高下等差,殊为乖谬。如司马季主、严君平止于男爵,鲜于妄人、洛下闳同定《太初历》,而妄人封伯,下闳封男,尤可笑也。十一月又改以黄帝为先师云。

【注释】

①序:古代的地方学校。后也泛称学校或教育事业。设庠序以化于邑,学子

愤慨于庠序,商贾喧哗于廛市。《孟子·滕文公上》:"夏曰校,殷曰序,周曰序。"②配飨（xiǎng）：飨通"享"。合祭,祔祀,指功臣祔祀于帝王宗庙。

【译文】

宋徽宗大观年间,将算学列入学校课目中,大观三年三月,朝廷下诏尊拜文宣王为先师,兖国公、邹国公、荆国公三人配飨,十位哲人随从祀,并且列出自古以来精通算数的著名人士,画出他们的图像挂在走廊的两边,加封赏赐五等爵位。于是中书舍人张邦昌拟定他们的名单,风后、大挠、隶首、容成、箕子、商高、常仆、鬼臾区、巫咸九人被册封公爵,史苏、卜徒父、卜偃、梓慎、卜楚丘、史赵、史墨、裨灶、荣方、甘德、石申、鲜于妄人、耿寿昌、夏侯胜、京房、翼奉、李寻、张衡、周兴、单飏、樊英、郭璞、何承天、宋景业、萧吉、临孝恭、张曾元、王朴二十八人被册封伯爵,邓平、刘洪、管辂、赵达、祖冲之、殷绍、信都芳、许遵、耿询、刘焯、刘炫、傅仁均、王孝通、瞿昙罗、李淳风、王希明、李鼎祚、边冈、郎顗、襄楷二十人被册封子爵,司马季主、洛下闳、严君平、刘徽、姜岌、张立建、夏侯阳、甄鸾、卢太翼九人被册封男爵。考证以上所列出的人,当然有传记中没记载的人物,而他们的水平差距很大,十分荒谬。如司马季主、严君平只封为男爵,鲜于妄人、洛下闳共同制定了《太初历》,而妄人封为伯爵,下闳却仅封为男爵,实在是太可笑了。大观三年十一月,又将黄帝改为先师了。

【评析】

本文记述了宋徽宗大观年间设立算学时的荒唐故事。算学也就是数学,古代官方设立的教授数学的教育机构也叫算学。我国古代的数学研究及其发达,其目的主要是为了编定立法和占卜,所以数学家一般也是天文学家和卜筮家。古代许多优秀数学家撰写的数学著作,因年代久远,大都已经散失,能够流传到今天的已为数不多。其中,《周髀算经》《九章算术》《海岛算经》《缀术》等数学著作,不仅在我国数学史上占有重要地位,而且有的在世界数学史上久负盛名。唐末,传统的筹算被珠算所取代,宋元时期又对珠算进行了很大的改进。算盘和珠算口诀对于实用数学的普及具有重要作用,这是当时世界上最先进的计算工具和计算方法。

朝廷设立算学,按照传统摆放了孔子的神位,因为儒家所谓"六艺"

里面也有"数"这一项。另外还祭祀了颜回、孟子和王安石,以及"孔门十哲"。出于专业的考虑,也挂上了古代知名数学家的画像,可这里面却闹了大笑话。司马季主是汉代有名的卜筮家,司马迁特意为他写了一篇《日者列传》,将其载入正史。严君平曾经准确预言了"王莽篡权"和"光武中兴"两个重要的历史事件,还是文学家扬雄的老师。这么重要的两个人,却被列在最后一等。鲜于妄人和洛下闳都参与制定了《太初历》,而且洛下闳提出的"八十一分律历"是其基本法则,结果却排在鲜于妄人后面。更不要说其中有些人历史上根本没有记载,只是传说而已。可见安排这些画像的人其实都是外行,完全不知道数学的发展史。

元丰库

【原文】

神宗常愤北狄倔强,慨然有恢复幽、燕之志,于内帑置库,自制四言诗曰:"五季失图,狝犹孔炽。艺祖造邦,思有惩艾。爰设内府,基以募士。曾孙保之,敢忘厥志。"凡三十二库,每库以一字揭之,储积皆满。又别置库,赋诗二十字,分揭于上曰:"每虔夕惕心,妄意遵遗业。顾予不武资,何日成戎捷。"其用志如此,国家帑藏之富可知。熙宁元年,以奉宸库珠子付河北缘边,于四榷场鬻钱银,准备买马,其数至于二千三百四十三万颗。乾道以来,有封桩、南库所贮金银楮券①,合为四千万缗②,孝宗尤所垂意。入绍熙以来,颇供好赐之用,似闻日减于旧云。

【注释】

①楮券:一种纸币,用楮纸印成的钱币。②缗(mín):计量单位,一千文为一缗。

【译文】

宋神宗经常因北狄强盛而愤怒,有收复幽燕的远大志向。于是在皇宫里另外设置一库,自己撰写四言诗说:"五季失图,狝犹孔炽。艺祖造邦,思有惩艾。爰设内府,基以募士。曾孙保之,敢忘厥志!"所有三十二仓库,每个仓库都贴上一个字,储存的谷物都塞满。又另外设置仓库,自己再次赋诗二十字,分别贴在上面。诗句为:"每虔夕惕心,妄意遵遗业。顾予不武资,何日成戎捷。"他用心立志到这种地步,国家帑藏之富的程度可想而知。熙宁元年,把奉宸库珠子拨付给河北戍边,在四榷场卖钱银,准备买马匹,所用的珠子的数量达二千三百四十三万颗。自孝宗乾道以来,封桩、南库所储藏的金银、钱币,一共四千万缗,孝宗特别留心。光宗绍熙年间以来,库藏颇供赏赐,好像听说库藏一天比一天减少。

【评析】

宋神宗是宋代君主中比较有作为的一位。他对疲弱的国内政治和外交深感不满,命王安石推行变法,以期振兴宋王朝。在生活上,宋神宗厉行节俭,他所宠信的臣子,无论是变法的王安石还是守旧的司马光,也都简朴不尚奢靡。省下来的钱都置于仓库中储藏起来,打算用作恢复国土的军费。事实上,宋代是中国封建史上经济最繁荣的朝代,据估算,其国民生产总值占当时世界的一半。宋朝是中国古代唯一长期不实行抑商政策的王朝。宋朝开创以来,即治坑矿、组织茶盐开发。因而大量从土地中解放出来的农民投入到商业、手工业中,民间经济受到刺激,突飞猛进,创造了空前的财富与繁荣。到了宋神宗执政中期的熙宁十年,全国税赋总收入共7070万贯,其中农业的两税2162万贯,占30%,工商税4911万贯占70%。所以一次拿出两千多万颗珍珠来买马,也不是什么难事。然而,财富如此之多的北宋王朝,却在历史上留下"积贫积弱"的评价,最终亡于国力远不如自己的金国,不能不令人感到诧异。

这是因为宋代为了集权,分割了宰相的权力,设置了参知政事来分散和牵掣宰相权力,宰相和参知政事统称为执政,而军政归于枢密院,其长官叫枢密使,枢密院与执政合称"二府"。财政大权另归于三司,其长官叫三司使,号称"计相"。这三者地位都差不多,都直属于皇帝。通过对相权的分割,防止了大臣专权的局面。但这也使得官员增多,开支增大,权力互相钳制、地方实力削弱。宋朝的财政极其混乱,人民虽富裕,政府财政却极端不足。如果在唐朝那样大一统的形势下,这当然是好现象,但北宋外有西夏、辽国窥视,军费不足直接导致军事上的失败,被迫以"岁币"求和,使国家财政更为困难。然而长期的国家政策使得增加财政收入和支出变得异常艰难,像司马光这样守旧的大臣就明确反对增加军费、对外用兵,只是一味地要求"节俭"。所以宋神宗才用王安石变法,并用设置在自己私人名下的库房支付军费。国家财政的主要用途是救灾和国防，该花的钱一定要花，不能因为要"节俭"就削减正常的支出。北宋王朝积聚了如此之多的财富，却没有将其转化为综合国力，只是堆在仓库里，最后全部被外族抢走了。这就是宋代"积贫积弱"给我们留下的历史教训。

政和文忌

【原文】

蔡京颛①国，以学校科举箝制多士，而为之鹰犬者，又从而羽翼之。士子程文，一言一字稍涉疑忌，必暗黜②之。有鲍辉卿者言："今州县学考试，未校文学精弱，先问时忌有无，苟语涉时忌，虽甚工不敢取。若曰：'休兵以息民，节用以丰财，罢不急之役，清入仕之流。'诸如此语，熙、丰、绍圣间，试者共用不以为忌，今悉继之，所宜禁止。"诏可。政和三年，臣僚又言："比者试文，有以圣经之言辄为时忌而避之者，如曰'大哉尧之为君'，'君哉舜也'，与夫'制治于未乱，保邦于未危'，'吉凶悔吝生乎动'，'吉凶与民同患'。以为'哉'音与'灾'同，而危乱凶悔非人乐闻，皆避。今当不讳之朝，岂宜有此！"诏禁之。以二者之言考之，知当时试文无辜而坐黜者多矣，其事载于《四朝志》。

【注释】

①颛：通"专"，专擅，专断。②暗黜：暗中降职或罢免。

【译文】

蔡京专擅国家大权的时候，通过学校科和举考试来践踏抑制很多士人，但那些愿意成为他鹰犬的人，却可以得到他的保护与提携。士子所写的文章，一句一字稍微涉及疑忌，一定会被他暗中取消录取资格。有个名为鲍辉卿的人进言说："如今州县学考试，还没有比较写文章水平的高低，而是先检查是否犯了当时的忌讳，假若语句涉及到时忌的，即使是文章的手笔再好也不敢录取。比如说：'休兵以息民，节用以丰财，罢不急之役，清入仕之流。'类似这样的语句，在熙宁、元丰，绍圣年间，参加考试的士人都可以用任何语句而无需时忌，如今再继续无忌讳的写作就会被黜免，所以应该禁止。"皇帝下诏同意。政和三年，朝中大臣又奏请说："考试的人比试文学，有使用圣经之言的，但却是时下忌讳而需要避讳的文字，比如说'大哉尧之为君'，'君哉舜也'，与'制治于未乱，保邦于未危'，'吉凶悔吝生乎动'，'吉凶与民同患'。认为'哉'与'灾'同音，而危乱凶悔这样的语句都是人们不愿听到的，也都要避免使用。如今是不忌讳的朝代，难道还适宜存在这样的忌讳？"于是皇帝下诏禁止这种情况。从两人的话中考察，就知道当时因考试文章无辜被坐黜者有很多，这些事都记载到了《四朝志》中。

【评析】

本文记载了北宋政和年间，奸臣蔡京等人用莫须有的文字忌讳扰乱科举考试的故事。汉字有一字多音、一字多义、字形相近的现象，如果故意歪曲，就会生出许多莫名其妙的解释。史载清同治七年，江苏常州武进贡士王国钧参加殿试时，名列前茅，考官拟定其为状元。"国钧"者，国柄之义也，正是掌权高官的好名字，可他偏偏姓王。当政的慈禧太后听到这个名字时不高兴地说："'王国钧'谐音不就是'亡国君'吗？这种姓名，还让他当官！"于是王国钧到手的状元就丢了，被贬入三甲，蹉跎一生。

这还算好的，更悲惨的是陷入文字狱之中。文字狱是封建社会统治者迫害知识分子的一种冤狱，皇帝和他周围的人故意从作者的诗文中摘取字句，罗织成罪，严重者会因此引来杀身之祸，甚至所有家人和亲戚都会受到牵连，遭满门抄斩乃至株连九族的重罪。文字狱历朝皆有，但以清朝最多，据记载，仅庄廷鑨《明史》一案，"所诛不下千余人"。从康熙年间到乾隆年间，就有十多起较大的文字狱，被杀人数之多可想而知。雍正八年，翰林院庶吉士徐骏在奏章里，把"陛下"的"陛"字错写成"狴"字，雍正见了，马上把徐骏革职。后来再派人一查，在徐骏的诗集里找出"清风不识字，何事乱翻书""明月有情还顾我，清风无意不留人"等诗句，于是雍正认为这是存心诽谤，照大不敬律斩立决。

江苏东台的举人徐述夔刊印《一柱楼诗集》，集中有诗句"举杯忽见明天子，且把壶儿抛半边"被指用"壶儿"喻"胡儿"，被暗指清朝。还有"明朝期振翮，一举去清都"被认为是"显有兴明灭清之意"。徐述夔及其子已死也开棺枭首示众，两个孙子虽携书自首，仍以收藏逆诗罪处斩。他的两个族人徐首发和徐成濯，名字连起来是"首发成濯"，根据《孟子》"牛山之木，若波濯濯,草木凋零也",因此认为这两人的名字连起来是首"发"成濯,是嘲笑清剃发之制,以大逆罪处死。沈德潜因为给徐述夔写过传记,又兼写过《咏黑牡丹》诗中有"夺朱非正色,异种也称王",尽管已死去多年,也被"革其职,夺其名,扑其碑,毁其祠,碎其尸"。文字狱造成社会恐慌,摧残人才。许多人才不敢过问政治,从而禁锢思想,严重阻碍了中国社会的发展和进步。

神宗待文武臣

【原文】

元丰三年,诏知州军不应举京官职官者,许通判举之。盖诸州守臣有以小使臣为之,而通判官入京朝,故许之荐举。今以小使臣守沿边小郡,而公然荐人改官,盖有司不举行故事也。神宗初即位,以刑部郎中刘述(今朝散大夫)久不磨勘①,特命为吏部郎中(今朝议大夫)。枢密院言:"左藏库副使陈昉恬静,久应磨勘,不肯自言。"帝曰:"右职若效朝士养名②而奖进之,则将习以为高③,非便也。"翌日以兵部员外郎张问(今朝请郎),十年不磨勘,特迁礼部郎中(今朝奉大夫)。其旌赏驾御,各自有宜,此所以为综核名实之善政。见《四朝志》。

【注释】

①磨勘:提拔的意思。②养名:故作清廉,为自己招揽名声。③习以为高:培养官僚向上爬的恶习。

【译文】

宋神宗元丰三年(公元1080年),下诏让那些知州、知军不应试京官职位的人,可以由通判举荐。可能各州的守臣有的以小使臣的身份充当,而通判官由京官充任,可以入京朝见圣上,所以让他们举荐。叫小使臣驻守沿边小郡,而且还可以公开举荐改官,可能是因为有关职能部门不能按照故有条例办事的缘故。神宗继位之初,因为刑部郎中刘述长时间未受提拔,特任命为吏部郎中。枢密院进言说:"左藏库副使陈昉为人安分,久未提拔,自己又不肯申诉,这种情况该怎么办呢?"皇上说:"左藏库副使如果效法过去的朝士,一意培养自己的名声,而又受到奖励晋升,这样就将纵容大家沽名钓誉的恶习,绝非妥善的办法。"第二天因兵部员外郎张问十年不曾提拔，特晋升为礼部郎中。这种表彰奖励，各自有他们的稳妥之处，这就叫作能综核名实的善政，其事见于《四朝志》。

【评析】

宋神宗是北宋一朝比较有作为的皇帝。因为时代久远，我们无法知道他的这种提拔人才的细节情况，因此无法判断他的这种方法是否为最佳。不过，有一点是可以肯定的，他的这种方法与他主导的变法是遥相呼应的。作者写下这则随笔，可能在影射或感叹南宋朝的蝇营狗苟的官场风气。

夫人宗女请受

【原文】

戚里宗妇封郡国夫人，宗女封郡县主，皆有月俸钱米，春冬绢绵，其数甚多，《嘉祐禄令》所不备载。顷见张抡娶仲儡女，封遂安县主，月入近百千，内人请给，除粮料院帮勘①、左藏库所支之外，内帑②又有添给，外庭不复得知。因记熙宁初，神宗与王安石言，今财赋非不多，但用不节，何由给足？宫中一私身之奉，有及八十贯者，嫁一公主，至用七十万缗，沈贵妃料钱月八百贯。闻太宗时，宫人唯系皂绸襜，元德皇后尝以金线缘襜而怒其奢。仁宗初定公主俸料，以问献穆大主，再三始言，其初仅得五贯耳。异时③，中官月有止七百钱者。礼与其奢宁俭，自是美事也。一时旨意如此，不闻奉行。以今度之，何止十百倍也。

【注释】

①帮勘：帮助审查。②内帑（tǎng）：指国库里的钱财。③异时：过去。

【译文】

皇帝亲戚的宗妇被封为郡国夫人，宗女封郡县主，都有月俸钱米，春冬绢绵，而且数量很多，《嘉祐禄令》记载得不够完备。不久前看到张抡娶了赵仲儡的女儿，被封为遂安县主，每月收入近十万，内人的供给，除粮料院帮助审核左藏库所支之外，国家内库还有添给，其数额多少外庭就不得而知了。因而想起神宗熙宁初年，神宗曾对王安石说，如今财富并不是不丰富，但不能节制使用，这如何能供给充足呢？宫中一个私人的俸禄，有达八十贯的，嫁一个公主，费用就达七十万缗，沈贵妃的食料钱每月有八百贯。听说太宗时，宫中的人只穿皂色粗绸短便衣，即使这样元德皇后还常由于有人穿金线的衣服而怒斥其奢侈。仁宗初定了公主的俸禄，开始问献穆大公主。问了几遍才说了个数，当时仅有五贯。过去，宦官的月俸只有七百钱罢了。从礼节上说是与其奢侈毋宁俭朴，这是美德好事。那时皇上旨意如此，但没有多少人遵照执行。与今天相比，超过从前何止十倍百倍！

【评析】

一无所有者要变革，既得利益者要维持现状，自古以来，这两种力量的交锋从来就没有停止过。通过这则故事，我们从一个侧面窥见了北宋末年"冗费"弊政的一角，也就粗浅地理解了王安石的变法为何要来得如此峻急。

杯水救车薪

【原文】

孟子曰："仁之胜不仁也，如水胜火，今之为仁者，犹以一杯水救一车薪之火也，不熄，则谓之水不胜火。"予读《文子》[①]，其书有云："水之势胜火，一勺不能救一车之薪；金之势胜木，一刃不能残一林；土之势胜水，一块不能塞一河。"文子，周平王时人，孟氏之言盖本于此。

【注释】

①《文子》：为辛文子所作，文子春秋战国时人，生卒年不详，散文家，祖籍宋国（今河南商丘），代表作品为《文子》。

【译文】

孟子说："仁义战胜不仁，就像水战胜火，现在讲仁义的人，就像是拿一杯水去扑灭一车木柴燃起的火，不会熄灭，就说水不能胜火。"我读《文子》时，其中有这样一段话："水的势头可以战胜火，但一勺水却不能扑灭一车木柴燃起的火；金的势头可以战胜木，但一把刀却不能砍倒一片树林；土的势头可以战胜水，但一块土却无法阻挡一条河。"文子是周朝平王时期的人，孟子的话大概是从文子这里来的。

【评析】

本文引用了《孟子》与《文子》中的两段话，直截了当地讲述了一杯水不能够扑灭一车薪火的道理。水虽然可以灭火，但是面对一车薪火而言，一杯水的力量太微不足道了。兵法说："知已知彼，百战百胜。"杯水车薪，自然是无济于事。不审时度势，反省自己是否尽了全力，而是自以为火不可灭，灰心丧气，放弃斗争。长他人志气，灭自己威风，这实际上是助纣为虐。所以，当不能取胜的时候，应自知努力不够而加强力量，改杯水车薪为桶水车薪、池水车薪，最好是再加上水龙和其他现代化灭火器。如此一来，莫说是车薪，就是你一屋子的薪所燃烧的熊熊烈火也照灭不误。

秦汉重县令客

【原文】

秦、汉之时，郡守县令之权极重，虽一令之微，能生死人，故为之宾客者，邑人①不敢不敬。单父人吕公善沛令，辟仇②从之客，沛中豪杰吏闻令有重客，皆往贺。谓以礼物相庆也。司马相如③游梁归蜀，素与临邛令王吉相善，来过之，舍于都亭。临邛富人卓王孙、程郑相谓曰："令有贵客，为具召之，并召令。"相如窃王孙女归成都，以贫困复如临邛，王孙杜门不出。昆弟诸公更谓王孙曰："长卿人材足依，且又令客，奈何相辱如此！"注云："言县令之客，不可以辱也。"是时为令客者如此。今士大夫为守令故人，往见者虽未必皆贤，岂复蒙此礼敬。稍或戾于法制④，微有干托，其累主人必矣。

【注释】

①邑人：同乡之人。②辟仇：躲避仇家。③司马相如：字长卿，汉族，蜀郡（今四川省南充）人，西汉大辞赋家。其代表作品为《子虚赋》。作品词藻富丽，结构宏大，使他成为汉赋的代表作家，后人称之为"赋圣"。他与卓文君的私奔故事也广为流传。④戾于法制：违背法制。戾，违背。

【译文】

在秦朝和汉朝的时候,郡守县令的权势很重要,虽然一个县令官职地位十分低微,但掌有生杀大权,所以县令的宾客,老百姓都不敢对其不敬。单父人吕公和沛县县令关系友好,因躲避仇家到沛县县令家中做客,沛县的豪杰听说县令有贵客来临,都前往祝贺,还带着礼物。司马相如从梁国回到蜀地,素来与临邛县令王吉关系要好,经过临邛时,留宿在客馆。临邛富人卓王孙、程郑商量说:"县令家来了位贵客,置办酒席宴请他,趁机会将县令也一同宴请来。"司马相如偷带卓文君去了成都,因为贫困又回到临邛,卓王孙待在家中不出去。兄弟等人对卓王孙说:"长卿的品格才能足可以信任,况且他又是县令的客人,为何要这样为难他呢?"注释说:"说是县令的客人,不可以侮辱。"当时县令的客人待遇就如此好了。而现在的太守县令的老朋友,来往相见的人虽然未必都是贤人,还有谁可以受到如此待遇呢?有人稍稍违背法制,微有请托,一定会连累主人了。

【评析】

本文中洪迈首先提出自己的观点,然后通过举例论证这个观点。文章中第一句就提出中心论点:秦朝和汉朝时期,虽然县令的官职很低微,但是由于掌管着生杀大权,所以县令的宾客十分受到百姓的重视,没有敢对其不敬的。然后通过列举两个例子议论了这个观点。一是单父人吕公因"辟仇从之客"而受到"沛中豪杰""皆往贺";二是司马相如"窃王孙女归成都,以贫困复如临邛",但是由于"素与临邛令王吉相善"并且"卿人材足依"而受到尊重。从这里可以看出,古代人们能受到尊重,除了凭借家世显赫、学问渊博外,还能依靠其朋友的信誉或地位高低。

颜鲁公戏吟

【原文】

陶渊明作《闲情赋》,寄意女色。萧统以为白玉微瑕[1]。宋广平作《梅花赋》,皮日休[2]以为铁心石肠人而亦风流艳冶如此。《颜鲁公集》有七言联句四绝,其目曰:《大言》、《乐语》、《嚵语》、《醉语》。于《乐语》云:

"苦河既济真僧喜,新知满坐笑相视。戍客归来见妻子,学生放假偷向市。"《嗢语》云:"拈碟舐指不知休,欲炙侍立涎交流。过屠大嚼肯知羞,食店门外强淹留。"《醉语》云:"逢糟遇曲便酩酊,覆车坠马皆不醒。倒著接䍦发垂领,狂心乱语无人并。"以公之刚介守正③,而作是诗,岂非以文滑稽乎!然语意平常,无可咀嚼,予疑非公诗也。

【注释】

①白玉微瑕:洁白的玉上有些小斑点。比喻很好的人或物有些小缺点,美中不足。②皮日休:字袭美,一字逸少,尝居鹿门山,自号鹿门子,又号间气布衣、醉吟先生。晚唐文学家、散文家,与陆龟蒙齐名,世称"皮陆"。后参加黄巢起义,或言"陷巢贼中",任翰林学士,起义失败后不知所踪。③刚介守正:刚强耿介、恪守正道。

【译文】

陶渊明所作的《闲情赋》,寄托情感在女色上,萧统认为这是陶渊明写诗的缺点。宋广平写了一首《梅花赋》,皮日休就认为宋广平虽然铁心石肠,但也有这样的风流艳词。《颜鲁公集》中有七言联句四绝,它的题目分别为《大吉》《乐语》《嗢语》《醉语》。在《乐语》中说:"苦河既济真僧喜,新知满坐笑相视。戍客归来见妻子,学生放假偷向市。"《嗢语》说:"拈碟舐指不知休,欲炙侍立涎交流。过屠大嚼肯知羞,食店门外强淹留。"《醉语》说:"逢糟遇曲便酩酊,覆车坠马皆不醒。倒著接䍦发垂领,狂心乱语无人并。"从颜公的刚强、耿介、持心守正来说,所作的诗文,难道是用作诗的方式表达幽默吗?但诗文的语言意象很平常,没什么可回味的,我怀疑不是鲁公的诗。

【评析】

本篇文章洪迈从颜公的刚介守正的品性特点上对《颜鲁公集》中的七言联句四绝提出猜疑。洪迈首先在本文的开头说道,萧统认为陶渊明的《闲情赋》寄情于女色是他写诗的缺点;皮日休从宋广平虽铁石心肠,但其《梅花赋》却是风流艳词。虽然《颜鲁公集》中有七言联句四绝,语意平常,无可咀嚼,不像颜公的风格,这与上述陶渊明和宋广平出现的问题极其相似,但洪迈并没有被萧统和皮日休的观点干扰,洪迈认为从颜公的个性刚介守正,作诗不可能是为了幽默,所以怀疑这些诗句并非颜公所作。这篇文章也告诉我们这样一个道理:我们在做事情或看问题时,也应该要像洪迈这样,有自己的想法,不能轻易受到别人的观点干扰。

郡后主婿宫

【原文】

本朝宗室袒免①亲女出嫁,如婿系白身人②,得文解者为将仕郎,否则承节、承信郎,妻虽死,夫为官如故。按,唐贞元中,故怀泽县主婿检校赞善大夫窦克绍状言:"臣顷以国亲,超授宠禄,及县主③薨逝,臣官遂停。臣陪位出身,未授检校官,自有本官,伏乞宣付所司,许取前衔婺州司户参军随例调集。"诏"许赴集,仍委所司比类前任正员官依资注拟④。自今已后,郡县主婿除丁忧外,有曾任正员官停检校官俸料后者,准此处分"。乃知婿官不停者,恩厚于唐世多矣。绍兴中,高士衮尚伪福国长公主,至观察使。及公主事发诛死,犹得故官,可谓优渥⑤。

【注释】

①袒免:袒衣免冠,这里指五服以外的远亲,不在服丧之列,唯脱上衣露左臂,脱冠束发,以示哀思。②白身人:旧指平民。亦指无功名无官职的士人或已仕而未通朝籍的官员。③县主:皇族女子的封号。④依资注拟:凭资历高低给予安排官职。⑤优渥:丰足优厚。

【译文】

本朝宗室五代以内的亲女出嫁,如女婿是没有功名职位的人,懂文辞的就任命为将仕郎,否则就为授承节、承信郎,即使是妻子过世了,丈夫官职依然不变。据考查,在唐德宗贞元年间,怀泽县主的夫婿检校赞善大夫窦克绍有上奏说:"近来臣因是国亲的缘故,越级封官并享有俸禄,等到县主去世,臣的官职就被停止了。臣本有做官的资历,在没有授予我检校官职位之前,我就有官衔,请求宣令有关部门,允许我恢复以前的官衔,即婺州司户参军并随例调集。"德宗批准下诏说:"允许赴职选调,仍委派有关部门比照前任正员官，凭资历高低给予安排官职。从今以后，郡主、县主的夫婿除亲人去世必须服丧以外，曾经有担任过员官，后来被停供给检校官俸禄的人，准许用这个办法处理。"自此可以知道女婿的官职不被废止，这种恩惠比唐代厚重多了。宋高宗绍兴中，高士荟娶伪福国长公主，升官至观察使。等到公主出了事情被杀死，而高士荟还可以担任他的官位，待遇可真够优厚的。

【评析】

  本篇文章主要是讲述五代以内的亲女出家，如果女婿没有功名职位，就会授予官职，之后如果女方去世，女婿官职在朝中官职的变动情况。本文详细地说明了这种情况：本朝新女婿无功名，懂文则为将仕郎，否则为承节、承信郎，妻死官位不变；唐德宗贞元年间，妻死官职停止，除婚前已有官职的除外；但也有特殊情况出现，像宋高宗绍兴中，高士荟之妻被杀死后，高士荟并没有因此被撤去官职。

容斋四笔

周三公不特置

【原文】

周成王董正①治官,立太师、太傅、太保,兹惟三公,而云:"官不必备,惟其人。"以书传考之,皆兼领六卿,未尝特置也。周公既为师,然犹位冢宰②,《尚书》所载召公以太保领冢宰,芮伯为司徒,彤伯为宗伯,毕公以太师领司马,卫侯为司寇③,毛公以太傅领司空是已。其所次第惟以六卿为先后,而师傅之尊乃居太保下也。

【注释】

①董正:监督纠正;督察整顿。②冢宰:即太宰。西周置,位次三公,为六卿之首。太宰原为掌管王家财务及宫内事务的官。③司寇:西周始置,位次三公,与六卿相当,与司马、司空、司士、司徒并称五官,掌管刑狱、纠察等事。

【译文】

周成王加强吏治,设立太师、太傅、太保,是为三公,说:"官不需要很多,只要有得力的人才就可以了。"依据书传来考证它,当时三公都兼领六卿职位,从来没有单独设立过。周公既是太师,又位居宰相之职。《尚书》记载召公以太保兼领宰相职,芮伯为司徒,彤伯为宗伯,毕公以太师兼领司马,卫侯为司寇,毛公以太傅兼领司空等等。他们官衔的高低只是以六卿的高低为标准,而太师、太傅的位次又居于太保之下。

【评析】

洪迈在这段文字中反驳了周成王执政时单独设立三公之事。虽然周公身居太师和宰相这两个职位，但是他们的官衔高低只能以六卿的高低为标准，太师与太傅官位在太保之下，所以没有权利设立太师、太傅、太保为三公。

毕仲游二书

【原文】

元祐初①，司马温公当国②，尽改③王荆公所行政事，士大夫言利害者以千百数，闻朝廷更化，莫不欢然相贺，唯毕仲游一书究尽本末。其略云："昔安石以兴作之说动先帝，而患财之不足也，故凡政之可以得民财者无不用。盖散青苗、置市易、敛役钱、变盐法者，事也，而欲兴作患不足者，情也。苟未能杜其兴作之情，而徒欲禁其散敛变置之事，是以百说而百不行。今遂欲废青苗、罢市易、蠲役钱、去盐法，凡号为财利而伤民者一扫而更之，则向来用事于新法者，必不喜矣。不喜之人，必不但曰青苗不可废，市易不可罢，役钱不可蠲，盐法不可去，必探不足之情，言不足之事，以动上意，虽致石人而使听之，犹将动也。如是则废者可复散，罢者可复置，蠲者可复敛，去者可复存矣。则不足之情可不预治哉！为今之策，当大举天下之计，深明出入之数，以诸路所积之钱粟一归地官，使经费可支二十年之用。数年之间，又将十倍于今日。使天子晓然知天下之余于财也，则不足之论不得陈于前，然后所谓新法者，始可永罢而不复行矣。昔安石之居位也，中外莫非其人，故其法能行。今欲救前日之敝，而左右侍从职司使者，十有七八皆安石之徒，虽起二三旧臣，用六七君子，然累百之中存其十数，乌在其势之可为也！势未可为而欲为之，则青苗虽废将复散，况未废乎！市易虽罢且复置，况未罢乎！役钱、盐法亦莫不然。以此救前日之敝，如人久病而少间，其父兄子弟喜见颜色，而未敢贺者，意其病之在也。"先是东坡公在馆阁，颇因言语文章，规切时政，仲游忧其及祸，贻书戒之曰："孟轲不得已而后辩，孔子欲无言。古人所以精谋极虑，固功业而养寿命者，未尝不出乎此。君自立朝以来，祸福利害系身者未尝言，顾直惜其言尔。夫言语之累，不特出口者为言，其形于诗歌、赞于赋颂、托于碑铭、著于序记者，亦言也。今知畏于口而未畏于文，是其所是，则见是者喜；非其所非，则蒙非者怨。喜者未能济君之谋，而怨者或已败君之事矣。天下论君之文，如孙膑之用兵、扁鹊之医疾，固所指名者矣，虽无是非之言，犹有是非之疑。又况其有耶！官非谏臣，职非御史，而非人所未非，是人所未是，危身触讳以游其间，殆由抱石而救溺也。"二公得书耸然，竟如其虑。予顷修史时，因得其集，读二书，思欲为之表见，故官虽不显，亦为之立传云。

【注释】

①元祐初：宋哲宗元祐初年。②当国：上台执政。③尽改：全部废除。

【译文】

宋哲宗元祐初年，司马光上台执政，全部废除了王安石所推行的新法。议论新法利害关系的士大夫成百上千，当听说朝廷更改法度时，无不欢庆相贺，唯有毕仲游在其上书中，对新法的前后利弊作了详尽的分析。上书中大致这样说："过去王安石以振兴革弊的语言打动了神宗皇帝，由于担心国家财力不足，所以凡可以获得民财的措施无不采用。像散发青苗钱、推行市易法、收取敛役钱、变更盐法等，都是他所采取的办法。而振兴改作，忧虑国贫之说，则是他能诱惑人的根源。如果不能杜绝他振兴改作的说词，而仅仅是禁止他推行的聚敛民财的措施，这是百说百不行的事。现在要立刻废除青苗、罢去市易、蠲免役钱、废除盐法，把凡认为聚敛财利有害于民的新法一概废除，那么向来倾心于推行新法的人必定加以反对。这些反对者，必然不但会说青苗不可废，市易不可罢，役钱不可蠲，盐法不可去，而且还会探求财政不足之情，申辩财政不足之事，以此来打动当今皇帝之心，即使铁石心肠之人听了这些论辩之词，也会为之感动。如果真是这样的话，废除的可以再重来，罢去的可以再复置，蠲免的可再收敛，取消的可重新保持下来。如此说来，怎么能不预先考虑消除财力不足的实际情况呢？当今之策，应当统一整顿天下的财政，深入而详细地了解财政收入和支出的情况，将各路积聚的钱粮，交由户部统一掌管，保证国家经费可支付二十年之用。这样数年之间，财政收入将会高十倍于今日。使天子确切知道天下的财物有大量余剩，那么财政不足的议论就不会纷纷上奏朝廷，这样，过去推行的所谓新法就可永久废除而不会再有反复的情况了。过去王安石执政时，朝中内外无不是他的支持者。所以他的新法能够推行。今日要惩改前日的弊端，而皇帝左右的侍从以及任职司使之类的官，十有七八是王安石的党徒，虽然起用二三个旧臣僚，录用六七个厚德之人，但在数百官僚中也仅占十几人，在这种情况下怎么可以废除新法呢？在形势不允许的情况下执意要这样做，那么青苗法虽废还可以再实行，更何况还没有废除呢！市易法虽罢也将会再设置，何况也还未罢去呢！役钱、盐法也都如此。用这种方式以革除前日新政的弊端，犹如人长久生病而稍有好转，他的父兄子弟虽可喜形于色，而不敢为此庆贺，因为他的病根仍然在身。"过去苏东坡在馆阁任职时，经常发表议论和文章以规诫、切论时政得失。毕仲游担心他会因此而灾祸临身，致书告诫他说："孟子在不得已的情况下申辩，孔子欲说而无言。古人之所以精心谋划、周密考虑，未尝不是明哲保身的做法，以保护、巩固功名成就和延长寿命。君自入朝廷为官以来，有关自身祸福利害的话从未说过，看上去真像是吝惜自己的语言。但大凡因言语受牵累的，不仅仅是出于口中说的，其他表现于诗歌、赋颂碑铭、序记的也是语言。现在你只担心出自于口的语言，而不忌讳形诸于文字的语言。文章言论中你认为对的就直书其对，受到你肯定者必然高兴。你认为错的就直言其错，遭到你指责的必然怨愤。高兴者对你的主张不能有所帮助，而怨愤者可能败坏你的事情。天下人议论你的文章，就像议论孙膑用兵、扁鹊行医一样会指名道姓，即使你的文章中没有评论是非的言论，但也有述说是非的嫌疑，更何况有的直接评论了是非呢！你官非谏臣，职非御史，而非议别人未曾非议过的事情，赞同别人未曾赞同过的东西，触犯了许多忌讳的问题，使自己处于险境，这真像抱着石头去营救溺水的人一样。"司马光、苏轼分别得到以上两篇文书之后，都有惊惶之感。后来的结果正如毕仲游所预料的那样。我不久参与编修国史时，看到了毕仲游的文集，阅读这两文章时觉得很有见地，因此毕仲游官位虽不显贵，也为他单独立传以扬其言。

【评析】

毕仲游，北宋代州云中（今山西大同）人，生长在官宦之家，24岁登进士第，开始了宦场生涯。毕仲游早年受知于司马光，也是反对王安石变法的一员。宋神宗病逝后，年幼的宋哲宗赵煦即位，由高太后垂帘听政，司马光等昔日的重臣们又得以重新掌政，于是尽废新法，史称"元祐更化"。旧党官员个个欢欣鼓舞，而改革派人士如蔡确、章惇、吕惠卿、曾布等人全被贬黜。这时，冷静的毕仲游写信给司马光，阐述了自己的看法，认为不应该高兴得太早。果然，元祐八年九月，高太后去世，宋哲宗掌握大权。他全面否定元祐更化，大力打击元祐大臣。毕仲游也被列入"元祐奸党"，此后患难流离，"甘忍贫贱，百为皆废"，贫病交集，郁郁而终。从他给司马光、苏轼的两封信中，可以看出毕仲游晓畅世事，并不执拗。《宋史》载，太原铜器名天下，毕仲游在出任河东路刑狱期间一件铜器也没买，怕人认为他故意卖弄清廉，卸任时买了两只茶匙。或许在今人看来，他的行为可能有些虚伪，但是比起王安石、司马光又有可称道之处。王安石被称为"拗相公"，苏轼给他的新法提合理建议，他都毫不理会。而司马光废除新法，实在是带有十余年来政治上郁郁不得志的个人仇恨情绪，以至酿成党争。苏轼也曾将自己实践免役法的好处告诉司马光，但司马光一意孤行。苏轼十分愤慨，怒呼："司马牛，司马牛！"从这两件事也可看出苏轼此人"不太会说话"，提出正确的意见却不能被执政者采纳，反而遭受怨恨。这也正是毕仲游劝诫他的。毕仲游为文长于策论，论事明白详尽，切中情理，不为浮夸诞漫之谈。虽然在后人看来，他反对变法的理由和提出的废除新法后的善后之策几近迂腐，毫无事实基础，但是在当时的官员中，也算得上是合格的政治家了。因此作者将其记录下来，作为榜样。

诏令不可轻出

【原文】

人君一话一言，不宜轻发①，况于诏令形播告者哉。汉光武初即位，既立郭氏为皇后矣，时阴丽华②为贵人，帝欲崇以尊位，后固辞，以郭氏有子，终不肯当。建武九年，遂下诏曰："吾以贵人有母仪之美，宜立为后，而固辞不敢当，列于媵妾。朕嘉其义让，许封诸弟。"乃追爵其父及弟为侯，皆前世妃嫔所未有。至十七年，竟废郭后及太子强，而立贵人为后。盖九年之诏既行，主意移夺已见之矣。郭后岂得安其位乎？

【注释】

①不宜轻发：不应该轻易说出。②阴丽华：东汉王朝开国皇帝刘秀的第二任皇后，春秋时期的一代名相管仲的后裔。阴丽华在历史上以美貌著称。

【译文】

君主的每一句话都不应该轻易说出,何况以诏书命令形式告知于天下百姓呢!汉光武帝刚即位时,就册立了郭氏为皇后。当时阴丽华还为贵人,光武帝想要推崇她为皇后,但阴丽华坚决推辞,由于郭氏有儿子,阴丽华最终没有同意做皇后。建武九年,光武帝下诏说:"我认为阴贵人有母仪天下应有的美德,能做天下女子的表率,应该立她为皇后,但阴贵人坚决推辞,不愿升居皇后之位,愿意位居嫔妃之位。我嘉赏她的谦让,准许封她的弟弟为官。"于是追封她的父亲和弟弟为侯爵,这在过去的所有嫔妃中是从来不可能享有的赐封。等到建武十七年,光武帝竟然废去了郭皇后和太子强,而册立阴贵人为皇后。这样,建武九年的诏令既然已经实行,之后光武帝又改变主意册封阴丽华为皇后,因此从这里也就看清楚了。郭皇后怎么能够安居于她的皇后之位呢?

【评析】

从这段的历史背景可以看出,汉光武帝刚即位就想要立阴丽华为后,但是由于阴丽华没有孩子,也没有高贵的外家,而郭皇后不但生出了长子,还有高贵的身份。在阴丽华的坚持和汉光武帝的考虑下,没有封阴丽华为皇后,她只能做了嫔妾。但是汉光武帝考虑周全,下诏说阴丽华有母仪之态,应该封其为皇后,但是由于阴丽华谦虚不愿做皇后,追封了她的父亲和兄弟为侯爵,从这里就可以看出,汉光武帝此时已经有了封阴丽华为后之心,只是迫于阴丽华没有坚实的靠山,封其父兄为侯爵是为了能够顺利地封她为皇后做基础。汉光武帝的司马昭之心,路人皆知了,唯独郭皇后没有看清状况,还依然安居于皇后之位。汉光武帝下诏说的那一番话,看来不是轻易就说出的,可谓是经过了深思熟虑。

诸家经学兴废

【原文】

稚子①问汉儒所传授诸经,各名其家,而今或存或不存,请书其本末为《四笔》一则。乃为采摭②班史及陆德明《经典释文》并它书,删取纲要,详载于此。《周易》③传自商瞿始,至汉初,田何以之颛门④。其后为施仇、孟喜、梁丘贺之学，又有京房、费直、高相三家。至后汉，高氏已微，晋永嘉之乱⑤，梁丘之《易》亡。孟、京、费氏人无传者，唯郑康成、王弼所注行于世。江左中兴，欲置郑《易》博士，不果立，而弼犹为世所重。韩康伯等十人并注《系辞》，今唯韩传。《尚书》自汉文帝时伏生得二十九篇，其后为大小夏侯之学⑥。古文者，武帝时出于孔壁，凡五十九篇，诏孔安国作传，遭巫蛊事，不获以闻，遂不列于学官，其本殆绝，是以马、郑、杜预之徒皆谓之《逸书》。王肃尝为注解，至晋元帝时，《孔传》始出，而亡《舜典》一篇，乃取肃所注《尧典》分以续之，学徒遂盛。及唐以来，马、郑、王注遂废，今以孔氏为正云。《诗》⑦自子夏之后，至汉兴，分而为四，鲁申公曰《鲁诗》，齐辕固生曰《齐诗》，燕韩婴曰《韩诗》，皆列博士。《毛诗》者出于河间人大毛公，为之故训，以授小毛公，为献王博士，以不在汉朝，不列于学，郑众、贾逵、马融皆作《诗》注，及郑康成作笺，三家遂废。《齐诗》久亡，《鲁诗》不过江东，《韩诗》虽在，人无传者，唯《毛诗》郑笺独立国学，今所遵用。汉高堂生传《士礼》十七篇，即今之《仪礼》也。《古礼经》五十六篇，后苍传十七篇，曰《后氏曲台记》，所余三十九篇名为《逸礼》。戴德删《古礼》二百四篇为八十五篇，谓之《大戴礼》，戴圣又删为四十九篇，谓之《小戴礼》。马融、卢植考诸家异同，附戴圣篇章，去其烦重及所缺略而行于世，即今之《礼记》也。王莽时，刘歆⑧始建立《周官经》，以为《周礼》⑨，在《三礼》中最为晚出。左氏为《春秋传》，又有公羊、谷梁、邹氏、夹氏。邹氏无师，夹氏无书。《公羊》兴于景帝时，《谷梁》盛于宣帝时，而《左氏》终西汉不显。迨章帝，乃令贾逵作训诂，自是《左氏》大兴，二传渐微矣。《古文孝经》二十二章，世不复行，只用郑注十八章本。《论语》三家：《鲁论语》者，鲁人所传，即今所行篇次是也；《齐论语》者，齐人所传，凡二十二篇；《古论语》者，出自孔壁，凡二十一篇。各有章句⑩。魏何晏集诸家之说为《集解》，今盛行于世。

【注释】

①稚子：幼子，小孩。②采摭（zhí）：采集摘录。③《周易》：我国古哲学书籍，是建立在阴阳二元论基础上对事物运行规律加以论证和描述的书籍，其对于天地万物进行性状归类，天干地支五行论，甚至精确到可以对事物的未来发展做出较为准确的预测。④颛（zhuān）门：谓独立门户，自成一家。颛，通

"专"。⑤永嘉之乱：永嘉五年，匈奴攻陷洛阳、掳走怀帝的乱事。⑥大小夏侯之学：夏侯胜开创的"大夏侯学"和夏侯建开创的"小夏侯学"。⑦《诗》：即《诗经》，是我国最早的诗歌总集。收入自西周初年至春秋中叶大约五百多年的诗歌。⑧刘歆：字子骏，西汉后期的著名学者。他不仅在儒学上很有造诣，而且在目录校勘学、天文历法学、史学、诗等方面都堪称大家。⑨《周礼》：儒家经典，今从其思想内容分析，则说明儒家思想发展到战国后期，融合道、法、阴阳等家思想，与春秋孔子时思想发生极大变化。⑩章句：剖章析句。经学家解说经义的一种方式。亦泛指书籍注释。

【译文】

　　我的幼子问我，汉代儒家所传授的各种经典，各有不同的版本，而如今有的保存了下来，有的已经散失。请我将诸经的源流本末写成一文收于《四笔》之中。于是我采集摘录班固的《汉书》、陆德明的《经典释文》以及其他的史书的记载，删删减减提取纲要，详尽地记载在这里。《周易》从春秋商瞿时期开始流传，一直到西汉初期，田何将其发展为一门专门的学问，其后分为施仇、孟喜、梁丘贺之学，继而又有京房、费直、高相三家之说。到了东汉，高氏之说已经衰败。西晋永嘉之乱时，梁丘贺所撰写的《周易》已经失传。孟喜、京房、费直的学说也没能相传下去，只有郑玄、王弼所作的注释本流传于世。东晋中兴，将要设置郑玄注《易》学博士，结果没有成立，而王弼所注释的《易》学更为世人所重视。韩康伯等十人都曾经为《系辞》作过注释，但现在只有韩康伯的注释的《系辞》流传了下来。今文《尚书》一书最早由西汉文帝时的伏生传授，一共有二十九篇，之后又有夏氏开创的"大夏侯学"和"小夏侯学"之学。古文《尚书》是汉武帝时期从孔子住宅夹壁中发现的，共有五十九篇，武帝曾诏令孔安国作注释，因为之后发生了巫蛊之祸，孔安国为《尚书》所作的注释也从来没有见到过，于是也就没能将古文《尚书》列于官学，这本古书几乎绝世了，因此马融、郑玄、杜预等人都称古文《尚书》为《逸书》。王肃也曾为该书作过注解。到东晋元帝时，古文尚书的《孔传》本开始出现，但失传了《舜典》一篇，于是摘录王肃所注的《尧典》加以补续，于是学习《孔传》的人逐渐变多了。等到唐朝的时候，马融、郑玄、王肃为古书《尚书》作的注传就不再使用了，现在以孔氏本为正本传习。《诗经》自子夏之后，一直到汉朝时期，出现了了四家传习者。鲁国申公所传称为《鲁诗》，齐国辕固生所传的称《齐诗》，燕国韩婴所传的称《韩诗》，这些人都是西汉时设立的博士，他们专门对其进行研究、讲授。《毛诗》则出于河间人大毛公，因为他专门为此书作注释，所以这样称呼他。他又把所传的《毛诗》传授给了小毛公。大毛公曾任河间献王的博士，由于不在汉朝，所以没有被列入官学。郑众、贾逵、马融都为《诗经》作了注解，但是等到郑玄的笺注出现后，他们三家的注释就废而不用了。《齐诗》不久就失传了，《鲁诗》没有在江东一带流传，《韩诗》虽然保存下来，却无传授之人。只有郑玄笺注的《毛诗》被国学单独采用，一直沿用到现在。汉代高堂生所传《士礼》十七篇，就是现在的《仪礼》。《古礼经》共有五十六篇，后苍传下来十七篇，称为《后氏曲台记》，其余的三十九篇称为《逸礼》。戴德曾将《古礼》的二百零四篇删减为八十五篇，叫作《大戴礼》，戴圣又将其删减为四十九篇，称为《小戴礼》。马融、卢植辨析诸家的异同，主要是以戴圣《小戴礼》中的篇章为主，删去此书繁琐、重复部分并且补足缺略的部分，之后此书就流传于世，这就是现在的《礼记》。西汉王莽执政时期，刘歆开始创立《周官经》学，也称为《周礼》，在《三礼》中此书是最晚出现的。左氏作《春秋传》，除此还有公羊、谷梁、邹氏、夹氏四家。邹氏没有后人传授，夹氏之书不传于世。《公羊》学起兴于汉景帝时期，《谷梁》学在汉宣帝时期流传兴盛，但《左氏》学一直到西汉末年也不为世人所重视。等到东汉章帝时期，才诏令贾逵为《左氏春秋》作注解，自此以后，《左氏春秋》流传兴盛起来，而《公羊》《谷梁》学逐渐衰微。《古文孝经》共二十二章，已经不流传于世，现在用的是郑注释的十八章本。《论语》有三家：有《鲁论语》，这是由鲁国人传授，就是现在所流行的版本；有《齐论语》二十二篇，这是齐国人所传授的；还有从孔子住宅墙壁中发现的《古论语》，共二十一篇。这三家传本都有章句解释。曹魏时期何晏汇集诸家之说撰为《集解》，今天盛行于世。

【评析】

本文是作者为教育幼子而编写的儒学典籍发展流变的历史，对学习国学的入门者有一定的帮助。经学原本是泛指各家学说要义的学问，但在汉代独尊儒术后为特指研究儒家经典，解释其字面意义、阐明其蕴含义理的学问。经学是我国古代学术的主体，仅《四库全书》经部就收录了经学著作1773部，两万多卷。经学中蕴藏了丰富而深刻的思想，保存了大量珍贵的史料，是儒家学说的核心组成部分。西汉时将《诗》《书》《礼》《易》《春秋》定为五经，唐代将《礼》拆为《仪礼》《周礼》与《礼记》,《春秋》拆做《左传》《公羊传》与《谷梁传》,到北宋时陆续添加《尔雅》《论语》《孝经》和《孟子》,合做十三经。儒家经典最为著名的编订方式是朱熹所定,将五经加上《论语》《孟子》《大学》和《中庸》,就是"四书五经"。

文潞公奏除改官制

【原文】

自熙宁以来,士大夫资历之法,日趋于坏,岁甚一岁①,久而不可复清。近年愈甚,综核之制②,未尝能守。偶见文潞公在元祐中任平章军国重事,宣仁面谕,令具自来除授官职次序一本进呈。公遂具除改旧制节目以奏,其一云:"吏部选两任亲民,有举主,升通判。通判两任满,有举主,升知州、军,谓之常调。知州、军有绩效,或有举荐,名实相副者,特擢升③转运使、副、判官,或提点刑狱、府推、判官,谓之出常调。转运使有路分轻重远近之差。河北、陕西、河东三路为重路,岁满④多任三司使、副,或发运使。发运任满,亦充三司副使。成都路次三路,京东西、淮南又其次,江东西、荆湖、两浙又次之,二广、福建、梓、利、夔路为远小。已上三等路分,转运任满,或就移近上次等路分,或归任省府判官,渐次擢充三路重任。内提点刑狱,则不拘路分轻重除授。"潞公所奏乃是治平以前常行,今一切荡然矣。京朝官未尝肯两任亲民。才为通判,便望州郡。至于监司,既无轻重远近之间,不复以序升擢云。

【注释】

①岁甚一岁:一年比一年严重。②综核之制:官吏的综合考察制度。③擢升:提升,擢用,提拔。④岁满:任职期满。

【译文】

自宋神宗熙宁以来,士大夫的升迁制度日益趋向腐坏,一年比一年严重,久而久之就无法理清了。近几年来,这种现象更加严重,官吏的综合考察制度从来没有执行过。我偶然看到文潞公在宋哲宗元祐年间担任平章军国重事(宰相)时所写的一本奏折,这本奏折是当时宣仁高皇后当面下旨告诉他的,命令他把宋朝以来官职除授存在的秩序问题全部写进一个文本后上奏。于是文潞公把历来除授官职的秩序问题与制度变化清清楚楚写出来上交了宣仁皇后。其中的一部分说："吏部选出已经担任过两任的县令中，有其他官员举荐的，可升迁为通判。担任通判职位满两任的，有官员举荐的，可升迁为知州或知军，称为'常调'。知州、知军政绩很明显的，或者为其他官员所举荐，其所述情况与实际表现相符合的，就可以破例升迁为转运使、转运副使、转运判官或提点刑狱、各府推官和判官，称为'出常调'。这些转运使的工作存在路分轻重、距离远近的差别。河北、陕西、河东三路最重要，任满后的官员有很多都升任为了三司使、三司副使或发运使，发运使任满也充任三司副使。成都路的重要程度仅次于河北、陕西、河东三路，京东西路、淮南路又次于成都路，江东西路、荆湖路、两浙路又次于以上两路，二广、福建、梓、利、夔路为偏远小路。以上三等路分，转运使任满后，有的官员便迁往近上次等路分任职，有的官员就回到省城担任省府判官，这样逐渐依次提升充任三路的重要职务。朝廷提点刑狱官的除授，既没有路分轻重的分别，也不按顺序提升官职。"文彦博所奏的都是英宗治平以前常用的制度，现在所有的规定都已荡然无存了。京官、朝官中没有人愿意经历两任县令的。刚升为通判，便希望做知州。至于地方监司的官，既不分轻重远近的区别，也不按资历深浅依次升迁的制度去做。

【评析】

本文借文潞公除授官制之事和如今为官制度，揭示了如今官职升迁制度的日益腐坏现象。开篇就提出了"士大夫资历之法，日趋于坏"的现象，之后摘选了文潞公除授官制所奏文章中一段文字，其中有任职满两年的人，有官员推荐的，才可以升迁一等级；业绩突出，有举荐者，可以破例升迁为转运使；而转运使官职"有路分轻重远近之差"等制度，以上这些都要按照依此升迁制度，是英宗治平以前常用的制度。然而与如今制度对比，一切荡然无存，朝廷不再有"肯两任亲民"，官职"无轻重远近之间，不复以序升擢云"。由此看出，官职升迁制度的消失，极大地造成了为官风气的腐败。没有规矩，不能成方圆，为官制度也应该这样，要有合理的规章制度对官员进行约束控制。

北人重甘蔗

【原文】

甘蔗只生于南方，北人嗜之而不可得。魏太武至彭城，遣人于武陵王处求酒及甘蔗。郭汾阳①在汾上，代宗赐甘蔗二十条。《子虚赋》所云："诸柘巴且。"诸柘者，甘蔗也。盖相如指言楚云梦之物。汉《郊祀歌》"泰尊柘浆"，亦谓取甘蔗汁以为饮。

【注释】

①郭汾阳：即郭子仪。中唐名将，汉族，华州郑县（今陕西华县）人。

【译文】

甘蔗只能生长在南方，北方人喜欢吃它，但得不到。北魏太武帝来到彭城时（今江苏徐州），派人去武陵王那里索求酒和甘蔗。郭汾阳（郭子仪）在汾地时，唐代宗赐给他二十条甘蔗。司马相如的《子虚赋》中有"诸柘巴且"之句，诸柘就是指甘蔗。司马相如所指的甘蔗大概说的就是来自楚国云梦地区的吧。汉代《郊祀歌》中有"泰尊柘浆"之句，也是说取甘蔗汁作饮料的意思。

【评析】

甘蔗是一种一年生或多年生宿根热带和亚热带草本植物，原产地可能是新几内亚或印度，后来传播到南洋群岛，大约在周宣王时传入中国。先秦时代的"柘"就是指甘蔗，到了汉代才出现"蔗"字。"柘"和"蔗"的读音可能来自梵文。我国最常见的食用甘蔗为竹蔗，适合栽种于土壤肥沃、阳光充足、冬夏温差大的地方。到宋代，江南各省才普遍种植甘蔗，作者所称"北人嗜之，而不可得"的现象才逐渐缓解。甘蔗的营养价值很高，含铁量在各种水果中雄踞冠军宝座。中医认为，甘蔗入肺、胃二经，具有清热、生津、下气、润燥、补肺益胃的特殊效果，可治疗因热病引起的伤津、心烦口渴、反胃呕吐、肺燥引发的咳嗽气喘，还可以通便解结。饮其汁可缓解酒精中毒。甘蔗有这么多的好处，人们自然喜欢它，清高儒雅的文人墨客对甘蔗也情有独钟。李时珍对甘蔗则别有一番见解，他说"凡蔗榕浆饮固佳，又不若咀嚼之味永也"，将食用甘蔗的微妙表述得淋漓尽致。

韩公称李杜

【原文】

《新唐书·杜甫传·赞》曰："昌黎韩愈于文章重许可[1]，至歌诗，独推曰：'李杜文章在，光焰万丈长。'诚可信云。"予读韩诗，其称李、杜者数端，聊疏[2]于此。《石鼓歌》曰："少陵无人谪仙死，才薄将奈石鼓何？"《酬卢云夫》曰："高揖群公谢名誉，远追甫白感至诚。"《荐士》曰："勃兴得李杜，万类困凌暴。"《醉留东野》曰："昔年因读李白杜甫诗，长恨二人不相从。"《感春》曰："近怜李杜无检束，烂漫长醉多文辞。"并唐志所引，盖六用之[3]。

【注释】

①重许可：谓赞许、推荐非常谨慎。重，遇事谨慎。许可，赞许、赞美。②疏：记述。③盖六用之：以上共有六处用到这类诗。

【译文】

《新唐书·杜甫传·赞》说："韩愈不会轻易推崇别人所写的文章，至于诗歌，他只推崇李、杜所写，他说：'李杜文章在，光焰万丈长'诚为可信。"在我读过的韩愈的诗文中，称赞李白、杜甫的地方就有好几处，大略地记述在这里。韩愈的《石鼓歌》中说："少陵无人谪仙死，才薄将奈石鼓何？"《酬卢云夫》中说："高揖群公谢名誉，远追甫白感至诚。"《荐士》中说："勃兴得李杜，万类困凌暴。"《醉留东野》有："昔年因读李白杜甫诗，长恨二人不相从。"《感春》又说："近怜李杜无检束，烂漫长醉多文辞。"这些都是《新唐书·志》中所引用的诗句，共有六处。

【评析】

本篇文章以韩愈推崇李白和杜甫的诗歌为中心，引用韩愈做过的诗为论据对其观点进行论述。首先在文章的开头就引用《新唐书·杜甫传·赞》一书中韩愈写的"李杜文章在，光焰万丈长"一句引出观点。然后洪迈选出六处韩愈夸赞李白与杜甫的诗句，像《石鼓歌》中的："少陵无人谪仙死，才薄将奈石鼓何？"石鼓是很有价值的，但是韩愈所处的那个时期其价值被朝廷否定，为了引起人们对石鼓的重视，在友人的支持下，韩愈要为石鼓写一首题咏诗，但是感叹没有李白和杜甫那样的好文笔，所以在此诗中写道："少陵无人谪仙死，才薄将奈石鼓何？"为李杜不在世间感到惋惜。还有韩愈的《感春》写道"近怜李杜无检束，烂漫长醉多文辞。"称赞李杜的诗歌都有着壮大奇丽的风格，文辞烂漫等等。洪迈通过简单的举例表达了韩愈对李白和杜甫作诗才华的高度赞赏。

吕子论学

【原文】

《吕子》曰："天生人而使其耳可以闻，不学①，其闻则不若聋②；使其目可以见，不学，其见则不若盲；使其口可以言，不学，其言则不若喑③；使其心可以智，不学，其智则不若狂。故凡学，非能益之也，达天性④也，能全天之所生，而勿败之，可谓善学者矣。"此说甚美，而罕为学者所称，故书以自戒。

【注释】

①不学：如果不学习。②其闻则不若聋：他的听力还不如聋子。③喑：哑巴。④达天性：知晓天性之理。

【译文】

《吕氏春秋·劝学》中说："天创造了人，让人的耳朵可以听见东西，如果不学习，人的听力还不如聋子；让人的眼睛可以看见东西，如果不学习，人的视力还不如瞎子；让人的嘴可以讲话，如果不学习，人讲话的能力还不如哑巴；让人的心可以思考，如果不学习，人的智力还不如疯癫的人。因此所有学习的功能，并不能够使人的天赋增加，却可以使天赋得到充分发挥。能全面地发挥天生潜能，而不荒废人的天赋，可以称作是善于学习了。"这种说法很精辟，但很少被学者所称赞，所以写下来告诫自己。

【评析】

　　这篇文章引用吕子的一段话，讲述的是上天赐予人们耳朵、眼睛、嘴巴、思维，如果不经过学习，还不如聋子、瞎子、哑巴和傻子知道的多。为我们讲述了后天学习的重要性。后天学习的作用，不是能增添天生本能，而是能调动天生本能，让其充分发挥，能创新。人的才能不是一成不变的，生而知之的人不存在，后天的教育和学习在造就人才方面是起决定作用的。"神童"由于后天不好好学习而沦为"庸人"的，在历史上屡见不鲜；而本来不是"神童""天才"，但由于坚持不懈地奋发努力，而成为举世闻名的科学家、发明家的却大有人在。科学家曾经对爱因斯坦的大脑进行过验证，证明他的大脑和别人没有什么不同，反而还有些迟钝，小时候同学和老师总是欺负他，父母甚至担心他今后的生活都会成问题。爱因斯坦不是神童，大学考了两次才被录取，毕业后到一家专利局当了7年职员，他在艰苦的条件下顽强学习和工作，终于奠定了相对论的基础。人是否能成才，与天资有关，更与后天所受的教育以及自身的学习有关。作者引用吕子劝学的这段话，对我们具有重要的指导意义。

水旱祈祷

【原文】

　　海内雨旸①之数，郡异而县不同，为守为令，能以民事介心②，必自知以时祷祈③，不待上命也。而省部循案故例④，但视天府为节，下之诸道转运司，使巡内州县，各诣名山灵祠，精洁致祷⑤，然固难以一概论。乾道九年秋，赣、吉连雨暴涨。予守赣，方多备土囊，壅诸城门，以杜水入⑥，凡二日乃退。而台符令祷雨，予格之不下，但据实报之。已而闻吉州于小厅设祈晴道场，大厅祈雨。问其故，郡守曰："请霁者，本郡以淫潦为灾，而请雨者，朝旨也。"其不知变如此，殆为侮威神天，幽冥之下，将何所据凭哉！俚语笑林谓"两商人入神庙，其一陆行欲晴，许赛以猪头，其一水行欲雨，许赛羊头。神顾小鬼言：'晴乾吃猪头，雨落吃羊头，有何不可。'"正谓此耳。坡诗云："耕田欲雨刈欲晴，去得顺风来者怨。若使人人祷辄遂，造物应须日千变。"此意未易为庸俗道也。

【注释】

①雨旸：旱涝。②民事介心：把百姓的事情放在心上。③自知以时祷祈：一定会按照当时的情况对上天祈祷。④循案故例：遵循三省六部的惯例。⑤精洁致祷：真诚的祈祷。⑥以杜水入：阻止大水进入。

【译文】

全国各地出现旱涝的次数，各郡县都不相同，做知州或县令的，能把百姓的事放在心上的，一定会知道按照当时的状况进行祈祷，不会等待上级下发命令。而如果要是按照三省六部遵循惯例，就只能以都城的情况为准，下命令给各路转运司，派遣巡视州县，各自去名山和灵寺等地方，真诚地进行祈祷，但有些事情实在难以一概而论。乾道九年秋天，赣州、吉州接连下雨，河水暴涨。我此时掌管赣州，正在想尽办法准备大量土袋来堵住各城门，以防止大量洪水进入，整整两天以后洪水才退去。但朝廷却命令此时求雨，我压着命令不下发，根据这里的实情上奏了朝廷。不久听说吉州的知州在一所小房子里设置了祈求晴天的道场，而在一所大房子里设置祈求下雨的道场，问他们这样做的原因，知州回答说："祈求天晴，是因为本州连续降雨导致洪涝灾害；而祈求下雨，是朝廷下达的旨意。"他们竟然不知道变通到这种程度，简直就是在侮辱迷惑上天。幽冥之下，现在上天在下雨和天晴中该选择哪一个呢？《俚语笑林》中说："两个商人进入神庙祈求，其中一位商人要走陆地便祈祷晴天，许下诺言说会用猪头来感谢，另一位商人要走水路便祈求下雨，也许下诺言说会用羊头酬谢。于是大神就对小鬼说："晴天吃猪头，下雨吃羊头，怎么就不行呢！"苏轼的诗说："耕田的人希望下雨，收获的人希望晴天，去的人求得顺风，与他逆行的人就会抱怨。假如每个人的祈祷都实现了，造物主应一天变化千次。"这一层意思不容易对庸俗的人说清楚。

【评析】

人要懂得变通，做事要灵活，不能总是拘泥于常规。就像文章中说的一样，赣州和吉州同时遭遇了洪水灾害，洪迈掌管的赣州，由于储备了很多沙包，做好了充分的防洪准备，安然无事。而吉州却洪涝成灾，更可笑的是，吉州的人们不知变通，还按朝廷的指示设坛求雨。洪迈认为祈祷也是"其不知变如此，殆为侮惑神天"。并且还引用了《俚语笑林》中的一则笑话，"两商人入神庙，其一陆行欲晴，许赛以猪头，其一水行欲雨，许赛羊头，神顾小鬼言：晴乾吃猪头，雨落吃羊头，有何不可"，讽刺了那些不懂得变通的人们。

外台秘要

【原文】

《外台秘要》载《制虎方》云："到山下先闭气三十五息①，所在山神将虎来到吾前，乃存吾肺中，有白帝出，收取虎两目，塞吾下部中②，乃吐肺气，上自通冠一山林之上。于是良久，又闭气三十五息，两手捻都监目③作三步，步皆以右足在前，乃止，祝曰：'李耳，李耳，图汝非李耳邪？汝盗黄帝之犬，黄帝教我问汝云何。'毕，便行，一山虎不可得见。若卒逢之者，因正面立，大张左手五指侧之，极势跳④，手上下三度，于跳中大唤，咄⑤曰：'虎，北斗君使汝去！'虎即走。"予谓人卒逢虎，魂魄惊怖，窜伏⑥之不暇，岂能雍容步趋，仗咒语七字而脱邪！因读此方，聊书之以发一笑。此书乃唐王珪之孙焘所作，本传云："焘视母疾，数从高医游，遂穷其术，因以所学作书，讨绎精明⑦，世宝焉。"盖不深考也。

【注释】

①闭气三十五息：屏住呼吸三十五次。②塞吾下部中：把它塞到我的腹中。③捻都监目：捻，古同"捏"，用手指夹住。都监目，又称神都目，道教指监领导一切鬼神的法眼。④极势跳：用尽力气跳跃。⑤咄：呵斥。⑥窜伏：逃跑。⑦讨绎精明：论述精到明确。

【译文】

《外台秘要》一书记载的《制虎方》中说："走到山下面，自己先闭住呼吸35次，那么所在的山神就会让老虎来到你跟前，于是就想着从我的肺中有白帝出来，收取老虎的两只眼睛，又把它塞到我的腹中，这时再吐出肺气，肺气出来后自然上升冠于山林之上。这样停了一段时间，再闭住呼吸35次，双手向前并拢，睁大眼睛前进三步，每步都先抬右脚，三步后停住，祝祷说：'李耳，李耳，如果想着袭击你就不是李耳。你偷走了黄帝的犬，黄帝让我来问你这是为什么。'说毕便向前走，一个山虎就立时看不见了。若仓促间遇上了老虎，因为它正面立在你眼前，你应尽力张开左手的五指斜指着它，用尽力气跳跃，手上下摆动三回，并在跳跃中大声呼叫，呵叱说：'虎，北斗君让你去！'这样虎就离开了你。"我想人们仓促遇见老虎，惊恐万状，跑藏还来不及，怎么能够镇定自若地靠近它，并凭着呵叱的七个字就可以脱身呢？因为读到这一制虎怪法，姑且记录下来，作为一个笑话。这本书是唐代王珪的孙子王焘所作，他的本传中说："王焘探视母病的时候，多次跟从名医游玩，于是学习到了名医的法术，并把自己所学到的东西写成了书，论述精到明确，视为世宝。"这大概是由于没有经过深入考究而得出的结论。

【评析】

世上总有那么一群人，喜欢胡编乱造，睁眼说瞎话，并且将它当成了一种生活方式。这类"摄神"的要诀，北宋以前，野史多见。

六枳关

【原文】

盘洲种枳六本①，以为藩篱之限。立小门，名曰"六枳关"。每为人问其所出，倦于酬应。今取冯衍《显志赋》中语书于此。衍云："楗六枳而为篱。"案《东观汉记》作"八枳"。《逸周书·小开》篇云："呜呼，汝何敬非时，何择非德②。德枳维大人，大人枳维公，公枳维卿，卿枳维大夫，大夫枳维士。登登皇皇，维在国枳，国枳维都，都枳维邑，邑枳维家，家枳维欲无疆。"言上下相维，递为藩蔽③也。其数有八，与《东观汉记》同。予详考之，乃九枳也。宋景文公《贺宰相启》"式维公枳"，盖用此云。

【注释】

①盘洲：即洪适，字景伯，号盘洲。宋代金石学家。枳，落叶灌木或小乔木，植株和橘树很像。六本，六棵。②何择非德：做什么事情不表现出高尚的情操。③上下相维，递为藩蔽：上下之间相互维系，互为屏护。

【译文】

洪适(号盘洲)曾种植六株枳子树,作为篱笆隔墙。中间开了一个小门,名为"六枳关"。他每次被人问起这个名称的由来,都疲于应答这些问题。现在我摘取冯衍《显志赋》中的话抄录于此。冯衍说:"竖立六株枳子树作为篱笆。"《东观汉记》中作"八株枳子树"。《逸周书·小开》篇中说:"真的是啊!你什么时间不表示出对上司的尊敬,干什么事不表现出高尚的情操!德枳维护大人,大人之枳维护公,公枳维护卿,卿枳维护大夫,大夫枳维护士。长长远远,维护在于国枳,而国枳又维护都,都枳维护邑,邑枳维护家,家枳维护的范围没有边际。"这里就是指上下之间相互维系、互为屏护的意思。此书中所说的枳子树有八株,与《东观汉记》所载相同。我仔细查证后,知道实为九株枳子树。宋景文公祁在《贺宰相启》一文中的"式维公枳"之语,就是取用这个意思。

【评析】

洪适是作者洪迈的胞兄,累官至尚书右仆射、同中书门下平章事兼枢密使,封魏国公。乾道五年(公元1169年),洪适致仕,退而回乡,在县城北郭购地筑屋,并称之为盘洲,他自己也自号盘洲老人。他在屋前种植六株枳子树作为篱笆隔墙,中间开了一个小门,取义"上下相维,递为藩蔽"的意思,其实是隐含着对南宋王朝上下离心局面的忧虑。

王荆公上书并诗

【原文】

王荆公议论高奇①,果于自用。嘉祐初,为度支判官,上《万言书》,以为"今天下财力日以困穷,风俗日以衰坏。患在不知法度,不法先王之政故也。法先王之政者,法其意而已。法其意,则吾所改易更革,不至乎倾骇天下之耳目②,而固已合矣。因天下之力,以生天下之财,取天下之财,以供天下之费。自古治世,未尝以不足为公患也,患在治财无其道尔。在位之人才既不足,而闾巷草野③之间,亦少可用之材,社稷之托,封疆之守,陛下其能久以天幸为常,而无一旦之忧乎。愿监苟且因循之敝④,明诏大臣,为之以渐,期为合于当世之变。臣之所称，流俗之所不讲，而议者以为迂阔而熟烂者也。"当时富、韩二公在相位，读之不乐，知其得志必生事。后安石当国，其所注措，大抵皆祖此书。又不忍贫民，而深疾富民，志欲破富以惠贫。尝赋《兼并》诗一篇，曰："三代子百姓，公私无异财。人主擅操柄，如天持斗魁⑤。赋予皆自我，兼并乃奸回。奸回法有诛，势亦无自来。后世始倒持，黔首遂难裁。秦王不知此，更筑怀清台。礼义日已媮，圣经久埋埃。法尚有存者，欲言时所咍。俗吏不知方，掊克乃为才。俗儒不知变，兼并可无摧。利孔至百出，小人司阖开。有司与之争，民愈可怜哉。"其语绝不工。迨其得政，设青苗法以夺富民之利，民无贫富，两税之外，皆重出息十二。吕惠卿复作手实之法，民遂大病。其祸源于此诗。苏子由以为昔之诗病未有若此其酷也。痛哉！

【注释】

①议论高奇：讨论问题的见解高深新奇。②不至乎倾骇天下之耳目：对天下百姓来说不是危言耸听。③闾巷草野：比喻民间乡野地方。闾巷，街巷。④因循之敝：沿袭按老办法做事的弊端或因循守旧的弊端。⑤斗魁：指北斗七星之第一至第四星，即枢、璇、玑、权。

【译文】

王安石讨论问题的见解高深又新奇，他的结论最终在朝廷中得到实施。宋仁宗嘉祐初年，王安石担任三思度支判官，在向朝廷上奏的《万言书》中写道："现在国家的财力一天比一天困竭，风俗也一天比一天衰坏。这种患难的关键在于国家不知道有关的法令制度，是没有效法先王政令的缘故。所说的效法先王政令，就是要效法其根本的东西。要效法政令根本的东西，就是我们所要改革的政策与措施，这些改革的政策与措施对于天下百姓来说不是危言耸听，而是适应于当前国家的形势。凭借天下所具有的能力，创造天下的财物。利用天下的财物，供应天下的消费。自古以来历朝历代治理国家，从来没有出现过因为国家的财力不足导致整个国家患难的情况，而根本问题是国家没有治理财政的合理制度。如果居于统治地位的人才能不够，而在各闾巷草野又很少有可以用的人才，那么要支撑一个国家、守卫统治的区域，陛下您会常常都依靠上天赐予的幸运来长期统治您的国家，而不担心会出现意外的事故吗？我希望您能认识到苟且因循的弊病，清楚地昭告给朝廷大臣们，从一点一滴做起，以此来适应当前社会形势的变化。臣在这里所说的，是一般人都不会说的问题，也是被那些喜欢议论是非的人看作是迂腐破烂不堪的观点。"此时富弼、韩琦二人任宰相，读到王安石上奏的这篇文章后心情不愉快，知道王安石一旦得志后一定会变法生事。正如他们所料想的那样，后来王安石当了宰相，他所实行的改革，大体上都是按照这篇奏章上的内容加以实施的。他怜悯贫穷的百姓，非常憎恨富有的人，一心想要破富人的财来救济贫苦的百姓。他曾经写过《兼并》诗一篇，里边说道："三代子百姓，公私无异财。人主擅操柄，如天持斗魁。赋予皆自我，兼并乃奸回。奸回法有诛，势亦无自来，后世始倒持，黔首遂难裁。秦王不知此，更筑怀清台。礼义日已媮，圣经久埋埃。法尚有存者，欲言时所哈。俗吏不知方，掊克乃为才。俗儒不知变，兼并可无摧。利孔至百出，小人司阖开。有司与之争，民愈可怜哉！"这首诗的语言并不精致。等到他为政时，实行青苗法以夺取富人的利益，无论百姓贫富，除了缴纳两税外，都要缴纳青苗借贷的利息钱十分之二。吕惠卿又实行手实之法，于是百姓生活出现了更严重的社会问题。实行手实之法产生混乱的根源在于王安石的这首诗。苏辙认为过去因诗作产生的不良后果从来没有像这首诗这样的恶劣。实在是太让人伤心了！

【评析】

作者从王安石的一文一诗出发，表达了对王安石变法的批评。北宋初年，宋朝统治者由于对土地兼并采取"不抑兼并"态度，导致三分之一的自耕农沦为佃户和豪强地主隐瞒土地，致使富者有田无税、贫者负担沉重，连年的自然灾害加剧了农民苦难，因而造成各地农民暴动频繁。由于冗官、冗兵、冗费难以革除，导致国家财政入不敷出，国库空虚，出现了严重的财政危机。同时北宋吸取中唐以后武将拥兵、藩镇割据的教训，大力削弱武将的兵权，领兵作战的将领没有调动军队的权利，带来的后果是指挥效率和军队战斗力降低，导致宋军在与辽、西夏的战争中连年战败，逐渐形成积贫、积弱的恶性循环。

熙宁二年，在宋神宗的支持下，王安石以富国强兵、充实国库为目的，开始主持变法。他以"因天下之力以生天下之财，取天下之财以供天下之费"为原则，从理财入手，颁布了农田水利法、均输法、青苗法、免役法、市易法、方田均税法，并推行保甲法和将兵法以强兵。变法对于增加国家收入，有着积极的作用，北宋积贫积弱的局面得以缓解，熙宁六年，在王安石指挥下，宋熙河路经略安抚使王韶率军进攻吐蕃，收复河、岷等五州，拓地两千里，受抚羌族三十万帐，建立起进攻西夏地区的有利战线。

然而王安石变法是一场自上而下的改革，事先缺乏宣传，没有在统治精英中达成共识。王安石的性格又刚愎自用，人称"拗相公"。司马光曾致函叫他不要自信太厚，王安石深不以为然，二人本是极要好又互相推崇的朋友，从此划地绝交。苏轼本来是拥护新法的最好人选，但苏轼的很多正确的意见也未能被王安石采纳。这就给变法变成党争埋下了伏笔。更重要的是各项新法或多或少地触犯了中上级官员、皇室、豪强和高利贷者的利益，也正是作者所言"志欲破富以惠贫"的实质。因此，在每项新法的推行过程当中都遭受到他们的阻挠和反对。同时由于政策执行不力，地方官利用政策漏洞搜刮聚敛，使百姓没有得到变法的收益，甚至更加贫困。

宋神宗去世后，以司马光为首的守旧派掌握了政权，新法全被罢废，对外态度也变得软弱，实行弭兵政策，一再命令守边将士不要妄动，反而让西夏、辽等国觉得宋朝软弱可欺。变法失败后四十一年，北宋灭亡。反变法派批评新法的主要观点，把王安石的理财思想视作兴利之道"剥民兴利"，将王安石的诸项新法称为"聚敛害民"之术。这是包括洪迈在内，自南宋至晚清绝大多数史家和思想家评议王安石新法的基本观点之一。这实际上是与他们地主阶级的立场难以分割的。

一百五日

【原文】

今人谓寒食①为一百五者，以其自冬至之后至清明，历节气六②，凡为一百七日，而先两日为寒食故云，它节皆不然也。杜老有鄜州③《一百五日夜对月》一篇，江西宗派诗云"一百五日足风雨，三十六峰劳梦魂"，"一百五日寒食雨，二十四番花信风"之类是也。吾州城北芝山寺，为禁烟游赏之地，寺僧欲建华严阁，请予作《劝缘疏》，其末一联云："大善知识五十三，永壮人天之仰；寒食清明一百六，鼎来道俗之观。"或问一百六所出，应之曰："元微之《连昌宫词》："初过寒食一百六，店舍无烟宫树绿。"是以用之。

【注释】

①寒食：每年四月四日，清明节的前一天。在这一日，禁烟火，只吃冷食，所有叫作"寒食节"。②历节气六：小寒，大寒，立春，雨水，惊蛰，春分六个节气。③鄜州：今陕西富县。

【译文】

现在人们之所以称寒食节为"一百五"，是因为从冬至之后一直到清明节，中间经过六个节气，共一百零七天，而提前两天即第一百零五天就是寒食节，其他节气都没有类似这样的称呼。杜甫在鄜州写了有一篇《一百五日夜对月》的诗，在江西宗派诗中曾写道："一百五日足风雨，三十六峰劳梦魂。""一百五日寒食雨，二十四番花信风。"这样的诗句。我家州城北边有个芝山寺，是个禁止百姓居住，供游人观赏的地方，寺中的僧人想要在那里建造华严阁，请我作篇《劝缘疏》，我在最后一联中写道："大善知识五十三，永壮人天之仰；寒食清明一百六，鼎来道俗之观。"有人问我一百六的说法是出自哪里，我回答说："元微之的《连昌宫词》中有诗句'初过寒食一百六，店舍无烟宫树绿'，因此我用了这一说法。"

【评析】

一百五日是指冬至后的第一百零五天，指寒食日，出自于南朝·梁·宗懔《荆楚岁时记》："去冬节一百五日，即有疾风甚雨，谓之寒食，禁火三日。"寒食节是我国最古老的节日之一。有诗云："一百五日寒食雨，二十四番花信风。"冬至后第一百零五天称寒食节，正好是清明节的前一天。有人认为清明节前两天为寒食节，实际上清明节与冬至节气本身所处的日期，就差一天。在我国悠久的民俗文化中，因纪念历史人物的节日只有两个：一是五月端午节，为纪念楚国大夫屈原；一是清明寒食节，为缅怀晋国大夫介子推。旧时，民间过寒食节，人们都不生火做饭，而是吃冷食。最早的寒食节为期一个月，后来渐渐变成三天。现在过寒食节，人们不再习惯吃冷食，逐渐该节日增添了扫墓和游乐的习俗，也就慢慢转化成了后来的清明节。但这个节日作为风俗流传了下来。

禽畜菜茄色不同

【原文】

禽畜、菜茄①之色，所在不同，如江、浙间猪黑而羊白，至江、广、吉州以西，二者则反是。苏、秀间，鹅皆白，或有一斑褐者，则呼为雁②鹅，颇异而畜之。若吾乡，凡鹅皆雁也。小儿至取浙中白者饲养，以为湖沼观美。浙西常茄皆皮紫，其皮白者为水茄。吾乡常茄皮白，而水茄则紫，其异如是。

【注释】

①禽畜：家禽、家畜。菜茄，泛指蔬菜。②雁：花色。

【译文】

家禽、牲畜、蔬菜的颜色，因生长的地方不同而颜色不同。如江浙一带，猪是黑色的，而羊是白色的；到了江州、广州、吉州以西的地区，猪和羊的颜色正好和上面相反。在苏州、秀州地区，鹅都是白色的，偶尔有一只带褐色花斑的，就被称为雁鹅，常常认为它十分独特并把它单独饲养。如果是在我的家乡，所有的鹅都是带褐斑的雁鹅。年轻人会找来浙中的白鹅来饲养，把它们放在湖中观赏。浙西地区茄子的皮一般都是紫色的，皮的颜色为白色的称为水茄。我们家乡的茄子一般都是白皮的，而水茄子都是紫色的。其差异竟然这么大。

【评析】

洪迈身为文人，却并不酸腐，而是很有情趣，注意观察生活，所以他才能发现各地的禽、畜、菜、茄外表不同的现象。同样一种生物，在一个地方是白色的，到了另一个地方就长满了褐色花斑，正所谓"橘生淮南则为橘，生于淮北则为枳，叶徒相似，其实味不同。所以然者何？水土异也。"（《晏子春秋·杂下之十》）物种在进化的时候，有时候会产生变异，变异提高了物种的多样性，而好的物种只能生存在适合自己的环境下。自然环境给予物种的影响是决定性的。地理、气候、水质、土壤、生物链是物种成型的前提和关键。万物都是环境的产物，生态环境质量不同，物种自然会存在差异。我们在日常生活中也要注意观察，就会发现世界远比我们想象中的丰富多彩。

王勃文章

【原文】

　　王勃等四子之文，皆精切有本原。其用骈俪^①作记序碑碣，盖一时体格如此，而后来颇议之。杜诗云："王、杨、卢、骆当时体，轻薄为文哂未休。尔曹身与名俱灭，不废江河万古流。"正谓此耳。身名俱灭，以责轻薄子。江、河万古流，指四子也。韩公《滕王阁记》云："江南多游观之美，而滕王阁独为第一。及得三王所为序、赋、记等，壮其文辞。"注谓："王勃作游阁序。"又云："中丞命为记，窃喜载名其上，词列三王之次，有荣耀焉。"则韩之所以推^②勃，亦为不浅矣。勃之文今存者二十七卷云。

【注释】

　　①骈俪：指骈体文，多用偶句，讲求对仗。②推：推崇。

【译文】

　　王勃、杨炯、卢照邻、骆宾王这四位才子所写的诗文，都十分的精辟恰当，其引用的典故都有出处。他们都用骈文写记文、序文和碑铭，这大概是当时人们习惯文体风格的缘故，后人对此有很多的议论。杜甫在诗中说："王、杨、卢、骆当时体，轻薄为文哂未休。尔曹身与名俱灭，不废江河万古流。"正是说的这件事。这句"身名俱灭"，是用来指责那些轻薄的文人。而"江河万古流"，是指的王勃、杨炯、卢照邻、骆宾王这四个人。韩愈在《滕王阁记》中说："江南有很多旅游观光的景点，而滕王阁位居第一位。等到见到王勃、王绪、王仲舒三人所写的序、赋、记等诗文后，很欣赏他们的文辞。"并在此文后面附加注释说："王勃写《滕王阁记》。"又说道："中丞王仲舒命我为滕王阁写篇传记，我暗自欢喜能够将自己的名字写在滕王阁上，纪传就写在他们三人的后面，真是件令人感到荣耀的事。"由此可以看出，韩愈推崇王勃的文采已经很久了。王勃的诗文，现在保存下来的有二十七卷。

【评析】

　　洪迈写这篇文章是为了表达对王勃诗文的喜爱之情。洪迈在开篇就称赞说："王勃等四子之文，皆精切有本原。"杜甫诗中也将四子称为"江河万古流"，同时使用了"身名俱灭"四字讽刺了那些对王勃等人文体风格存在异议之人。韩愈在《滕王阁记》中表达了对王勃的赞赏之情，并在注释中写道"窃喜载名其上，词列三王之次，有荣耀焉"。由此看出洪迈、杜甫和韩愈都很推崇王勃的文章。本篇文章题为"王勃文章"，但却只字未提王勃所作过的诗句，是通过古人对王勃文章的评价，间接地赞赏了王勃的文章。

黄庭换鹅

【原文】

李太白诗云："山阴道士如相见，应写《黄庭》换白鹅。"盖用王逸少事也。前贤或议之曰："逸少写《道德经》，道士举鹅群以赠之。"元非《黄庭》，以为太白之误。予谓太白眼高四海①，冲口成章②，必不规规然旋检阅《晋史》，看逸少传，然后落笔，正使误以《道德》为《黄庭》，于理正自无害，议之过矣。东坡雪堂既毁，绍兴初，黄州一道士自捐钱粟再营建，士人何颉斯举作上梁文，其一联云："前身化鹤，曾陪赤壁之游；故事换鹅，无复《黄庭》之字。"乃用太白诗为出处，可谓奇语。案张彦远《法书要录》载褚遂良右军书目，正书有《黄庭经》云。注：六十行，与山阴道士真迹故在。又武平一《徐氏法书记》云，"武后曝太宗时法书六十余函，有《黄庭》。"又徐季海《古迹记》"玄宗时，大王正书三卷，以《黄庭》为第一"。皆不云有《道德经》，则知乃《晋传》误也。

【注释】

①眼高四海：眼界开阔，学识渊博。②冲口成章：出口成章。

【译文】

唐朝李白的诗中写道："山阴道士如相见，应写《黄庭》换白鹅。"这是引用王羲之的遗事而说的。前代贤人中，有的议论这首诗说："逸少写《道德经》，道士举鹅群以赠之。"原本不是《黄庭经》，认为这是李白的一种误述。我认为李白眼界开阔学识渊博，出口成章，必然不会很拘束。我之后查阅《晋史》时，读到王羲之的传记，然而该传的最后落笔的地方，正好是误将《道德经》写成了《黄庭经》。按理来说，李白写这首诗出现了错误，但并没有对诗意造成损害，议论李白过错的人也不免有些刻意挑剔。苏东坡的雪堂遭到毁坏后，绍兴初年，黄州的一位道士自己捐赠钱粮重新修建他的雪堂，士人何頡斯撰作上梁文，其中有一联说："前身化鹤，曾陪同赤壁之游；故事换鹅，无复《黄庭》之字。"这就是出自李白诗中的说法，可谓是用法新奇。根据张彦远所作的《法书要录》，其中记载褚遂良书法目录，正好也有一篇《黄庭经》。注释说：六十行，与山阴道士真迹故在。又有武平一的《徐氏法书记》，其中说："武则天暴晒太宗时期的书法六十多件，里面有《黄庭经》一本。"还有徐季海的《古迹记》中记载说："玄宗时期，有王羲之的书法三卷，以《黄庭经》为首要。"这些著作中都没有提到《道德经》，由此可以得知，《晋书》中所记载的《王羲之传》里论述有错误。

【评析】

本文是一篇对诗词文翰考证的文章，针对"黄庭换鹅"一事进行辨析，订误，讽刺了爱好议论轻薄的文人。洪迈认为李白眼高四海，出口成章，作文不会轻易出现错误，对于后人议论李白引用王羲之遗事所说的"应写《黄庭》换白鹅"之句存在误述一事进行了考证，得知王羲之落笔出现错误，但他还认为"于理正自无害"，是那些议论之人太过挑剔罢了。之后又用排比句式列举了四例著作中没有记载王羲之的《道德经》，由此证明李白没有误述，而是《晋传》之错。

窦叔向诗不存

【原文】

《窦氏联珠》序云，五窦之父叔向①，当代宗朝，善五言诗，名冠流辈②。时属贞懿皇后山陵，上注意哀挽，即时进三章，内考首出，传诸人口。有"命妇羞蘋叶，都人插柰花"，"禁兵环素帟，宫女哭寒云"之句。可谓佳唱，而略无一首存于今。荆公《百家诗选》亦无之，是可惜也。予尝得故吴良嗣家所抄唐诗，仅有叔向六篇，皆奇作。念其不传于世，今悉录之。《夏夜宿表兄话旧》云："夜合花开香满庭，夜深微雨醉初醒。远书珍重何时达，旧事凄凉不可听。去日儿童皆长大，昔年亲友半凋零。明朝又是孤舟别，愁见河桥酒幔青。"《秋砧送包大夫》云："断续长门夜，清冷逆旅秋。征夫应待信，寒女不胜愁。带月飞城上，因风散陌头。离居偏入听，况复送归舟。"《春日早朝应制》云："紫殿俯千官，春松应合欢。御炉香焰暖，驰道玉声寒。乳燕翻珠缀，祥乌集露盘。宫花一万树，不敢举头看。"《过檐石湖》云："晓发鱼门埭，晴看檐石湖。日衔高浪出，天入四空无。咫尺分洲岛，纤毫指舳舻。渺然从此去，谁念客帆孤。"《贞懿挽歌》二首云："二陵恭妇道，六寝盛皇情。礼逊生前贵，恩追殁后荣。幼王亲捧土，爱女复连茔。东望长如在，谁云向玉京。""后庭攀画柳，上陌咽清笳。命妇羞苹叶，都人插柰花。寿宫星月异，仙路往来赊。纵有迎神术，终悲隔绛纱。"第三篇亡。叔向字遗直，仕至左拾遗，出为溧水令。《唐书》亦称其以诗自名云。

【注释】

①叔向：即窦叔向，字遗直，京兆（今陕西省扶风）人。诗法谨严，有诗传世。五子窦群、窦常、窦牟、窦庠、窦巩，皆工词章，著有《联珠集》行于时。窦叔向工五言，名冠时辈。有集七卷，今存诗九首。②名冠流辈：名气在同辈中是最好的。

【译文】

《窦氏联珠》的序言中说：窦氏五兄弟的父亲叫窦叔向，是唐代宗时期人。窦叔向特别擅长写五言诗句，在同辈当中他的名气排在第一位。当时正赶上贞懿皇后死丧发葬，代宗皇帝下诏告诉群臣进呈挽辞，叔向立刻向朝廷上交了挽辞三章，他写的挽辞首先从内宫传出，之后流传到了民间。其中写"命妇羞苹叶，都人插柰花"，"禁兵环素帟，宫女哭寒云"的句子，可以说是一时佳唱，但是几乎没有窦叔向的一首诗流传至今，王安石所编的《百家诗选》里也没有记载这些诗句，真是太可惜了。我曾经读到老朋友吴良嗣家中所抄写的唐诗，这些唐诗中也只有六首窦叔向的诗，都是新奇的作品。感叹窦叔向的诗没有流传至今，现将所见的六首抄录在下面。窦叔向的《夏夜宿表兄话旧》说："夜合花开香满庭，夜深微雨醉初醒。远书珍重何时达，旧事凄凉不可听。去日儿童皆长大，昔年亲友半凋零。明朝又是孤舟别，愁见河桥酒幔青"。他的《秋砧送包大夫》诗说："断续长门夜，清冷逆旅秋。征夫应待信，寒女不胜愁。带月飞城上，因风散陌间。离居偏入听，况复送归舟。"在《春日早朝应制》诗中写道："紫殿俯千官，春松应合欢。御炉香焰暖，驰道玉声寒。乳燕翻珠缀，祥鸟集露盘。宫花一万树，不敢举头看。"在《过檐石湖》诗中说："晓发渔门埭，晴看檐石湖。日衔高浪出，天入四空无。咫尺分洲岛，纤毫指舳舻。渺然从此去，谁念客帆孤。"他所作的三首《贞懿挽歌》中，其中两首是："二陵恭妇道，六寝盛皇情。礼逊生前贵，恩追殁后荣。幼王亲捧土，爱女复连茔。东望长如在，谁云向玉京。"和"后庭攀画柳，上陌咽清笳。命妇羞苹叶，都人插柰花。寿宫星月异，仙路往来赊。纵有迎神术，终悲隔绛纱。"但是第三首已经流传散失了。窦叔向字遗直，官职做到左拾遗，后来被贬为溧水县令。《唐书》也曾评论说他因为写诗出众而闻名一时。

【评析】

窦叔向，字遗直，生卒年皆不详，《旧唐书》说他是平陵扶风人，《新唐书》说他是京兆金城人。新、旧《唐书》均无传，仅明代万历《溧水县志》记载："窦叔向，以左拾遗知溧水县，优于治，善属文。"这位诗人在历史书中只留下这寥寥十七个字。作为一名诗人，他的诗作历代诗集都没有选取，险些失传。好在洪迈在吴良嗣家中所抄的唐诗中发现了六首，记录了下来。窦叔向的诗法度严谨，格调高古。他的五个儿子：窦常、窦牟、窦群、窦庠、窦巩，家学渊源，深得其父真传。当时社会名流，如韩愈、白居易、元稹辈与他们过从甚密。窦家兄弟，其中三人进士出身，五人都身居要职，官位显赫，名播朝野。五个人的诗作收录在《窦氏连珠集》之中。窦叔向五子中，窦群著《史记名臣疏》三十四卷，"以节操闻"；窦巩与窦牟"诗俱为时所重赏，性温顺"；窦常"以讲学著书为事"，不恋官位"求致仕"。尽管史书中仅片言只语，但可以看出窦家子弟的性格、操守与价值取向，也可以看出窦氏家风。可能正因为如此，他们也无意宣扬父亲的诗名，而险些使之失传。

草驹聋虫

【原文】

今人谓野牧马为草马，《淮南子·修务训》曰："马之为草驹之时，跳跃扬蹄，翘尾而走，人不能制。"注云："马五尺以下为驹，放在草中，故曰草不可化，其可驾御，教之所为也。马，聋虫①也，而可以通气志②，犹待教而成，又况人乎！"注曰："虫，喻无知也。"聋虫之名甚奇。

【注释】

①聋虫：指无知的畜类。②通气志：理解人的意思。

【译文】

现在人们都称在野外放牧的马为草马。《淮南子·修务训》中说："马在幼年为草驹时，扬蹄跳跃，翘起尾巴，四处奔跑，人们很难制服它。"在此注释说："马，高在五尺以下称为驹。人们在草地上放牧，但草不能让马变成别的东西。马之所以可以被人驾驭，是经过驯化的结果。马，又叫聋虫，马可以理解人的意思，仍然有被人们驯化的潜能，之后才能供人们使用。马都可以这样，更何况是人呢？"在这一条后面加注说："虫，比喻无知的意思。"马又叫聋虫，聋虫这个名字非常奇怪。

【评析】

这篇文章简短有力，蕴藏着深刻的道理。马虽然具有野性，但是可以被人驯服，虽然无知，但最终也可通人性，马虽然形体发生不了变化，但可以通过不断的驯服，成为人们所用的工具。马都可以从不能变成可能，更何况是人呢？现实生活中，我们可能会遇到种种困难，虽然有些事情做不到，但我们可以通过不断的实践，充实自己，弥补自己的不足，将不可能变为可能的概率不就变得更大了吗？

娑罗树

【原文】

世俗多指言月中桂为娑罗树，不知所起。案，《酉阳杂俎》云："巴陵有寺，僧房床下，忽生一木，随伐而长。外国僧见曰：'此娑罗也。'元嘉中出一花如莲。唐天宝初，安西进娑罗枝，状言：'臣所管四镇拔汗郁国，有娑罗树，特为奇绝，不比凡草，不止恶禽，近采得树枝二百茎以进。'"予比得楚州淮阴县唐开元十一年海州刺史李邕所作《娑罗树碑》云："非中夏物土所宜有者，婆娑十亩，蔚映千人①。恶禽翔而不集，好鸟止而不巢。深识者虽徘徊仰止而莫知冥植，博物者虽沈吟称引而莫辨嘉名。随所方面，颇证灵应，东瘁则青郊苦而岁不稔②，西茂则白藏泰而秋有成。尝有三藏义净，还自西域，斋戒瞻叹。于是邑宰张松质请邕述文建碑。"观邕所言恶禽不集，正与上说同。又有松质一书答邕云："此土玉像，爰及石龟，一离淮阴，百有余载，前后抗表，尚不能称，赖公威德备闻，所以还归故里，谨遣僧三人，父老七人，赍状拜谢。"宣和中，向子谭过淮阴，见此树，今有二本，方广丈余，盖非故物。蒋颖叔云："玉像石龟，不知今安在？"然则娑罗之异，世间无别种也。吴兴芮烨国器有《从沈文伯乞娑罗树碑》古风一首云："楚州淮阴娑罗树，霜露荣悴今何如。能令草木死不朽，当时为有北海书。荒碑雨侵涩苔藓，尚想墨本传东吴。"正赋此也。欧阳公有《定力院七叶木》诗云："伊、洛多佳木，娑罗旧得名。常于佛家见，宜在月宫生。釦砌阴铺静，虚堂子落声。"亦此树耳，所谓七叶者未详。

【注释】

①蔚映千人：可供数千人乘凉。②岁不稔：一年没有收成。

【译文】

世间大多数的人会把把月中的桂树说成是娑罗树，却不知它的由来。根据《酉阳杂俎》中所说："巴陵有座寺庙，寺庙中的僧人所住房屋中床底下，忽然长出一棵小树苗，砍掉之后又随即长了出来，外国僧人看后说：这是娑罗树。宋文帝元嘉年间，这棵树开出一朵貌似莲花的花。唐玄宗天宝初年，安西进献了娑罗树枝。在呈给皇帝的奏章上说：'臣所管辖的四镇拔汗郁国地区，有娑罗树生长，长得十分奇特罕见，不同于普通的花草树木，凶猛的飞禽也不敢在树上停留，近期采取了二百株树枝进献朝廷。'"不久前，我在楚州淮阴县时，看到唐开元十一年曾担任过海州刺史的李邕所写的《娑罗树碑》。其中说："娑罗树不适宜在中原土壤气候下生长，一颗娑罗树能够占十亩地，可供千余人遮荫乘凉，凶猛的飞禽在上面盘旋而不敢落下，益鸟虽敢在树上停留但不筑巢，知识渊博的人虽然总是在树下徘徊仔细仰首观察，但也不知道为何它能够长得如此高大枝繁叶茂，见多识广的人虽然吟咏赞叹却也无法辨认它的美名。它的任何一个部位发生变化，就会有事情发生，非常灵验。如果娑罗树的东侧枝叶出现枯萎，那么在它东部的地区就会发生大旱并且当年歉收，如果它的西侧枝繁叶茂，那么西部地区就会风调雨顺并且秋季大丰收。过去曾有三藏义净，从西域返回时，也在此斋戒瞻仰赞叹。于是当地的县令张松质就邀请李邕撰文刻字立碑。"看到李邕的记述中，也有恶鸟不在树上聚集的描述，正好和《酉阳杂俎》中的说法相同。此外，还有张松质写给李邕的一封回信，上面说："这里的玉像以及石龟，被移出淮阴县已有一百多年了，前后很多次上奏朝廷，请求归还这些遗物，都没能如愿。如今听闻您在朝中德高望重，希望能够依靠您的德望，使这些遗物得以归还故里。为此，特派遣僧人三名，乡中父老七人，携带状文前往你那里拜谢。"宋朝徽宗宣和年间，向子諲路过淮阴，见到娑罗树，现在有二棵，长宽仅有一丈多，已不是过去的娑罗树了。蒋颖叔说："这里的玉像、石龟，不知现在都在什么地方？"然而，娑罗树的奇异形状，世上也没有其他的品种了。吴兴人芮国器曾写有《从沈文伯乞娑罗树碑》古风诗一首："楚州淮阴娑罗树，霜露荣悴今何如？能令草木死不朽，当时为有北海书。荒碑雨侵涩苔藓，尚想墨本传东吴。"诗文中所说的正是娑罗树。欧阳修的《定力院七叶木》诗中说："伊洛多佳木，娑罗旧得名。常于佛家见，宜在月宫生。钿砌阴铺静，虚堂子落声。"说的也是这种树。但这里所说的七叶，没有详细说明。

【评析】

本文介绍娑罗树这种奇特的植物。娑罗树，又名波罗叉树，摩诃娑罗树、沙罗树，主要分布在喜马拉雅山以南的地带，从缅甸一直延伸到印度、孟加拉国和尼泊尔。其为龙脑香科、娑罗树属，多年生乔木，树身高大，叶为长卵形而尖，表面光滑，花淡黄色，萼及花瓣外有灰色刚毛。"娑罗"在梵文中是"高远"的意思。相传摩耶夫人在兰毗尼园中，手扶娑罗树，产下释迦牟尼。玄奘在印度求学时，此树已经枯死。后释迦牟尼在拘尸那罗城外，跋提河边的娑罗树下圆寂，玄奘也曾造访过此处。龙树在《十住毗婆沙论》中说，毗首婆伏佛在娑罗树下成道。因此，此树在佛教中受到很大的尊敬，被认为是一种神圣的树木。

欧阳修的《定力院七叶木》诗中所指的七叶树，说它原名娑罗树，这种说法是错误的。娑罗树的主要分布地在南方，因此李邕所作《娑罗树碑》说其"非中夏物土所宜有者"。"伊洛"所指的中原地区没有娑罗树，现在只在云南省盈江县有娑罗树林。北方寺院中常见的树是七叶科、七叶属落叶乔木，名为中国七叶树，以七片掌状复叶而得名，与单叶的娑罗树差别很大。北京潭柘寺有一棵七叶树，身高25米，胸径5.2米，树龄已经有800多年。在各种文献中，常常把娑罗树、七叶树和菩提树相混淆，这是因为中国很少见到真正的娑罗树，于是就给不同的植物冠上了相同的名字。

得意失意诗

【原文】

旧传有诗四句诵世人得意者云："久旱逢甘雨，他乡见故知。洞房花烛夜，金榜挂名时。"好事者续以失意四句曰："寡妇携儿泣，将军被敌擒。失恩宫女面①，下第举人心②。"此二诗，可喜可悲之状极矣。

【注释】

①失恩宫女面：失宠的宫女愁容满面。②下第举人心：落第的举人心中酸楚。

【译文】

过去社会上流传四句诗，称道人的得意，说："久旱逢甘雨，他乡见故知。洞房花烛夜，金榜挂名时。"有些多事的人，又仿照这首诗，续得四句，描写人的失意，说："寡妇携儿泣，将军被敌擒。失恩宫女面，下第举人心。"这两首诗，可谓将人得意时的喜悦、失意时的悲伤描绘得淋漓尽致。

【评析】

"久旱逢甘雨，他乡见故知。洞房花烛夜，金榜挂名时。"这四句"得意诗"一般人都非常熟悉。这则资料表明，至少迟至南宋初，这四句话就已经定型了。至于后来有衍生出四句"失意诗"，其实也是意料之中的事情。

茸附治疽漏

【原文】

时康祖病心痔二十年，用《圣惠方》治腰痛者鹿茸、附子服之，月余而愈，《夷坚己志》书其事。予每与医言，辄云："痈疽①之发，蕴热之极也，乌有翻②使热药之理！"福州医郭晋卿云："脉陷则害漏，陷者冷也，若气血温暖，则漏自止，正用得茸、附。"按《内经·素问·生气通天论》曰："陷脉为瘘，留连肉腠。"注云："陷脉谓寒气陷缺其脉也，积寒留舍③，经血稽凝④，久淤内攻，结于肉理，故发为疡瘘，肉腠⑤相连。"此说可谓明白，故复记于此，庶几或有助于疡医云。

【注释】

①痈疽：毒疮，是一种化脓性皮炎。②乌有：怎么有。翻，反而。③积寒留舍：寒气积聚。④经血稽凝：经脉血液停滞不通。⑤腠：肌肤上的纹理。

【译文】

时康祖患心痔病已二十年了。他使用《圣惠方》里治腰痛病所用的鹿茸、附子，连续服用一个多月就痊愈了。我在《夷坚己志》里曾记述这件事。我每次与医生们交谈，医生们常常说："恶性脓疮病的发作，是人体内蕴热达到了极点，怎么还会有使用热药治疗的道理？"福州一位医生叫郭晋卿的曾说："脉陷则害漏病，陷是冷的意思。如果一个人的气血温暖，则漏自然就会停止，所患漏病也就痊愈，这正好得使用热药鹿茸和附子。"按《黄帝内经·素问·生气通天论》中述称："陷脉为瘘，留连肉腠。"在这一条后面加注说："陷脉是寒气陷缺其脉，久而久之，寒气聚积，经脉血液停滞不通，日子长了，就在体内淤积，结成疙瘩，因而形成溃烂病变，分泌物由瘘管向外流出，使得肌肤上的纹理相连。"此说清楚明白，故复记于此，或许有助于疡医对溃疡病的医治。

【评析】

恶性脓疮病的发作，是人体内蕴热达到了极点的表征，在普通人眼里，这句话大约是没有什么疑问的。不过，从更深一层的角度考察，恶性脓疮其实是人体营血不畅，导致局部肌肉失养，而外感风邪（细菌、病菌）所致。这一点在《黄帝内经》里有详实的论证。一般的医生理解不到这一点，所以不敢用治疗寒症的鹿茸、附子，这正是作者洪迈所要提示我们后人的。

西太一宫六言

【原文】

"杨柳鸣蜩绿暗,荷花落日红酣①。三十六陂春水,白头想见江南。"荆公②《题西太一宫》六言首篇也。今临川刻本以"杨柳"为"柳叶",其意欲与荷花为切对,而语句遂不佳。此犹未足问,至改"三十六陂春水"为"三十六宫烟水",则极可笑。公本意以在京华中,故想见江南景物,何预于宫禁哉!不学者③妄意涂窜④,殊为害也。彼盖以太一宫为禁廷离宫尔。

【注释】

①酣:浓,盛。②荆公:王安石,因被封荆国公,世人又称王荆公。③不学者:不学无术的人。④妄意涂窜:任意涂抹窜改。

【译文】

"杨柳鸣蜩绿暗,荷花落日红酣。三十六陂春水,白头想见江南。"此诗是王安石的《题西太一宫》六言诗中的第一篇。现在王安石的临川刻本中,将"杨柳"改写成"柳叶",这样做的用意是想与荷花对应得更贴切,但诗句却变得不那么优雅了。这样改还不必责问,至于把"三十六陂春水"改写成"三十六宫烟水",那就是可笑至极了。王安石的本意是说长期在北方京城居住,所以时常会想念江南秀丽迷人的景色,这又与宫禁有什么关系呢?不学无术的人胡乱改写诗文,真是祸害啊。导致他们乱改的原因,大概是因为他们认为西太一宫是皇宫中离宫的缘故。

【评析】

本文通过叙述改写王安石的《题西太一宫》之事,批判了不学无术,擅自篡改他人文章之人。对于后人将诗中的"杨柳"改写成"柳叶"一事,洪迈认为其用意无非是想要文章更贴切,但却失去原文的优雅。而对于将"三十六陂春水"中的"春水"改写成"烟水"之人却给予讽刺,认为"妄意涂窜,殊为害也"。对此他还推测导致"不学者妄意涂窜"可能是因为错误地把西太一宫当成了皇宫中离宫。

华元入楚师

【原文】

　　《左传》，楚庄王围宋，宋华元夜入楚师，登子反①之床，起之曰："君使元以病②告。"子反惧，与之盟，而退三十里。杜注曰："兵法，因其乡人而用之，必先知其守将左右谒者、门者之姓名，因而利道之。华元盖用此术，得以自通。"予案前三年晋、楚邲之战，随武子称楚之善曰："军行，右辕，左追蓐③，前茅虑无④，中权后劲⑤，军政不戒而备。"大抵言其备豫之固。今使敌人能入上将之幕而登其床，则刺客奸人，何施不得！虽至于王所可也，岂所谓军制乎！疑不然也。《公羊传》云："楚使子反乘堙而窥宋城，宋华元亦乘堙而出见之。"其说比《左氏》为有理。

【注释】

　　①子反：即司马子反，楚国大将。②病：困难，忧虑。③左追蓐：左军打草作为歇息的准备。蓐，陈草复生，引申为草垫子，草席。④前茅虑无：前锋部队旌旗为路以防意外。前茅，即先头部队。虑无，古代军中前卫部队持以报警的旗帜。⑤中权后劲：中军权衡策应，后面以精兵做后盾。

【译文】

　　据《左传》记载，楚庄王在派兵围攻宋国时，宋国的华元夜晚潜入楚国的营地，趁着楚国的大将司马子反熟睡时悄悄爬上他的床，然后悄悄地把司马子反叫醒说："我国的国君让我来告诉你我国现在面临的困难。"司马子反见到悄无声息躺在自己旁边的华元顿时心中一惊，于是与宋国签订了盟约，退兵三十里。杜预注释说："兵法上说，如果自己的同乡被敌军重用了，必须要先知道他的守将和左右侍从及看门人的姓名，以便能够利用自己对敌军的了解优势来取胜。华元大概就是用到了这种战术，才可以顺利地进入楚将寝室而胜利完成了使命。"我又看到了发生这件事的三年前，晋国和楚国在邲地开展时的一件事，随武子称赞楚国军队治理有方说："军队行进，右军跟着主将的车辕，左军一边行进，一边准备草席用来让大军休息。前军以旌旗为路以防意外，中军权衡策应，后军强劲，各项军务不令而备。"这段记述大致是说楚军出征时防备严密、有序。而现在敌人却能够无声无息地潜入将军的营帐并爬上他的床，在这样松懈的看守之下，刺客、奸细有什么不能做到呢？这种松懈的情况发生在皇宫里面还是可能的，难道这也可以说是军队里应有的制度吗？我怀疑实际情况并不是这样。《公羊传》说："楚国派遣子反乘机以构筑的工事为理由去窥视宋城的状况，宋国的华元也凭借构筑的工事窥视楚军营地。"这种说法比《左传》中所记述的更为合理。

【评析】

华元是春秋时期宋国大夫，长期掌握国政，在强敌如林、诸侯纷乱的时代，为宋国独撑一方大厦。夜入楚师这件事发生在公元前595年，楚庄王派申舟访问齐国，未经通告就经过宋国。华元觉得这是对宋国的莫大侮辱，建议宋文公将申舟杀掉。楚庄王听到后十分恼怒，下令子反率军讨伐宋国，打了半年也没有把宋国的都城打下来。华元鼓励守城军民宁愿战死、饿死，也决不投降。据说华元潜入到楚军主帅子反营帐里，并登上他的卧榻，把他叫起来说："我们君王叫我把宋国现在的困苦状况告诉您：粮草早已吃光，大家已经交换死去的孩子当饭吃。柴草也早已烧光了，大家用拆散的尸骨当柴烧。虽然如此，但你们想以此来逼迫我们订立丧权辱国的城下之盟，那么我们宁肯灭亡也不会接受。如果你们能退兵三十里，那么您怎么吩咐，我们就怎么办！"子反将华元的话报告了楚庄王，楚军真的和宋国停战了，华元作为这项和约的人质到楚国居住。盟约上写着："我无尔诈，尔无我虞。"成语"尔虞我诈"就出自于此。洪迈认为，"夜登子反之床"是虚构的，这个论断非常准确，显示了他读书思考的能力。而《公羊传》中的说法也很合理：双方窥探到了对方的部署，都觉得难以战胜，战争打下去没什么意义，自然就相约撤兵了。至于那个故事，有可能是多事者自己编造出来四处散播的。

沈庆之曹景宗诗

【原文】

宋孝武尝令群臣赋诗，沈庆之[①]手不知书，每恨眼不识字，上逼令作诗，庆之曰："臣不知书，请口授师伯。"上即令颜师伯[②]执笔，庆之口授之，曰："微生遇多幸，得逢时运昌。朽老筋力尽，徒步还南冈。辞荣此圣世，何愧张子房[③]。"上甚悦，众坐并称其辞意之美。梁曹景宗[④]破魏军还，振旅凯入，武帝宴饮联句，令沈约⑤赋韵，景宗不得韵，意色不平，启求赋诗。帝曰："卿伎能甚多，人才英拔，何必止在一诗！"景宗已醉，求作不已。时韵已尽，唯余竟、病二字，景宗便操笔，其辞曰："去时儿女悲，归来笳鼓竞。借问行路人，何如霍去病！"帝叹不已，约及朝贤惊嗟竟日⑥。予谓沈、曹二公，未必能办此，疑好事者为之，然正可为一佳对，曰："辞荣圣世，何愧子房；借问路人，何如去病？"若全用后两句，亦自的切⑦。

【注释】

①沈庆之：宋孝武帝时著名武将，少年时为人豪滑，剽悍少文。②颜师伯：字长渊，琅邪临沂（今山东临沂）人，时为孝武帝的宠臣。③张子房：即张良，字子房。④曹景宗：南朝梁时名将，出身将门，生性粗犷，一生放纵不羁。⑤沈约：南朝梁时著名的辞赋家。⑥惊嗟竟日：惊异赞叹了一整天。⑦的切：自然真切。

【译文】

一天，（南朝）宋孝武帝令群臣赋诗。沈庆之自己不会写字，也不认字。孝武帝也要他做诗，沈庆之只好说："臣自幼不会写字，请允许我口述，让颜师伯记录下来。"孝武帝就命颜师伯执笔记录。沈庆之思索之后说道："微生遇多幸，得逢时运昌。朽老筋力尽，徒步还南冈。辞荣此圣世，何愧张子房？"孝武帝听了，十分高兴。在坐的文武大臣听罢，也都称赞这首诗语言优美。

（南朝）梁曹景宗领兵与北魏军队作战，大获战捷，胜利凯旋。梁武帝特设盛宴祝贺，并命文武群臣赋诗对句助兴。先让沈约提出赋诗时所用的韵，赋诗的人必须按照自己的韵去作诗。曹景宗没有得到分给他的韵字，不能赋诗，心中很不高兴。于是，就请求梁武帝允许他赋诗。梁武帝见此情景，就劝他说："爱卿武艺超人，人才英俊，何必为一首诗而计较呢？"这时候，曹景宗正在兴头上，饮酒已有醉意，连声请求梁武帝允许他赋诗。原先拟定的韵字只剩"竟""病"两个字了。曹景宗思索后，立即操笔疾书一首诗："去时儿女悲，归来笳鼓竞。借问行路人，何如霍去病？"梁武帝看后，惊叹不已，赞不绝口。沈约及参与赋诗的文武大臣亦为此赞叹一整天。

在我看来，沈庆之、曹景宗二人未必真能作出这样令人叹服的好诗，疑为后世那些多事的人所杜撰。然而，这两首诗正好可以合成为这样一篇佳对："辞荣圣世，何愧子房？借问路人，何如去病？"若全用后两句，亦非常恰当真切。

【评析】

常言道，尺有所短，寸有所长。沈庆之、曹景宗者流，虽为行伍之人，偶能吟出"大风起兮云飞扬，威加海内兮归故乡，安得猛士兮守四方！（汉高祖刘邦之《大风歌》"，或者偶能吟出"力拔山兮气盖世，时不利兮骓不逝。骓不逝兮可奈何，虞兮虞兮奈若何！（项羽《垓下歌》）"，那是不足为怪的。但如上面两首典雅的文辞，恐怕不是他们能够胜任的。所以我们倾向于认可作者洪迈的说法，这两首诗是后来的文人杜撰出来而附会上去的。

蓝尾酒

【原文】

白乐天元日对酒诗云："三杯蓝尾酒，一碟胶牙饧。"又云："老过占他蓝尾酒，病余收得到头身。""岁盏后推蓝尾酒，春盘先劝胶牙饧。"《荆楚岁时记》云："胶牙者，取其紧固如胶也。"而蓝尾之义，殊不可晓。《河东记》载申屠澄与路旁茅舍中老父、妪及处女①环火而坐，妪自外挈酒壶至曰："以君冒寒，且进一杯。"澄因揖，逊②曰："始自主人翁，即巡澄，当婪尾。"盖以蓝为婪，当婪尾者，谓在最后饮也。叶少蕴③《石林燕语》云："唐人言蓝尾多不同，蓝字多作啉，出于侯白《酒律》，谓酒巡匝，末坐者连饮三杯，为蓝尾，盖末坐远，酒行到常迟，故连饮以慰之，以啉为贪婪之意。或谓啉为燦，如铁入火，贵其出色，此尤无稽。则唐人自不能晓此义。"叶之说如此。予谓不然，白公三杯之句，只为酒之巡数耳，安有连饮者哉！侯白滑稽之语，见于《启颜录》。《唐书·艺文志》，白有《启颜录》十卷、《杂语》五卷，不闻有《酒律》之书也。苏鹗《演义》亦引其说。

【注释】

①处女：少女，女孩子。②逊：辞让。③叶少蕴：即叶梦得，字少蕴，苏州吴县人。宋代著名词人，其词深厚清隽。

【译文】

唐朝白居易（字乐天）在正月初一元日对酒作诗说："三杯蓝尾酒，一碟胶牙饧。"又说："老过占他蓝尾酒，病余收得到头身""岁盏后推蓝尾酒，春盘先劝胶牙饧。"《荆楚岁时记》说："胶牙，是取牢固如黏胶的意思。"至于蓝尾意思是什么，人们则不大明白。《河东记》载：申屠澄与住在路旁茅屋中的老头、老太婆及少女，围着火炉而坐。一个老太婆从外面提着一个酒壶进来，对申屠澄说道："因为你冒着天寒而来，应当先喝一杯。"申屠澄急忙站起身来拱手施礼，辞让说："礼当先让主人喝上一杯，然后才能轮到我，当婪尾。"这里作"婪尾"，大概是因为把"蓝"字写成了"婪"字。"当婪尾"的意思，就是说在聚会饮酒时最后一个喝酒。

另外，叶梦得在他的《石林燕语》中述说："唐朝的时候，人们所说蓝尾的意思，多有不同。'蓝'字大都写成'啉'，见于侯白所著《酒律》一书。在这里说聚会饮酒，轮流一圈，坐在末座即最后一个人要连喝三杯，称为蓝尾。这大概是因为坐在末座的人，最后才喝，轮到他时要经过一段时间，所以让他连喝三杯，以表示敬意。有人认为'啉'是'贪婪'的意思，还有人说'啉'即'爁'，就像把一块铁放进火中，认为它能出色，这纯是无稽之谈。由此可见，唐朝人自己也不大明白蓝尾的真正意思。"叶梦得的看法，即是如此。

在我看来，上述说法，未必就是这样。侯白在《酒律》中关于连喝三杯的记载，只是喝酒时的巡数，哪有连饮的意思呢？侯白这些滑稽有趣的话，见于《启颜录》一书。《唐书·艺文志》著录侯白著《启颜录》十卷，《杂语》五卷，并没有著录他著有《酒律》一书。苏鹗的《演义》里亦引用了叶梦得的说法。

【评析】

对疑词疑句多有辨析，也是该随笔的特色之一。其辨析的结果，正好能作为正史的补遗。

姓源韵谱

【原文】

姓氏之书，大抵多谬误①。如唐《贞观氏族志》，今已亡其本。《元和姓纂》，诞妄②最多。国朝所修《姓源韵谱》，尤为可笑。姑以洪氏一项考之，云："五代时有洪昌、洪杲，皆为参知政事。"予案二人乃五代南汉僭主刘䶮之子，及晟嗣位，用为知政事，其兄弟本连"弘"字，以本朝国讳，故《五代史》追改之，元非姓洪氏也。此与洪庆善序丹阳弘氏云："有弘宪者，元和四年尝跋《辋川图》。"不知弘宪乃李吉甫之字耳。其误正同，《三笔》已载此说。

【注释】

①谬误：亦作"谬悮"。错误，差错。②诞妄：荒诞虚妄。

【译文】

有关姓氏之类的书籍，大多数都有谬误的地方。比如唐代的《贞观氏族志》，现在它的印本早已不存在了。现在的《元和姓纂》一书，荒诞虚妄的地方最多。本朝所修撰的《姓源韵谱》，更是令人可笑。暂且以洪氏一姓为例进行考察，《姓源韵谱》中记载说："五代时有洪昌、洪杲，都在朝中担任参知政事。"但据我对二人考查得知，洪昌、洪杲两人都是五代时期南汉僭主刘䶮的儿子，当刘䶮的二儿子刘晟除掉哥哥刘玢自立为王以后，才委任他们为参知政事。他们兄弟二人原名弘昌、弘杲，因为他们的名字当中有本朝忌讳的字，所以按照《五代史》对他们的名字进行了修改，改为了洪昌、洪杲，所以这二人实际上姓刘，并不姓洪。此外，洪庆善在丹阳《弘氏谱牒》的序言中记载说："有个名叫弘宪的人，在元和四年的时候曾为《辋川图》写过一篇跋文"，但洪庆善竟不知道弘宪就是李吉甫的字。这个错误正好和上面的《姓源韵谱》的错误相同。我在《容斋三笔》里对这类情况已作了论述。

【评析】

古人的名字非常复杂，有姓、氏、名、字、号、谥、官、职、爵等等，书写的时候又往往省略一部分，再加上避讳的缘故，后人如果不加辨析，就会弄错。作者在本文中所说的五代时刘弘昌、刘弘杲兄弟，因为避宋太祖父亲赵弘殷的名讳，书中改为刘洪昌、刘洪杲。又因为省略了姓，于是《姓源韵谱》一书就认为两个人姓洪，叫作洪昌、洪杲。这与洪庆善不知道李吉甫表字弘宪犯了同样的错误。古代能够读书写字的人不多。文化人都会犯这样的错误，普通百姓就更难以幸免了。宋代的俞琰在《席上腐谈》中记载，温州有个民间祭祀的神仙叫"杜十姨"，没有丈夫，另一个神仙"五撮须相公"没有妻子，好事的人竟让他们两个结婚，供奉在一座庙里。其实所谓"杜十姨"，原是供奉杜甫的庙宇，因为杜甫曾任左拾遗一职，因此又称"杜拾遗"，以讹传讹，就变成了"杜十姨"。"五撮须相公"则是伍子胥，也是因为乡人不识字，以音相传，就变成了"五撮须"。

明代大学者张岱在《夜航船序》里写了个有趣的故事。有个僧人和一个秀才同宿夜航船，秀才高谈阔论，僧人很敬畏，就缩成一团，怕占了秀才的地方。可是听着听着僧人觉得不对劲，就问秀才："请问相公，澹台灭明是一个人两个人？"秀才说："是两个人。"又问："那么尧舜是一个人两个人？"秀才说："自然是一个人。"僧人于是笑着说："这么说来，且待小僧伸伸脚。"我们做学问也要认真钻研考据，不能不懂装懂，否则就会像那个无知秀才一样被别人笑话。

文字书简谨日

【原文】

作文字纪月日，当以实言，若拘拘然必以节序，则为牵强，乃似麻沙书坊桃源居士辈所跋耳。至于往还书问，不可不系①日，而性率者，一切不书。予有婿生子，遣报云："今日巳时得一子。"更不知为何日。或又失之好奇。外姻孙鼎臣，每致书，必题其后曰："某节"，至云"小暑前一日"、"惊蛰前两日"之类。文惠公常笑云："看孙鼎臣书，须著置历日于案上。"盖自元正、人日、三元、上巳、中秋、端午、七夕、重九、除夕外，虽寒食、冬至，亦当谨识之，况于小小气候？后生宜戒。

【注释】

①系：写清。

【译文】

作文章、写书信都要记下当时的日期,并按照实际的时间去写,如果只是写明了作文章时的节气,就显得有些牵强了,就像是麻沙镇书坊刻印桃源居士撰写的跋文就有这种情形。至于往来书信,更是不可以不写清日期。而有些性情直率粗心的人,信封的月份日期一概不写清楚。我的女婿得了儿子的时候,派人送来书信报喜,信中说:"今日巳时得一子。"看完后却不知道是哪一天巳时得了一子。有的人又追求文体新奇。我的姻亲孙鼎臣,每次给我写信时,一定会在书信的后面写上落款的节气,或者写明"暑前一日","惊蛰前两日"之类的日期。我的哥哥洪适看了后常笑着说:"每次看孙鼎臣的来信,必须把历书放在书桌上查找,这样才能够知道他是什么时候写的信。"这是因为除了元正、人日、三元、上巳、中秋、端午、七夕、重九、除夕这些节日是人们熟知的以外,即使是寒食、冬至这样的日期,也都该小心谨慎地写在信封上,更何况是那些小小的节气呢?后生晚辈们写完信写落款日期时应该引以为戒。

【评析】

本篇文章篇幅很短,但是一直围绕着"文字书简谨日",来阐述日期在书信中的重要性。首先指出"作文字纪月日,当以实言",其次提出存在"拘拘然必以节序"或是"性率者,一切不书"的现象,并对其进行批评。之后引用洪迈的女婿得子后,书信报喜时未注明落款日期,使得洪迈不知何日得子的例子说明了上述现象会造成的后果。

青莲居士

【原文】

李太白《赠玉泉仙人掌茶诗序》云:"荆州①玉泉寺近清溪诸山,往往有乳窟②。其水边处处有茗草罗生③,枝叶如碧玉,唯玉泉真公常采而饮之。余游金陵④,见宗僧中孚,示予茶数十片,其状如手,名为'仙人掌茶',盖新出乎玉泉之山,旷古⑤未觌⑥,因持以见遗,兼赠诗,要予答之,遂有此作。后之高僧大隐,知仙人掌茶发乎中孚禅子及青莲居士李白也。"太白之称,但有"谪仙人"尔,"青莲居士"独于此见之,文人未尝引用,而仙人掌茶,今池州九华山中亦颇有之，其状略如蕨拳⑦也。

【注释】

①荆州：今湖北江陵。②乳窟：石钟乳丛生的洞穴。③罗生：到处生长。④金陵：今江苏南京。⑤旷古：自古以来。⑥觌：见到。⑦蕨拳：指蕨芽。因其端卷曲如拳，故名。

【译文】

唐代诗人李白在《赠玉泉仙人掌茶诗序》中说："在荆州玉泉寺的附近有清溪诸山，那里往往会有石钟乳丛生的洞穴。在溪水的旁边处处长满着茗草。茗草的枝叶如同碧玉，只有玉泉寺的真公才会常常采摘它作茶饮用。一次我游历来到了金陵（今江苏南京），见到僧人中孚，他拿出一种茶叶数十片给我看，茶叶的形状很像人的手掌，于是就叫它为仙人掌茶。这大概是刚从荆州玉泉山采集而来。自古以来，从来没有人见过这种茶。因此，他特意拿出来数十片茶叶赠送给我，并且赠我一首诗，让我作诗对答。于是我便作了这首诗。后来高僧和著名的隐士，都知道仙人掌茶是僧人中孚和青莲居士李白最先发现的。"李白的称号只有"谪仙人"，而"青莲居士"称号，只有在这里看到，文人志士还没有引用这一称号称呼他。而仙人掌茶，现在在池州（今安徽贵池）九华山中也有出产。它的形状很像刚长出来的拳菜。

【评析】

本文主要是介绍了李白号"青莲居士"的由来。世人皆知李白号青莲居士，但对其由来却未必能说清楚，往往误认为因其家乡名青莲乡而自号青莲居士。如游国恩等编《中国文学史》这样写道："李白，字太白……五岁时随父迁居四川彰明县的青莲乡，因自号青莲居士。"再有，《李白悬案揭秘》亦如此写道："李白祖籍陇西，幼时随父迁居绵州昌明青莲乡，故自称为'青莲居士'。"其实，李白家乡青莲乡原本作清廉乡，李白号青莲居士与家乡毫无关系。经过考察历史，李白虽自号青莲居士，唐宋时文人称李白为李太白、李十二、李十二白、谪仙人、李谪仙、李翰林、李供奉等，却未见有此称谓。洪迈在此文章中写道：僧人中孚禅师云游江南，在金陵恰遇其叔李白，就以此茶为见面礼。李白品饮之后，觉得此茶与自己品尝过的不少名茶相比，别具一番风味，又听中孚介绍，此茶是当阳玉泉寺新创制出来的，所以欣然题名"拳然重叠，其状如手，号为仙人掌茶"。李白赞叹之余，诗兴勃发，旋即作了《赠玉泉仙人掌茶诗序》的茶文诗，并且在此诗中自称为青莲居士。同时还强调道"太白之称，但有"谪仙人"尔，"青莲居士"，独于此见之，文人未尝引用"，由此可见，李白号"青莲居士"的由来并非与家乡有关，可能是来自这里。

熙宁司农牟利

【原文】

　　熙宁、元丰中，聚敛之臣，专务以利为国，司农①遂粥②天下祠庙。官既得钱，听民为贾区③，庙中慢侮秽践，无所不至。南京有阏伯、微子④两庙，一岁所得不过七八千，张文定⑤公判应天府⑥，上言曰："宋，王业所基也，而以火王。阏伯封于商丘，以主大火，微子为宋始封，此二祠者独不可免乎？乞以公使库钱代其岁入。"神宗震怒，批出曰："慢神辱国，无甚于斯。"于是天下祠庙皆得不粥。又有议前代帝王陵寝，许民请射耕垦，司农可之，唐之诸陵，因此悉见芟刈⑦。昭陵乔木，剪伐无遗。御史中丞邓润甫言："熙宁著令，本禁樵采，遇郊祀则敕吏致祭，德意可谓远矣。小人掊克⑧，不顾大体，使其所得不赀，犹为不可，况至为浅鲜者哉！愿绌创议之人，而一切如故。"于是未耕之地仅得免。二者可谓前古未有，一日万几，盖无由尽知之也。

【注释】

　　①司农：主管农业机构的官职。②粥：租赁、赁卖。③贾区：从事商业交易的地方。④阏伯：（è bó），为帝喾高辛氏之子，河南商丘人，相传为帝喾后妃简狄吞燕卵而生。微子：子姓，名启，世称微子、微子启（"微"是国号，"子"是爵位）。微子是商王帝乙的长子。⑤张文定：名张纲，字彦正，润州丹阳人。自号华阳居士。卒，谥文定。纲工为文，著有华阳集四十卷，有《四库总目》传世。⑥判应天府：兼任应天府知府。判，兼职，高官兼任低级的职务。应天府，今河南商丘。⑦芟刈：砍伐。⑧掊克：掠夺、侵害。

【译文】

　　宋神宗熙宁、元丰年间，那些一直以来都视财如命、聚敛钱财的大臣，专门为朝廷干一些征掠钱财的事情，于是掌管国家财政的司农决定租赁全国各地寺堂宇庙。官府既然收了百姓的钱财，就会允许他们在寺庙前面进行商业买卖，寺庙任人侮辱践踏，每一个地方都不能幸免。南京（今河南商丘）有阏伯和微子两座庙，一年下来的通过租赁所得的钱财也不过七八千钱。张方平担任应天府（今河南商丘）的判官时曾上奏朝廷说："南京是宋王朝根基之地，而我朝又是以火德为王的。阏伯（轩辕黄帝曾孙帝喾的儿子）受封于商丘，主管大火。微子在周武王灭商以后受封于宋（今河南商丘）。这两座祠庙也无法免于租赁出去。请求朝廷降旨以国家库存钱粮来代替这两座寺庙每年的收入。"神宗听了此事后十分的震惊和愤怒，批示说："侮辱并亵慢了神灵使国家蒙羞，没有比此行为更严重的了。"于是全国的祠庙恢复了原来的样子，并且从此以后不再允许租赁出去成为人们的买卖之地。此外，又有人提出在前代帝王陵园前，允许将其百姓开垦耕种的事情，司农批准了这一请求。唐代各个帝王的陵园的草木被全部铲除，昭陵上的树木也砍伐一空。御史中丞邓润甫向神宗上书说："熙宁时国家有令，原本是想禁止砍柴的人乱砍乱伐，每次在郊外祭祀天地的时候，都会诏令各地官吏前往致祭，用意可以说是十分深远。而那些贪得无厌的小人，不顾全大局，他们搜刮所得钱财已难以数计，却仍然不知满足，何况要叫他们少搜刮呢！希望处罚首先提出命令在前代帝王陵园开垦的人，让一切都恢复到原来的样子。"于是神宗下令禁止在前代帝王陵前进行开垦。这样才使未被开垦的帝王陵得以幸免。以上这两件事，可以说是前所未有，皇上日理万机，哪能什么都知道呢？

【评析】

本篇文章主要讲述熙宁年间，司农租赁全国的寺庙进行买卖以获取利益，导致神宗皇帝的惩治之事，由此衬托出神宗的治国贤明。从上面引用的文字看来，司农由于过于贪婪，昔日庄严肃穆的祠庙，顿时变成了人们的市场。一时间，祠庙各个地方都被侮辱践踏，乌烟瘴气。更有甚者，将前朝帝王的陵园也加以开垦，唐太宗李世民等人的陵墓前面，参天齐地的树木被砍伐一空，简直惨不忍睹！神宗皇帝知道这件事后，立即下诏禁止此项行为。从此看出，神宗作为皇上，日理万机，还能够将这些事情处理得干脆利落，可谓是贤明之君。

东坡诲葛延之

【原文】

江阴葛延之①，元符间，自乡县不远万里省苏公②于儋耳，公留之一月。葛请作文之法，诲③之曰："儋州虽数百家之聚，而州人之所须，取之市而足，然不可徒得也，必有一物以摄之，然后为己用。所谓一物者，钱是也。作文亦然，天下之事散在经、子、史中，不可徒使④，必得一物以摄之⑤，然后为己用。所谓一物者，意⑥是也。不得钱不可以取物，不得意不可以用事，此作文之要也。"葛拜其言，而书诸绅。尝以亲制龟冠为献，公受之，而赠以曰："南海神龟三千岁，兆叶朋从生庆喜。智能周物不周身，未死人钻七十二。谁能用尔作小冠⑦，峋嵝耳孙⑧创其制。今君此去宁复来，欲慰相思时整视。"今集中无此诗。葛常之，延之三从弟也。尝见其亲笔。

【注释】

①葛延之：江阴（今属江苏无锡）人，时为乡间一文士，与苏东坡无故交。②省（xǐng）苏公：拜谒苏轼。③诲：教导。④不可徒使：不可白白使用。谓用之必有因由。⑤摄之：统摄它。⑥意：立意，即文章的中心思想。⑦小冠：也称束髻冠，束在头顶的小冠，多为皮制，形如手状，束在发髻上，用簪贯其髻上，用緌系在项上。⑧峋嵝耳孙：峋嵝，谓山巅。耳孙，玄孙之孙。因远祖称"鼻祖"，故玄孙之孙称耳孙。

【译文】

江阴（今属江苏无锡）葛延之于哲宗元符年间从乡下不远万里、不辞劳苦来到儋耳（今海南儋县），看望被朝廷贬斥的苏东坡，虚心向他求教。苏东坡很受感动，留葛延之在这里住了一个月。葛延之问苏东坡：写文章有什么好方法吗？苏东坡耐心引导说："儋州是一个几百户人家的小城，这里百姓日常所需要的各种用品，都可以从集市上得到，当然不是平白无故就能得到，必须用一样东西去换取，然后才能为自己所有。那么，这一样东西是什么呢？就是钱。写文章也是同样的道理。天下之事，千姿百态，各种材料都分散在经书、子书（诸子百家、笔记小说）及史书之中，虽然可以得到它，可也不能白白地得到使用，也必须先得到一个东西，然后才能把它们攫取过来，为自己所使用。那么，这个东西是什么呢？就是意。得不到钱就不能买到自己需要的物品，没有意也就不能写出文章。这就是写文章的秘诀。"葛延之听了，很受启发，当即拜谢，并把这个秘诀写了下来，转告给各位绅士。他还将亲手制作的龟冠献给了苏东坡，以表示自己的敬意。苏东坡也赋诗回赠。诗中说："南海神龟三千岁，兆叶朋从生庆喜。智能周物不周身，未死人钻七十二。谁能用尔作小冠，峋嵝耳孙创其制。今君此去宁复来，欲慰相思时整视。"而今所见苏东坡集中没有这首诗。葛常之为延之的叔伯三弟，曾经见到苏东坡亲笔所写这首诗的真迹。

【评析】

葛延之时为乡间一文士，与苏东坡无故交，因慕东坡学士之名，不远万里去儋州拜访流放到这里的苏东坡，已属于非常之举。难怪苏东坡愿意将自己的文章心得和盘托出："不得意不可以用事，此作文之要也。"所谓网以绳为纲，纲举则目张。有了这句话，作文的技巧已经一览无余了。

当官营缮

【原文】

元丰元年，范纯粹自中书检正官谪[①]知徐州滕县，一新[②]公堂吏舍，凡百一十有六间，而寝室未治，非嫌于奉己[③]也，曰"吾力有所未暇而已"。是时，新法正行，御史大夫如束湿，虽任二千石之重，而一钱粒粟，不敢辄用，否则必著[④]册书。东坡公叹其廉，适为徐守，故为作记。其略曰："至于宫室，盖有所从受，而传之无穷，非独以自养也。今日不治，后日之费必倍。而比年以来，所在务为俭陋，尤讳土木营造之功，敧仄[⑤]腐坏，转以相付[⑥]，不敢擅易一椽，此何义也！"是记之出，新进趋时之士，娼疾以恶之[⑦]。

恭览国史[⑧]，开宝二年二月诏曰："一日必葺[⑨]，昔贤之能事。如闻诸道藩镇、郡邑公宇及仓库，凡有隳坏，弗即[⑩]缮修，因循岁时[⑪]，以至颓毁，及僝工[⑫]充役，则倍增劳费。自今节度、观察、防御、团练使、刺史、知州、通判等罢任，其治所廨舍，有无隳坏及所增修，著以为籍[⑬]，迭相符授[⑭]。幕职州县官受代，则对书于考课之历，损坏不全者，殿一选[⑮]，修葺、建置而不烦民者，加一选。"太祖创业方十年，而圣意下逮，克勤小物，一至于此！后之当官者不复留意。以兴仆植僵⑯为务，则暗于事体、不好称人之善者，往往翻指为妄作名色，盗隐官钱，至于使之束手讳避⑰，忽视倾陋，逮于不可奈何而后已。殊不思贪墨之吏，欲为奸者，无施不可⑱，何必假于营造一节乎？

【注释】

①谪：贬谪，贬官。②一新：翻新。③嫌：避嫌，避忌。④著：记录。⑤攲仄：房子倾斜。⑥转以相付：转身就把它交给后任。⑦媢疾以恶之：嫉妒并且讨厌他。⑧恭览国史：我恭敬地披览本朝文献。⑨一日必葺：即使在任一天也须修葺损坏了的房屋。⑩弗即：不立刻，不及时。⑪因循岁时：拖延时间。⑫僝工：募选工匠。⑬著以为籍：记录在案。⑭选相符授：依次点验移交给后任。⑮殿一选：落后一个选次授官。⑯兴仆植僵：将已倒台的（朋党）的扶植起来。僵，僵硬。⑰束手讳避：为避嫌疑，束手不干。⑱无施不可：无处不可为。

【译文】

宋神宗元丰元年，范纯粹从中书省检正官贬黜为徐州滕县知县，将公堂吏舍翻修一新，共116间。但寝室还没有整治，不是避忌"损公肥私"的口实，说只不过是忙于他事尚没有空闲时间罢了。这时，新法正在推行，像束湿那样的御史大夫，出任地方官，尽管肩负着州郡长官的重任，可是一文钱一粒米也不敢随便用，要用的话就一定记录在簿册之上。苏东坡赏叹他廉洁，刚好正做徐州知州，所以专为此事作了一篇杂记。文章中约略说道："至于官府的宫室，大抵是从前任那里接收来的，并且要不断地传给后任，不只是用来奉养自己。宫室坏了，今日不及时整治，以后所用费用定会成倍增加。可是近年以来，到处以因陋就俭为时尚，特别避忌土木营造的工程，即使房子倾斜了、腐坏了，转身就把它交给后任，不敢擅自动一根椽子，这是什么道理呢？"这篇杂记写出之后，新近提拔上来趋奉时尚的人，嫉妒并且讨厌他。

我恭敬地披览本朝文献，见宋太祖开宝二年二月的诏书上说："就是在任一天也要修葺损坏了的房舍，这是过去的贤官良宰所能之事。可是听说各路的藩镇和郡县的官房和仓库，大抵是有了破坏，并不及时修缮，拖延岁月，以至于倾塌，等到筹集工料、募民充役进行修复的时候，劳务和费用就要成倍增加了。从今以后，节度使、观察使、防御使、团练使、刺史、知州、通判等谢任，他治所的官署，有没有毁坏以及增修的情况如何，都要记录在案，依次点验移交给后任。地方长官的属吏及州县长官任满去职，就对照着书写到考核优劣的记事文书上，官署损坏不全的，落后一个选次授官，有所修葺、建置而且不烦扰百姓的，提前一个选次授官。"太祖皇帝创立基业才十年，就下达了这样的旨意，勤劳国事密切注意小的事物，居然达到这样的地步。后来担任官职的人不再留心此类事，专门将已倒台的朋党扶植起来为己任。如果有人从事于倾颓官舍的修复，那么，不明事理、不喜欢称人之美的人往往会指责为巧立名目贪污公款，以至于使得当事者束手不干，为避免嫌疑，无视墙倒屋塌，达到无可奈何的境地才罢手。他们都不想想，贪污的官吏想做坏事，无处不可，哪里一定要假借营造官舍一件事呢？

【评析】

作者列举宋太祖时候公屋修缮制度，与宋神宗元丰年公屋修缮制度相比较，更深层的意味恐怕是，意在指摘王安石的变法，名曰为国家敛聚财富，实则是对前朝许多好制度的摧残。事分轻、重、急、缓，有时候拔出萝卜难免带一身泥巴，所以有变法就会有无辜的牺牲。细心考察一下，其实，南北两宋的"冗官冗费"，对每一个既得利益者来讲都是好制度，如果全都加以保留，变法其实是全无必要的。作者是否想到了这一点呢？

闽俗诡秘杀人

【原文】

奸凶之民，恃富逞力，处心积虑，果①于杀人。然揆之以法，盖有敕律所不曾登载，善治恶者，当原情定罪，必致其诛可也。闽中习俗尤甚，每执缚其仇，穷肆残虐。或以酒调锯屑，逼之使饮，欲其黏着肺腑，不能传化②，驯致痰渴之疾。或炒沙镕蜡灌注耳中，令其聋聩。或以湿荐③束体，布裹卵石，痛加殴棰，而外无痕伤。或按擦其肩背，使皮肤宽皱，乃施针刺入肩井，不可复出。或以小钓钩藏于鳅鱼之腹，强使吞之，攻钻五脏，久而必死。凡此术者，类非一端，既痕肿不露于外，检验不得而见情犯，巨蠹④功意两恶⑤而法所不言。颜度鲁子⑥为转运使，尝揭榜禁约。予守建宁，亦穷治一两事，吴、楚间士大夫宦游于彼者，不可不察也。

【注释】

①果：手法强悍。②传化：消化排泄。③荐：草席，草垫子。④巨蠹：大奸大恶之人。⑤功意两恶：手法和主观意图都非常邪恶。功，作案手法。⑥颜度鲁子：姓颜名度，字鲁子，南宋江苏昆山人，以文章政事闻名一时，遇事慈善宽容，人称"颜佛子"。

【译文】

世间总有些阴险凶残的狠毒之人，或者倚仗豪富，或者自恃勇力，常常处心积虑害死人命，而且将人害死还使人看不出来。若按照现有的法律治罪时，往往找不出具体的法律条文为依据。我认为若是善于惩治奸恶的人，应当依据案件的实际情况定罪，这样恶徒就无法逃脱严厉的惩罚。诡秘杀人的案件各处都有，但尤其以闽中地区最为严重。当地刁民每每捉到仇人，就极尽其迫害虐待之能事，手段常常骇人听闻。

比如，有的将锯末和入酒中，威逼仇人喝下去，致使其肺腑黏连，落下痰渴之疾，不久痛苦死去；有的把沙子炒热使石蜡熔化，然后灌进仇人的耳朵里，使其丧失听力，变为聋子；有的用草垫层层裹在仇人的身上，然后用布包住卵石，狠狠地捶打，致其内伤严重，但从表面却丝毫看不出伤痕；有的先为仇人按肩擦背，使皮肤肌肉放松，然后把铁针刺入其肩井穴，就再也无法拔除；还有的将小鱼钩暗藏于泥鳅腹中，逼仇人吞下，不久泥鳅消化，鱼钩在人腹内无法取出，时间久了，必会穿破五脏六腑，其人必死无疑。总之，如此惨无人道、阴险狠毒的手段多不胜数，凶犯按照以上的手段作案之后，伤者往往不露伤痕，而且不会当即毙命，所以官府在检验查证时很难弄清受伤人的伤情，也很难取得罪犯作案的真凭实据。

大奸大恶之人作奸犯科，作案手法和主观意图都非常险恶，而我朝却没有这方面的法理依据惩治邪恶。颜度（字鲁子）在担任转运使时，就曾经发布告示严禁此类凶杀案件的发生，一经查出，立处死刑，决不轻饶。我在建宁（今福建建瓯）做知州时，也曾经追查过数起这类案件，最终将凶徒严惩。今后在吴楚一带为官的士大夫们，若被派到闽中之地做官，一定要留心查处此类凶杀案件啊。

【评析】

上古大禹"铸鼎象物",魑魅魍魉无所遁形。今作者洪迈收录闽中奸人诡秘杀人的方法,自然不是教后人用来作奸犯科的,而是为为官者备一份参考资料,让他们按图索骥,以打压奸人的嚣张气焰。

至道九老

【原文】

李文正公昉罢相后,只居京师,以司空致仕①。至道元年,年七十一矣,思白乐天洛中九老之会②。适交游中有此数,曰太子中允张好问,年八十五;太常少卿李运,年八十;故相吏部尚书宋琪、庐州节度副使武允成,皆七十九;吴僧赞宁,年七十八;郑州刺史魏丕,年七十六;左谏议大夫③杨徽之,年七十五;水部郎中④朱昂与昉,皆七十一。欲继其事为宴集,会蜀寇起而罢。其中两宰相乃著一僧,唐世及元丰耆英所无也。次年,李公即世,此事竟不成。耋老康宁⑤,相与燕嬉于升平之世,而雅怀弗遂,造物岂亦吝此耶!

【注释】

①致仕:代官员正常退休叫作"致仕",古人还常用致事、致政、休致等名称,盖指官员辞职归家。致仕的年龄为七十岁,有疾患则提前。②九老之会:相传唐朝时,由胡杲、吉玫、刘贞、郑据、卢贞、张浑、白居易、李元爽、禅僧如满等九位七十岁以上的友人在洛阳龙门之东的香山结成"九老会"。③左谏议大夫:唐门下省书吏,掌谏谕得失,侍从顾问。④水部郎中:水利部门的主管。⑤耋:(dié)年老,七八十岁的年纪,耄耋之年。

【译文】

李文正公被罢免宰相职务后,一直居住在京城中,最后以司空的官位退休。太宗至道元年,他正好七十一岁,此时他想起唐朝白居易组织过洛中九老会的事情。与自己相交甚好的老人中也正好有九位,这里面有太子中允张好问,八十五岁;太常少卿李运,八十岁;故相吏部尚书宋琪、庐州节度副使武允成,都是七十九岁;吴僧赞宁,七十八岁;郢州(今湖北钟祥)刺史魏丕,七十六岁;左谏议大夫杨徽之,七十五岁;水部郎中朱昂和李昉,都是七十一岁。李文正公也想像白居易的九老会一样举办一次九人的酒宴，但正好赶上蜀地出现贼寇动乱，不得不取消这一打算。在这九个人当中，有两个宰相和一个僧人，这是唐代以及宋神宗元丰年间的耆英会中所没有的。第二年，李文正公离世，这个愿望最终没有实现。德高望重的老人健康而又安宁，想要在有生之年能够相聚在一起宴饮，但他的美好的心愿却不能实现，难道造物主也吝啬，不愿给他这个机会吗？

【评析】

"九老会"，就是指九个高龄老人的聚会。与会的老人不必志趣相投，也不一定是老同事老相识，他们欢聚一堂的条件只有两个，一是上了年纪，二是同乡同里。人生在世，说长不长，说短不短。步入晚年的人，回首过去，总有人生不过一瞬间的感觉。对这一瞬间的回味和挽留，乃是人情之最大愿望，是人生晚年的一种自然欢乐。唐代以前似乎还没有听说过有"九老会"这回事，它的问世，与著名诗人白居易有关。举行"九老会"那年，白居易住在洛阳履道坊。那年三月，包括他自己在内，一共七个人，在他家里"合尚齿之会"，所谓"尚齿"，就是高龄的意思了。除他和另外一人，其他五个年龄均在八十以上。该年夏天，又有两人闻风加盟，一个和尚95岁，还有另外一个叫李元爽的。这就是历史上最早的一次"九老会"。

本篇文章中曾担任过宰相的李文正公也想模仿白居易举行"九老会"，但因为临时有事，没有成功。古话说，"虽无老成，犹有典型"，我国过去流芳千古的人多是文化名人，他们有些行为无意中会成为人们乐于模仿的"典型"。白居易的"九老会"便是这样一个例子。这"典型"的核心思想，是人性中最基本的一个部分，简言之，便是珍惜晚年，敬重老者。这思想在"百事孝为先"的中国社会尤其受欢迎。从这个意义上说，"九老会"的形成记录了一种悠闲自得的生活方式，更是古代文人雅士隐逸思想的深刻体现。

梁状元八十二岁

【原文】

陈正敏《遁斋闲览》："梁灏①八十二岁，雍熙二年状元及第。其谢启云：'白首穷经，少伏生之八岁；青云得路，多太公之二年。'后终秘书监②，卒年九十余。"此语既著，士大夫亦以为口实。予以国史考之，梁公字太素，雍熙二年廷试甲科③，景德元年以翰林学士知开封府，暴疾卒，年四十二。子固亦进士甲科，至直史馆，卒年三十三。史臣谓："梁方当委遇，中途夭谢。"又云："梁之秀颖，中道而摧。"明白如此，遁斋之妄不待攻也。

【注释】

①梁灏：（公元963~公元1004年）字太素，北宋郓州须城（今东平州城）人，出身官家。少年丧父。曾从学于王禹偁，初考进士，未中。雍熙二年（公元985年），考取状元，任大名府观察推官，时年23岁。灏有吏才，每上朝进奏，辞辩明敏，对答如流，真宗甚为嘉赏。群臣奏章，多让灏参议。景德元年（公元1004年），任开封知府。同年6月，暴病卒，时年42岁。著有文集十五卷。②秘书监：掌管国家图书典籍的职官。③甲科：进士科。

【译文】

陈正敏在《遁斋闲览》一书中写道："梁灏在八十二岁那年，就是宋太宗雍熙二年考取了状元。他在给皇上的谢表中说：'满头白发还在努力学习经典，比秦汉时期的伏生只小八岁，等到了能够当官的时候，比姜太公还大了两岁。'后来官至秘书监，去世时已经九十多岁。"这些话记载于书中，士大夫们也认为这就是真的。我查看了本朝的历史记载，才得知，梁灏字太素，雍熙二年参加殿试，获得了甲科，真宗景德元年，以翰林学士的官衔担任开封府知府，因暴病而亡，终年四十二岁。他的儿子梁固也考中进士甲科，在直史馆担任职务，终年三十三岁。又有人说："梁灏正当朝廷重用的时候，中途不幸去世。"还有人说："梁灏聪颖敏捷，中年早逝。"以上这些说法，再清楚不过了，《遁斋闲览》的荒谬记载不攻自破了。

【评析】

本篇文章写的是洪迈对梁灏在八十二岁考取了状元这一件事进行考证分析之事。《遁斋闲览》一书记载梁灏在八十二岁考取了状元，九十岁时官至秘书监去世。士大夫们也信以为真。但是洪迈考察后得知，这件事是错误的。历史记载梁灏四十二岁暴病身亡，还有记载说梁灏中途不幸去世。这都与《遁斋闲览》记载相矛盾，从而否定了《遁斋闲览》中对这件事的记载。像以上这样将虚假之事记载到书籍中的现象不在少数，我们应对此给予否定。

徽庙朝宰辅

【原文】

蔡京①擅国命，首尾二十余年，一时士大夫未有不因之以至大用者，其后颇采公议，与为异同。若宰相则赵清宪挺之、张无尽商英、郑华原居中、刘文宪正夫，所行所言，世多知之。其居执政位者，如张康国宾老、温益禹弼、刘逵公路、侯蒙元功者，皆有可录。

康国定元祐党籍，看详讲议司编汇奏版，皆深预密议，及后知枢密院，始浸为崖异②。徽宗察京专愎，阴令狙伺其奸③，盖尝许以相。是时，西北边帅多取部内好官自辟置，以力不以才。康国曰："并塞当择人以纾忧④，顾奈何欲私所善乎？"乃随阙选用，定为格。京使御史中丞吴执中击之，康国先知之，具以奏。

益镇潭州，凡元祐逐臣在湖南者，悉遭侵困，因《爱莫助之图》遂为京用。至中书侍郎，乃时有立异。京一日除监司郡守十人，将进画，益判其后曰："收。"京使益所厚中书舍人郑居中问之，益曰："君在西掖，每见所论事，舍人得举职，侍郎顾不许邪？今丞相所拟十人，共皆姻党耳，欲不逆其意，得乎⑤？"

逵以附京至中书侍郎。京去相，逵首劝上碎元祐党碑，宽上书邪籍之禁，凡京所行悖理殃民事，稍稍厘正之。蒙在政地，上从容问："蔡京何如人？"对曰："使京能正其心术，虽古贤相何以加！"上颔首，且使密伺京所为，京闻而衔⑥之。

凡此数端，皆见于国史本传。

【注释】

①蔡京：（公元1047年~公元1126年），北宋权臣，字元常。兴化军仙游（今属福建）人。与北宋政治家、书法家蔡襄是同乡。蔡京是王安石变法的坚决拥护者和得力干将。熙宁二年（公元1069年），在满朝保守派大臣的反对中，王安石被宋神宗任命为宰相，实行变法；次年，蔡京进京应试，得中进士，开始步入仕

途。此时蔡襄已经去世，蔡京妄想攀附名门，于是自称是蔡襄的族弟。蔡京权力欲望极强，但并无固定的政治见解，其言行以向上爬为终极目标，是个典型的政治投机分子。②崖异：性格乖张。③阴令狙伺其奸：命人暗地调查（蔡京）的奸邪行为。狙，暗中查访。④纾忧：分忧。⑤得乎：怎能使人赞许呢？⑥衔：衔恨，怀恨在心。

【译文】

蔡京掌握国家大权，先后达二十年之久，一时间，朝中士大夫没有不借助他的支持而得到重用的，后来这些人采取了公正的立场，与蔡京对立。如宰相赵清宪、张商英、郑华原、刘文宪。他们的言行，世人都已知道。当时执政的如张康国、温益、刘逵、侯蒙，皆有值得记载的事迹。

张康国曾经参与确定元祐党籍，审定讲议司编排汇集的奏版，也参与了处置元祐党人的秘密会议。后来张康国改任知枢密院事，才慢慢地不随波逐流，转而提出了自己的看法。徽宗觉察出蔡京专权、刚愎自用后，暗中让张康国侦察蔡京的奸邪之状，并且答应将来委任他做宰相。当时，西北边境上的领兵将领，蔡京多数采取举荐的方式委任，根据是否愿为自己效力而不是看其人才能的高低。张康国说："任命官员当选择有才能的人，为什么专挑与自己关系好的人呢？"于是，便根据阙员多少，挑选有才能的人上任，并定为规矩。蔡京指使御史中丞吴执中攻击张康国，张康国已经预先知道了，便把此事上奏给了徽宗。

温益镇守潭州（辖今湖南长沙、湘潭、株洲、岳阳等地），凡是哲宗元祐年间贬往湖南的大臣，全部遭到他的侵扰围困，温益因《爱莫助之图》受到蔡京重用。官至中书侍郎后，立场便有了变化。蔡京一次任命监司、郡守10人，正准备交给徽宗批准执行时，温益在后面写上批语说："收回。"蔡京派和温益关系不错的中书舍人郑居中问他为什么这样做，温益说："你在中书省任职，每次见讨论任命的事，中书舍人推荐的人，哪有被中书侍郎否决的呢？如今丞相所推荐的十个人，统统都是他的姻亲，怎么能使人心服口服呢？"

刘逵因为投靠蔡京升为中书侍郎，蔡京被罢相后，刘逵是第一个劝徽宗砸碎元祐党人碑，放宽因上书得罪圣上而被列入奸邪之籍的禁令，凡是蔡京所做的违背情理、祸国殃民等事，逐渐加以纠正的人。侯蒙在政府任职，圣上郑重地问他蔡京是什么样的人，侯蒙回答说："如果蔡京心术纯正，即使古代的贤明宰相也比不上他的才能。"圣上点头称是，让他密切侦察蔡京的所作所为，蔡京知道后极为恨他。

以上几件事，都见之于国朝历史他们本人的传记。

【评析】

老话说，是什么水，养什么鱼。徽宗一朝，以权相蔡京为首的一伙宵小之徒专擅国柄达二十多年之久，这与他们的主子宋徽宗昏聩疏狂、善逞小智私慧是分不开的。蔡京一伙专权的二十多年，也是北宋王朝末日狂欢的二十余年。宋徽宗最终为金人所掳，将原本风雨飘摇的北宋王朝推进了毁灭的深渊。

经句全文对

【原文】

予初登词科①，再至临安，寓于三桥西沈亮功主簿之馆，沈以予买饭于外，谓为不便，自取家馈日相供。同年汤丞相来访，扣旅食大概，具为言之。汤公笑曰："主人亦贤矣。"因戏出一语曰："哀王孙而进食，岂望报乎？"良久，予应之曰："为长者而折枝，非不能也。"公大激赏②而去。汪圣锡为秘书少监，每食罢会茶，一同舍辄就枕不至。及起，亦戏之曰："宰予昼寝，于予与何诛。"众未有言，汪曰："有一对，虽于今事不切，然却是一个出处。"云："子贡方人，夫我则不暇。"同舍皆合同称美。

【注释】

①词科：唐朝时科举考试题目。②赏：赞赏。

【译文】

我参加词科考试中进士之初，再次来到临安，住在三桥西沈亮功主簿的馆中。沈亮功认为我在外面买饭吃不方便，就每天从家中带来饭菜供应我。与我在同一年参加科举考试的汤丞相前来看望我，询问了我在旅馆中的吃住情况，我详细地回答了他。汤公笑着说："主人真够贤明。"并且开玩笑地给我出了一句上联："哀王孙而进食，岂望报乎？"我想了好一阵，对出下联说："为长者而折枝，非不能也。"汤公赞叹不已，然后离去。汪圣锡任秘书少监一职时，每次吃完饭喝完茶时，与他同室而居的人还躺在床上睡觉，没有过来吃饭。等他们起床后，汪圣锡就开玩笑地说："宰予昼寝，于予与何诛。"大家顿时无话可说，汪圣锡说："我有一对，虽然和今天的事情不太切题，但也是出自同一个典故。"于是说："子贡方人，夫我则不暇。"同室之人都异口同声地称赞他对得极好。

【评析】

作者讲了两个集句对的小故事，一个是他亲身经历的，一个是听说的，都是用古代典籍中的句子相对，又能贴合当时的情景，让人忍俊不禁。"哀王孙而进食，岂望报乎？"出自《史记·淮阴侯列传》："母怒曰：'大丈夫不能自食，吾哀王孙而进食，岂望报乎！'"说漂母看韩信乞食，供他饭吃而不求回报。对句"为长者而折枝，非不能也。"出自《孟子·梁惠王上》："为长者折枝，语人曰'我不能'，是不为也，非不能也。"意思是要一个人为老年人折一根树枝，这人说："我做不到。"这是不愿意做，而不是做不到。这两句正好与沈亮功每天请作者吃饭的事情相合。第二幅对联，出句出自《论语·公冶长》："宰予昼寝。子曰：'朽木不可雕也，粪土之墙不可圬也！于予与何诛？'"对句出自《论语·宪问篇》："子贡方人，子曰：'赐也贤乎哉？夫我则不暇。'"对句虽然和当时的情景无涉，却也出自《论语》，而且说的都是孔子批评弟子的事情，非常巧妙。集句对，是指从古今文人的诗词、赋文、碑帖等经典作品中分别选取两个句法特点一致的句子，按照对联的形式要求组成联句。集句联之联句，虽系源于互不相干的句子，却要共同为崭新的主题服务，故以语言浑成，别出新意为佳，给人一种"青出于蓝而胜于蓝"的艺术感染力。集句是一种创造性劳动，并非文字游戏之类，非有一定文学底蕴不能驾驭。正因为集句对得之不易，历史上许多文人都在这个天地里显其才华，不懈地追索，其难度不亚于深山探宝、沧海寻珠。

官称别名

【原文】

唐人好以它名标榜官称，今漫疏于此，以示子侄之未能尽知者。太尉为掌武，司徒为五教，司空为空土，侍中为大貂，散骑常侍为小貂，御史大夫为亚台、为亚相、为司宪，中丞为独坐、为中宪，侍御史为端公、南床、横榻、杂端，又曰脆梨，殿中为副端，又曰开口椒，监察为合口椒，谏议为大坡、大谏，补阙今司谏。为中谏，又曰补衮，拾遗今正言。为小谏，又曰遗公，给事郎为夕郎、夕拜，知制诰为三字，起居郎为左螭，舍人为右螭，又并为修注，吏部尚书为大天，礼部为大仪，兵部为大戎，刑部为大秋，工部为大起，吏部郎为小选、为省眼，考功、度支为振行，礼部为小仪、为南省舍人，今曰南宫，刑部为小秋，祠部为冰柄。厅，比部为比盘，又曰昆脚皆头，屯田为田曹，水部为水曹，诸部郎通曰哀乌、依乌，太常卿为乐卿，少卿为少常、奉常，光禄为饱卿，鸿胪为客卿、睡卿，司农为走卿，大理为棘卿，评事为廷平，将作监为大匠，少监为少匠，秘书监为大蓬，少监为少蓬，左右司为都公，太子庶子为宫相，宰相呼为堂老，两省相呼为阁老，尚书丞郎为曹长，御史、拾遗为院长。下至县令曰明府，丞曰赞府、赞公，尉曰少府、少公、少仙，此已见前《笔》。

【译文】

唐朝的人喜欢用其他名称来称呼官职，今天我随意粗略地记述在这里，来展示给子侄中那些没有完全掌握这方面知识的人。太尉称掌武，司徒称五教，司空称空土，侍中称大貂，散骑常侍称小貂，御史大夫称亚台、亚相、司宪，中丞称独坐、中宪，侍御史称端公、南床、横榻、杂端，还称脆梨，殿中称副端，又称开口椒，监察称合口椒，谏议称为大坡、大谏，补阙称中谏，又称补衮，拾遗称小谏，又称遗公，给事郎称夕郎、夕拜，知制诰称三字，起居郎称左螭，舍人称右螭，二者并称为修注，吏部尚书称大王，礼部尚书称大仪，兵部尚书称大戎，刑部尚书称大秋，工部尚书称大起。吏部郎称小选、省眼，考功、度支称振行，礼部侍郎称小仪、南省舍人，现在称南宫，刑部侍郎称小秋，祠部郎称冰厅，比部称比盘，又称昆脚皆头，屯田称田曹，水部称水曹，诸部郎又通称哀乌、依乌。太常卿称为乐卿，少卿称少常、奉常，光禄称饱卿，鸿胪称客卿、睡卿，司农称走卿，大理称棘卿，评事称廷平，将作监大匠，少监称少匠，秘书监称大蓬，少监称少蓬，左右司称都公，太子庶子称宫相，宰相称为堂老，两省互称为阁老，尚书丞郎称曹长，御史、拾遗称院长。地方上县令称明府，县丞称赞府、赞公，县尉称少府、少公、少仙，这些我已经在在前面的《笔》中已记述过。

【评析】

本文介绍唐代官制的别称，使子侄中学问不够的人可以学到知识。职官是指在国家机构中担任一定职务的官吏，这个词一般特指我国古代的官职设置制度，其内容包括职官的名称、职权范围、品级地位等。研究历史有四把"钥匙"——目录、年代、地理、职官。其中职官最难掌握，其中难之又难的是"职官别名"。撰文与言谈之中涉及正式官称时换用它称，汉人已开风气之先。到唐代，撰制诏、作诗文、草书牍、写笔记，雅好用别名代称正式官衔、官名，渐成风气，就是作者讲述的情况。此风一长，愈演愈烈，自宋及元明清，职官别称派生繁衍之多，实难胜记；使用面之广，可谓无处不及。汉代《独断》，明代《表异志》《事物异名》《雅俗故事读本》，清代《事物异名录》《称谓录》《正音撮要》等书，都有专门篇幅收录职官别名。现代龚延明教授所著《中国历代职官别名大辞典》，收录了上起三代、下迄清末我国历代王朝国家管理机构正式官名的各种简称、总名和别称，共计9400余条。官员别称中，除了附庸风雅或使用古代官名外，还有一些通俗却可笑。比如将县令称为"父母"，意为作为最基层官员的县令要爱民如子。谁知到了清代，比县令高一级的知府被称为"老公祖"，也就是百姓的祖父，就殊为可笑了。

汉重苏子卿

【原文】

汉世待士大夫少恩，而独于苏子卿[①]加优宠，盖以其奉使持节，褒劝忠义也。上官安谋反，武子元与之有谋，坐死[②]。武素与上官桀、桑弘羊有旧，数为燕王所讼，子又在谋中，廷尉奏请逮捕武，霍光寝[③]其奏。宣帝立，录群臣定策功，赐爵关内侯者八人，刘德、苏武食邑[④]。张晏曰："旧关内侯无邑，以武守节外国，德宗室俊彦，胡特令食邑。"帝闵武年老子坐事死，问左右："武在匈奴久，岂有子乎？"武曰："前发匈奴时，胡妇实产一子通国，有声问来，愿因使者赎之。"上许焉。通国至，上以为郎，又以武弟子为右曹，以武著节老臣，令朝朔望[⑤]，称祭酒，甚优宠之。皇后父、帝舅、丞相、御史、将军皆敬重武。后图画中兴辅佐有功德知名者于麒麟阁，凡十一人，而武得预。武终于典属国，盖以武老不任公卿之故。先公縶留[⑥]绝漠十五年，能致显仁皇太后音书，蒙高宗皇帝有"苏武不能过"之语。而厄于权臣，归国仅升一职，立朝不满三旬，讫于窜谪南荒恶地，长子停官。追诵汉史，可为痛哭者已。又案武本传云："奉使初还，拜为典属国，秩中二千石⑦。昭帝时，免武官。后以故二千石与计谋立宣帝，赐爵。张安世荐之，即时召待诏，数进见，复为典属国。"然则豫定策时，但以故二千石耳。而《霍光传》连名奏昌邑王时，直称典属国，宣纪封侯亦然，恐误也。

【注释】

①苏子卿：苏武，字子卿，汉族，杜陵（今陕西西安东南）人，西汉大臣。武帝时为郎。天汉元年（公元前100年）奉命以中郎将持节出使匈奴，被扣留。匈奴贵族多次威胁利诱，欲使其投降；后将他迁到北海（今贝加尔湖）边牧羊，扬言要公羊生子方可释放他回国。苏武历尽艰辛，留居匈奴十九年持节不屈。至始元六年（公元前81年），方获释回汉。苏武死后，汉宣帝将其列为麒麟阁十一功臣之一，彰显其节操。②坐死：因连坐被处死。③寝：搁置，这里指压下的意思。④食邑：古代诸侯封赐所属卿、大夫作为世禄的田邑（包括土地上的劳动者在内）。又称采邑、采地、封地。⑤朔望：每月的初一、十五。朔，正是农历每月的初一。望，一般在农历每月十五或十六日。⑥絷留：拘禁，束缚。⑦二千石：汉官秩以万石为最高，中二千石次之，真二千石再次，后一级就是两千石，其下有比二千石。后面的"后以故二千石与计谋立宣帝官名"中二千石指的是官名，汉官秩，又为郡守（太守）的通称。汉郡守俸禄为两千石，即月俸百二十斛，因有此称。

【译文】

汉朝对待士大夫刻薄寡恩，但唯独对苏武恩宠有加，这是因为他奉命出使时一直都保持着节操，以此来褒奖勉励他的忠肝义胆。上官安谋反，苏武的儿子苏元参与了这次密谋，结果被斩杀。苏武素来与上官桀、桑弘羊有老交情，数次被燕王指控，他的儿子又参与谋反，廷尉上奏请求皇上逮捕苏武，霍光把奏章压了下来。宣帝即位，奖励群臣中在作决策中有功的人，封赏关内侯爵位者八人，其中刘德和苏武还有食邑。张晏说："过去关内侯爵是没有食邑的，因为苏武出使时一直保持节操，刘德又是宗室中非常出类拔萃的，因此破例赐给他们食邑。"宣帝怜悯苏武年老，儿子又牵连被杀，于是询问苏武身边的侍从："苏武在匈奴呆了那么长时间，有没有儿子？"苏武回答说："以前住在匈奴时，我的匈奴籍妻子生了一个儿子叫通国，也曾捎过信来，希望通过使者把他赎回来。"皇帝答应了他的请求。苏通国到了汉朝后，皇帝任命他为郎，又任命苏武弟弟的儿子为右曹，因苏武是坚持气节的老臣，让他每月初一、十五上朝，称为祭酒，对他十分的恩宠有加。皇后的父亲、皇帝的舅舅、丞相、御史、将军都很尊重苏武。后来把中兴辅佐有功知名将帅的画像挂在了麒麟阁中，一共十一人，苏武也是其中一个。苏武的官职最后为典属国，是因为他年事已高不能担任公卿的缘故。先父在金朝被囚禁十五年，能从金国带回显仁皇太后的书信，高宗夸奖他"苏武的功劳也不能超过他"，但由于受制于有权势的大臣，回国后官位只升了一级官职，在朝中当官还不到三十天，就被贬谪到南方荒凉恶劣的地方，我的长兄被罢官。追读汉朝历史，真是叫人心痛不已！又案《汉书·苏武传》说："苏武奉命出使匈奴刚刚回朝，就被任命为典属国，俸禄是两千石。汉昭帝时，苏武被罢免官职。后来他以原是两千石的身份和别人合谋拥立宣帝，宣帝即位后，他被赐为关内侯爵位。张安世举荐他，宣帝立即下诏让他等待任命，数次见到宣帝，恢复了典属国的职务。"可见，他在参与策立宣宗的密谋时，只是以两千石官员的身份进行的。《汉书·霍光传》说他和苏武联名上奏说昌邑王时，直接称苏武为典属国，《汉书·宣帝本纪》说苏武在这时也已封侯，恐怕都是记载出现了错误吧。

【评析】

苏武，字子卿，天汉元年（公元前100年）奉命以中郎将持节出使匈奴。不料，就在苏武完成了出使任务，准备返国时，匈奴上层发生了内乱，苏武一行受到牵连，被扣留下来，并被要求背叛汉朝，臣服单于。匈奴单于采用种种方法威逼利诱苏武，劝其投降，都遭到苏武义正辞严的拒绝。单于无可奈何，便把他流放到人迹罕至、荒原千里的北海（今贝加尔湖）边放羊，并宣称要等公羊生下羊羔，才放苏武回去。苏武在那里历尽艰辛，经常以挖掘野鼠穴中的草籽为食，但他出使时所持的汉节却从不离身，天长日久，节上的毛全都脱落了。即使这样，仍未动摇他对汉朝的忠心。汉朝曾多次向匈奴索要苏武回国，匈奴皆伪称苏武已死。后来汉使探知苏武的下落，便对单于说："汉天子在上林苑中射下一只雁，雁足上系有帛书，说苏武现在北海。"单于大惊，只好允许苏武随汉使回国。苏武在匈奴被扣留十九年，出使时尚在壮年，回国时已经须发尽白了。为了表彰他不辱汉节的功绩，昭帝封他为典属国，秩中二千石，赐钱二百万，公田二顷，宅一区。宣帝时，被赐爵关内侯。苏武留胡节不受辱的爱国精神，也受到后人们的敬仰。

汉代是中华民族民族意识形成的关键时期之一，国力的强盛催生出"大汉雄风"。尤其是经过文景之治，到武帝时期，对外坚持不妥协、不投降的政策。这也是苏武得到朝廷褒奖的根本原因。与之相对的是李陵。虽然他在抗击匈奴的战斗中屡立功勋，但是最后却因为有投降的举动而被夷三族。引起洪迈感慨的，还有自己的祖父洪皓的遭遇。洪皓出使金国，被扣留十五年，简直是"宋代苏武"。但是这样的人却因为官员相互倾轧，不仅得不到重用，反而被贬斥。这恐怕就是宋朝亡于外国的根本原因所在吧。值得注意的是，宋高宗绍兴三十二年，洪迈也受命出使金国。他刚到那里时，颇能表现一点堂堂使臣的气派。可是金人蛮横地把他关在使馆之中，从早到晚不供给一点食物。洪迈便被压垮了，他马上表示屈服，同意向金人磕头跪拜，称臣乞怜。后来太学生写了一首《南乡子》讽刺他："洪迈被拘留，稽首垂哀告敌仇。一日忍饥犹不耐，堪羞！苏武争禁十九秋。厥父既无谋，厥子安能解国忧？万里归来夸舌辩，村牛！好摆头时便摆头。"不知他当时是何感想。

曹马能收人心

【原文】

曹操自击乌桓①，诸将皆谏，既破敌而还，科问前谏者，众莫知其故，人人皆惧。操皆厚赏之，曰："孤前行，乘危以侥幸，虽得之，天所佐也，顾不可以为常。诸君之谏，万安之计，是以相赏，后勿难言之。"魏伐吴，三征各献计，诏问尚书傅嘏②，嘏曰："希赏徼功，先战而后求胜，非全军之长策也。"司马师不从，三道击吴，军大败。朝议欲贬出诸将，师曰："我不听公休，以至于此，此我过也，诸将何罪？"悉宥之。弟昭时为监军，惟削昭爵。雍州刺史陈泰求敕③并州，并力讨胡，师从之。未集，而二郡胡以远役遂惊反，师又谢朝士曰："此我过也，非陈雍州之责。"是以人皆愧悦。讨诸葛诞于寿春，王基始至，围城未合，司马昭敕基敛军坚壁。基累求进计，诏引诸军转据北山。基守便宜④，上疏言："若迁移依险，人心摇荡，于势大损。"书奏报听。及寿春平，昭遗基书曰："初，议者云云，求移者甚众，时未临履，亦谓宜然。将军深算利害，独秉固心，上违诏命，下拒众议，终于制敌禽贼，虽古人所述，不过是也。"然东关之败，昭问于众曰："谁任其咎？"司马王仪曰："责在元帅。"昭怒曰："司马欲委罪于孤耶？"引出斩之。此为谬矣！操及师、昭之奸逆，固不待言。然用兵之际，以善推人，以恶自与，并谋兼智，其谁不欢然尽心悉力以为之用？袁绍不用田丰之计，败于官渡，宜罪己，谢之不暇，乃曰："吾不用丰言，卒为所笑。"竟杀之。其失国丧师，非不幸也。

【注释】

①乌桓：我国古代民族之一。亦作"乌丸"，乌桓族原为东胡部落联盟中的一支，原与鲜卑同为东胡部落之一，其族属和语言系属有突厥、蒙古、通古斯诸说，未有定论。②傅嘏：字兰石，北地泥阳人，是傅介子之后人。③敕：帝王的诏书、命令。④便宜（biàn yí）：方便合适。

【译文】

曹操亲自率军进攻乌桓，将领们都进谏劝阻，等到曹操打败敌人凯旋时，召见曾经进谏劝阻他的人，众将领不知道其中的原因，人人都很害怕。曹操对这些劝谏的人都给了很丰厚的奖赏，说："我率兵前去，冒着危险谋求侥幸的胜利，虽然成功了，但这是上天的恩赐，决不是平常可以使用的办法。各位的劝谏，是万无一失的计策，所以奖赏你们，希望以后像这样有话直讲，不必为难。"魏国讨伐吴国，三路军队都进献计策，皇帝召见尚书傅嘏，想要询问他的意见，傅嘏说："希望得到奖赏企求战功，先决定去打仗，而后才想怎样取胜，这不是军队的长远之计。"司马师没有听从他的意见，分三路军队进攻吴国，最终军队战败。朝廷上的大臣议论想要将各将领贬谪外调，司马师说："我没听傅嘏的意见，才造成了今天这种局面，这是我的过错，将领们有什么罪？"将领们都被免于处罚。他的弟弟司马昭当时正在担任监军一职，只降低了司马昭的爵位。雍州刺史陈泰请求司马师给并州下命令，把力量合并在一起讨伐胡人，司马师采纳了这个建议。兵力还没有合并在一起，而两州的胡人因为行军路程太远便逃回去了，司马师又对朝廷上的官员道歉说："这是我的过错，并不是雍州刺史陈泰的责任。"所以人们又惭愧又喜悦。在寿春城讨伐诸葛诞时，王基刚到，军队还没有形成对寿春城的包围，司马昭命令王基收拢军队坚守营地。王基数次请求进攻讨伐，司马昭命令他带领各军队转移占据北山。王基根据实际情况不服从命令，上奏说："倘若转移军队依靠北山的险要，军心会动摇，对现在的形势大有损害。"奏章递上去后被批准。等到寿春被攻克，司马昭写信给王基说："当初，议论这件事的人众说纷纭，很多将领都请求转移军队，当时我没有亲临前线，就认为应该转移。将军您深入地考察了转移军队的利害关系，独自秉承着坚定信心，对上级违背命令，对下级顶住众人议论，最终战胜敌军，擒拿了敌军的首领，虽然古人记述了很多事迹，但也没有能够超过您的。"然而当东关战败时，司马昭向众位将领问道："谁应该担任这个责任？"司马王仪说："这是元帅您的责任。"司马昭发怒说："司马想把罪过加在我头上吗？"于是把王仪推出斩首。这件事做得太荒谬了。曹操和司马师、司马昭的奸诈叛逆，固然不必讲。然而在用兵打仗的时候，把成绩归于别人，把过失留给自己，智谋成倍地超出常人，有谁不愿意尽心尽力地为他们效力？袁绍不采纳田丰的计策，在官渡战败，罪过应当归于自己，批评自己还来不及，却说："我不采纳田丰的意见，终于被他讥笑。"竟杀死了田丰。袁绍丢师丧国，并非是不幸啊！

【评析】

本文通过列举诸多有关曹操与司马之事，论述二人都善于收买人心的观点。本文一开始就引用了曹操自击乌桓，诸将皆谏，既破敌而还，没有责罚阻拦自己出战的大臣，还重赏了他们，并说道："孤前行……诸君之谏，万安之计，是以相赏，后勿难言之。"看来，曹操是真正懂得一点辩证法的。他知道，北征胜利虽可以证明击乌桓之举是正确的，但并不能证明那些主张缓征的谏言就一无可取、完全错误；因而他不但不揪别人的辫子，反而赞赏不已，奖掖有加。西谚云："条条大路通罗马。"曹操并不因为得一胜算就认为"老子唯一正确"，所以他是一位英雄。文中还写道，司马师攻打吴国，因为没有采纳傅嘏建议，导致战败，众臣欲惩罚诸位将领，司马师却说"此我过也，诸将何罪？"，将罪责揽于自己身上，免去了他人的责罚。然而他又因听从雍州刺史陈泰的建议——"并州，并力讨胡"，导致胡人趁机逃走，司马师却依然对诸臣说"此我过也，非陈雍州之责"。司马师因不听劝谏而战败，自己承担责任是可以理解的，然听从劝谏失败，还将责任揽于自身，又有谁不愿意为这样的人效力呢？讨伐诸葛诞于寿春之际，王基顶住压力，违背司马昭之命，坚持自己的战略，大胜敌军。司马昭写信承认自己存在过错，并称赞王基用兵恰当。曹操、司马师、司马昭用兵奸诈，通过"以善推人，以恶自与"的战略，俘获了众人之心。洪迈还在文中写到，袁绍未采纳田丰计策导致战败，宜罪己，谢之不暇，然后却杀死了田丰，最终袁绍丧国这一事实与以上例子形成鲜明的对比。本文举例充足，正反对比，论证观点非常具有说服力。

容斋五笔

天庆诸节

【原文】

大中祥符之世,谀佞之臣,造①为司命天尊下降及天书等事,于是降圣、天庆、天祺、天贶诸节并兴。始时京师宫观每节斋醮②七日,旋减为三日、一日,后不复讲。百官朝谒之礼亦罢。今中都③未尝举行,亦无休假,独外郡必诣天庆观朝拜,遂休务④,至有前后各一日。此为敬事司命过于上帝矣。其当寝明甚,惜无人能建白者。

【注释】

①造:鼓噪,煽动。②斋醮(jiào):请僧道设斋坛,向神佛祈祷。③中都:京城。④休务:停止办理公务。

【译文】

北宋真宗大中祥符年间,一些阿谀奉承奸佞之臣,煽动说掌管命运的天尊下凡以及上帝颁下天书等事,于是降圣、天庆、天祺、天贶等节日都一并兴起。起初,京城里每次遇到以上节日都要请僧道设坛,向神佛祈祷七天,不久又减为三天、一天,后来就不再举行了。百官朝拜神佛的礼仪也随之取消了。现在京城已不再举行与这些节有关的活动,赶上这些节日也不再休假祈祷,只有一些地方每遇诸节必到天庆观朝拜,于是他们停止办理公务,甚至有朝拜达前后两天时间的,这样敬事司命超过了上帝。很显然,这类活动早就应当禁止,遗憾的是,没有人向皇上提出这一建议。

【评析】

本文中洪迈通过写宋代的"天庆诸节"反映出皇朝曾经盛行道教迷信这一事实,并且还评析说:"此为敬事司命过于上帝矣,其当寝明甚,惜无人能建白者。"由此可以看出,天庆诸节是宋代礼制变异的结果,遭到了正统学者的非议。

狐假虎威

【原文】

谚有"狐假虎威"之语,稚子来扣其义,因示以《战国策》、《新序》所载。《战国策》云:楚宣王问群臣曰:"吾闻北方之畏昭奚恤也,果诚何如①?"群臣莫对。江乙对曰:"虎求百兽而食之,得狐。狐曰:'子无敢食我矣,天帝使我长百兽②,今子食我,是逆天帝命也。子以我为不信③,吾为子先行,子随我后,观百兽之见我而敢不走乎?'虎以为然,故遂与之行。兽见之皆走,虎不知兽畏己而走也,以为畏狐也。今王之地方五千里,带甲百万,而专属之昭奚恤,故北方之畏奚恤也,其实畏王之甲兵也,犹百兽之畏虎也。"《新序》并同。而其后云:"故人臣而见畏者,是见君之威也,君不用,则威亡矣。"俗谚盖本诸此④。

【注释】

①果诚何如:果真这样吗?②长百兽:管理百兽,做百兽之王。③子以我为不信:子若不信我,你如果不相信我。④本诸此:源于此处。

【译文】

有个成语叫"狐假虎威",我的幼子向我请教其意义,我就把《战国策》《新序》两书中的有关记载让他看。《战国策》中记载:楚宣王曾问群臣:"我听说北方诸国很害怕昭奚恤将军,果真如此吗?"群臣中一时无人应对。江乙回答说:"老虎天天捉各种动物以充饥,一天,它捉住一只狐狸,狐狸就对老虎说:'你不敢吃我!上帝让我做百兽之王,今天你要吃我,这是违逆上帝命令的。你如果不相信,我可以在前面走,你紧随我后,看看百兽之中有谁见了我敢不逃跑?'老虎信以为真,所以就跟随它一起走。百兽见到它们都慌忙逃窜，老虎不知道百兽是因害怕自己而逃跑，还以为它们是害怕狐狸。现在大王您的属地方圆五千里，有一百多万强大的军队，而把军队委托给昭奚恤指挥，所以北方诸侯国畏惧奚恤，其实他们害怕的是大王的威风啊，就像百兽害怕老虎一样。"《新序》中所记载的与此相同。而且在前文之后接着写道："所以说人们害怕那些大臣，主要是害怕君主的权力，君主若不将权力赋予大臣，大臣的权威也就不复存在了。"这句成语大概就源出于此。

【评析】

从这则随笔中可以看出，"狐假虎威"的原意并不含贬义，或至多是略含贬义。只是到了后来，人们将它的故事演绎了一下，主要突出狐狸的狡猾，意思就完全变成了贬义。这个词后来作为成语保留下来。

徐章二先生教人

【原文】

徐仲车①先生为楚州教授，每升堂②训诸生曰："诸君欲为君子，而劳己之力，费己之财，如此而不为，犹之可也；不劳己之力，不费己之财，何不为君子？乡人贱③之，父母恶④之，如此而不为可也；乡人荣之，父母欲之，何不为君子？"又曰："言其所善，行其所善，思其所善，如此而不为君子者，未之有也。言其不善，行其不善，思其不善，如此而不为小人者，未之有也。"成都冲退处士章詧⑤隐者，其学长于《易》、《太玄》，为范子功解述大旨，再复《摘》词曰："'人之所好而不足者，善也；所丑而有馀者，恶也。君子能强其所不足而拂⑥其所有余，则《太玄》之道几⑦矣。'此子云仁义之心，予之于《太玄》，述斯而已。或者苦其思⑧，艰其言，迂溺其所以为数，而忘其仁义之大，是恶足以语道哉！"二先生之教人，简易明白，学者或未知之，故表出于此。

【注释】

①徐仲车：名积，字仲车，山阴（今浙江绍兴）人。幼丧父，因父名石，终身不用石器，遇石从不踏。著有《节孝语录》《节孝集》。②升堂：开堂讲学，给学生上课。③贱：轻贱，鄙视。④恶：厌恶，讨厌。⑤章詧（chá）：字隐之，

双流（今属四川）人，博通经学。仁宗末，赐号冲退处士。著有《发隐三篇》。
⑥拂：去除，摒弃。⑦几：可以达到。⑧苦其思：为其精深的思想而困惑。

【译文】

　　徐仲车先生曾是楚州（今江苏淮安）州学教授，每次开堂讲学的时候就会教导学生们说："你们都想成为君子，如果为此而耗费了你的体力和钱财，你不想做君子还说得过去；如果没有耗费你的精力，也没有破费你的钱财，为什么不去做君子呢？如果乡里的人都轻贱君子，父母也厌恶君子，因此你不愿成为君子，这样也说得过去；如果乡里的人称赞君子，父母也希望你能够成为君子，为什么不去当君子呢？"他还说："说的是善意的话，做的是好事，思考的是善良的事，这样都不能成为君子，那么就没有君子了；说的是恶意的话，做的是恶事，思考的是坏事，这样都不能成为小人，那就没有小人了。"成都冲退居士章詧隐者，非常善于研究《易》《太玄》，他为范子功讲解其中的要旨，并用《摛》中的词解释说："'对于人来说，好而从不满足即是善；丑而有余即是恶。如果君子能增强其所不足的东西，而摒弃其多余的东西，那么对于《太玄》中所讲的道理就可以完全领悟了。'这就是孔子所提倡的仁义之心，我对于《太玄》，也不过是讲述这些罢了。有的人有时会困惑于其精深的思想，有时会被其晦涩的语言所难倒，有时会沉溺于它所讲的术数，而忘记了仁义的重要性，这样的人，怎么能够给他讲那些大道理呢？"以上这两位先生教导人的方法简易明白，而学习的人有的还不知道这些，所以我把他们的事迹记述于此。

【评析】

　　本文记载了楚州州学教授徐仲车和成都人章詧教学的故事，称赞他们是好老师。韩愈说："师者，所以传道受业解惑也。"然而教学不是填鸭，要掌握学生的心理，循循善诱，才能事半功倍。比如徐仲车教导学生要做君子，就是用对比的方法，指出成为君子既不费力又能得到称赞，为什么不做君子呢？这就比只会讲大道理的老师教学的效果好。

王安石弃地

【原文】

熙宁七年，辽主洪基遣泛使萧禧来言河东①地界未决。八年再来，必欲以代州天池分水岭为界。诏询于故相文彦博、富弼、韩琦、曾公亮以可与及不可许之状，皆以为不可。王安石当国，言曰："将欲取之，必固与之。"于是诏不论有无照验②，擗拨与之。往时界于黄嵬山麓，我可以下瞰其应、朔、武③三州，既以岭与之，虏遂反瞰忻、代④，凡东西失地七百里。案庆历中，辽求关南十县，朝廷方以西夏为虑，犹不过增岁币以塞其欲，至于土地，尺寸弗与。熙宁之兵力胜于曩⑤时，而用萧禧坚坐都亭之故，轻弃疆场设险要害之处。安石果于大言，其实无词以却之也。孙权谓："鲁肃劝吾借刘玄德地云：'帝王之起，皆有驱除，关羽不足忌。'此子敬内不能辨，外为大言耳。"安石之语亦然。

【注释】

①河东：今山西太原一带。②照验：查验，勘合。③应：应州，今山西应县。朔，朔州，今山西朔县。武，武州，今山西神池县。④忻：忻州，今山西忻县。代，代县，今山西代县。⑤曩（nǎng）：以往，从前，过去的。

【译文】

神宗熙宁七年，辽朝皇帝洪基派遣使者萧禧来我宋朝谈判河东（今山西太原）一带的边界问题，没有达成协议。八年后又一次与我国进行了谈判，一定要以代州（今山西代县）天池分水岭为辽宋之界。神宗询问前宰相文彦博、富弼、韩琦、曾公亮是否可以接受辽朝的要求，这些前宰相均认为不可以接受。当时王安石正担任宰相一职，他对神宗说："将欲取之，必固与之。"于是神宗下诏说无论勘验与否，就按辽朝所提的意见以天池分水岭为界。过去边界在黄嵬山麓，我宋朝可以俯瞰辽人的应州（今山西应县）、朔州（今山西朔县）、武州（今山西神池县），现在既然已将分水岭划割辽朝，辽人反而可以俯瞰我忻州（今山西忻县）、代县（今山西代县），从东到西共损失土地七百里。据考察，仁宗庆历年间，辽朝向我宋朝要取关南十县的地方，当时朝廷正在为西夏一带担忧，只不过是通过增加岁币来填塞辽人的欲望，至于土地，寸尺都没有给他们。熙宁时期的兵力胜过庆历时期，只因萧禧誓不罢休的缘故，致使我宋朝轻易放弃了边疆险要之地。王安石平时总是说治国安邦之类的话，在关键时刻竟也没有办法拒接辽朝的要求。孙权曾经说过："鲁肃劝我将荆州地方借给刘玄德，说：'帝王治国，要灵活运用形势，关羽不足以惧怕。'这是子敬不能辨别形势，空说大话罢了！"王安石所说的话也是这样。

【评析】

从历史事件中，我们不难看出事情的真相。辽国趁宋夏交兵之际，趁机要挟宋国解决边境争端，宋神宗害怕两线作战，故而割地，这是再清楚不过的事。割地卖国的事不知怎的却污到王安石头上。"将欲取之，必固与之"怕是王安石讲过，但绝非割地时讲的，而是在这之前。王安石的先灭西夏再灭辽的战略决策，必定使他采取稳住辽国的计策，说这话也是必然。没有雄心统一天下的人是不明白其中道理的。

三国鲁肃借荆州同样是这个道理，不借荆州谁来抗曹？以一个并不安定的荆州换取刘备对抗曹操，难道不是绝佳的上计。莫不成非要等到刘备用武力来取荆州才好，孙刘交恶，曹操得志，荆州最终还是曹操的。至于鲁肃说，关羽不足忌，难道不是一针见血。孙吴取荆州何等的轻松，这关键难道不在关羽身上？是关羽的傲慢让孙权兵不血刃。鲁肃实在是东吴第一谋臣！

官阶服章

【原文】

唐宪宗时，因数赦，官多泛阶①。又，帝亲郊②，陪祠者授三品、五品，不计考③；使府军吏以军功借赐朱紫率十八；近臣谢，郎官出使，多所赐与。每朝会，朱紫满庭，而少衣绿者，品服太滥，人不以为贵④，帝亦恶之，诏太子少师郑余庆条奏惩革⑤。淳熙十六年，绍熙五年，连有覃霈⑥，转官赐服者众。绍熙元年，予自当涂徙会稽，过阙，遇起居舍人莫仲谦于漏舍，仲谦云："比赴景灵行香，见朝士百数，无一绿袍者。"又朝议、中奉皆直转行，故五品官不胜计，颇类元和也。

【注释】

①官多泛阶：大多数官员都升了官。②帝亲郊：每年冬至，皇帝又亲自到南郊祭天。③不计考：不论考核政绩的优劣。④人不以为贵：因为赏赐太滥，人们也都不以得到赏赐为贵。⑤条奏惩革：拟出改进意见，予以上报。⑥覃霈：值国家庆典而降的恩泽。霈，盛雨，喻恩泽。

【译文】

唐宪宗时，由于多次大赦，大多数官员都升迁了官阶；每年冬至，皇帝又亲自到南郊祭天，陪同祭祀的官员不管考核政绩的优劣都授以三品、五品官；军营中的武官大概十个中有八个凭军功被赐予朱紫之衣（为中高级武官的穿戴）；皇帝身边的官员调外任向皇帝辞别，郎官受皇帝的派遣出使地方，大多都会受到皇帝的恩赐。每到大臣朝见皇帝的日子，朝廷上的官员都是身着朱紫之衣，很少有穿绿官服的，由于官员服饰赏赐太滥，人们也都不以得之为贵，皇帝也觉得这样太不成体统，就下诏让太子少师郑余庆逐条列出改革意见上奏。

南宋淳熙十六年，绍熙五年，广施皇恩，很多人因此升官被赐以朱紫官服。南宋绍熙元年，我从当涂（今安徽铜陵东南）调职到会稽（今浙江绍兴），经过京城皇宫时，在漏舍中遇上起居舍人莫仲谦，仲谦告诉我："不久前，我去景灵烧香，见到数百位官员，竟没有一位穿绿袍。"再加上朝议、中奉等散官也身着朱紫，所以五品官有多少都数不过来，很像唐宪宗元和年间那样泛滥。

【评析】

作者以南宋淳熙十六年类比唐宪宗时代，虽说是无心之举，但从本质上释放了一个真实的信号：那就是，作者生活的时代，虽然南宋朝立国未久（六十余年），但其腐朽的程度已经与唐朝末季可以相提并论了。事实上，从另一个角度来讲，南宋朝偏安临安（今浙江杭州），本来就属于苟延残喘，何尝能称作一个新的时代呢？所以不到六十年，就"见到数百位官员，竟没有一位穿绿袍的"，实在是情理之中的事情。

庆善桥

【原文】

饶州学非范文正公所建，予既书之矣。城内庆善桥之说，亦然。比因郡人修桥①，拆去旧石，见其上镌云："康定庚辰。"案范公以景祐乙亥为待制，丙子知开封府，黜知饶州②，后徙润、越，至庚辰岁乃复职，帅长安，既去此久矣。

【注释】

①比因郡人修桥：不久前，由于本地人维修这座桥。②黜知饶州：被贬谪到饶州做知州。

【译文】

饶州（今江西鄱阳）学校并不是北宋范仲淹先生所建，我已经作了记载。城内的庆善桥也不是他修建的。不久前，由于本地人维修这座桥，拆去一块旧石块，只见上面镌刻着几个字："康定庚辰。"范公在北宋仁宗景祐二年担任待制职务，第二年担任开封府知府，接着被贬谪到饶州做知州，后来又调职到润、越地任职，到康定元年就恢复了原来的职务，在长安（今陕西西安）任职，已经离开此地很长时间了。

【评析】

史纪之误，有时候是传抄错讹使然，有时候是记史者治学态度不严谨使然，有时候是原始资料的来源本身掺杂民间讹传的信息使然。而自古以来，民间就有将旁恶归加于大恶之人、将旁善归加于大善之人的传统，世传饶州学校为范仲淹先生所建，城内的庆善桥为范仲淹先生所修，恐怕也是这个原因，作者著述加以纠正，正当其时。

唐曹因墓铭

【原文】

庆元三年，信州①上饶尉陈庄发土得唐碑，乃妇人为夫所作。其文曰：

"君姓曹，名因，字鄙夫，世为鄱阳人。祖、父皆仕于唐高祖之朝，惟公三举不第，居家以礼义自守。及卒于长安之道，朝廷公卿、乡邻耆旧，无不太息。惟予独不然。谓其母曰：'家有南亩，足以养其亲，室有遗文，足以训其子。肖形天地间，范围阴阳内，死生聚散，特世态耳②，何忧喜之有哉！'予姓周氏，公之妻室也。归公八载，恩义有夺，故赠之铭曰：'其生也天，其死也天，苟达此理，哀复何言！'"予案唐世上饶本隶饶州，其后分为信，故曹君为鄱阳人。妇人能文达理如此，惜其不传，故书之，以裨图志之缺。

【注释】

①信州：今江西上饶。②死生聚散，特世态耳：生死离别，是世间的自然现象。

【译文】

南宋宁宗庆元三年，信州上饶尉陈庄在地下挖出一块唐代的墓碑，这是一位妇女为她的丈夫所写。上面的碑文写道："我丈夫姓曹，名因，字鄙夫，世世代代都是鄱阳人。祖父和父亲都在唐高祖的时候做过官，唯独我的丈夫参加三次科举考试都没有获得功名，在家中一直用礼仪约束自己。一直等到他死在了去往长安的路上，朝廷公卿、街坊邻居、耆老世交，没有一个不为他惋惜的，只有我不这样认为。我对他的母亲说：'我们家有良田，可以养活双亲；家有夫君留下来的文章，足以教育子女成才。人生活在天地之间，转换于阴阳界，生离死别，这是人世间的自然现象，又有什么可伤心高兴的呢！'我姓周，是夫君的结发妻子，我和丈夫在一起相处八年，我们一直都很恩爱，如今他去世了，所以我写一篇铭文赠送他：'人活着是天意，死了也是天意，如果能明白这个道理，又有什么可悲伤的呢？'"据我考察，唐朝时，上饶本隶属于饶州，后来才从饶州分出去，隶属信州，因此说曹因世代都是鄱阳人。妇人竟能写出这样通情达理的文章，实在值得赞叹，可惜她的事迹没有流传下来，所以我把这件事记录在这里，来补充史书中缺少的内容。

【评析】

此篇文章记述了唐代墓志碑上妻子写给死去丈夫的一段话。洪迈否定了"女子无才便是德"的传统观念，称赞了此妇人的才华。妇人的丈夫"卒于长安之道，朝廷公卿、乡邻耆旧，无不太息"。然而唯独妇人不这么认为，她在墓志碑上说道"家有南亩，足以养其亲；室有遗文，足以训其子"，并深刻地认识到人世间的生离死别是自然现象这一道理。洪迈因此妇人的通情达理和才华触动，故将其事迹记载在这里，供后人学习。

孙马两公所言

【原文】

卢照邻有疾，问孙思邈^①曰："高医愈疾奈何？"答曰："天有四时五行，寒暑迭居，和为雨，怒为风，凝为雪霜，张为虹霓，天常数也。人之四支五藏，一觉一寐，吐纳往来，流为荣卫，章为气色，发为音声，人常数也。阳用其形，阴用其精，天人所同也。失则烝生热，否生寒，结为瘤赘，陷为痈疽，奔则喘乏，竭则焦槁，发乎面，动乎形。天地亦然，五纬缩嬴，孛彗飞流，其危诊也。寒暑不时，其烝否也。石立土踊，是其瘤赘。山崩土陷，是其痈疽。奔风暴雨，其喘乏。川渎竭涸，其焦槁。高医导以药石，救以砭剂^②，圣人和以至德，辅以人事，故体有可愈之疾，天有可振之灾。"睿宗召司马子微问其术，对曰："为道日损，损之又损，以至于无为。夫心目所知，见每损之尚不能已，况攻异端而增虑哉。"帝曰："治身则尔，治国若何？"曰："国犹身也，故游心于淡，合气于漠，与物自然，而无私焉，而天下治。"孙公、司马所言，皆至道妙理之所寓，治心养性^③，宜无出此者矣。

【注释】

①孙思邈：唐朝京兆华原（现陕西耀县）人，是著名的医师与道士，是我国乃至世界史上伟大的医学家和药物学家，被后人誉为"药王"，许多华人奉之为"医神"。②砭剂：引申为救世的良方。③治心养性：宁静淡泊，合气平缓。

【译文】

卢照邻得了了疾病，他便问孙思邈说："高明的医生遇见疾病是如何诊治的？"孙思邈回答说："天有四时五行，寒暑交替更迭，和顺时就为雨，暴怒时就为风。雨滴凝结就形成雪霜，张扬之后就为虹霓，这是上天变化的规律。人有四肢五脏，一觉一寐，气流吐纳往来，流则为气血，章则为气色，发则为声音，这是人体变化的规律。阳则用其形，阴就用其精，这是天与人共同的地方。对人来说，失生热，否就生寒，结为瘤赘，陷为痈疽。奔跑就会喘气，之后没有力气，竭则焦粹枯槁，发于其面，动乎其形。天地也是这样，五纬缩赢，孛彗飞流，是其危诊，寒暑变化不正常，这是其否。石立土踊，是其瘤赘。山崩土陷，是其痈疽。奔风暴雨，是其喘乏。川渠干涸，是其焦槁。高明的医生懂得用药物来治疗，用针砭来救助；圣人懂得用高尚的品德使天下和睦，用别人的力量来辅助自己，所以人体有病就可以治愈，天有灾害就可以赈救。"唐睿宗召见司马子微询问他的医术，司马子微回答说："为道日损，损之又损，以至于无为。心中所想，眼中所见，虽然想损减，但总是情不由己，更何况攻异端更须损精耗神呢！"睿宗说："治病是这样，那么怎么治理国家呢？"司马子微回答说："国家就如同人的身体一样，所以宁静淡泊，合气平缓，与物自然，若治国者没有私心，那么天下就太平了。"孙思邈、司马子微两位先生所讲的虽然是行医治病，却把一些至妙的道理寓于其中，修心养性，没有比他们说的更高明的了。

【评析】

本文通过叙述孙思邈与司马子微讲述行医治病的道理，为"病人"讲述了治国之道。孙思邈认为，寒暑交替更迭，是上天变化的规律；觉寐吐纳，气色声音的改变，是人体变化的规律；阳则用其形，阴就用其精，这是天与人共同的地方。随即引申出"高医导以药石，救以砭剂，圣人和以至德，辅以人事，故体有可愈之疾，天有可振之灾"的道理。司马子微认为，"国犹身也，故游心于淡，合气于漠，与物自然，而无私焉，而天下治"。两位医者将治国之道巧妙寄予到了行医治病之中，可谓是高明之举。

人生五计

【原文】

朱新仲舍人常云："人生天地间，寿夭不齐①，姑以七十为率②：十岁为童儿，父母膝下，视寒暖燥湿之节，调乳哺衣食之宜，以须成立，其名曰生计；二十为丈夫③，骨强志健，问津名利之场，秣马厉兵，以取我胜，如骥子伏枥，意在千里，其名曰身计；三十至四十，日夜注思，择利而行，位欲高，财欲厚，门欲大，子息欲盛，其名曰家计；五十之年，心怠力疲，俯仰世间，智术用尽，西山之日④渐逼，过隙之驹⑤不留，当随缘任运⑥，息念休心，善刀而藏⑦，如蚕作茧，其名曰老计；六十以往，甲子一周，夕阳衔山，倏尔就木，内观一心，要使丝毫无慊⑧，其名曰死计。"朱公每以语人，以身计则喜，以家计则大喜，以老计则不答，以死计则大笑，且曰："子之计拙也。"朱既不胜笑者之众，则亦自疑其计之拙，曰："岂皆恶老而讳死邪？"因为南华长老作《大死庵记》，遂识其语。予之年龄逾七望八，当以书诸绅云。

【注释】

①寿夭不齐：人的寿命长短不一样。②率：标准。③丈夫：指成年男子。④西山之日：死亡的日子，讳称。⑤过隙之驹：形容时间过得极快。⑥随缘任运：等待命运的安排。⑦善刀而藏：修缮并藏起在名利场上厮杀的工具。⑧慊：不满，怨恨。

【译文】

舍人朱新仲经常说："人存在天地之间，寿命的长短不同，姑且以七十岁为准：十岁算是儿童，跟随在父母身旁，天气的寒暖燥湿稍微发生点变化，父母都得替孩子操心，衣食住行都由父母安排，直到长大成人，这叫生计；二十岁时就已算是成人，筋骨强健，志向高远，开始进入追逐名利的社会，秣马厉兵，以争取事业上的成功，就像是千里驹，虽然屈伏槽枥，却想着有朝一日驰骋千里，这叫身计；三十到四十岁之间，日夜苦思，就会选择对自己有利的事情去做，想要当上更高的官位，获得更多的钱财，门第越来越大，子孙兴盛，这叫家计；五十岁时，心与力都已经疲惫不堪，俯仰人世间，自己的聪明才智已经施展殆尽，死亡的日子渐渐接近，时间就像白驹过隙一样，稍纵即逝，一去不复返。此时只能听从命运的安排，束手无策。收起追逐名利之心，善藏起在名利场上拼杀的工具，就像蚕作茧一样，把自己保护起来，这叫老计；六十岁以后，人生已过了一个甲子，生命就像夕阳衔山一样，很快要朽木入土了，静一静心态，安宁度日，要使一生不留遗憾，这叫死计。"朱新仲先生每次把这些话讲给其他人时，听者的心情会随时发生变化。听到身计就会喜笑颜开；听到家计就会欣喜若狂；听到老计就会沉默不语；听到死计则哈哈大笑，并对朱新仲说："你的五计太笨拙了。"很多人都因此笑话他，就连朱新仲也怀疑自己的五计是否太笨拙了，说："难道人们都讨厌老去而忌讳死亡吗？"我在为庄子作《大死庵记》时，才真正认识到他讲的人生的意义。那时我已是七八十岁的人了，因为对此深有感触，便把这五计记下来，铭刻在心中。

【评析】

人生短暂，如白驹过隙。朱新仲只用了"生计、身计、家计、老计、死计"这十个字就把人生描绘得淋漓尽致。虽然人生被分为了五个阶段，但人生最宝贵的年华是二十岁至五十岁，也就是"身计"和"家计"这个阶段：而立之年，要立身齐家；不惑之年，要建功立业。这个阶段是人生的黄金时间，是最关键的人生阶段，一定要把握好。人的生命只有一次，应该倍加珍惜，才不虚度此生。作为青年人，要有一往无前的勇气，任何艰难困苦都不在话下，一个人的终身事业往往就是在此时打下根基的，万万不可等闲度过。

瀛莫间二禽

【原文】

瀛、莫二州之境，塘泊之上有禽二种。其一类鹄，色正苍而喙长，凝立水际不动，鱼过其下则取之，终日无鱼，亦不易地。名曰信天缘。其一类鹜，奔走水上，不闲腐草泥沙①，唼唼然②必尽索乃已，无一息少休。名曰漫画。信天缘若无能者，乃与漫画均度，一日无饥色，而反加壮大。二禽皆禀性所赋，其不同如此。

【注释】

①不闲腐草泥沙：不停地在腐草泥沙中寻觅食物。②唼唼然：水鸟或鱼吃食的样子。唼唼，象声词，水鸟或鱼的吃食声。

【译文】

在瀛州（今河北河间县）和莫州（今河北任丘县）的地方，河塘湖泊上生存着两种鸟。其中一种很像天鹅，浑身正青色，嘴很长，静立在水边一动不动，有鱼从它身下经过时，它就会用长嘴捕住吃掉，即使是一整天都没有鱼从他身下经过，它也不会轻易换地方。它的名字叫信天缘。另一种鸟很像鸭子，总是在水上游来游去，不停地在腐草泥沙中寻觅食物，一定会尽力寻找，从来也不休息。它的名字叫漫画。信天缘好像是很无能，却和漫画一样都要度过一天，且面无饥色，然而却比漫画更加健壮肥大。二禽的秉性都是上天赋予的，却有如此不同。

【评析】

  这篇文章通过介绍两种鸟的生活习性给我们讲述了人生的两种生活态度：一种"守株待兔"，一种"锲而不舍"。每一个人从出生到死亡、从日出到日落，都不得不面对很多不同的问题，而人总是在发生问题、解决问题中度过漫长的一辈子。每个人的情况都一样，唯一的差别是面对问题时的态度不同而已。人在面对问题、解决问题时，往往会因为不同的因素（如年龄、心态、社会历练、生长背景、环境等等）而作出不同回应。我们每个人肯定都有这两种鸟的特质，但是到底偏向哪种鸟，可能人与人之间会有差别，一个人的不同年龄阶段会有差别。例如我们年轻时候的心态较像漫画，总觉得要多看、多尝试，如若不能顺心或觉得不合意时，就会选择离开，找寻下一个目标。伴随着年龄的增长，人就越来越像信天缘了，不敢轻易地尝试，总是希望墨守成规。

萧颖士风节

【原文】

  萧颖士为唐名人，后之学者但称其才华而已，至以笞楚[①]童奴为之过。予反复考之，盖有风节识量[②]之士也。为集贤校理，宰相李林甫欲见之，颖士不诣，林甫怒其不下己。后召诣史馆，又不屈，愈见疾[③]，至免官更调河南参军。安禄山宠恣，颖士阴语柳并曰："胡人负宠而骄，乱不久矣。东京其先陷乎！"即托疾去。禄山反，往见河南采访使郭纳，言御守计，纳不用。叹曰："肉食者以儿戏御剧贼，难矣哉。"闻封常清陈兵东京，往观之，不宿而还[④]，身走山南。节度使源洧欲退保江陵，颖士说曰："襄阳乃天下喉襟[⑤]，一日不守，则大事去矣。公何遽轻土地取天下笑乎？"洧乃按甲不出[⑥]。洧卒，往客金陵，永王璘召之，不见。刘展反，围雍丘，副大使李承式遣兵往救，大宴宾客，陈女乐。颖士曰："天子暴露[⑦]，岂臣下尽欢时邪！夫投兵不测，乃使观听华丽，谁致其死哉。"弗纳。颖士之言论操持如此，今所称之者浅矣。李太白，天下士也，特以堕永王乱中，为终身累⑧。颖士，永王召而不见，则过之焉。

【注释】

①笞楚：鞭笞。②有风节识量：高风亮节，有胆识，有肚量。③愈见疾：越发遭到李林甫的嫉恨。④不宿而还：连夜返回。⑤喉襟：咽喉要冲，兵家重地。⑥按甲不出：按兵不动。⑦天子暴露：天子逃离京师，风餐露宿。⑧为终身累：一辈子都受累。

【译文】

　　萧颖士是唐代的名人，后代的学者只称颂他的才华罢了，以至把他曾经鞭打书童家奴之事作为他的过错。我也反复考证，萧颖士应该是一个有高风亮节和远见卓识的人。他做集贤校理的时候，宰相李林甫想要见见他，但他执意不去，李林甫很生气，责怪他狂妄，不屈从于己。后来，李林甫又召他到史馆任职，他还是不屈从，这就更加遭李林甫嫉恨了，以致后来被免官调往河南任参军之职。这时安禄山受皇上恩宠，肆无忌惮。萧颖士私下对柳并说："胡人（安禄山）倚仗受宠骄横跋扈，不久国家会大乱。到那时，洛阳会首先被攻陷的！"然后他就借口有病离开了。后来，安禄山果然谋反，萧颖士就前往拜见河南采访使郭纳，向他献言防御驻守的计策，但是没有被郭纳采用。他就叹息道："掌权的人视抵御强寇如儿戏，要想取胜难啊！"后来，他听说封常清在洛阳驻守，就前往探视，没有过夜就回来了，然后只身一人逃往山南了。

　　这时候，节度使源洧想要撤退保卫江陵，萧颖士就劝他说："襄阳是天下最险要的地方，如果一天不能镇守，那么国家就会大势已去。您干吗这么轻视土地，被天下人取笑呢？"源洧于是按兵不动。源洧死后，萧颖士客居金陵，永王李璘召见他，他不肯相见。后来，刘展谋反，兵围雍丘，副大使李承式派兵前往救护，在军营里大摆筵宴，招待宾客，还招来美女演奏音乐。萧颖士说："时下皇上逃难于乡野，哪里是臣子们尽情享乐的时候呢！此后将士出兵打仗，战况不可预料，现在反而让他们观赏美女演奏音乐，以至于消磨斗志，战场上谁还会为国效死呢？"可是，这个意见还是没有被采纳。萧颖士的言论操守由此可见一斑，现在人们对他的评价可以说是很浅陋的。李太白，应该是名扬天下的名士吧，可是他还曾经身陷永王之乱，为此终身受累。萧颖士，永王也曾召见过他，但他能够自持高风亮节，不去相见，在这一点上，恐怕还是超过李白的。

【评析】

一场安史之乱，成就了无数英雄豪杰，也颠覆了无数英雄豪杰。有如张巡杀妻飨士死战不降的，有如颜真卿铮铮铁骨视死如归的，有如哥舒翰剽悍一世晚节不保的，自然也有像萧颖士一样，身处卑位而高瞻远瞩的。可惜，萧颖士的许多富有远见的建议终未被采纳，作者也在无意中道出了安史之乱发生的缘由。

开元宫嫔

【原文】

自汉以来，帝王妃妾之多，唯汉灵帝、吴归命侯、晋武帝、宋苍梧王、齐东昏、陈后主。晋武至于万人。唐世明皇为盛，白乐天《长恨歌》云"后宫佳丽三千人"，杜子美《剑器行》云"先帝侍女八千人"，盖言其多也。《新唐史》所叙，谓开元、天宝中，宫嫔概至四万。嘻，其甚矣。隋大业①离宫遍天下，所在皆置宫女。故裴寂为晋阳宫监，以私侍高祖。及高祖义师经过处，悉罢之②。其多可想。

【注释】

①隋大业：隋炀帝大业年间。②悉罢之：把离宫中的女人悉数释放回家。

【译文】

自汉朝以来，拥有众多妃妾的帝王，只有东汉灵帝刘宏、三国吴归命侯孙皓、西晋武帝司马炎、南朝宋苍梧王刘昱、南朝齐东昏侯萧宝卷、南朝陈后主陈叔宝几人。西晋武帝司马炎的后宫中嫔妃近万人。唐代以唐玄宗的嫔妃最多，白居易在《长恨歌》中写道"后宫佳丽三千人"，杜甫在《剑器行》中也写道"先帝侍女八千人"，都是说唐玄宗嫔妃之多。据《新唐书》记载，唐玄宗开元、天宝年间，后宫中嫔妃大概有四万人之多。嘻，这也太过分了！隋炀帝大业年间，离宫遍布天下，每座离宫中都有数量不等的宫女。故此，裴寂才能以晋阳宫监的身份，私下里归奉唐高祖李渊。唐高祖起义发兵以后，所到之处，把离宫中的宫女都释放回家。其宫女之多可想而知。

【评析】

我们后人一般只知道古代帝王有所谓"三宫六院，七十二妃"，何曾想过有"四万人之多"呢？古代帝王奢侈糜烂的生活就可略见一斑了。这大约也是唐朝末年各路藩镇争相觊觎李唐天下的原因之一吧。

欧阳公勋封赠典

【原文】

吉州①新刊《欧阳公文集》，于年谱下尽载官爵、制词，无一遗落。考之今制，多有不合。虽非事之所以损益，漫书于策，且记典章随时之异云。公自太子中允初加勋，便得骑都尉，越过骁、武、飞、云四级。自龙图阁直学士初封爵，便得信都县子，越过男一等。翰林学士加恩而得五百户，初加实封，便得二百户。及罢政，为观文学士，遇郊②而加食邑五百户，实封二百户。薨之后，以子登朝，遇大礼，自太子太师合赠司空，而躐③赠太尉，盖超空、徒、保、傅四宫。再赠即为太师，仍封国公。今殊不然，除勋官即罢外，侍从初封，亦从县男④为始，每加不过三百户。（待制侍郎只二百。）初得实封财百户。执政去位，但与侍从同，均为虚邑三百而已。身后加赠，只单转一官，两子升朝，乃进二官，虽三四人亦不增，未有宫师直赠太尉者。（今太傅也。）又公任知制诰、知颖州转官而与直龙图阁、知亳州王洙同一词。《唐书》成，进秩，五人同制。公与宋景文公、范文忠公、王忠简公皆带从官职，而宋次道乃集贤校理耳。

【注释】

①吉州：今江西吉安。②郊：食邑制度之一。唐朝封户有虚实之别，其封国并无疆土，封户亦徒有虚名，唯加实封者，始食其所得封户之租税。③躐（liè）：超越，越级。④县男：爵名。唐始置，从五品，金、元沿置，明废。又作"县伯"。

【译文】

吉州（今江西吉安）刚刚出刊了《欧阳公文集》，在文集中的年谱之下详尽地记载了欧阳修被授予官爵和制词的情况，无一遗落。考察如今的典章制度，就会发现有很多地方不一样。虽然对年谱本身并无什么影响，但记载在文集中的目的就是让后代的人们了解典章制度是随时代变化而变化的。起初欧阳修被任命为太子中允时就被授予勋官，官名为骑都尉，官位越过了骁骑尉、武骑尉、飞骑尉、云骑尉四级。任龙图阁直学士时是最初封爵，一开始就超越了县男一级，被封为信都县子。任翰林学士时，由皇上加恩封地五百户，开始还加食实封，就食二百户之多。到被罢免宰相之职，就被任命为观文殿学士，那时正好赶上皇帝祭天这一大事，结果就被赐给封地五百户，食实封二百户。去世以后，让他的儿子入朝当官，正好又遇朝廷喜事，从太子太师的职位升迁只能到达司空之职，但却越级封为了太尉，超越了司空、司徒、太保、太傅四级官称。如果在赐官就是太师一职了，还会封为国公。如今的制度就不是这样了。除勋官已被废除外，侍从官职第一次被封爵，也是从县男开始，每次封地最多也不能超过三百户，待制侍郎为二百。最初得食实封的仅有百户之多。宰相离职，也只能是和侍从官职待遇一样，均为封地三百户而已。去世后会加赠官职，也只能升迁一级，如果有两个儿子在朝中做官，才会升迁二级。即使有三、四个儿子在朝廷为官，也不可能再越级，没有东宫太师直接追赠太尉的。还有，欧阳修任知制诰、行颍州转官给予直龙图阁学士，知亳州王洙是同一词。《新唐书》编成后，参与编写的五人同时晋级。欧阳修与宋景文公、范文忠公、王忠简公都兼领侍从官职，而宋敏求仅赐集贤殿校理之职罢了。

【评析】

本文是根据当时刊印的《欧阳修文集》中对欧阳修官制爵位的记载，对照当时的实际情况，使读者了解官职职位制度出现了哪些变化。宋朝政治体制的主要特点是专制主义中央集权的加强，体现在职官制度上的特点是中央集权，百官权力分散，用设官分职、分割各级长官事权的办法来削弱官员权力的。这样，有些官只是空名，所谓"官"，其概念只是拿俸禄而已。

东坡文章不可学

【原文】

东坡作《盖公堂记》云："始吾居乡，有病寒而欬者，问诸医，医以为虫①，不治且杀人。取其百金而治之，饮以虫药，攻伐其肾肠，烧灼其体肤，禁切其饮食之美②者。期月③而百疾作，内热恶寒而欬不已，垒④然真虫者也。又求于医，医以为热，授之以寒药，旦朝吐之，莫夜⑤下之，于是始不能食。惧而反之⑥，则钟乳、乌喙，杂然并进，而漂疽、痈疥、眩瞀⑦之状，无所不至。三易医而病愈甚。里老父教之曰：'是医之罪，药之过也。子何疾之有！人之生也，以气为主，食为辅。今子终日药不释口，臭味乱于外，而百毒战于内⑧，劳其主，隔其辅⑨，是以病也。子退而休之，谢医却药，而进所嗜，气全而食美矣。则夫药之良者，可以一饮而效。'从之，期月而病良已。昔之为国者亦然。吾观夫秦自孝公以来，至于始皇，立法更制⑩，以镌磨锻炼其民，可谓极矣。萧何、曹参亲见其斫丧之祸，而收其民于百战之余，知其厌苦、憔悴、无聊，而不可与有为也，是以一切与之休息，而天下安。"是时熙宁中，公在密州，为此说者，以讽王安石新法也。其议论病之三易，与秦、汉之所以兴亡治乱，不过三百言而尽之。

【注释】

①虫：蛔虫。②饮食之美：一切美味佳肴。③期月：为一整月的意思。④垒：疲惫不堪的样子。⑤莫夜：通"暮夜"，晚上。⑥反之：反其道而行之。⑦漂疽：即瘭疽，脓疮之类。漂，通"瘭"。眩瞀，眩晕。⑧百毒战于内：各种病毒在体内发作。⑨劳其主，隔其辅：气受劳顿，食物被阻隔。⑩立法更制：订立法令，更改制度。

【译文】

苏东坡在《盖公堂记》中说道："以前我在乡下居住的时候，因得了风寒而咳嗽，便询问几个医生，第一个请来的医生认为我的肚子中有虫，不治疗就会被虫子杀死。于是我花费了百金来治病，喝了治虫子的药。攻伐肾肠，烧灼体肤，禁止食用一切美味佳肴。一个月以后各种疾病都发作了，体内忽冷忽热，还不停地咳嗽，疲惫不堪，真像体内有了虫子一样。又请了一个医生来为我看病，医生认为是内热，给我开了一副清热药，喝下之后从早到晚一直在吐，于是便吃不下去饭了。看到这种现象，医生倒是开始担心了。反过来给开了钟乳、鸟喙等，喝下之后，疖子、疮疥、眩晕等症状，一齐都来了。三次治病，却病得越来越严重，乡里的老人对我说：'这是医生的责任和吃药的过错。您得了什么严重的病？人生在世，以气为主，食为辅。如今您终日药不离口，外面的嗅觉和味觉都被损害了，但是各种病毒发作于体内，气受劳顿，食物被阻，这样就真的生病了。您回到家中好好休息一下，不要再找医生并停止服药，吃一些你最喜欢的食物，身体好了，吃饭也就香了，那时一剂药喝下去就会立即见效。'我听从他的话，一个月后，病真的全好了。过去治理国家也是这样的道理。我看秦国自孝公以来一直到始皇，建立法规，更改制度，用这些来折磨残害天下百姓，可以说已经达到了极点。萧何、曹参亲眼目睹了秦暴政的祸害，而在他们经过百战之后统治天下，知道百姓厌倦了疾苦，身心疲惫，不再像秦国那样对百姓实施残酷的政策，让一切与民休息，从而天下安定。"当时是宋神宗熙宁中，东坡先生在密州（今山东诸城一带），他写下这篇文章是为了讽刺王安石实行的新法。他议论三次换药及秦汉兴亡的原因，不到三百字就把道理说透了。

【评析】

本文在批判秦王朝立法更制，劳苦百姓，并从而肯定萧何、曹参与民休息而天下安的基础上，歌颂了盖公"治道贵清净而民自定"的政治主张，而这一反一正的最终目的是反对王安石变法。文章以治病为喻开始，然后转入论治国之道，提出自己的思想：立法更制，严刑苛政，就会劳苦百姓，损伤国家元气；与民休息，则是培养元气，社会自然安定。

万事不可过

【原文】

天下万事不可过①，岂特此也？虽造化阴阳亦然。雨泽所以膏润②四海，然过则为霖淫③；阳舒④所以发育万物，然过则为燠亢⑤。赏以劝⑥善，过则为僭⑦；刑以惩恶，过则为滥。仁之过，则为兼爱无父，义之过，则为为我无君。执礼之过，反邻于谄；尚信之过，至于证父。是皆偏而不举之弊，所谓过犹不及者。扬子《法言》云："周公以来，未有汉公之懿⑧也，勤劳则过于阿衡。"盖谄王莽也。后之议者，谓阿衡之事不可过也，过则反，乃诮⑨莽耳。其旨意固然。

【注释】

①过：超过，逾越。②膏润：润泽。③霖淫：暴雨。④舒：舒展开来，上升。⑤燠亢：燠热，酷热。⑥劝：劝勉，鼓励。⑦僭：僭越。⑧汉公：安汉公王莽。懿，德行美好。⑨诮：讥诮。

【译文】

天下的任何事情都不能太过分，难道只有人世间为人处世才是这样的吗？即使是阴阳造化也是这样。下雨是为了滋润四海，但是过分降雨就会形成暴雨；太阳出来是为了培育万物，但是过分强烈就会形成酷暑；奖赏是为了鼓励善德，过分就是僭越；惩罚是为了惩罚恶行，过分就是枉滥；过分仁爱，就会像墨家兼爱那样，把父亲和外人一样看待；过分仗义，就会像道家那样，因为义气放弃君主。过于拘礼，反而会像阿谀谄媚；过于信用，最终会证明自己父亲的过失。这些都是因为过于偏执造成的弊端，这就是所说的过分和达不到效果是一样的。扬雄的《法言》说："从周公以来，还没有人的德行能够比得上王莽的，他的勤劳已经超过了阿衡伊尹。"这是向王莽献媚的话。后人议论这件事，说阿衡的功德是不可能超过的，超过就走向了反面，这是讥讽王莽的话。人们的思想本来就是这样。

【评析】

天下的万事都不可过分，凡事都应有个度。比如：诚信过了头，就成了迂腐；敏捷过了头，就成了圆滑；勇敢过了头，就成了鲁莽；庄重过了头，就成了呆板；礼貌过了头，就成了别有用心。同样，就连造化和阴阳都是如此，雨水可以湿润天地，可是过分了就会变成涝灾；阳光可以促进万物生长，可是过分了就会变成干旱。我们在为人处世时也要讲究"适度"，既要有所为，又要有所不为，尽可能地做到利而不害、为而不争。尤其是在面对各种名利的诱惑时，更要适可而止。我们常说"过犹不及"，就是说"过"的害处会大过"不及"。做事欠火候时，我们可以通过努力赶上来；对于喜欢的东西，不能过分，要知收敛。这正如法国浪漫主义大诗人雨果所说的那样："知道在适当的时候推上欲念的门闩的人，就是聪明人。"

严先生祠堂记

【原文】

范文正公守桐庐，始于钓台建严先生①祠堂，自为记，用屯之初九②，蛊之上九③，极论汉光武之大④、先生之高⑤，财⑥二百字。其歌词云："云山苍苍，江水泱泱。先生之德，山高水长。"既成，以示南丰李泰伯。泰伯读之，三叹味不已，起而言曰："公之文一出，必将名世，某妄意辄易一字，以成盛美。"公瞿然⑦握手扣之，答曰："云山江水之语，于义甚大，于词甚溥，而德字承之，乃似趢趗⑧，拟换作风字，如何？"公凝坐颔首，殆欲下拜。张伯玉守河阳，作《六经阁记》，先托游士及在职者各为之，凡七八本，既毕，并会于府，伯玉一一阅之，取纸书十四字，遍示客曰："六经阁，诸子、史、集在焉，不书，尊经也。"时曾子固亦预坐，惊起摘伏⑨。迈顷闻此二事于张子韶，不能追忆经阁所在及其文竟就于谁手，后之君子，当有知之者矣。

【注释】

①严先生：即东汉著名隐士严光，字子陵，生于西汉末年，会稽（今属浙江）余姚人。原姓庄，因避东汉明帝刘庄讳而改姓严。少有高名，与东汉光武帝刘秀同学，亦为好友，其后积极帮助刘秀起兵。公元25年，刘秀即位，多次延聘他，但他隐姓埋名，退居富春山。享年八十岁，葬于富春山。②屯之初九：《周易·屯卦》的"初九"爻辞的释义。③蛊之上九：《周易·蛊卦》的"上九"爻辞的释义。④大：度量宏大。⑤高：气节高迈。⑥财：同"才"，仅仅。⑦瞿然：感激的样子。⑧趢趗（lù sù）：狭隘，局促。⑨摘伏：折服，佩服。摘，通"折"。

【译文】

范仲淹先生担任桐庐（在今浙江杭州西南）县令时，在钓台建造了一座严光先生祠堂，并特地为此作了一篇《严先生祠堂记》。文中运用《屯卦》的初九爻辞和《蛊卦》的上九爻辞，充分论述了光武帝的宽广的胸怀和严光先生的高洁的情操。虽然全文只有二百余字，但气势雄浑，丝毫不弱于大篇。文末的歌词为："云山苍苍，江水泱泱。先生之德，山高水长。"此文章写成后，他拿给南丰李泰伯，请他指教。泰伯读后夸赞不止，站起身说："这篇文章传开后一定会闻名于世，我冒昧地请您改一个字，以使之更加完美。"范仲淹见泰伯要提出建议，便感激地握住他的手，恳请他快说。李泰伯说："'云山江水'一句，气势雄浑，意蕴丰富，但下面紧接一'德'字，意境似乎显得窄了点，若换作'风'字，一定会更大气，您认为如何？"仲淹坐定之后，神思颇久，然后频频点头，信服之意溢于言表，差点要对泰伯跪拜下去。

张伯玉镇守河阳时，打算请人作一篇《六经阁纪》。他先是让当地的游士及僚属们每人作一篇，并从中挑选出七八篇，然后送到衙门。张伯玉一一阅读之后，铺开纸挥笔写了十四个字，让在座的人传看。这十四个字是："六经阁，诸子、史、集在焉，不书，尊经也。"当时在座之人不乏博学之士，曾巩先生就是其中之一，他看到这十四字之后，深感其概括力之强，构思之妙，当即惊奇地站了起来，表示佩服之意。这两件事是我不久前从张子韶那里听说的，现在已经想不起来六经阁究竟在哪里，也不知那几篇《六经阁记》成于谁人之手，留待后世博学的人去探究吧。

【评析】

自古即有"一字之师"和"化腐朽为神奇"的美谈。作者于佚史之中收录两条轶闻，一则反映范仲淹虚怀如谷，一则反映张伯玉笔力的老辣，对我们后世学者颇有借鉴意义。

大言误国

【原文】

隗嚣谋叛汉，马援劝止之甚力，而其将王元曰："今天水全富[①]，士马最强[②]，案秦旧迹[③]，表里河山。元请以一丸泥为大王东封函谷关。"嚣反遂决，至于父子不得其死，元竟降汉。隋文帝伐陈，大军临江，都官尚书孔范言于后主曰："长江天堑，古以为限隔[④]南北，今日虏军岂能飞度邪？臣每患官卑，虏若渡江，臣定作太尉公矣[⑤]。"或妄言北军马死，范曰："此是我马，何为而死？"帝笑以为然[⑥]，故不为深备。已而国亡，身窜远裔[⑦]。唐元宗有克复中原之志，及下南闽，意以谓诸国可指麾而定，而事力穷薄[⑧]，且无良将。魏岑因侍宴言⑨:"臣少游元城,好其风物,陛下平中原,臣独乞任魏州。"元宗许之。岑趋墀下拜谢,人皆以为佞。孟蜀通奏使王昭远,居常⑩好大言,有杂耕渭上之志,闻王师入讨,对宾客授手言:"此送死来尔。乘此逐北⑪,遂定中原,不烦再举也。"不两月蜀亡,昭远为俘。此四臣之佞,本为爵禄及一时容悦⑫而已,亦可悲哉!

【注释】

①全富:非常富裕。②士马最强:兵强马壮。③案秦旧迹:学习秦国的做法。案,按照。④限隔:隔断,阻隔。⑤臣定作太尉公矣:我一定能登上太尉的宝座,意谓在抗隋战争中立下大功。⑥然:正确。⑦身窜远裔:逃亡远方。⑧事力穷薄:实力弱小。⑨因侍宴言:在宴会上说。⑩居常:平常。⑪逐北:出兵北伐。⑫容悦:龙颜大悦,即博得皇帝的宠爱。

【译文】

隗嚣准备叛汉,马援极力阻止,而其部将王元说:"现在天水十分富裕,兵强马壮,我们应该学习秦人的做法,凭借山河之险称王图霸。请允许我率一部人马替大王您封上函谷关。"于是隗嚣下定反叛的决心,结果没过多久,父子被杀,王元也投降了刘秀。隋文帝准备伐陈,大军临江,都官尚书孔范对陈后主说:"长江天险,自古以来就阻隔着南北方的交通,现在敌军难道能够飞渡吗?我常常为我的官位太低感到不安,敌军如果胆敢渡江,我一定能够立功之后登上太尉的宝座。"有人谣传隋军的战马死了不少,孔范说:"这是上天给我们预备的战马,为什么会死呢,死了岂不可惜了吗?"陈后主笑着表示赞同,并未作认真的准备。不久陈国灭亡,孔范也逃窜远方。唐元宗有夺取中原的雄心壮志,灭了南闽之后,认为各国可以指麾而定,然而实力弱小,并且没有一员良将。魏岑在宴会上对元宗说:"我从小就游过元城,喜欢这里的风俗和物产,陛下您平定了中原,我单单请求委任我做魏州的地方官。"元宗答应了,魏岑快步走到台阶下拜谢,世人认为这是故意在用花言巧语骗人。后蜀的通奏使王昭远,平常就好说大话,志向是隐耕于渭水之上。听到宋军来攻,搓着手对宾客说:"这是来送死的。我们乘此机会北伐,平定中原,不用麻烦再次用兵了。"说过这话后不到两个月,蜀就灭亡了,王昭远本人也被宋军俘虏。这四位的花言巧语,本来是为了爵禄和博得一时的宠爱,人主居然轻信他们，也太可怜了。

【评析】

这是一则典型的读书笔记。大言误国的事例，历史上屡见不鲜，作者洪迈（公元1123~公元1202年）在此着重提出来，恐怕与当时权相韩侂胄（公元1152年~公元1207年）鼓吹的北伐有关。该事件也直接关系到北伐派的中坚人物，如陆游（公元1125年~公元1210年）、辛弃疾（公元1140年~公元1207年）等人。由此，从一个侧面反映了作者的政治立场。

宗室覃恩①免解

【原文】

淳熙十三年，光尧太上皇帝以圣寿八十，肆赦推恩，宇宙之内，蒙被甚广。太学诸生，至于武学，皆得免文解②一次，凡该此恩者，千二三百人。而宗子在学者不预③，诸人相率诣宰府，且遍谒侍从、台谏，各纳一札子，叙述大旨，其要以为："德寿需典，普天同庆，而玉牒支派④，辱居胶庠⑤，顾不获与布衣书生等。窃譬之世俗尊长生日，召会族姻，而本家子孙，不享杯酒脔炙⑥，外议谓何？今厖鸿⑦之泽如此，而宗学乃不许厕名⑧，于义于礼，恐为未惬。"是时，诸公莫肯出手为言，迈以待制侍讲内宿，适蒙宣引，因出其纸以奏，仍为敷陈此辈所云尊长生日会客而本家子弟不得坐，譬谕可谓明白。孝宗亦笑曰："甚是切当有理。"时所携只是白札子，蒙径付出施行，遂一例免举。其人名字，今不复能记忆矣。

【注释】

①覃（tán）恩：广施恩泽。旧时多用以称帝王对臣民的封赏、赦免等。②文解：旧时入京应试的证明文书。免文解，意指不通过考试，直接发给凭证，允许参加进士科第。③不预：不在计划之中。预，计划。④玉牒支派：此处指赵姓皇室子弟。玉牒，旧指宗族的家谱。⑤胶庠：京师公立学校。胶，通"校"。⑥脔炙：炖肉和烤肉，泛指美食。⑦厖鸿（máng hóng）：洪大，广大。极言皇恩浩荡。⑧厕名：勉强名列其中。厕，勉强栖身。

【译文】

孝宗淳熙十三年（公元1186年），逢光尧太上皇（高宗）八十寿辰，皇帝施恩大赦天下，万民无不承蒙恩惠。当时的太学乃至武学学生，都得以免除文解一次，受此恩惠者达一千二三百人，唯独赵氏宗室子弟在学者不在免除之列（这是皇帝为了免除私恩之嫌，所以才这么做）。这些人听说后，非常不服气，立即相约到宰相府求情，并且拜见了侍从官和台谏官，然后又向各衙门呈交一卷札子，论述了自己的要求，并请求批准。

札子的大意说："圣上大寿，普天同庆，我们这些在太学求学的宗室子弟，却得不到与平民子弟学生同等的待遇。我们来打个比方，若在一般百姓人家，长辈过生日，大会宾朋，假若本家子弟连一杯酒、一块肉都无法享受，别人会怎么评论这家人呢？现在朝廷给天下人如此优厚的恩泽，而宗室子弟为太学生者却不在蒙受之列，于情于理，恐怕都不太合适吧。"

因为这是皇帝的旨意，所以当时的朝官们都不愿主动替这些人求情。我那时正以待制侍讲的身份宿在宫内，恰好赶上皇帝宣召，我趁势把他们的札子呈上，并向皇上陈述道："这些人虽然并无渊博的才学，但所说的尊长过生日会宾客，本家弟子却不得陪坐，这个比喻倒挺有意思。"孝宗听后也笑着说："这个比喻确实很贴切有理。"当时我所带的只是白札子，承蒙皇上恩准，直接拿出去交外朝执行，于是宗室子弟也一律得以免除一次文解。只是当时写札子的人，现在我已记不起来是谁了。

【评析】

通过这则笔记，我们对孝宗淳熙年间覃恩的范例有了非常直观的认识。此则笔记正可作为研究南宋孝宗年间的典章制度，以及皇室之间庆典特色的第一手资料。

贫富习常

【原文】

少时见前辈一说云："富人有子不自乳，而使人弃其子而乳之；贫人有子不得乳，而弃之以乳他人之子。富人懒行，而使人肩舆①；贫人不得自行，而又肩舆人。是皆习以为常而不察之也。天下事，习以为常而不察者，推此亦多矣，而人不以为异，悲夫！"甚爱其论。后乃得之于晁以道②《客语》中，故谨书之，益广其传。

【注释】

①舆：轿子。②晁以道：号景迂，宋代制墨名家，是一位经学家。他博通五经，尤精于《易》学，同时又是一位富有创作实绩的作家、画家，与苏轼、黄庭坚等苏门文人、江西诗派作家有着广泛的师友关系。

【译文】

小的时候听到长辈有一说法："富人有孩子不自己喂奶，而让别人抛弃自己的孩子去给她的孩子喂奶；穷人有孩子不能够自己喂奶，却要抛弃了自己的孩子去给别人的孩子喂奶。富人懒得走路，而派人用轿子抬着他走；穷人不能自己走路，却要用轿子抬着别人走。这都是习以为常而我们没有注意到的事情。天下的事情，因习以为常而没有察觉到，以此类推，也就会发现很多类似的事，但人们不认为这是奇怪的事，真是太可悲了。"我十分喜欢这个观点。后来才又从晁以道的《客语》中看到了这样的话，所以恭敬地记下，让它能够流传得更广。

【评析】

本篇文章通过论述穷人与富人习以为常之事，客观反映了有时人们习以为常之事并不是正确的事这一问题。人一旦陷入习以为常的状态，就很难分清事物的真伪与好坏。正如文章中，富人习惯让别人喂养自己的孩子，穷人习惯抛弃自己的孩子去喂养富人的孩子；富人习惯让别人抬着轿子走，穷人习惯用轿子抬着别人走。因习以为常，人们慢慢地模糊了好与坏、是与非的界限。穷人便甘愿低于富人，任其摆布，甚至失去自尊。这篇文章通过议论习以为常之事，告诉我们看问题、做事情都不能因习惯而判断事物的对错的道理。

卜筮不敬

【原文】

古者龟为卜，荚①为筮，皆兴神物以前民用。其用之至严，其奉之至敬，其求之至悉，其应之至精②。斋戒乃请③，问不相袭④，故史祝所言，其验若答。周史筮陈敬仲，知其八世之后莫之与京⑤，将必代齐有国。史苏占晋伯姬之嫁，而及于为嬴败姬、惠、怀之乱。至邃至赜⑥，通于神明。后世浸以不然，今而愈甚，至以饮食闹杂之际，呼日者隅坐，使之占卜，往往不加冠裳，一问四五，而责其术之不信，岂有是理哉！善乎班孟坚之论曰："君子将有为也，将有行也，问焉而以言，其受命也如响。及至衰世⑦，懈于斋戒，而屡烦卜筮，神明不应。故筮渎不告，《易》以为忌，龟厌不告⑧，《诗》以为刺。"谓《周易》之《蒙卦》曰："初筮告，再三渎，渎则不告。"《诗·小旻》之章云："我龟既厌，不我告犹⑨。"言卜问烦数，媟嫚于龟，龟灵厌之，不告以道也。汉世尚尔，况在于今，未尝顷刻尽敬。而一归咎于淫巫瞽史⑩，其可乎哉！

【注释】

①荚：蓍草，古时常用来筮算。②其应之至精：神物的应答也极为精确。③斋戒乃请：斋戒后才敢请问。④袭：因袭，重复。⑤京：抗争。⑥至赜：极其深奥微妙，亦指极深奥微妙的道理。⑦衰世：风俗衰败。⑧龟厌不告：神龟厌烦了也不回答。⑨不我告犹：即"不告我犹"，不再告诉我们未来的吉凶。⑩淫巫瞽史：占卜者。

【译文】

古代用龟壳占卜，用蓍草筮算，这些神物都为我们的先民所使用。先民们使用得非常严格，尊奉得十分虔敬，求问极为详细，所以神物的应答也极为精确。询问以前先斋戒，问题不相重复，所以卜祝的话，就像回答问题一样灵验。周王室史官替陈完占卜，知道他八世之后没有人能与他抗争，必将代姜氏而有齐国。史苏占卜晋国的伯姬出嫁，将赶上怀嬴败坏姬氏，以及晋惠公和晋怀公时代的动乱。这其中的奥妙，简直直通神明。后世浸坏，今天更甚。甚至在吃饭杂闹的时候，让占卜者坐在角落里进行占卜，往往衣冠不整，接连发问，这样却要批评占卜不能应验，哪有这样的道理？

　　班固说得好："君子有所动作，外出行动，问而有答，十分灵验。后世风俗衰败，懈于斋戒，而屡烦卜筮，神明也不应验了。所以亵渎神灵之后，神灵就不会告诉你，《周易》以此为忌；神龟烦了就不回答，《诗经》对此进行了批评。"这里说的是，《周易·蒙卦》："初次卜筮，神灵回答你；反复卜筮，亵渎了神明，神明就不回答了。"《诗经·小雅·小旻》说："我们的灵龟已经厌倦，不再告诉我们未来的吉凶。"这是说卜问太多了，狎慢了灵龟，灵龟厌倦后就不再把吉凶告诉我们。汉代尚且如此，何况今天？顷刻的虔敬也没有，却把不灵验的责任统统归结到占卜者的身上，这怎么能行呢？

【评析】

　　作者洪迈认为，在他生活的时代，卜筮之所以不灵验了，主要是由于当时的问卜者没有了上古问卜者的虔诚心态。这里，我们姑且撇开古代卜筮活动的迷信色彩不谈，单是就事论事。如果说问卜者缺乏应有的虔诚心态是一个重要的原因，而卜卦者又何尝有虔诚的心态呢？综合这两点，我们认为，作者洪迈写下这则笔记恐怕是另有所指，其背后的隐情我们就不得而知了。

鄱阳七谈

【原文】

　　鄱阳素无图经地志①，元祐六年，余干进士都颉始作《七谈》一篇，叙土风人物，云："张仁有篇，徐灌有说，顾雍有论，王德琏有记，而未有形于赋之流者，因作《七谈》。"其起事则命以"建端先生"，其止语则以"毕意子"。其一章，言澹浦、彭蠡山川之险胜，番君②之灵杰。其二章，言滨湖蒲鱼之利，膏腴七万顷，柔桑蚕茧之盛。其三章，言林麓木植之饶，水草蔬果之衍，鱼鳖禽畜之富。其四章，言铜冶铸钱，陶埴③为器。其五章，言宫寺游观，王遥仙坛，吴氏润泉，叔伦戴堤④。其六章，言鄱江之水。其七章，言尧山之民，有陶唐之遗风。凡三千余字，自谓八日而成，比之太冲十稔、平子十年⑤为无慊⑥。予偶于故麓⑦中得之，惜其不传于世，故表著于此。其所引张、徐、王、顾所著者，今不复存，更为可恨⑧也。

【注释】

①图经地志：泛指地理方面的著作。图经，附有图画、地图的书籍或地理志。地志，记载国或区域的地形、气候、居民、政治、物产、交通等的变迁的书。②番君：指秦代番阳令吴芮。《汉书·吴芮传》："吴芮，秦时番阳令也，甚得江湖民心，号曰番君"。③陶埴（zhí）：烧制砖瓦。④王遥仙坛，吴氏润泉，叔伦戴堤：王遥仙坛，为当地的道教胜地，相传为道士王遥成仙的地方。王遥，后汉时人，字伯辽，鄱阳（今江西鄱阳）人，善于治病，但每以驱鬼神之法治之，颇有怪诞之例，事见《神仙传》。吴氏润泉，约为当地的一处名泉。叔伦戴堤，指鄱阳城东湖边的柳堤，相传为戴叔伦（公元732年~公元789年）所植。戴叔伦，唐代诗人，字幼公，润州金坛（今属江苏）人。年轻时师事萧颖士。曾任新城令、东阳令、抚州刺史、容管经略使。晚年上表自请为道士。⑤太冲十稔、平子十年：刘太冲，唐诗人。郡望彭城（今徐州），宣州（今属安徽）人。少时师事萧颖士，天宝十二年登进士第。《全唐诗》录存其诗一首。平子：张衡（公元78年~公元139年），字平子，东汉南阳西鄂（今河南南阳）人，官至尚书，我国古代伟大的天文学家、数学家、发明家、地理学家、制图学家、文学家、学者。⑥无慊：不逊色。⑦簏：竹篾编的盛物器，形状不一。⑧可恨：可惜。

【译文】

鄱阳地区一直没有地理方面的著作，哲宗元祐六年（公元1091年），余干（今江西上饶余干）进士都颉才作了一篇《七谈》，叙述这一地区的风土民情，他写道："张仁、徐濯、顾雍、王德琏等人曾经写过文章，却从来没有人用诗赋的形式对这一地区的风情加以记述，所以我写下这篇《七谈》。"它的记事起于"建端先生"，止于"毕意子"。第一章讲了澹浦、彭蠡的险要山川、番君的英明；第二章讲述湖滨地区发达的渔业、农业和蚕桑业的情况；第三章讲述林业、蔬菜和副业生产的情况；第四章记述冶炼、陶埴等手工业生产；第五章记述寺院情况：王遥仙坛、吴氏润泉、叔伦戴堤；第六章讲鄱江之水；第七章讲当地纯朴的民风。一共三千余字，都颉自己说八天写成，比之太冲十稔、平子十年，一点也不逊色。我偶然中从旧籍子里翻到了它，为它没有流传于世而感到惋惜，所以写在这里以示表彰。他所引张、徐、王、顾的著作，现在都已失传，更为可惜了。

【评析】

早先，余干进士都颉才作了一篇《七谈》，叙述鄱阳地区的风土民情，由于种种原因没有流转下来。作者在自己书斋里发现了《七谈》的孤本，觉得非常之好，若失传非常可惜，于是写下这则随笔，呼吁后人留心保留这部文献，作者的态度是值得称道的。

糖霜谱

【原文】

糖霜之名，唐以前无所见，自古食蔗者始为蔗浆，宋玉①《招魂》所谓"胹鳖炮羔有柘浆"是也。其后为蔗饧，孙亮使黄门就中藏吏取交州献甘蔗饧是也。后又为石蜜，《南中八郡志》云："笮甘蔗汁，曝成饴，谓之石蜜。"《本草》亦云，"炼糖和乳为石蜜"是也。后又为蔗酒，唐赤土国用甘蔗作酒，杂以紫瓜根是也。唐太宗遣使至摩揭陀国，取熬糖法，即诏扬州上诸蔗，榨沈如其剂，色味愈于西域远甚，然只是今之沙糖。蔗之技尽于此，不言作霜，然则糖霜非古也。历世诗人模奇写异，亦无一章一句言之，唯东坡公过金山寺，作诗送遂宁僧圆宝云："涪江与中泠，共此一味水。冰盘荐琥珀，何似糖霜美。"黄鲁直在戎州，作颂答梓州雍熙长老寄糖霜云："远寄蔗霜知有味，胜于崔子水晶盐。正宗扫地从谁说，我舌犹能及鼻尖。"则遂宁糖霜见于文字者，实始二公。甘蔗所在皆植，独福唐、四明、番禺、广汉、遂宁有糖冰，而遂宁为冠。四郡所产甚微，而颗碎色浅味薄，才比遂之最下者，亦皆起于近世。唐大历中，有邹和尚者，始来小溪之繖山，教民黄氏以造霜之法。繖山在县北寺二十里，山前后为蔗田者十之四，糖霜户十之三。蔗有四色，曰杜蔗，曰西蔗，曰芍蔗，《本草》所谓荻蔗也，曰红蔗，《本草》崑崙蔗也。红蔗止堪生啖，芍蔗可作沙糖，西蔗可作霜，色浅，土人不甚贵，杜蔗紫嫩，味极厚，专用作霜。凡蔗最困②地力，今年为蔗田者，明年改种五谷以息之。霜户器用，曰蔗削，曰蔗镰，曰蔗凳，曰蔗碾，曰榨斗，曰榨床，曰漆瓮，各有制度。凡霜，一瓮中品色亦自不同，堆叠如假山者为上，团枝次之，瓮鉴次之，小颗块次之，沙脚为下；紫为上，深琥珀次之，浅黄又次之，浅白为下。宣和初，王黼③创应奉司，遂宁赏贡外，岁别进数千斤。是时，所产益奇，墙壁或方寸，应奉司罢，乃不再见。当时因之大扰，败本业者居半，久而未复。遂宁王灼作《糖霜谱》七篇，具载其说，予采取之以广闻见。

【注释】

①宋玉，又名子渊，相传他是屈原的学生。汉族，战国时鄢（今襄樊宜城）人。生于屈原之后，或曰是屈原弟子。曾事楚顷襄王。相传所作辞赋甚多，所谓"下里巴人""阳春白雪""曲高和寡"的典故皆他而来。战国后期楚国辞赋作家。②困：穷尽。③王黼：宋开封府祥符县人，字将明，原名甫，赐改为黼。为人多智善佞，寡学术。崇宁进士。初因何执中推荐而任校书郎，迁左司谏。因助蔡京复相，骤升至御史中丞。

【译文】

糖霜这个名字，唐代以前没有见过。古代最先吃的蔗糖叫作"蔗浆"，宋玉在《招魂》中所说的"胹鳖炮羔有柘浆"说的就是这个东西。之后出现了糖饧，吴国君主孙亮派黄门到中藏吏那里取来交州所献上的甘蔗饧就是蔗饧。后来又出现了石蜜，《南中八郡志》中说："榨甘蔗汁，在烈日下曝晒成饧状的东西，就是石蜜。"《本草》也说："炼糖和乳混合在一起之后就成了石蜜。"再后来又出现了蔗酒，唐朝时期的赤土国用甘蔗作酒，杂以紫瓜根，就是这个东西。唐太宗派使者到摩揭陀国学到了熬糖的方法，并立即下诏要求扬州地区上交甘蔗，用学到的方法榨糖，得到的糖颜色和味道比西域糖强多了，这就是现在的沙糖。有关制作蔗糖的技术就只有这些了，没有听说过制作糖霜的技术，那么制作糖霜的技术就不可能是古代的事情了。历朝历代的诗人都很喜欢摸奇写异，但也没有一章一句提到过。只有苏东坡路过金山寺时，作诗送给遂宁僧人圆宝时才提到："涪江与中泠，共此一味水。冰盘荐琥珀，何似糖霜美。"黄庭坚在戎州，作诗答谢梓州雍熙长老寄赠糖霜时写道："远寄蔗霜知有味，胜于崔子水晶盐。正宗扫地从谁说？我舌犹能及鼻尖。"所以说有关遂糖霜文字的记载，确实是从这两位诗人开始的。甘蔗到处都种，但唯独福唐、四明、番禺（今属广东）、广汉、遂宁出产糖冰，其中遂宁的最好，而福唐、四明、番禺和广汉这四个地方的糖冰产量低，而且颗粒易碎、色浅味薄，只能与遂宁出产中最差的相比，这些也全都起源于我朝（南宋）近代。唐代宗大历中期，有个叫邹和尚的人刚刚来到小溪的金山，便开始教当地一个姓黄的老百姓制作糖霜的方法。金山距离县城北面有二十里，山前山后种上甘蔗的地方就有十分之四，有十分之三的人家一直从事制作糖霜的工作。当地的甘蔗有四个品种：杜蔗、西蔗、芀蔗（就是《本草》所说的"荻蔗"）、红蔗（就是《本草》上说的"崑崙蔗"）。红蔗只能生吃。芀蔗可以制作成沙糖。西蔗可作糖霜，因为它的颜色浅淡，当地的百姓不太稀罕。杜蔗紫嫩，味道很甜，专门用来制作糖霜。甘蔗最能吸收地下的营养，今年田里种甘蔗，明年就必须改种粮食来休养地力。制作糖霜的人家所持的器械，有蔗削、蔗镰、蔗凳、蔗碾、榨斗、榨床、漆瓮等，各有标准。一瓮之中的糖霜质量、颜色的等级也不一样，堆叠得像假山一样的是上等，像团枝一样的稍次一些，像瓮鉴一样的再次些，小颗粒的再次些，像沙子一样的为末等。颜色为紫色的为上等，差一点的就是深琥珀色，接下来的就是浅黄色，浅白色是下等。徽宗宣和初年，王黼创设应奉司，遂宁在定额之外，每年还要单独献上几千斤。当时遂宁只能生产很少的糖霜，出产的糖也越出越奇。应奉司撤了之后，就再也见不到"墙壁"或"方寸"两种糖霜了。由于应奉司的缘故，为老百姓带来了很大的灾难，破产者过半，过了很久都不能恢复原样。遂宁人王灼写了七篇《糖霜谱》，具体详细地记载了这件事，我选择了一些记录在这里，使这些事能广泛传播。

【评析】

作者洪迈在本文中讲解了糖霜这种食物的发展源流，尤其表达了对应奉司盘剥生产糖霜民众的不满。据史书记载，糖霜起源于遂宁。它采用小锅恒温、慢火久炼、人工勤滤、自然结晶的工艺，制成酷似冰雕玉砌的假山一般的食糖结晶，具有止咳化痰、润肺消肿、除心烦心热之功能。南宋绍兴年间的遂宁人王灼著有一部总结蔗糖制作的专著《糖霜谱》，详尽记述了当时遂宁生产糖霜的全套技术。至今还被学术界认为是一部"稀有的、完备的、实用的农业兼机械科学技术的专著"。当地官员向皇帝邀功，下令制作上等糖霜运送到京，并深得皇帝嘉许，传诏将遂宁糖霜列为贡品。但是负责贡品的应奉司在贡品定额之外还要索取几千斤糖霜，超出了生产能力，致使一大半生产者破产，给老百姓带来了很大的灾难。贡品是专制社会中专门供给统治阶层享用的物资，这种制度始于夏代，凡一方之土特产，要将最新、最好的向朝廷交纳，供皇族使用，称之为贡赋。一般而言，贡品的数量不是很多，但是管理贡品事务的官员经常额外索要财物，给百姓带来很大负担。

北宋名臣包拯在担任端州知州的时候，端砚被朝廷列为贡品。包拯的前任为了讨好京中官员，就以征收贡砚为名，每年要求工匠们上交几千方端砚。除了进贡朝廷之外，剩下的端砚就用来送礼。包拯到任以后，要求制作砚台的工匠们只按照进贡朝廷所需的数量上交端砚，并且下令禁止州县官吏向百姓索取砚台。他在端州为官三年，离开端州的时候，一块端砚都没有带走。明代以后，江南的鲥鱼被列为贡品。康熙二十二年，山东按察司参议张能麟写了一篇《代请停供鲥鱼疏》，历数进贡鲥鱼劳民伤财、民怨四起的真相，康熙皇帝见疏后，下令"永免进贡"。但地方官员为了敛财，改为折价向渔户征收鲥鱼税，直到乾隆年间才彻底免除。正因为封建专制和贪污腐化，小小的糖霜、端砚、鲥鱼也会让百姓家破人亡，不能不令人扼腕叹息。

盛衰不可常

【原文】

东坡谓废兴成毁不可得而知①。予每读书史，追悼古昔，未尝不掩卷而叹。伶子于叙《赵飞燕传》，极道其姊弟②一时之盛，而终之以荒田野草之悲，言盛之不可留，衰之不可推③，正此意也。国初时，工部尚书杨玢长安旧居，多为邻里侵占，子弟欲以状诉其事，玢批纸尾，有"试上含元基上望，秋风秋草正离离④"之句。方去唐未百年，而故宫殿已如此，殆于宗周《黍离》之咏矣。慈恩寺塔有荆叔所题一绝句，字极小而端劲⑤，最为感人。其词曰："汉国河山在，秦陵草木深。暮云千里色，无处不伤心。"旨意高远，不知为何人，必唐世诗流所作也。李峤⑥《汾阴行》云："富贵荣华能几时，山川满目泪沾衣。不见只今汾水上，唯有年年秋雁飞。"明皇闻之，至于泣下。杜甫《观画马图》云："忆昔巡幸新丰宫，翠华拂天来向东。腾骧磊落三万匹，皆与此图筋骨同。君不见金粟堆前松柏里，龙媒去尽鸟呼风。"《公孙大娘弟子舞剑器行》云："先帝侍女八千人，公孙剑器初第一。五十年间似反掌，风尘澒洞昏王室。梨园弟子散如烟，女乐余姿映寒日。"元微之《连昌宫词》云："两京定后六七年，却寻家舍行宫前。庄园烧尽有枯井，行宫门闼树宛然。"又云："舞榭欹倾⑦基尚存，文窗窈窕纱犹绿。""上皇偏爱临砌花，依然御榻临阶斜。""寝殿相连端正楼，太真梳洗楼上头。晨光未出帘影黑，至今反挂珊瑚钩。指似傍人因恸哭，却出宫门泪相续。"凡此诸篇，不可胜纪。

《飞燕别传》以为伶玄所作，又有玄自叙及桓谭跋语⑧。予窃⑨有疑焉，不唯其书太媟⑩，至云扬雄独知之，雄贪名矫激，谢不与交；为河东都尉，捽辱决曹班躅，躅从兄子彪续司马《史记》，绌子于无所叙录，皆恐不然。而自云："成、哀之世，为淮南相。"案，是时淮南国绝久矣，可昭其妄也。因序次诸诗，聊载于此。

【注释】

①不可得而知：不可能会提前预知。②其姊弟：赵飞燕姐妹赵合德。③推：改变。④离离：盛多貌，此处指草木茂盛的样子。⑤端劲：端正有力。⑥李峤：唐朝诗人，字巨山。赵州赞皇（今属河北）人。对唐代律诗和歌行的发展有一定影响。和杜审言、崔融、苏味道并称"文章四友"。其诗绝大部分为五言近体，风格近似苏味道而文采更甚之。⑦攲倾：歪倒，歪斜。⑧跋语：文章或书籍正文后面的短文，说明写作经过、资料来源等与成书有关的情况。⑨窃：谦词，代指自己。⑩媟（xiè）：轻慢。

【译文】

苏东坡认为一个国家的衰败、兴盛、成功和失败是不能够提前预知的。我每次阅读史书时，追念哀悼古代的往事，从来没有不合上书卷后感叹不已的。伶玄写的《赵飞燕传》，详细记述了赵飞燕和她妹妹赵合德拥有一时的荣盛，但最终葬身于荒郊野外的悲剧，论述了兴盛虽然美好却不能够长久，衰败没落是不可以提前推测预知的，这正和苏东坡表达的意思一样。北宋初年，工部尚书杨玢在长安的旧居，大多数房屋都被邻里所侵占，他的后人想要因这事递状纸告状，杨玢在状纸的结尾处写上了一句"试上含元基上望，秋风秋草正离离"这样的话。刚刚距离唐朝灭亡还不到一百年，但是原先的宫殿已经这样破败不堪，接近于《黍离》抒发的亡国之情了。在慈恩寺塔上有荆叔题写的一首绝句，字很小但端正刚劲，内容特别感人。这首绝句写道："汉国河山在，秦陵草木深。暮云千里色，无处不伤心。"这首诗的寓意高远深沉，却不知何人所作，但一定是唐朝的诗人所作的。李峤在《汾阴行》中写道："富贵荣华能几时，山川满目泪沾衣。不见只今汾水上，唯有年年秋雁飞。"唐明皇听到这首诗后，竟然伤感地流下了眼泪。杜甫在《观画马图》中写道："忆昔巡幸新丰宫，翠华拂天来向东。腾骧磊落三万匹，皆与此图筋骨同。君不见金粟堆前松柏里，龙媒去尽鸟呼风。"（想起往日玄宗皇上巡幸新丰宫，车驾上羽旗在天空中向东飘扬。腾飞跳跃精良好马有三万匹，每一匹马的筋骨都与图画中的很相似。你没看见金粟堆前松柏林里马匹跑光，只看见林鸟啼雨呼风。）在《公孙大娘弟子舞剑器行》中写道："先帝侍女八千人，公孙剑器初第一。五十年间似反掌，风尘澒洞昏王室。梨园弟子散如烟，女乐余姿映寒日。"（先帝的侍女大约有八千人，公孙大娘的剑器舞姿是最好的。五十年的光阴就像是翻一下手掌，连年战乱烽烟弥漫，朝政昏暗无常。那些梨园子弟全都离开了，只剩下李二娘的舞姿掩映冬日的寒光。）

元稹在《元昌宫词》中写道："两京定后六七年，却寻家舍行宫前。庄园烧尽有枯井，行宫门闼树宛然。"（长安和洛阳安定后六七年，他又回来找寻自己在连昌宫边的家舍，只见庄园已烧毁，只剩下枯井，宫树还在，但宫门紧闭。）又写道："舞榭欹倾基尚存，文窗窈窕纱犹绿。"（歌舞楼台全部倾倒只剩下房基，雕花窗子的窗纱犹绿。）"上皇偏爱临砌花，依然御榻临阶斜。"（记得当年上皇偏爱临近台阶的花朵，那赏花时安坐的御榻依然横斜在那里。）"寝殿相连端正楼，太真梳洗楼上头。晨光未出帘影黑，至今反挂珊瑚钩。指似傍人因恸哭，却出宫门泪相续。"等等，像这类的文章，数不胜数。

《赵飞燕别传》被认为是伶玄所写，还有伶玄的自叙和桓谭跋语。我私下里对此有怀疑。不只是因为这书太轻慢，至于说道唯独杨雄了解伶玄，而杨雄贪图名利性情骄躁，伶玄拒绝和他交往；伶玄担任河东都尉时，殴打羞辱了决狱官班躅，班躅的堂兄的儿子班彪续写司马迁的《史记》，以伶玄没有好的著作为理由，没有收录伶玄的作品，恐怕都不是这样。伶玄曾说："成帝、衰帝的时候，我做淮南相。"根据考察这个时期，淮南国已经灭亡很久了，可清楚地知道伶玄是在胡说。因此我摘录了这些诗，记录在这里。

【评析】

　　一个国家的兴盛与衰败都是暂时的，兴盛到极点必然是衰败的开始，衰败的极点也就是兴盛的起点，国家的兴盛与衰败是变化的，是不可预知的。正如文章中所说到的"废兴成毁不可得而知"。文章中，洪迈为论述"废兴成毁不可得而知"这一观点，引用了诸多例子进行了论证。赵飞燕姐妹虽拥有一时荣盛，但是终究葬身野外；昔日玄宗皇帝巡幸新丰宫，羽旗飘扬良马万匹，可最终全部化为乌有；先帝侍女八千，公孙大娘舞剑，可五十年后，战乱频繁朝政衰败等等，这样的例子数不胜数。文中还记载了慈恩寺塔上荆叔所题的一首四绝诗："汉国河山在，秦陵草木深。暮云千里色，无处不伤心。"洪迈说此诗"旨意高远"，但是不知道作者是何许人也，洪迈推断"必唐世诗流所作也"。而在荆叔的这首诗中算是说尽了"盛衰不可常"这个道理。

门生门下见门生

【原文】

后唐裴尚书年老致政①。清泰初，其门生马裔孙②知举③，放榜后引新进士谒谢④于裴，裴欢宴永日，书一绝云："宦途最重是文衡，天与愚夫作盛名。三主礼闱今八十，门生门下见门生。"时人荣之。事见苏耆《开谭录》。予以《五代登科记》考之，裴在同光中三知举，四年放进士八人，裔孙预焉。后十年，裔孙为翰林学士，以清泰三年放进士十三人，兹所书是已。裔孙寻拜相，新史亦载此一句云。白乐天诗有《与诸同年贺座主高侍郎新拜太常同宴萧尚书亭子》一篇，注云："座主于萧尚书下及第。"予考《登科记》，乐天以贞元十六年庚辰中书舍人高郢下第四人登科，郢以宝应二年癸卯礼部侍郎萧昕下第九人登科，迨郢拜太常时，几四十年矣。昕自癸卯放进士之后，二十四年丁卯，又以礼部尚书再知贡举，可谓寿俊。观白公所赋，益可见唐世举子之尊尚主司也。

【注释】

①致政：犹致仕。指官吏将执政的权柄归还给君主。②马裔孙：字庆先，棣州商河人。唐末帝即位，用为翰林学士、户部郎中、知制诰，赐金紫，未满岁，改中书舍人、礼部侍郎。③知举：负责主持科举考试。④谒谢：晋见道谢。

【译文】

后唐裴尚书年老辞官居家。后唐末帝清泰初年，他的门生马裔孙负责主持科举考试，放榜以后，带领新科进士到裴皞府上谢恩，裴皞很高兴，并摆宴与他们畅饮了一整天，还写了一首绝句说："宦途最重是文衡，天与愚夫作盛名。三主礼闱今八十，门生门下见门生。"当时的人都认为这是极大的荣耀。

这件事是从苏耆写的《开谭录》一书中看到的。我根据《五代登科记》一书考证此事，裴皞在后唐庄帝同光年中曾三次负责主持科举考试，同光四年录取了八名进士，马裔孙就在其中。过了十年，马裔孙为翰林学士，清泰三年一共录取了十三名进士，这个地方《开谭录》一书中记载的没有错误。马裔孙不久就当上了丞相，《新五代史》也记载了这样一句话。白居易的诗集中有《与诸同年贺座主高侍郎新拜太常同宴萧尚书亭子》一首。诗的注释说："今科座主高郢侍郎是萧昕尚书门下及第。"我又根据《登科记》对此事进行了考证，白居易于唐德宗贞元十六年癸卯在中书舍人高郢门下以第四名进士及第，高郢于宝应二年癸卯在礼部侍郎萧昕门下以第九名及第，等到高郢升迁为太常卿时，几乎过了四十年了。萧昕自从宝应二年癸卯负责主持科举考试以后，二十四年后的贞元三年丁卯，又以礼部尚书之职再次负责科举考试，真可以说是长寿之俊了。看到白居易诗中所记述的这些事，就更可以看出唐代的举人们真的是很尊重主考的座主啊！

【评析】

本文讲述了唐代裴皞受门生尊重的故事。其《示门生马侍郎胤孙》诗中"门生门下见门生"也成为佳句。门生原指学生或依附世族供役使的人。后来科举制度发展，读书人参加县、省、全国三级考试。县试合格者为秀才；省为乡试，考中者为举人；全国为会试，考中者为贡士。若考中举人或贡士，则要拜本科的主考官为座主，而座主则称这些弟子为门生。贡士要参加由皇帝亲自主持的殿试，殿试合格就成为进士，具备做官的资格。由于进士的座主是皇帝本人，所以进士常自称为"天子门生"。座主兼有老师和仕途领路人的双重身份，担任会试的主考官一般都是皇上的股肱大臣，他们一旦掌握大权，便会提携重用自己的门生。所以门生对座主无不奉事唯谨。这里面除了师生之间的道义，也含蕴了一些功利的因素。

风灾霜旱

【原文】

庆元四年，饶州盛夏中，时雨频降，六七月之间未尝请祷，农家水车龙具，倚之于壁，父老以为所未见，指期西成有秋，当倍常岁，而低下之田，遂以潦告。余干、安仁乃于八月罹地火之厄。地火者，盖苗根及心，蟊虫①生之，茎干焦枯，如火烈烈，正古之所谓蟊贼②也。九月十四日，严霜连降，晚稻未实者，皆为所薄，不能复生，诸县多然。有常产者，诉于郡县，郡守孜孜爱民，有意蠲租③，然僚吏多云："在法无此两项。"又云："九月正是霜降节，不足为异。"案白乐天讽谏杜陵叟一篇曰："九月霜降秋早寒，禾穗未熟皆青干。长吏明知不申破，急敛暴征求考课。"此明证也。

予因记元祐五年苏公守杭日，与宰相吕汲公书论浙西灾伤曰："贤哲一闻此言，理无不行，但恐世俗谄薄④成风，揣所乐闻与所忌讳，争言无灾，或有灾而不甚损。八月之末，秀州数千人诉风灾，吏以为法有诉水旱而无诉风灾，闭拒不纳，老幼相腾践，死者十一人。由此言之，吏不喜言灾者，盖十人而九，不可不察也。"苏公及此，可谓仁人之言。岂非昔人立法之初，如所谓风灾、所谓早霜之类，非如水旱之田可以稽考，惧贪民乘时，或成冒滥⑤，故不轻启其端。今日之计，固难添创条式。但凡有灾伤，出于水旱之外者，专委良守令推而行之，则实惠及民，可以救其流亡之祸，仁政之上也。

【注释】

①虫：通"蠚"。古人认为，稻瘟病是一种肉眼看不见的虫子作蠚，所以称"蠚虫"。事实上，我们今人研究得知，稻瘟病是植株在高温高湿的环境下感染的一种真菌。②蟊贼：吃禾苗的两种害虫。因其体量非常小，所以称"蟊贼"。蟊：残害而不留痕迹。贼：小偷。③蠲（juān）租：免除租税。④谄薄：阿谀上级，刻薄下级。⑤冒滥：胡乱冒充，形成风气。

【译文】

宁宗庆元四年（公元1198年）的盛夏时节，饶州（今江西鄱阳县）地区的天气一反常态，连连降雨，六、七两个月大雨连绵不止，百姓们再也无需耗费人力财力祈雨，农夫家的水车和龙具（求雨的物品）都斜靠在家中的墙壁上，被弃置不用。老年人都说这种好天气有生以来也没有碰到过，真是老天开眼，于是各家各户都盼望着秋天能够获得大丰收。然而天不遂人愿，因为雨降不止，那些耕种低洼田地的农夫们便发现涝灾己至，庄稼几乎全被淹死。接着，余干、安仁两县在八月里又遭受了地火之灾。所谓地火之灾，就是庄稼从苗根到苗心都生了蟊虫，致使庄稼的茎变枯变焦，远远望去，像是金黄的烈火一样，也就是古时所说的"蝥贼"之害。百姓见状，个个愁容满面，再也看不到天降大雨时的欣喜。但灾祸并未就此止息，九月十四日，老天又连降寒霜，晚稻还没有灌浆成粒，就被这场大霜冻死了。饶州所属各县均遭此灾。

  一些有田产的农民到郡县衙门去报告灾情，此时的饶州知州还算是一位体恤百姓的好官，听到上报之后，便有了减免租赋的打算，可是属官们却纷纷表示反对，说："皇朝法典规定的减免租赋，可没有说到'蝥贼'和'早霜'两种情况啊！"还说："九月里本来就有霜降节气，下霜也不足为奇，怎么能称得上天灾呢？"这种说法简直是强词夺理，白居易的《杜陵叟》说："九月霜降秋早寒，禾穗未熟皆青干。长吏明知不申破，急敛暴征求考课。"就是九月下霜确是天灾的明证。

  哲宗元祐五年（公元1090年），苏轼担任杭州知府，其间曾给宰相吕大防写过一封信，专论浙西的灾情，信中说："我想贤哲的宰相若听到这些灾伤之情，决不会放任不管，只是怕世俗庸人欺君昧上已成恶习，报喜不报忧，争抢着说本处并没有灾荒，或者说虽有灾情，但足可自理，无需朝廷费心，但事实上灾情往往要比他们说的严重得多。八月下旬，秀州（今浙江嘉兴）几千民众到州衙报知本州发生了风灾，州官认定法典上只有报知水灾旱灾的，而没有报知风灾的，因此闭门不见，将百姓们拒之官衙之外。州外的百姓义愤填膺，愤怒之下不免骚乱，结果混乱中踩死了十一个老人和孩子。由此事可知，地方官吏中报喜不报忧者，十有八九。这种现象不能不明察。"苏轼把话说到这种程度，真可以说是仁者之言了。

  为何风灾、早霜一类的灾情未被列入我朝法定的赈灾之列呢？这是不是古人在创立法律的时候，考虑到像风灾、早霜一类的灾情，不像旱灾、涝灾那样一看即知，而怕一些刁民借此为由，乘机要求赈济和减免租赋，所以不便轻易地将它们纳入法律条文呢？如今看来，把这类灾情重新纳入我朝法典怕是已不太可能，但若出现此类的灾害，朝廷也不能坐视不管，而应该专门委派贤良的地方长官实行适当合理的救助。这样便可以使百姓切实感受到天子的恩德，避免因天灾而造成大量灾民流离失所，这才是施仁政的上策。

【评析】

  笔记野史堪为正史的补遗，一则是它具有正史无可比拟的边缘性和非正统性，二则是它具有正史无可比拟的白描性和故事性。通过这则笔记，我们可以非常详实地窥知，宁宗庆元饶州（今江西鄱阳县）地区，一般百姓面对水、旱、蝗、瘟的频繁侵袭时，哀告无门的生存状况。我们由此可以推知，当时的南宋朝治下的中国大部，情形何尝不是如此？

白居易出位

【原文】

白居易为左赞善大夫，盗杀武元衡，京都震扰。居易首上疏，请亟①捕贼，刷朝廷耻，以必得为期。宰相嫌其出位②，不悦，因是贬江州司马。此《唐书》本传语也。案是时宰相张弘靖、韦贯之，弘靖不足道，贯之于是为失矣。白集载与杨虞卿书云："左降诏下，明日而东，思欲一陈于左右。去年六月，盗杀右丞相于通衢③中，迸血体，磔发肉，所不忍道。合朝震慄，不知所云。仆以书籍以来，未有此事。苟有所见，虽畎亩皂隶④之臣，不当默默，况在班列⑤，而能胜其痛愤邪！故武丞相之气平明绝，仆之书奏日午入。两日之内，满城知之，其不与者，或语以伪言，或陷以非语，皆曰：'丞、郎、给、舍、谏官、御史尚未论请，而赞善大夫何反忧国之甚也！'仆闻此语，退而思之，赞善大夫诚贱冗耳，朝廷有非常事，即日独进封章，谓之忠，谓之愤，亦无愧矣。谓之妄，谓之狂，又敢逃乎！以此获辜，顾何如耳，况又不以此为罪名乎！"白之自述如此。然则一时指为出位者，不但宰相而已也。史又曰："居易母坠井死，而赋《新井篇》，以是左降。"前书所谓"不以此为罪名"者是已。

【注释】

①亟：急切，迫切。②出位：越位，超越本分。③通衢（qú）：四通八达的道路，宽敞平坦的道路。④畎亩皂隶：老农和衙门里的差役。⑤班列：指朝廷或朝官。

【译文】

白居易在朝中担任左赞善大夫时，有盗贼杀死了宰相武元衡，顿时京城上下都震惊不安。白居易率先向朝廷上奏，请求朝廷下旨立刻追捕杀人盗贼，洗刷朝廷的耻辱，并强调必须以逮捕到盗贼为目的。宰相认为他做的超越了他的本职，很不高兴，因此白居易被贬谪到了江州当司马。这是《唐书·白居易传》里的记载。经过考察，当时在朝中担任宰相的是张弘靖和韦贯之，张弘靖就不值一提了，韦贯之在这件事上做的就是失职了。《白居易集》中记载了他寄给杨虞卿的一封信，上面这样说道："贬官的诏书已经下达，明天就要向东去赴任江州司马了，现在我想把心中的事情跟你说一些。去年六月，强盗公然在大道上残忍地杀死了右丞相武元衡，血浆迸出，头发和肉体都被砸烂了，我实在不忍心再说下去。当时朝廷上下都为之震惊不安，不知上奏时该说些什么话才好，我认为这是有史以来从来没有发生过的事情。如果人们都看见了当时的状况，即使是老农或卑微的奴仆也不会保持沉默，更何况我是朝廷大臣，怎能忍受这样的愤怒呢？所以在武元衡丞相被杀害死亡后，我在当天中午就递上了奏章。两天之内，整个京城的人都知道了这件事，朝中不赞同我做法的人，有的人造谣中伤，有的用假话诬陷我，都说：'尚书、郎、给事中、中书舍人、谏官、御史对武丞相被杀一事还没有上书谈自己的看法，而一个赞善大夫为何反倒这样担忧国事！'我听到这些话，回到家中反复思考，赞善大夫的官职虽然低微，但朝廷中发生这样特殊的事件，应该当天就呈上奏章，说这是忠诚，这是义愤，也问心无愧。说这是虚妄，这是张狂，我怎么能为自己辩解呢！"这是白居易的自述。从中可以看出，当时指责白居易超越本职的人，还不仅仅是宰相而已。史书上又说："白居易的母亲掉进井里淹死，而白居易却写了一首《新井篇》，因此受到贬斥。"上面那封信里所说的"不是以这件事定罪"，说的就是这件事。

【评析】

本文通过讲述白居易为官时的遭遇，揭开了他被贬为江州司马的真正理由。洪迈在这篇文章中的开头写道：白居易为官之时，"盗杀右丞相于通衢中，迸血体，磔发肉"，心中愤恨不已，于是把这件事上奏了朝廷，请求"亟捕贼，刷朝廷耻"，不料，他的这种行为却被丞相认为是超越他的本职，招惹了不满，所以被贬为江州司马。

醉翁亭记酒经

【原文】

　　欧阳公《醉翁亭记》、东坡公《酒经》皆以"也"字为绝句。欧阳二十一"也"字，坡用十六"也"字，欧《记》人人能读，至于《酒经》，知之者盖无几。坡公尝云："欧阳作此《记》，其词玩易①，盖戏云耳，不自以为奇特也。而妄庸者作欧语云：'平生为此文最得意。'又云：'吾不能为退之画记，退之不能为吾《醉翁亭记》。'此又大妄也。"坡《酒经》每一"也"字上必押韵，暗寓于赋，而读之者不觉。其激昂渊妙，殊非世间笔墨所能形容。今尽载于此，以示后生辈。其词云："南方之氓②，以糯与粳杂以卉药而为饼，嗅之香，嚼之辣，揣③之枵然而轻，此饼之良者也。吾始取面而起肥④之，和之以姜液，蒸之使十裂，绳穿而风戾⑤之，愈久而益悍，此曲之精者也。米五斗为率，而五分之，为三斗者一，为五升者四，三斗者以酿，五升者以投，三投而止，尚有五升之赢也。始酿，以四两之饼，而每投以二两之曲，皆泽以少水，足以散解而匀停也。酿者必瓮按而井泓之，三日而井溢，此吾酒之萌也。酒之始萌也，甚烈而微苦，盖三投而后平也。凡饼烈而曲和，投者必屡尝而增损之，以舌为权衡也。既溢之，三日乃投，九日三投，通十有五日而后定也。既定，乃注以斗水，凡水必熟而冷者也。凡酿与投，必寒之而后下，此炎州之令也。既水五日乃篘⑥，得二斗有半，此吾酒之正也。先篘半日，取所谓赢者为粥，米一而水三之，揉以饼曲，凡四两，二物并也。投之糟中，熟挼⑦而再酿之，五日压得斗有半，此吾酒之少劲者也。劲、正合为四斗，又五日而饮，则和而力、严而不猛也。篘绝不旋踵而粥投之，少留则糟枯中风而酒病也。酿久者酒醇而丰，速者反是，故吾酒三十日而成也。"此文如太牢八珍，咀嚼不嫌于致力，则真味愈隽永，然未易为俊快者言也。

【注释】

　　①其词玩易：遣词用语平易。②氓：百姓。③揣：估计，忖度。④起肥：膨胀。⑤风戾：风吹干。⑥篘（chōu）：过滤。⑦熟挼（ruán）：反复的搅拌。挼，揉搓，搅拌。

【译文】

　　欧阳修的《醉翁亭记》和苏东坡的《酒经》，都以"也"字做句尾。欧阳修在文章中共用了二十一个"也"字，苏轼则用了十六个"也"字。读过欧阳修的这篇《醉翁亭记》的人有很多，被人们所熟知，而谈到苏东坡的这篇《酒经》，知道的人就很少了。苏东坡曾说："欧阳修所写的这篇《醉翁亭记》，遣词用语平易，大概是游戏之作罢了，连他自己也没有认为这篇文章有什么奇特的地方的吧。但一些荒诞庸俗的人却假托欧阳修的话说：'我这一生所作的文章中，这一篇算是最得意的了。'还说：'我虽然写不出韩愈《画记》那样的文章，但韩愈也写不出我的《醉翁亭记》。'这又是信口开河了。"苏东坡的《酒经》中，每出现一个"也"字一定都会伴随押韵，暗寓于赋，但是读者没有察觉到这个罢了。这篇文章激昂畅快，渊深奥妙，实在是很难用人世间的笔墨所能描绘出来的。现在详尽地把它记载在这里，以供后人学习。这篇文章说："南方的老百姓，以糯米和粳米，掺上些花卉制成的药粉制作成饼，这种饼闻起来香，嚼起来辣，放在手中掂一掂却很轻，这样的饼是最好的饼。后来我开始我取些面来，加入此饼把面发起来，用调有姜汁的水把面和好，再用火蒸，使它迸裂开来，用绳子把它们全部穿起来，放在当风处吹干，风干的时间越长则越坚固，这就是酒曲之中的精品。在这之后，取来五斗米，分为五份，把其中三斗合为一份，剩下两斗分成四份，每份五升。三斗的那一份用来酿酒，五升的那四份用来掺入，掺入三份之后就停下来，这样还会剩余五升米。开始酿制时，每取用四两的酒饼，就要取二两的酒曲，都先要浸上少量的水，足够把它们泡开并搅拌均匀就可以了。酿制时一定要用大瓮压好，并用井水将瓮边灌满。三天之后，瓮边缘的井水开始冒泡，这时我的酒开始出现了。刚刚酿出的酒，其味道十分的浓烈且有些微苦，大约掺入三次米之后便趋向平和了。凡是酒饼劲足而酒曲比较平和的，在掺米时一定要经常记着品尝，随时注意多掺米还是少掺米，根据自己的口味进行权衡。一般在井水发泡三天后开始掺米，九天内掺上三次，通常在十五天后就可以把酒酿好了。初成的酒要再灌入一斗左右的水，水一定先要烧开再晒凉。凡是酿酒和掺米，一定要晒凉之后再开始操作，这个过程在炎热的南方是必须做的。加水五天后开始过滤，得到酒两斗半，这是我所说的纯正的酒。过滤后半天，把那些溢出来像粥一样粘稠的东西取出来，三分水再加一份米，和上酒饼和酒曲，一共四两，两种东西一起放在酒糟里，反复搅拌之后再酿，五天后又能压出一斗半酒，这是我所说的更为浓烈的酒，将得到的纯正的酒和浓烈的酒混合在一起，一共有酒四斗，过了五天之后再去饮用，就会感觉平和但有酒劲、浓香但不猛烈。过滤后立即将像粥一样的粘稠的东西再掺进去，稍微放迟了酒糟便发干，中间就会变空，再酿出的酒就不好了。酿酒的时间越长，得到的酒就会越浓郁香醇。相反，时间越短就越淡薄了，所以我一般都要花费三十天去酿酒才算是完成。"这篇文章就像是祭神用的八珍太牢，阅读欣赏时不要怕吃力，其中的真味越读越觉得绵绵不断，但也没那么容易让那些快速阅览的人感受到这一点。

【评析】

在这篇文章中，作者为苏轼《酒经》的遭遇深感不平，他认为《酒经》胜于《醉翁亭记》。他先引苏轼的话："欧阳作此记，其词玩易，盖戏云耳，不自以为奇特也"，来以此说明欧阳修是带着开玩笑的心理写作《醉翁亭记》的，他并不觉得自己这篇文章有多么了不起。坊间盛传的"平生为此文最得意"，"吾不能为退之（韩愈）《画记》，退之不能为为吾《醉翁亭记》"，皆出于好事者的杜撰。接着提出苏轼《酒经》的两个优点："坡《酒经》每一'也'字上必押韵，暗寓于赋，而读之者不觉；其激昂渊妙，殊非世间笔墨所能形容。"最后，他毫不掩饰地表示了自己对《酒经》一文的激赏，"此文如太牢八珍，咀嚼不嫌于致力，则真味愈隽永"。

唐臣乞赠祖

【原文】

唐世赠①典唯一品乃及祖，余官只赠父耳。而长庆中流泽②颇异，白乐天制集有户部尚书杨於陵，回赠其祖为吏部郎中，祖母崔氏为郡夫人。马总准制赠亡父，亦请回其祖及祖母。散骑常侍张惟素亦然。非常制也③。是时崔植为相，亦有《陈情表》云："亡父婴甫，是臣本生；亡伯祐甫，臣今承后。嗣袭虽移，孝心则在。自去年以来，累有庆泽，凡在朝列，再蒙追荣，或有陈乞，皆许回授。臣猥④当宠擢，而显扬之命，独未及于先人。今请以在身官秩并前后合叙勋封，特乞回充追赠。"则知其时一切之制如此。伯兄文惠执政，乞以已合转官回赠高祖，既已得旨，而为后省封还。固近无此比⑤，且失于考引唐时故事也。

【注释】

①赠：赠官。朝廷对功臣的先人或本人死后追封爵位官职。②流泽：流布恩德。③非常制也：不是通行的制度。④猥：不才，表自谦。⑤近无此比：近代没有追赠的这种先例。

【译文】

唐朝赠官的法令规定：只有一品官才能追赠他的祖父辈，其余官品的官员只追赠到父辈。然而穆宗长庆年间，皇恩更为浩荡。白居易的制词中有写户部尚书杨於陵的一首，追赠杨的祖父为吏部郎中、祖母崔氏为郡夫人。马总得到恩准，追赠已故的父亲，也请求天子追赠他的祖父和祖母。散骑常侍张惟素也是如此。似乎不是法定制度。当时崔植担任宰相，也有一封《陈情表》说："已故父亲婴甫，是下臣的生身之父；已故伯父祐甫，是下臣的继养之父。虽然过继给伯父祐甫，但孝敬亲父之心却念念不能忘怀。自从去年以来，朝廷对大臣们多有恩泽，凡是在朝的大夫，都得到陛下追赠先人的荣宠，只要是有所陈述，都准许追赠授官。下臣不才，有幸得到陛下的奖拔重用，只是荣显的恩泽还没有施及于先人。如今下臣请求用在身的官位和此前此后应当叙的勋阶和封爵，希望圣上允许追赠先人。"看来当时的法定制度就如此。我的叔伯兄长洪适当宰相时，也曾请求以存身应该迁转的官爵追赠高祖，随即得旨准允，却被中书省封还，不予办理。此种追赠近代确无前例，但没有详细地考察唐朝的旧制度。

【评析】

作者的叔伯兄长洪适当宰相时，曾请求朝廷为他们的高祖追赠官爵。朝廷则以近代没有前例为由，委婉地拒绝了。作者便搬出唐朝赠官一系列案例加以佐证，希望朝廷加以援引。也不知实情最终落实没有。可见在利益面前，文人士大夫也是不甘落后的。

八种经典

【原文】

开士悟①入诸佛知见，以了义度无边②，以圆教③垂无穷，莫尊于《妙法莲华经》，凡六万九千五百五字。证无生忍，造不二门，住④不可思论解脱。莫极于《维摩经》，凡二万七千九十二字。摄四生九类，入无余涅槃，实无得度者，莫先于《金刚般若波罗密经》，凡五千二百八十七字。坏罪集福，净一切恶道，莫急于《佛顶尊胜陀罗尼经》，凡三千二十字。应念顺愿，愿生极乐土，莫疾于《阿弥陀经》，凡一千八百字。用正见，观真相，莫出于《观音普贤菩萨法行经》，凡六千九百九十字。诠自性，认本觉，莫深于《实相法密经》，凡三千一百五字。空法尘，依佛智，莫过于《般若波罗密多心经》，凡二百五十八字。是八种经典十二部，合一十一万六千八百五十七字。三乘之要旨，万佛之秘藏，尽矣。唐长庆三年，苏州重玄寺法华院石壁所刻金字经，白乐天为作碑文，其叙如此。予窃爱其简明洁亮，故备录之。

【注释】

①悟：觉悟。②度无边：脱离苦海。③教：教化。④住：停留。

【译文】

僧人为追求他的觉悟而使自身进入诸佛的智慧，用"了断"表示脱离苦海，用"圆融"表示教化他人，这些说法没有比《妙法莲华经》更为高妙透彻的了，此经共计六万九千五百零五字。而证实法界无生无灭，进入无言无说的法门，停留在不必再费神思考议论的解脱境界，没有比《维摩经》更精到的了，此经共计两万七千零九十二字。引领万物生灵进入涅槃，使人都可得到度脱，没有比得上《金刚般若波罗密经》的了，此经共计五千二百八十七字。消除罪孽，求得幸福，洗净一切罪恶根源，没有比《佛顶尊胜陀罗尼经》更迅捷的了，此经共计三千零二十字。思有所应，愿有所顺，最终到达极乐天地，没有比《阿弥陀经》更快捷的了，此经共计一千八百字。用诸佛般的智慧，洞察万物真相，没有比《观音普贤菩萨法行经》更高深的了，此经共计六千九百九十字。能解说自我本性，认清自我觉悟，没有比《实相法密经》更透彻的了，此经共计三千一百零五字。剔除法界的尘染，归依佛祖的智慧，没有能超过《般若波罗密多心经》的了，此经共计二百五十八字。这八种佛门经典共计十二部，总共一十一万六千八百五十七字。各派佛说的精华，历代诸佛的奥秘都囊括无遗了。唐穆宗长庆三年，苏州重玄寺的法华院石壁上刻写了金字佛经，白居易为它撰写了一篇碑文，就是以上这些。我私下喜欢它的简洁明了，因而全篇抄录在这里。

【评析】

作者在这里转载了白居易的《苏州重元寺法华院石壁经碑》。佛教是世界三大宗教之一，由距今三千多年前古印度的迦毗罗卫国王子乔达摩·悉达多所创。佛教广泛流传于亚洲许多国家，西汉末年经丝绸之路传入我国，经长期传播发展，而形成具有中国民族特色的中国佛教。唐朝是中国佛教发展的鼎盛时期。唐太宗在清除割据、平息骚乱时曾得到僧兵的援助，他即位后下诏在全国建寺院，设释经处，培养了大批佛教高僧、学者。这时最著名的僧人之一是玄奘。他历时19年，长途跋涉5万余里，去印度取经，共翻译佛经75部1335卷，并写出了《大唐西域记》见闻录。

佛教自传入汉地以来，即与中土传统文化相结合，并逐渐发展成为中国文化的一个重要组成部分，及至隋唐时期达到了高峰。唐时我国名僧辈出，对佛学义理上的阐发无论在深度和广度上都超过前代，因此为建立具有民族特点的很多宗派奠定了理论基础，而且佛教信仰深入民间，创造了通俗的俗讲、变文等等文艺形式。佛经的翻译和佛教的发展，对中国音韵学、翻译理论的发展也有很大影响。自鸠摩罗什译《大品般若》以后，译场组织完密，迄至唐代益臻完善。宋代更有译经院之设，以宰辅为润文使，成为国家正式机构。

佛教的传播，给了传统知识分子在儒家学说以外的另一种精神寄托，并产生了禅宗这种有中国特色的佛教宗派。唐代诗人王维精通佛学，受禅宗影响很大。佛教有一部《维摩诘经》，是王维名和字的由来，他也有"诗佛"之称。白居易说自己"栖心释梵，浪迹老庄"，他的传记也说"居易儒学之外，尤通释典"。他死时遗命家人把他"葬于香山如满师塔之侧"，可见他与佛门的缘分之深。

欧公送慧勤诗

【原文】

国朝承平之时,四方之人,以趋京邑为喜。盖士大夫则用功名进取系心,商要则贪舟车南北之利①,后生嬉戏则以纷华盛丽而悦。夷考其实,非南方比也②。读欧阳公《送僧慧勤归余杭》之诗可知矣。曰:"越俗僭宫室,倾赀③事雕墙。佛屋尤其侈,耽耽拟侯王。文彩④莹丹漆,四壁金焜煌。上悬百宝盖,宴坐以方床。胡为弃不居,栖身客京坊。辛勤营一室,有类燕巢梁。南方精饮食,菌笋比羔羊。饭以玉粒粳,调之甘露浆。一馔费千金,百品罗成行。晨兴未饭僧,日昃⑤不敢尝。乃兹随北客,枯粟充饥肠。东南地秀绝,山水澄清光。余杭几万家,日夕焚清香。烟霏四面起,云雾杂芬芳。岂如车马尘,鬓发染成霜。三者孰苦乐,子奚勤四方。"观此诗中所谓吴越宫室、饮食、山水三者之胜,昔日固如是矣。公又有《山中之乐》三章送之归。勤后识东坡,为作《诗集序》者。

【注释】

①舟车南北之利:做买卖的利润。古时做买卖都要车马劳顿,转运货物,故有此说。②非南方比也:并不是南宋才这样。南方,南宋的讳称。③赀:钱财。④文彩:文采。⑤昃:太阳偏西。

【译文】

本朝太平的时节,四面八方的人们都把游京城当作喜欢的事,士大夫们想的大都是到这里求取功名利禄,商人们大都是贪图买卖上的利益,后生少年们游玩,是喜欢京城的繁华热闹。考察事实,并不是南宋才如此,读到欧阳修的《送僧慧勤归余杭》这首诗就可以清楚了。这首诗说:"越俗僭宫室,倾赀事雕墙。佛屋尤其侈,耽耽拟侯王。文彩莹丹漆,四壁金焜煌。上悬百宝盖,宴坐以方床。胡为弃不居,栖身客京坊。辛勤营一室,有类燕巢梁。南方精饮食,菌笋比羔羊。饭以玉粒粳,调之甘露浆。一馔费千金,百品罗成行。晨兴未饭僧,日昃不敢尝。乃兹随北客,枯粟充饥肠。东南地秀绝,山水澄清光。余杭几万家,日夕焚清香。烟霏四面起,云雾杂芬芳。岂如车马尘,鬓发染成霜。三者孰苦乐,子奚勤四方。"可以看出,此诗当中所说的吴越之地宫室、饮食和山水三方面的出色，北宋时就已经是这样了。欧阳修还有《山中之乐》三章诗，也是送慧勤返回余杭的。慧勤后来也结识了苏轼，就是为苏轼的诗集写序言的那个和尚。

【评析】

考察历史，我们可以得知，北宋皇室衣冠南渡以后，对于将都城设在何处，至少有两派意见。一派认为，建康（即今江苏南京）为六朝古都（三国吴、东晋、宋、齐、梁、陈），揽山河之胜、江南风流，自然为奠基之首选。另一派则认为，临安（即今浙江杭州）自古就有"上有天堂，下有苏杭"的美誉，而且有大运河贯穿，尽享鱼盐漕运之利。读了这则笔记之后才明白，原来此时的临安已经是一个"一馔费千金，百品罗成行"的繁阜之地，比之建康已经毫不逊色，岂不正好可续汴京的残梦？也就明白南宋皇室为何最终要奠基临安了。

东不可名园

【原文】

今人亭馆园池，多即其方隅①以命名。如东园、东亭、西池、南馆、北榭之类，固为简雅，然有当避就处。欧阳公作《真州东园记》，最显。案②《汉书·百官表》："将作少府，掌治宫室。属官③有东园主章。"注云："章④谓大材也。主章掌大材，以供东园大匠。"绍兴三十年，予为省试参详官，主司委出词科题，同院或欲以"东园主章"为箴⑤，予曰："君但知《汉表》耳。《霍光传》：'光之丧，赐东园温明。'服虔⑥曰：'东园处此器，以镜置其中，以悬尸上。'师古曰：'东园，署名也，属少府。其署主作此器。'《董贤传》：'东园秘器以赐贤。'注引《汉旧仪》：东园秘器作棺。若是，岂佳处乎？"同院惊谢而退⑦。然则以东名园，是为不可。予有两园，适居东西，故匾西为"西园"，而以东为"东圃"，盖避此也。

【注释】

①方隅：方位。②案：根据，考察。③属官：属下的官吏。④章：大木材。⑤箴：考题。⑥服虔：东汉经学家。字子慎，初名重，又名祇，后更名虔，河南荥

阳东北人。少年清苦励志，尝入太学受业，举孝廉，官至尚书侍郎、高平令，中平末，迁九江太守，因故免官，遭世乱，病卒。⑦惊谢而退：大吃一惊，道歉而去。

【译文】

现在人们的亭台楼馆、园林水池，有很多都是按照它们的方位命名。像"东园""东亭""西池""南馆""北榭"等等这类的，这样的名称固然简洁雅致，但还有应当避讳的字。欧阳修写的《真州东园记》就是一个很明显的例子。据考察，《汉书·百官表》中写道："将作少府掌管修建宫室的任务，他的属官主要是东园主章。"注释为："章指的是硕大的木材。主章管理挑选好的木材，以供东园的工匠使用。"宋高宗绍兴三十年时，我担任省级科举考试的参详官，主管提出词科的考试题目。同僚中有的人想要以"东园主章"为题，我说："先生只知道《汉书·百官表》，却不知《霍光传》里说：'霍光死后，朝廷赐予东园所制的葬器。'服虔解释说：'东园所制作的这种埋葬的器具，把一面镜子放在其中，这面镜子正好挂在尸体的上面。'颜师古注释说：'东园，官署的名称，隶属于少府寺。这个官署主要负责制造这种埋葬的器具。'《董贤传》中也说：'将东园所制造的秘器赐给董贤。'注释转引《汉旧仪》的说法说：东园秘器，就是棺材。如果是这样的话，东园还是什么好地方吗？"同僚听完他的这一番话大吃一惊，连忙谢罪离开了。那么从这里就可以看出，用"东"来作为园的名称，是不可以的。我有两个园子，恰好位居东西两边，所以就把西边的园子叫作西园，而东边的园子叫作东圃，这样就可以避开这个忌讳了。

【评析】

在本文中，作者提出园林不能用"东园"来命名，因为"东园"是汉代负责制造葬器的官署，以之命名会不吉利。他还特意说自己有两个园子，西面的叫"西园"，东面的特意改叫"东圃"。因为风俗习惯或迷信，人们会禁忌某些认为不吉利的话和事，比如讳言大小便，常有说法有"更衣""出恭""解手"等。"死"也是忌讳的，所以《礼记·曲礼下》载"天子死曰崩，诸侯曰薨，大夫曰卒，士曰不禄"，只有无权无势的老百姓才叫"死"。而老百姓自己也是忌讳的，多用"老了""走了""过去了"来取代。然而忌讳的形式也会随着历史的发展而演变。如汉代以后"东园"这个机构不复存在，以此忌讳的人就少了，只有洪迈这样比较博学的人才有这个知识。再往后，这种忌讳就不复存在了，甚至有人名也叫"东园"。

比如明代的郑纪，字东园。他曾在莆田东山书院读书，同学中李萧字西园，余赐字南园，郑璞字北园，四人合称"东山四园"，以郑纪的官位最高。可见这种忌讳只是迷信罢了。另外一件有意思的事是唐三彩的流行。唐三彩是一种盛行于唐代的陶器，以黄、褐、绿为基本釉色，因造型生动逼真、色泽艳丽和富有生活气息而著称。很多人家都有唐三彩的工艺品，其中有些是货真价实的古物。然而在唐代，三彩是陪葬用的冥器，不同品级的人可以随葬多少件，也都有明文规定。可现代人并不认为家里摆件冥器不吉利，也可能是唐三彩的艺术美超越了人们对"不吉利"的厌恶吧。

何恙不已

【原文】

公孙弘为丞相，以病归印，上报曰："君不幸罹①霜露之疾，何恙不已？"颜师古注："恙，忧也。何忧于疾不止也。"《礼部韵略》训"恙"字亦曰"忧也"，初无训"病"之义。盖既云罹疾矣，不应复云病，师古之说甚为明白。而世俗相承，至问人病为"贵恙"，谓轻者为"微恙"，心疾为"心恙"，风疾为"风恙"，根著已深，无由可改。

【注释】

①罹：受，遭逢，遭遇。

【译文】

公孙弘在担任汉朝的丞相时，因为病重请求辞官。皇帝批答说："爱卿只是不小心得了点风寒小病，还用担心这病好不了吗？"颜师古注释说："恙，担忧的意思。哪里值得担忧这病就好不了呢。"《礼部韵略》解释"恙"字的意思也认为是"担忧"的意思，看来"恙"字最初并没有生病的意思，既然上面已经说过得病，下面就应当不再重复说"病"，颜师古的解释十分明确。但世间人们却将这错误的解释传了下去，一问道别人的病情都称"贵恙"，称轻微的病情为"微恙"，心病为"心恙"，风病为"风恙"。这种用法根深蒂固，已经到了无法更正的地步了。

【评析】

作者在文中通过对"恙"这个字字义的辨析，揭示了语言学中的一个重要现象——词义演变。语言学研究认为，词汇相较于语法和音韵，是一个开放的、不可穷尽的系统。语言是社会的产物，而词汇对社会变化的反映是最敏感的，旧词旧义在不断地消亡，新词新义在不断地生成。尤其是在社会产生剧烈变化的时期，词汇变化的迅速常使人有应接不暇之感。词义的变化有三种情况。首先是词义范围的变化，又包括词义的扩大、缩小和转移。比如"洗"，原来的意思特指洗脚，现在的词义就扩大了。"妃"，原义是"配偶"，后来特指帝王的妻妾，这就是词义缩小。"恙"字原义是"担忧"，后来变成"疾病"的意思，这就是词义的转移。还有"汤"字，古代是指热水，现在变为一类菜肴的名称，而日语里面的"汤"还保留着汉字的古意，所以日本的浴室都挂一个"汤"字，表示有热水可以洗澡。词义的变化除了范围，还有轻重和褒贬的变化。比如"衣冠禽兽"一词，源于明代官员的服饰。明代官员的服饰规定文官官服绣禽，武将官服绘兽，所以衣冠禽兽原指人当上了官，是褒义词。但是某些官员贪赃枉法、欺压百姓，这个词慢慢就变成贬义词了，而且短语的结构也发生了变化。语言是活的东西，它不断地发展、变化，不断地有新生、有衰亡。对于已经约定俗成的用法没必要用古书上的解释来纠正。从这一点看来，洪迈的感慨几乎是没有必要的。

绝句诗不贯穿

【原文】

"夜凉吹笛千山月，路暗迷人百种花。棋罢不知人换世，酒阑无奈客思家。"此欧阳公绝妙之语。然以四句各一事，似不相贯穿，故名之曰《梦中作》。永嘉士人薛韶喜论诗，尝立一说云："老杜近体律诗精深妥帖[1]，虽多至百韵，亦首尾相应，如常山之蛇[2]，无间断龃龉[3]处。而绝句乃或不然，五言如'迟日江山丽，春风花草香。泥融飞燕子，沙暖睡鸳鸯'，'急雨捎溪足，斜晖转树腰。隔巢黄鸟并，翻藻白鱼跳'，'江动月移石，溪虚云傍花。

鸟栖知故道，帆过宿谁家'，'凿井交棕叶，开渠断竹根。扁舟轻褭缆，小径曲通村'，'日出篱东水，云生舍北泥。竹高鸣翡翠，沙僻舞鹍鸡'，'钓艇收缗尽，昏鸦接翅稀。月生初学扇，云细不成衣'，'舍下笋穿壁，庭中藤刺檐。地晴丝冉冉，江白草纤纤'。七言如'糁径杨花铺白毡，点溪荷叶叠青钱。笋根雉子无人见，沙上凫雏傍母眠'，'两个黄鹂鸣翠柳，一行白鹭上青天。窗含西岭千秋雪，门泊东吴万里船'之类是也。"予因其说，以唐人万绝句考之，但有司空图④《杂题》云："驿步⑤堤萦阁，军城鼓振桥。鸥和湖雁下，雪隔岭梅漂"，"舴艋猿偷上，蜻蜓燕竞飞。樵香烧桂子，苔湿挂莎衣"。

【注释】

①精深妥帖：意义深远，用词妥帖。②常山之蛇：传说中一种能首尾互相救应的蛇。③龃龉（jǔ yǔ）：不平整，参差不齐。④司空图：字表圣，河中虞乡人，晚唐诗人、评论家，其诗论《诗品》，对后世影响深远。⑤步：水驿的停船处。

【译文】

"夜凉吹笛千山月，路暗迷人百种花。棋罢不知人换世，酒阑无奈客思家。"这是欧阳修的一首绝妙诗句。这首诗的每一句都说了一件事情，似乎是没有主线贯穿在这首诗中，所以才把这首诗称为《梦中作》。永嘉（今浙江温州）士子薛韶喜欢讨论诗歌，曾创立一说为："杜甫的近体律诗，意义深远，用词妥帖，虽然多达一百韵，也能首尾呼应，就像是常山巨蛇，中间绝没有间断阻塞的地方。而绝句有时就不是这样了。五言绝句如'迟日江山丽，春风花草香。泥融飞燕子，沙暖睡鸳鸯。''急雨捎溪足，斜晖转树腰。隔巢黄鸟并，翻藻白鱼跳。''江动月移石，溪虚云榜花。鸟栖知故道，帆过宿谁家。''凿井交棕叶，开渠断竹根。扁舟轻褭缆，小径曲通村。''日出篱东水，云生舍北泥。竹高鸣翡翠，沙僻舞鹍鸡。''钓艇收缗尽，昏鸦接翅稀。月生初学扇，云细不成衣。''舍下笋穿壁，庭中藤刺檐。地晴丝冉冉，江白草纤纤。'七言绝句如'糁径杨花铺白毡，点溪荷叶叠青钱。笋根雉子无人见，沙上凫雏傍母眠。''两个黄鹂鸣翠柳，一行白鹭上青天。窗含西岭千秋雪，门泊东吴万里船。'等这样的诗都是不相贯穿的。"我根据他的说法，对一万首唐人的绝句进行了考察，只有司空图的《杂题》说："驿步堤萦阁，军城鼓振桥。鸥和湖雁下，雪隔岭梅飘。""舴艋猿偷上，蜻蜓燕竞飞。樵香烧桂子，苔湿挂莎衣。"两首是相贯穿的。

【评析】

"绝句"是从"五言短古，七言短歌"变化而来的诗歌形式，唐人赋予它以声律，使它定型。绝句每首四句，通常有五言、七言两种。作者看到永嘉人薛韶喜评论杜甫的诗，说他的绝句每一句都说的是不同的事物，其中没有明显的联系，就是"不贯穿"，然后亲自查检了上万首唐代的绝句诗，发现确实如此，只有司空图的两首诗是个例外。

谓端为匹

【原文】

今人谓缣帛①一匹为一端，或总言②端匹。搽《左传》"币锦二两"注云："二丈为一端，二端为一两，所谓匹也。二两，二匹也。"然则以端为匹非矣。《湘山野录》载夏英公镇襄阳，遇大礼赦恩，赐致仕官束帛，以绢十匹与胡旦，旦笑曰："奉还五匹，请检《韩诗外传》及诸儒韩康伯等所解'束帛戋戋'之义，自可见证。"英公检③之，果见三代束帛、束脩④之制。若束帛则卷其帛为二端，五匹遂见十端，正合此说也。然《周易正义》及王弼注、《韩诗外传》皆无其语。文莹多妄诞⑤，不足取信。按，《春秋公羊传》"乘马束帛"注云："束帛谓玄三纁二，玄三法天，纁二法地。"若文莹以此为证，犹之可也。

【注释】

①缣帛：丝帛。②总言：合称。③检：仔细查看。④束脩（xiū）：古代学生与教师初见面时，必先奉赠礼物，表示敬意，名曰"束脩"。早在孔子的时候已经实行。学费即是"束修数条"，就是咸猪肉数条。后来基本上就是拜师费的意思，可以理解为学费。唐代学校中仍采用束修之礼并同国家明确规定，不过礼物的轻重，随学校的性质而有差别。教师在接受此项礼物时，还须奉行相当的礼节。⑤妄诞：任意，荒诞。

【译文】

当今人们把一匹丝帛叫作一端,或者合称为一端匹。按《左传》"币锦二两"句注释说:"两丈叫作一端,两端为一两,就是通常所说的匹。二两,指两匹。"看来,把一端叫作一匹显然不正确。《湘山野录》记载英公夏竦镇守襄阳,遇到朝廷大礼加恩,赐给已经致仕的官吏们束帛,把十匹丝绢赐给胡旦,胡旦笑着说:"我退还五匹。请你查检一下《韩诗外传》这本书以及儒士韩康伯等人对'束帛戋戋'这句话的解释,自然就会明白了。"夏竦查检了这些资料,果然明白了三代时束帛、束脩的制度。像束帛,指把丝帛卷起来便有两端,五匹就有十端,正和上面说的相合。然而今传的《周易正义》和王弼的注解、《韩诗外传》都没有见到这种记载。文莹这个人讲的话十分随便,不足为信。按《春秋公羊传》"乘马束帛"这句话的注释说:"束帛指的是黑三黄二,黑色三象征天,黄色二象征地。"如果文莹用这句话来证明束帛为五匹,那还是很有说服力的。

【评析】

此则笔记是一篇辨析文字,从中可以体会作者读书之用心。这也是该随笔的一贯特色。

中华传统文化核心读本书目

【处世经典】

《论语全集》
享有"半部《论语》治天下"美誉的儒家圣典
传世悠久的中国人修身养性安身立命的智慧箴言

《大学全集》
阐述诚意正心修身的儒家道德名篇
构建齐家治国平天下体系的重要典籍

《中庸全集》
倡导诚敬忠恕之道修养心性的平民哲学
讲求至仁至善经世致用的儒家经典

《孟子全集》
论理雄辩气势充沛的语录体哲学巨著
深刻影响中华民族精神与性格的儒家经典

《礼记精粹》
首倡中庸之道与修齐治平的儒家经典
研究中国古代社会情况、典章制度的必读之书

《道德经全集》
中国历史上最伟大的哲学名著,被誉为"万经之王"
影响中国思想文化史数千年的道家经典

中华传统文化核心读本书目

《菜根谭全集》
旷古稀世的中国人修身养性的奇珍宝训
集儒释道三家智慧安顿身心的处世哲学

《曾国藩家书精粹》
风靡华夏近两百年的教子圣典
影响数代国人身心的处世之道

《挺经全集》
曾国藩生前的一部"压案之作"
总结为人为官成功秘诀的处世哲学

《孝经全集》
倡导以"孝"立身治国的伦理名篇
世人奉为准则的中华孝文化经典

【 成功谋略 】

《孙子兵法全集》
中国现存最早的兵书,享有"兵学圣典"之誉
浓缩大战略、大智慧,是全球公认的成功宝典

《三十六计全集》
历代军事家政治家企业家潜心研读之作
中华智圣的谋略经典,风靡全球的制胜宝鉴

中华传统文化核心读本书目

《鬼谷子全集》
风靡华夏两千多年的谋略学巨著
成大事谋大略者必读的旷世奇书

《韩非子精粹》
法术势相结合的先秦法家集大成之作
蕴涵君主道德修养与政治策略的帝王宝典

《管子精粹》
融合先秦时期诸家思想的恢弘之作
解密政治家齐家治国平天下的大经大法

《贞观政要全集》
彰显大唐盛世政通人和的政论性史书
阐述治国安民知人善任的管理学经典

《尚书全集》
中国现存最早的政治文献汇编类史书
帝王将相视为经时济世的哲学经典

《周易全集》
八八六十四卦,上测天下测地中测人事
睥睨三千余年,被后世尊为"群经之首"

中华传统文化核心读本书目

《素书全集》
阐发修身处世治国统军之法的神秘谋略奇书
以道家为宗集儒法兵思想于一体的智慧圣典

《智囊精粹》
比通鉴有生活，比通鉴有血肉，堪称平民版通鉴
修身可借鉴，齐家可借鉴，古今智慧尽收此囊中

【文史精华】

《左传全集》
中国现存的第一部叙事详细的编年体史书
在"春秋三传"中影响最大，被誉为"文史双巨著"

《史记·本纪精粹》
中国第一部贯通古今、网罗百代的纪传体通史
享有"史家之绝唱，无韵之离骚"赞誉的史学典范

《庄子全集》
道家圣典，兼具思想性与启发性的哲学宝库
汪洋恣肆的传世奇书，中国寓言文学的鼻祖

《容斋随笔精粹》
宋代最具学术价值的三大笔记体著作之一
历史学家公认的研究宋代历史必读之书

中华传统文化核心读本书目

《世说新语精粹》
记言则玄远冷隽，记行则高简瑰奇
名士的教科书，志人小说的代表作

《古文观止精粹》
囊括古文精华，代表我国古代散文的最高水准
与《唐诗三百首》并称中国传统文学通俗读物之双璧

《诗经全集》
中国第一部具有浓郁现实主义风格的诗歌总集
被称为"纯文学之祖"，开启中国数千年来文学之先河

《山海经全集》
内容怪诞包罗万象，位列上古三大奇书之首
山怪水怪物怪，实为先秦神话地理开山之作

《黄帝内经精粹》
中国现存最早、地位最高的中医理论巨著
讲求天人合一、辨证论治的"医之始祖"

《百喻经全集》
古印度原生民间故事之中国本土化版本
大乘法中少数平民化大众化的佛教经典